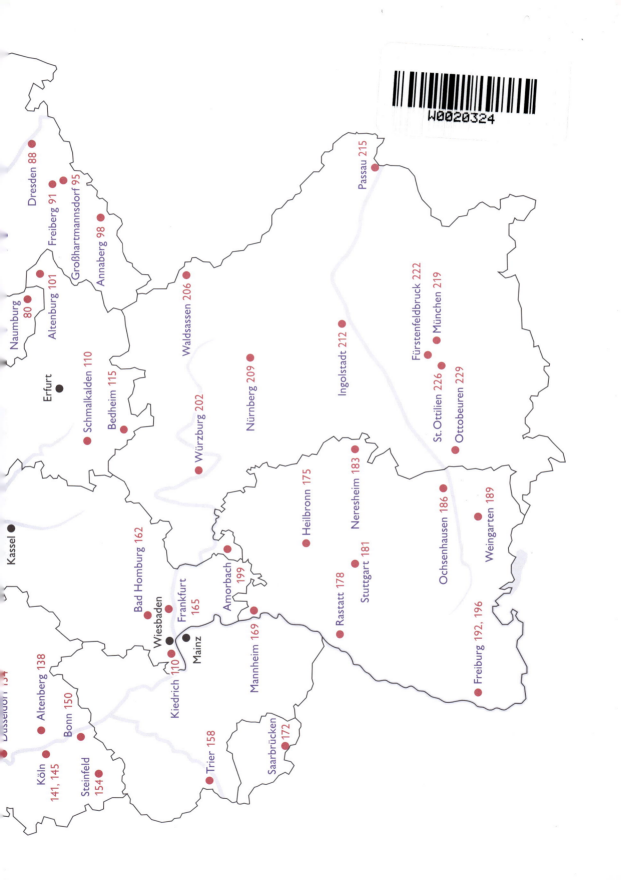

Karl-Heinz Göttert · Eckhard Isenberg

ORGELFÜHRER
DEUTSCHLAND

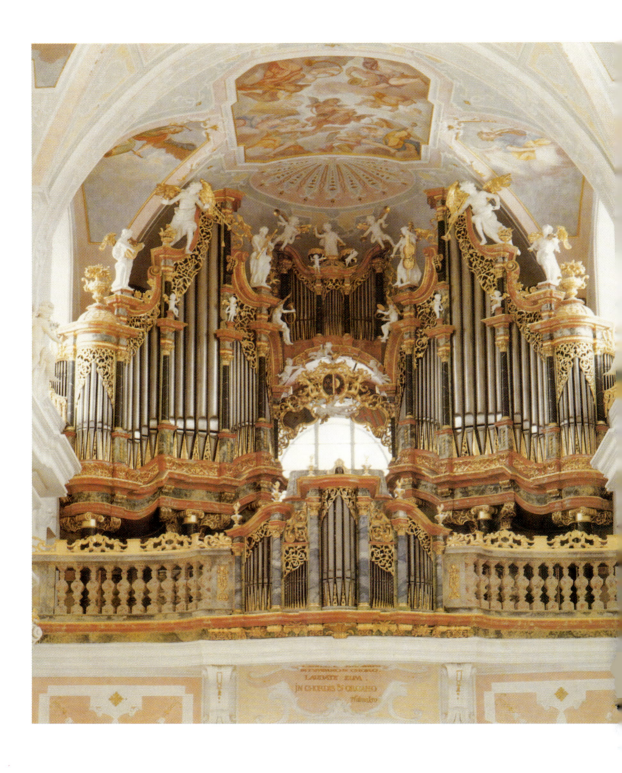

Karl-Heinz Göttert

Eckhard Isenberg

ORGELFÜHRER DEUTSCHLAND

Bärenreiter

Kassel · Basel · London · New York · Prag

Die Deutsche Bibliothek – CIP-Einheitsaufnahme

Göttert, Karl-Heinz:
Orgelführer Deutschland / Karl-Heinz Göttert ; Eckhard Isenberg. –
Kassel ; Basel ; London ; New York ; Prag : Bärenreiter, 1998
ISBN 3-7618-1347-3

2. Auflage 1998
© 1998 Bärenreiter-Verlag Karl Vötterle GmbH & Co. KG, Kassel
Umschlaggestaltung: Jörg Richter, Bad Emstal-Sand
Frontispiz: Orgel in der ehemaligen Abteikirche,
katholische Pfarrkirche St. Georg in Ochsenhausen
Innengestaltung und Satz: Dr. Rainer Lorenz, Kassel
Druck und Bindung: Clausen & Bosse, Leck
ISBN 3-7618-1347-3

Inhalt

Vorbemerkung 9

1
ZUR EINFÜHRUNG

Kleines Loblied auf die Orgel 11
Von Pfeifen, Registern und Prospekten 13
Orgeln in Deutschland 16

2
SCHLESWIG-HOLSTEIN, HAMBURG, BREMEN UND NIEDERSACHSEN

Über den letzten Mann beim Orgelbau – St. Marien in Flensburg 18
Ein Totentanz für Orgeln – St. Marien in Lübeck 21
Sieben Jahre Hugo Distler – St. Jakobi in Lübeck 24
Von lauten Orgeln und lauten Organisten – Ratzeburger Dom 29
Ein Prinzipal aus Blei – St. Johannis in Lüneburg 32
Sechs Millionen für eine Wiedergeburt – St. Jacobi in Hamburg 34
Vom Spazierstock zum Plattenspieler – St. Michaelis in Hamburg 38
Zweierlei Restauratoren – St. Cosmae und St. Wilhadi in Stade 41
Ein ›subwoofer‹ für die Kirche – St. Ludgeri in Norden 46
Dem Dampf sei Dank – Bremer Dom 48
Über evangelische und katholische Orgeln – St. Andreas in Hildesheim 51

3
MECKLENBURG-VORPOMMERN, BERLIN, BRANDENBURG UND SACHSEN-ANHALT

Von den Leiden eines Organisten – Schweriner Dom 54
Gruppenbild mit David – St. Marien in Stralsund 57
Märchen mit Schönheitsfehler – Dorfkirche in Basedow 60
Walzen für die Orgel – Berliner Dom 62
Der Orgelbauer des Soldatenkönigs – Brandenburger Dom 67
Stimmungsprobleme– St. Stephan in Tangermünde 70
Romantik für den Reformator – Schloßkirche Wittenberg 73

Ein Pianist auf der Orgelbank – Merseburger Dom 77
Gipfeltreffen mit Kontrahenten – St. Wenzel in Naumburg 80

4

SACHSEN UND THÜRINGEN

Tönende Sonnen – St. Peter und Paul in Görlitz 83
Rettung dank Zivilcourage – Katholische Hofkirche in Dresden 88
Vom Selbstbewußtsein eines Siebenundzwanzigjährigen – Freiberger Dom 91
Ein Zirkel im Wappen – Dorfkirche in Großhartmannsdorf 95
Liebenswerte Klänge – St. Annen in Annaberg 98
Ein thüringischer Silbermann? – Schloßkirche Altenburg 101
Eine Orgel für Max Reger – St. Thomas in Leipzig 104
Von der List der Vernunft – Neues Gewandhaus in Leipzig 107
Die älteste Orgel Deutschlands? – Kapelle Schloß Wilhelmsburg in Schmalkalden/
    Thüringen, Pfarrkirche in Kiedrich/Rheingau, Dorfkirche in Rysum/Ostfriesland 110
Vom Echo – Dorfkirche in Bedheim 115

5

NORDRHEIN-WESTFALEN UND RHEINLAND-PFALZ

Von liebenswürdigen und unhöflichen Windladen – Pfarrkirche und Museum
    in Borgentreich 118
Ein tönendes Raumschiff – St. Lamberti in Münster 122
Romantik und Schwerindustrie – Liebfrauenkirche in Bottrop 124
Eine Orgel zum Katholischwerden – Basilika Kevelaer 127
Lebendiger Wind! Lebendiger Wind? – St. Remigius in Viersen 131
Die erste Messiaen-Einspielung – Johanneskirche und Neanderkirche in Düsseldorf . . 134
Von doppelten Lottchen – Altenberger Dom 138
Die Gnade der Jubiläen – Kölner Dom 141
Die Stunde der Denkmalpflege – St. Maria im Kapitol und St. Kunibert in Köln 145
Französische und deutsche Romantik – St. Joseph und St. Elisabeth in Bonn 150
Niederrheinisch vor dem Eisenbahnbau – Basilika Steinfeld 154
Schwalbennester für die Liturgie – Trierer Dom 158

6

HESSEN, SAARLAND UND BADEN-WÜRTTEMBERG

Kunst, Kaiser und Kommerz – Erlöserkirche in Bad Homburg 162
Noch einmal ein offener Prospekt – Frankfurter Dom 165
Legendenbildung in der Orgelbewegung – Christuskirche in Mannheim 169
Der Pate des modernen Orgelbaus – St. Arnual in Saarbrücken 172
Weg vom Neobarock! – Deutschordensmünster in Heilbronn 175

INHALT

Schwierigkeiten mit einer Revolution – Stadtpfarrkirche St. Alexander in Rastatt	178
Von Mäusen und Fenstern – St. Eberhard in Stuttgart	181
Musen unter sich – Abteikirche Neresheim	183
Boom im Orgelbau – St. Georg (ehemalige Abteikirche) in Ochsenhausen	186
Der König der Prospekte – Abteikirche Weingarten	189
Kilometergeld für einen Organisten – Freiburger Münster	192
Berühren verboten – St. Johann in Freiburg	196

7

BAYERN

Von Pflastermalern und Restauratoren – Evangelische Kirche (ehemalige Abteikirche) in Amorbach	199
Erahnte und vollendete Romantik – Käppele und St. Adalbero in Würzburg	202
Der digitalisierte Organist – Basilika Waldsassen	206
Europas Fest geistlicher Musik – St. Sebald und St. Lorenz in Nürnberg	209
Von Kirchensteuer und Spendefreudigkeit – Ingolstädter Münster	212
Der Reiz der Elektrizität – Passauer Dom	215
Lebendige Tradition oder Historismus? – Münchener Liebfrauendom	219
Ein Fuchs, der eine Gans jagt – Ehemalige Klosterkirche Fürstenfeldbruck	222
Lumen caecis! – Abteikirche St. Ottilien	226
Ein reicher Schwabe aus Dijon – Abteikirche Ottobeuren	229

ORGELDISPOSITIONEN	232
Namenregister	261
Ortsregister	263
Bildnachweis	265
Über die Autoren	265

VORBEMERKUNG

Der vorliegende Orgelführer wendet sich an Interessierte, er setzt kein Spezialwissen voraus. Wer bislang Orgelprospekte im Ensemble von Kirchenausstattungen insgesamt wahrgenommen hat oder eher in anderen Musikbereichen über Erfahrung verfügt, ist bei uns richtig. Wir wollen Anregungen geben, das Instrument näher kennenzulernen, etwas über den Reichtum seiner Gestaltungsform in Geschichte und Gegenwart zu erfahren, um dann gezielter Ausschau halten zu können oder genußvoller Konzerte zu besuchen.

Die Anlage des Buches ist Reiseführern entlehnt. Bewußt werden die Orgeln nicht alphabetisch oder nach ihrer Stilistik und schon gar nicht nach undefinierbarer ›Schönheit‹ vorgestellt, sondern nach Regionen. Wer in Bayern wohnt, findet etwas in seiner Nähe, und wer nach Hamburg will oder muß, bekommt Auskunft, was ihn dort erwartet. Natürlich beruht das Ganze auf Auswahl. Alle, die in dieser Hinsicht enttäuscht sind, bitten wir um Nachsicht und bekennen uns zur Unzulänglichkeit. Immerhin haben wir mehrere Kriterien zugrunde gelegt und manchmal womöglich unfair gegeneinander abgewogen. Sämtliche Regionen sollten berücksichtigt werden, auch sämtliche Stilrichtungen, darüber hinaus wenigstens die wichtigsten Orgelbauer und nicht zuletzt Kirchen, in die man hineinkommt und die musikalisch etwas bieten. In vielen Artikeln sind auch weitere Orgeln kurz angesprochen oder wenigstens erwähnt – ein nach Städten geordnetes Register findet sich am Schluß. Übrigens haben wir nur solche Instrumente ausgewählt, die wir aus eigener Anschauung bzw. Anhörung und vielfach auch Anspielung wirklich kennen.

Interessierte also sind die Adressaten – aber keine Ignoranten, denen jedes neue Wort zuviel ist. Getreu dem Motto, daß man nur sieht, was man kennt, und natürlich auch nur hört, was man einordnen kann, geben wir für Sehen und Hören Hilfestellung. Dem dienen einleitende Bemerkungen, die man nicht unbedingt zuerst lesen muß, auf Dauer aber doch das Verständnis erleichtern. Ansonsten haben wir alles Wissenswerte über die Beschreibungen der einzelnen Instrumente verteilt. In Flensburg beispielsweise wird über die Arbeit des Intonateurs berichtet, in Viersen das Windsystem behandelt, in Bremen oder Saarbrücken lernt man bedeutende Orgelbauer der Vergangenheit kennen, in München eine Disposition lesen und vieles andere mehr (Abschweifungen wie die über das nicht nur grammatische Geschlecht der Orgel, über die Nymphe Echo oder über Gemeinsamkeiten zwischen Pflastermalern und Restauratoren nicht gerechnet). Wir hoffen, daß der Leser sich nach und nach hindurcharbeitet und dann bei den Einzelcharakteristiken sein Wissen aus den anderen Kapiteln ergänzt. Übrigens wurde uns bei der Behandlung der Regionen deutlich, wie sehr gerade die Orgel von der ›Wende‹ profitiert. Erst jetzt läßt sich die für Deutschland typische Vielfalt erkennen, werden Verbindungen sichtbar, die einmal selbstverständlich waren und deren Unterbrechung für eine Weile den Blick trübte. Die Erkundung eines wohl wechselseitig fremden Landes führt letztlich zur Entdeckung, daß sich das jeweils andere der musikalischen Qualität nach in nichts vom vertrauten unterscheidet.

Zum Glück waren wir nicht ohne gute Ratgeber. Mit vielen Orgelbauern und Organisten konnten wir unsere Liste durchgehen, teilweise auch die Texte, die nach und nach entstanden. Auskünfte flossen im allgemeinen reichlich, man schickte uns Unterlagen und seltene Bücher ohne die berechtigte Sorge um Verlust. Kleinere Zusammenstöße gab es nur mit den Ordnungshütern der Städte, die unsere Parkwünsche an den Kirchen nicht recht verstehen wollten. Daß schließlich das Manuskript sich rasch in Druck verwandelte, verdanken wir Rainer Lorenz und der wohlwollend kritischen Unterstützung des Lektorates und der Redaktion, besonders Jutta Schmoll-Barthel.

Mai 1998   Karl-Heinz Göttert · Eckhard Isenberg

1
ZUR EINFÜHRUNG

Kleines Loblied auf die Orgel

Für manch einen Musikliebhaber unserer Tage bedarf es keiner Frage: Die Königin aller Instrumente ist die Orgel. Für manch einen! Andere mögen sagen: Sie war es – ganz gewiß im Zeitalter des Barock, mit nachlassendem Ruhm während der Klassik, trotz neuerlichen Aufschwungs in der Romantik eher von der Kopie der Sinfonik zehrend, nur für Kenner wirklich rehabilitiert in der Orgelbewegung seit den 20er Jahren unseres Jahrhunderts. Wie sollen wir uns heute zu dieser seltsamen Karriere mit sinkender Tendenz stellen? Mechanische Bedienungsapparatur: um Gottes Willen, wozu gibt es Kabel? Riesenhafte Pfeifen: du liebe Güte, weshalb verfügen wir über Lautsprecher? Und all das in Kästen wie Gebäuden: Schreck laß nach, wer hat dafür noch Platz? Nein, die Königin der Instrumente ist sie nicht mehr, eher ein Dinosaurier im musikalischen Tiergarten, jedenfalls ein Anachronismus wie Königinnen im demokratischen Zeitalter sowieso.

Aber Anachronismen müssen nicht hinderlich sein, sie können auch etwas bewahren: im Falle der Orgel ein einzigartiges Stück Erinnerung an unsere alteuropäische Kultur. Sagen wir es zunächst vielleicht schwerverständlich: Die Orgel gehört zur Welt der Sinne, aus der wir ausgezogen sind nicht unbedingt wie aus einem Paradies, aber doch wie aus einer lange bewohnten Heimat. Die Orgel stellt eines der ganz wenigen überlebenden Beispiele dar für die großen Leistungen einer für die Sinne geschaffenen und mit den Sinnen aufnehmbaren Erfahrungswelt – vor dem Triumphzug des Technischen, des Abstrakten. Ein Radio tönt auch, aber kein normaler Mensch weiß warum. Wer in einer Kirche hinaufschaut zum Prospekt, erkennt es dagegen sofort. Was da, Reihe über Reihe, als wogendes Auf und Ab zusammengepfercht ist, gehorcht einem ehernen Gesetz: Tiefe Töne können nur von langen Pfeifen erzeugt werden, hohe von kurzen. Gewiß gibt es ein paar Tricks, aber die schwingende Luft läßt sich nicht wirklich überlisten. Deshalb das Auf und Ab, das die Tonleitern fast handgreiflich in den Raum stellt. Keine große Orgel ohne die vielen verschiedenen Reihen, die hohen und tiefen Pfeifen, die von stolzen zehn Metern bis zu wenigen Zentimetern reichen. Man kann die Welt des Klangs an den geschwungenen Bögen ablesen, kann die klangliche Wucht an Größe und Form des Aufbaus in etwa erahnen. Auf keinem anderen Instrument erscheint der Klang so in Materie übersetzt, nirgends das sonst nur dem Hören Vorbehaltene derart anschaulich, die Welt des Klangs in ein überwältigenderes Bild übersetzt.

Aber dies ist nicht alles, ja nicht einmal das Wichtigste. Wir sehen nicht nur die einzelnen Töne, wir sehen noch mehr: Die Welt des Klangs ist Ordnung, eine Welt der Ordnung für sich. Nicht eine Pfeife, die aus der Reihe spränge. Immer waren Orgelbauer der Faszination dieser Ordnung erlegen, der Präsentation von Gesetzlichkeit, für den gläubigen Menschen der in der Schöpfung waltenden Weisheit Gottes selbst. Was man sonst nur noch an den Gestirnen beobachten kann, das Daherziehen in immer gleicher Bahn, präsentiert auf menschliches Maß und vor allem auf menschliche Nachahmbarkeit bezogen einzig der Klang – und dies nach mehr als nur ähnlichem Prinzip. Überall mathematische Struktur: Wie die Gestirne in ewig festen Verhältnissen zueinander stehen, so die Töne. Gib dem Mond eine Stunde Zeit, und er wird seinen vorbestimmbaren Ort erreichen. Verlängere die Pfeife um das Doppelte, und der Ton wird im gleichen Maße tiefer. Nicht zufällig hat man im Barockzeitalter die Schöpfung selbst als Orgel dargestellt, Gottvater als Organisten, der mit den verschiedenen Registern das große Werk vollbringt. Bilder für die Erschaffung von Himmel und Erde bis hin zu der des ersten Menschenpaars wachsen wie heutige Comicblasen aus den Pfeifenreihen. Nur die Orgel konnte auf diese Weise zum liturgischen Instrument par excellence werden, schon im ruhenden Zustand – und wieviel mehr erst im tönenden – eine einzige Predigt über die im Schöpfer ruhende Harmonie der Welt.

Klang als Ordnung, Ordnung als Prinzip der Welt sehen zu können: Gewiß setzt dies ein Denken voraus, das noch den Erfahrungen und Entdeckungen der Moderne vorausgeht. Niemand will die Rückkehr, aber dennoch das Eingeständnis der insgeheimen Sehnsucht nach dem Sichtbaren, dem mit den Sinnen Einsichtigen. Atome kann man nicht mehr wirklich sehen, chemische Vorgänge nicht mehr eigentlich beobachten. Überall Rechnen, Modelle. Um so faszinierender der Blick hinauf ins Gewölbe, zum Instrument, das noch aus der Welt der Sichtbarkeit stammt und – seltsames Geschick – durch Technik kaum wirklich verbesserbar ist. Nicht nur, daß die elektronische Orgel jeden Reiz der dargestellten Klangwelt verlöre. Kein Sinuston kann die Luftsäule ersetzen, nichts die Klangpracht kopieren, die auf den tausend Unzulänglichkeiten der natürlichen Materialien beruht. Selbst die Elektrifizierung der Traktur, die Verbindung zwischen Taste und Pfeife, die bis zu 18 Metern reichen kann, hat sich nicht bewährt. Der Druckpunkt, der die Ventilöffnung signalisiert, geht verloren und damit die ›fühlbare‹ Verbindung zum Ton, die erst die Souveränität des Gestaltens sichert. Nein, bei diesem Instrument muß alles Wesentliche natürlich bleiben, nur so wird es am besten. Seltsam, daß auch das Unvollkommene einmal dem Fortschrittlichen den Rang ablaufen kann.

Anachronismus? Natürlich, aber welch einer!

Von Pfeifen, Registern und Prospekten

Die Orgeln, die uns in diesem Buch beschäftigen, sind überwiegend große und komplizierte Instrumente. Aber ihrem Aufbau liegen Grundprinzipien zugrunde, deren Kenntnis viel zum Verstehen des Ganzen beiträgt. Beginnen wir mit den einfachsten Tatsachen.

Orgeln bilden ihre Klänge mit Hilfe von *Pfeifen*. Wie beim Klavier kurze und lange Saiten per Tastendruck mit Hämmern angeschlagen werden, so existieren im Falle der Orgel kurze und lange Pfeifen, die dem Wind ihr Ertönen verdanken – Tasten öffnen die entsprechenden Ventile. Der gravierende Unterschied: Das Klavier verfügt über *eine* Reihe von (jeweils doppelten oder dreifachen) Saiten, die Orgel über eine *Vielzahl* von Pfeifenreihen: die Register. Man kann sie entweder einzeln spielen oder in jeder gewünschten Kombination, natürlich auch alle zusammen im Tutti. Nur steckt in der Auswahl der Register mehr als eine Art Kumulationseffekt. Die Register unterscheiden sich erheblich voneinander, und der erste Schritt zur Kunst des Orgelbaus liegt in der passenden Zusammenstellung. Die schönsten Stimmen nützen nichts, wenn sie nicht aufeinander ›abgestimmt‹ sind. Sehen wir uns diese Register zunächst etwas genauer an. Man kann dabei zwei Gesichtspunkte voneinander unterscheiden.

Zunächst der erste. Anders als beim Klavier gibt es nicht nur verschiedene Register, sondern diese klingen in *unterschiedlicher Tonhöhe*. Register, deren Töne genau so klingen wie die entsprechenden auf dem Klavier, haben aus physikalischen Gründen eine Pfeifenlänge, die beim tiefsten Ton 8 Fuß beträgt (ca. 2,40 Meter) – Ausnahmen später. Genau danach heißt ein solches Register Achtfuß, geschrieben 8' (auch als Grundstimme bezeichnet). Über vier Oktaven hinweg verkleinern sich die Pfeifen pro Oktave um die Hälfte, so daß die letzte Pfeife ca. 30 cm mißt. Nun hat die Orgel aber nicht nur 8'-Register, sondern sowohl tiefere wie höhere. Verfügt sie über ein 16'- oder gar ein 32'-Register, so klingt jeder Ton genau eine bzw. zwei Oktaven tiefer als beim 8' (oder beim Klavier), verfügt sie über ein 4'-Register, dann eine Oktave höher, beim 2' und 1' wieder je eine Oktave höher. Es entstehen also Klangsäulen, und zwar ziemlich große. Spielt der Organist im Tutti einer großen Orgel einen vierstimmigen Akkord, so erklingt viermal eine fünfstöckige Säule mit einem Gesamtumfang von 9 Oktaven.

Ehe wir uns in weitere Kompliziertheiten versenken, zunächst der zweite Punkt. Es gibt nicht nur Register unterschiedlicher Tonhöhen, sondern auch *unterschiedlicher Klangfarben*. Der Grund liegt darin, daß Pfeifen verschieden konstruierbar sind, und zwar zunächst einmal nach genau zwei Grundprinzipien. Schneide ich eine Holz- oder Metallröhre auf, versehe sie mit einer Art Mundloch samt entsprechenden Lippen und verenge an dieser Stelle innen das Ganze mit einem Keil, so daß sich die von unten einströmende Luft durch einen Spalt hindurchzwängen muß, beginnt die Luft zu wirbeln: Es entstehen Schwingungen, die wir als Töne hören. Genau so funktioniert eine Blockflöte. Alle Pfeifen, die nach diesem Prinzip arbeiten, heißen Labial- oder Lippenpfeifen. Die gleichen Schwingungen aber lassen sich auch anders hervorrufen, und zwar mittels eines dünnen Metall- oder Rohrplättchens, das in den Luftweg eingebaut wird. In diesem Fall bringt die Luft das Plättchen zum Schwingen und dieses wiederum die

über ihm befindliche Luftsäule. Genau so funktioniert eine Klarinette (oder mit Doppel-
blatt die Oboe). Alle Pfeifen, die nach diesem Prinzip arbeiten, heißen Lingual- oder
Zungenpfeifen (bzw. kurz: Zungen). Sie klingen deutlich anders als ihre labialen Geschwister, aber Labial- wie Zungenpfeifen sind beide auch selbst wiederum erheblich
abwandelbar. Es gibt sie jeweils in verschiedenen Tonhöhen und Tonstärken, vor allem
aber auch in verschiedenen Klangfarben. Versenken wir uns ein wenig in die Einzelheiten, um später die Disposition einer Orgel (also die Zusammenstellung der verschiedenen Register) besser lesen zu können – und bitte Mut!

Wir sagten, daß Pfeifen Töne erzeugen, und müssen dies nun präzisieren. Genau
genommen erzeugen sie nämlich Klänge, die sich aus einem Grundton und dessen
Obertönen zusammensetzen. Den Grundton hören wir als den Ton einer bestimmten
Stufe oder Höhe (den wir nachsingen können), die Obertöne als dessen klangliche
Färbung. Wenn Pfeifen unterschiedlich klingen, so liegt dies also an der unterschiedli-
chen Art, wie sie Obertöne bilden, was wiederum mit der Bauweise zusammenhängt.

Zunächst zu den *Labialpfeifen* und ihren Untergruppen. Eine von ihnen ist die bekannteste Pfeifenart überhaupt, weil diese fast immer im Prospekt einer Orgel zu sehen ist:
der *Prinzipal*, also der Erste unter Seinesgleichen. Diese Pfeifen sind oben offen und
haben einem mittleren Durchmesser. Damit kommt ein klarer Grundton zustande und
nur so viele Obertöne, daß dieser Grundton nicht zu sehr verdeckt wird. Deshalb
dienen die Prinzipale auf ihren verschiedenen Oktavstufen als das Grundgerüst des
vollen Orgelklangs. Wenn man vom 32' bis zum 1' prinzipalige Register wählt, kommt
ein kräftiger Gesamtklang heraus, dessen einzelne Töne man gut durchhört: Voraussetzung für polyphones Spiel wie in einer Fuge. Es gibt aber auch andere Labialpfeifen.
Man kann sie z.B. oben verschließen, so daß sich der Ton in einer Art Rolle rückwärts
bildet (und man nur die halbe Pfeifenlänge für die gewünschte Tonhöhe braucht). Diese
sog. Gedackten haben nur ungerade Obertöne und klingen weich – es sind die leisen,
die zurückhaltenden Stimmen. Ferner kann man die Pfeifen zwar offen lassen, aber
ihren Querschnitt vergrößern. Dies ergibt einen noch klareren, aber auch etwas weniger
kräftigen Grundton, wie ihn Flöten bieten. Verkleinert man umgekehrt den Durchmesser, so nehmen die Obertöne zu, was den Grundton entsprechend verdeckt und einen
relativ scharfen Klang bewirkt. Das Ganze ähnelt dann den Streichinstrumenten, wonach die Register gelegentlich auch ihre Namen haben (wie etwa im Falle der *Gambe*).
Schließlich gibt es weitere Möglichkeiten, indem man die Pfeifen entweder noch enger
baut, so daß sie überblasen wie unsere Querflöten, daß man sie statt zylindrisch konisch
(also spitz zulaufend) anfertigt oder Tricks wie den anwendet, daß man bei einem
Gedackten mittels eines Röhrchens etwas Luft nach oben entweichen läßt. In großen
Orgeln sind Vertreter aller dieser Familien komplett vorhanden, d.h. mindestens als 16'-,
8'-, 4'- und 2'-Register. Man spricht dann vom Prinzipal-, Gedackt-, Flöten- und Streicherchor. Wechselt der Organist zwischen diesen Registerfamilien, so ändert sich jedes-
mal die Klangfarbe erheblich. Andererseits kann man die Farben mischen, einen Prinzipalchor z.B. durch Flöten weicher machen.

Nun der Sprung zu den *Zungen*. Auch sie existieren in unterschiedlichen Tonhöhen
und Klangfarben. Als offene Pfeifen nach Art der Prinzipale gebaut, haben wir die
tonstarken Bombarden und Posaunen, Trompeten und Clairons, d.h. als 32'-, 16'-, 8'-

VON PFEIFEN, REGISTERN UND PROSPEKTEN

und 4'-Register. Sie geben dem Gesamtklang Kraft oder bilden, solistisch verwendet, eine Art Fanfarenchor. Die Krönung in dieser Hinsicht stellt das französische Chamadewerk dar, eine Trompeteria in allen Fußtonlagen, die nicht stehend, sondern liegend, also direkt in den Raum hineintönend montiert und häufig auch im Prospekt sichtbar ist. Neben diesem Kraftpaket, das zudem mit erhöhtem Winddruck versorgt wird, gibt es auch ganz anders gebaute Zungen, die als leisere Register Blasinstrumente oder gar die menschliche Stimme imitieren: die *Klarinette* oder die *Vox humana* beispielsweise, natürlich ausgesprochene Solisten. In der Barockzeit baute man auch Stimmen mit bewußt schnarrendem Klang, die ebenfalls damaligen Instrumenten abgeschaut waren wie z.B. dem später aus der Mode gekommenen *Krummhorn*.

Schließlich bildet die letzte große Gruppe ein Registertyp, der ganz und gar orgeltypisch ist. Erinnern wir uns noch einmal daran, daß eine Pfeife nicht nur einen Ton bildet, sondern auch Obertöne, die sich aus Oktaven, Quinten, Terzen usf. zusammensetzen. Diese Obertöne hört man nicht als Töne, sondern als Klangfarbe. In der Orgel gibt es nun Register, die diese Obertöne *hörbar* wiedergeben. Bei einer *Terz* beispielsweise klingt auf der C-Taste kein C, sondern ein E, im Falle einer *Quint* statt C ein G. Diese sog. *Aliquoten* (die man an den gebrochenen Zahlen erkennt, die ihre Fußhöhe wiedergeben: z.B. 2 2/3', 1 3/5' usf.) füllen den Klang zusätzlich auf, eignen sich aber auch für solistische Aufgaben. Einem genügend laut ertönenden Grundtonregister beigemischt, bietet eine solche Stimme eine schöne Färbung des Gesamtklangs. Schließlich werden diese Aliquoten auch zu Gruppen zusammengestellt, so daß pro Taste zwei und mehr (bis zu 12) Pfeifen gleichzeitig klingen: Die *Sesquialtera* (aus Terz und Quint) und das *Kornett* (aus Grundton, Terz, Quint und Oktav) sind solche Register, die einen hellen (spitzen) und gut durchdringenden Klang erzeugen. Das seltsamste Register der Orgel in dieser Hinsicht stellt die *Mixtur* dar. Hierbei handelt es sich um eine Gruppe von Quinten und Oktaven pro Taste mit einer zusätzlichen Besonderheit. Dieses Register fängt nicht wie alle anderen tief an und wird immer höher, sondern es fängt schon in der Tiefe hoch an und springt nach etwa zwei Oktaven wieder zurück, um gewissermaßen von vorn zu beginnen (man sagt: die Mixtur repetiert). Die Wirkung ist ein silbriger Glanz, der sich über den von den anderen Stimmen erzeugten Klang ergießt: eine Klangkrone, wie man treffend gesagt hat. Die Barockorgel lebt sehr von diesen Mixturen, die es sogar in verschiedenen Höhen bzw. Schärfen (eine davon heißt nicht zufällig *Scharff*) gibt. Die deutsch-romantische Orgel schöpft übrigens ihre Kraft eher aus den dunkleren Grundstimmen, die französisch-romantische aus den kräftigen Zungen.

Nach diesen Informationen zur klanglichen Seite der Orgel zuletzt etwas zur optischen, zum *Prospekt*. Seit den Anfängen hat man die Pfeifen in der Regel in Schränken untergebracht, die eine optimale Abstrahlung gewährleisten, daneben auch gegen Verunreinigung schützen. Im Prinzip gibt es zwei Hauptaufstellungsmöglichkeiten: einmal feststehend auf der (West-)Empore, zum anderen aufgehängt an einer Wand im Längsschiff – das sog. Schwalbennest. Natürlich können die Formen dabei im einzelnen fast unendlich variieren. Im Barockzeitalter legte man den Prospekt so an, daß man die einzelnen Teilwerke mit einem Blick erkennen kann: direkt vor dem Organisten das Brustwerk, darüber das Hauptwerk, ganz oben das Ober- oder Kronwerk, die langen Pedalpfeifen in Türmen rechts und links in den Ecken, schließlich das Rückpositiv hinter dem Spieler, von der Kirche her gesehen als Verkleinerung des Hauptteils in der Brüstung. Wie ausgegossen über das Ganze kam dann noch viel Schmuck hinzu, die sog. Schleierbretter zum Beispiel, die im oberen Teil des Schrankes die Pfeifenenden verkleiden, aber auch etwa Figuren auf den Podesten. In der Romantik bevorzugte man eine Art Einheitsfront (mit eher elegantem statt verspieltem Dekor), bei der die großen Pfeifen ohne weitere Unterteilung dominieren. Heutzutage sind alle Möglichkeiten offen: Die Orgelbauer ›spielen‹ mit den Traditionen oder wählen auch bewußt asymmetrische oder sonstwie ungewöhnliche Formen. Natürlich kann man ein klangliches Aschenputtel mit dem schönsten Outfit nicht zur Prinzessin machen. Aber es gilt auch das Umgekehrte: Eine gelungene Orgel sollte sich nicht genieren, in ansprechendem Kleid zu erscheinen – alles Nähere entscheidet der Geschmack.

Orgeln in Deutschland

In Deutschland sind Orgeln, wie im übrigen Europa auch, seit dem Mittelalter in den Kirchen bezeugt. Aus dieser Zeit aber ist so gut wie nichts übrig geblieben. In Schmalkalden, Rysum und Kiedrich finden sich die ältesten Zeugen der Vergangenheit in noch spielbarem Zustand – freilich in restauriertem bzw. rekonstruiertem, nirgends mehr in wirklich originalem. Was wir heute mit einer Orgel verbinden, bildete sich erst in der Renaissance heraus: ein Ensemble von Teilwerken wie Hauptwerk und Rückpositiv, die miteinander konzertieren können. Auch davon gibt es nur noch wenige Überreste, gelegentlich als Teil späterer Orgeln. In Lübeck gehört die Stellwagen-Orgel von St. Jakobi zu den Beispielen. Der bedeutendste Schritt in der Entwicklung vollzog sich im Barockzeitalter, das im Orgelbau etwa die Zeit von 1600 bis 1800 umfaßt. In dieser Phase kommt es zur Großorgel mit vier Manualen und vollständigem Pedal bei einem Umfang von 60 und mehr Stimmen. Den Anfang hat Norddeutschland gemacht, wo sich der Einfluß der fortschrittlichen Niederlande zuerst auswirkte. Im 17. Jahrhundert legen sich die evangelischen Kirchen Orgeln zu, ja wetteifern um die größte, aber auch in kleineren Städten stehen dreimanualige Instrumente. Die anderen Regionen folgten nach: der thüringisch-sächsische Raum etwa, in dem Bach wirkte, der katholische Süden, wo es besonders die bedeutenden Klöster sind, die wertvolle Orgeln erwerben, der Südosten und Westen bis hinauf wiederum zum nordischen Ausgangspunkt. Am Ende des 18. Jahrhunderts ist ganz Deutschland mit Orgeln versehen, zweifellos in dieser Hinsicht eines der reichsten Länder Europas, dank der politischen Zersplitterung auch eines der vielgestaltigsten.

Dann bahnte sich ein Umschwung an. In der Klassik verliert die Orgel deutlich an Reputation, Sinfonieorchester und Klavier bestimmen die Musikgeschichte. Wo sich die Orgel weiterentwickelt – in weiten Bereichen bleibt sie auf barockem Stand stehen –, wird sie romantisch, zunächst frühromantisch mit noch klassischem Gesamtaufbau, aber

ORGELN IN DEUTSCHLAND

einigen neuen (klangschönen) Stimmen, dann hochromantisch mit einer Annäherung ans Orchester. Zahlreiche grundtönige Register bestimmen nun das Bild, dessen Variabilität eher in dynamischen statt farblichen Abstufungen gesucht wird. Dank technischer Neuerungen wie der Pneumatik und später der Elektropneumatik entstehen Großorgeln von 100 und mehr Registern, die in der Spätromantik noch dazu mit besonders hohem Druck versehen werden: für viele der Niedergang der Orgel. Dann erfolgte eine Wendung um 180 Grad. Zu Beginn des 20. Jahrhunderts setzt eine Rückbesinnung auf die klassischen Traditionen ein, die sich als sog. Orgelbewegung einen Namen gemacht hat und der zweifellos das Verdienst zukommt, dem Instrument wieder mehr Aufmerksamkeit, auch Experimentiergeist gewonnen zu haben. Allerdings wurde auch alles Romantische geradezu ausgerottet, nicht zuletzt alte barocke Instrumente überhastet ›restauriert‹. Viel historische Substanz ist in dieser Zeit verloren gegangen, zusätzlich zu all den verheerenden Verlusten, die der Zweite Weltkrieg verursachte. Beim Neubau aber dauerte es eine ganze Weile, ehe man außer neobarocken Dispositionen auch die alte Mechanik wieder zu beherrschen lernte. Während Skandinavien und die Schweiz schon in den 30er Jahren die ersten Schritte taten, zog Deutschland erst nach 1945 mit. Schließlich aber kam die Wende der Wende: die Wiedereinführung des Romantischen in die barock geprägte Orgelwelt. Seit Ende der 60er Jahre entstanden Instrumente, die sowohl barocke wie romantische Stimmen (besonders nach französischem Muster) bieten, um entsprechend die Literatur insgesamt spielen zu können. Gleichzeitig haben Spezialisten alte Barockorgeln ebenso wie alte romantische Orgeln im Originalzustand restauriert.

›Orgeln in Deutschland‹ bedeutet also ein reiches Spektrum an klanglichen Alternativen. Wir haben ein Nebeneinander von historischen und modernen Orgeln, von historischen Orgeln in barockem und romantischem Klangbild, und moderne Orgeln, die teils Stilkopien barocker oder romantischer Orgeln sein wollen, teils um Vereinigung der Möglichkeiten bemüht sind. *Die* Orgel ist nicht entstanden und auch nicht zu erwarten. Im folgenden sind Beispiele aller stilistischen Richtungen beschrieben (und mit den Dispositionen wiedergegeben). Keine Region Deutschlands bietet einen einzigen Orgeltyp, gelegentlich stehen in einer einzigen Kirche Instrumente verschiedener Charakteristik. Deutschland gleicht in dieser Hinsicht einer Stadt wie Rom, in der sich auch die Jahrhunderte überlagern und auf engem Raum römische Tempel, mittelalterliche Basiliken, barocke Brunnen und moderne Geschäftshäuser koexistieren. Wie schön kann man zwischen all dem bummeln oder aus einem Café heraus dem Leben zuschauen. Machen wir es bei den Orgeln genauso, und bewegen wir uns in dem Reichtum, der uns geboten wird. Man muß sich gelegentlich nur über die Verdammungsurteile allzu eifriger Puristen hinwegsetzen.

2

SCHLESWIG-HOLSTEIN, HAMBURG, BREMEN UND NIEDERSACHSEN

Über den letzten Mann beim Orgelbau

St. Marien in Flensburg

3 Manuale, 41 Register – Marcussen (1983)

Im Jahre 1833 arbeitete der Orgelbauer Andreas Reuter an einer Restaurierung im Dom zu Roskilde (Dänemark) und machte eine Erfindung, über die er selbst berichtet: »Der Baß bestand aus guten Zinkpfeifen, er stand im Prospekt und war für eine vollständige Instandsetzung geeignet. Nachdem [die neuen Diskantpfeifen] fertiggestellt waren, bemerkte ich zu meiner Sorge, daß die alten Baßpfeifen einen schöneren Klang hatten als unsere neuen Diskantpfeifen. Anfangs wollte ich mich damit beruhigen, daß die Töne der Orgelpfeifen erst nach längerem Gebrauch ihre ›behagelighed‹ finden müssen, aber auch die Intonation war kräftiger und auch kerniger als die der neuen Pfeifen, und das kann unmöglich dem Zeiteinfluß zugeschrieben werden. Ich machte mir deshalb alle Mühe, eine Pfeife anzufertigen, die einen gleichguten Klang hat, aber vergebens. Als ich schon fast ganz mutlos war, kam ich auf den Gedanken, sie vielleicht ›udsnittet‹ [zu bauen], denn Schlitze auf der hinteren Seite von Prospektpfeifen haben Einfluß auf die Intonation. Dazu brachte ich eine Metallplatte an das oberste Ende unserer neueren Pfeifen an, die sich richtig halb um die Pfeife biegen, und siehe – nun erklangen sie gleichschön und noch schöner als die alten Pfeifen. Ich machte nun mehr Versuche und fand heraus, daß eine verhältnismäßig kurze Öffnung am obersten Ende der Pfeifen noch vorteilhafter war.«

Die unscheinbare Passage bringt zu Bewußtsein, daß Orgelbau etwas mit handwerklicher Kunst in jenem älteren Sinn der Bedeutung zu tun hat, die an Ingeniosität, ja Genialität heranreicht. Zum Klang einer Orgel trägt weder allein der Organist bei noch

derjenige, der Disposition (die Auswahl der Register) und Mensurierung (die Festlegung der Maßverhältnisse jeder einzelnen Pfeife) festgelegt hat, auch nicht der Wert des Materials und die Sorgfalt des Zusammenbaus allein, sondern zu all dem kommt die Feinabstimmung zum Schluß, die Intonation, hinzu. Der letzte Mann beim Orgelbau, der Intonateur, muß allein mit seinem Hören entscheiden, ob etwas zu laut oder zu leise, zu dick oder zu dünn, zu hart oder zu weich klingt. Seine Arbeit vollzieht sich oft genug nachts, wenn endlich Ruhe in der Kirche herrscht und nicht irgendwer meint, seine Schlagbohrmaschine könne unmöglich stören. Was beim Gärtner der grüne Daumen und beim Weinkenner die feine Zunge ist, das ist beim Intonateur das unbestechliche Ohr. Wenn alles Lehrbuchwissen seine Anwendung gefunden hat, bedarf es zuletzt jener Kunst, die dem toten Material Leben einhaucht.

Andreas Reuter war ein solcher Künstler, und er war es bei Jürgen Marcussen, der 1806 in Dänemark seine Orgelbauwerkstätte gegründet hatte. Die Firma in Aabenraa (Apenrade) brachte es im 19. Jahrhundert zu Ansehen und wurde mit wichtigen Restaurierungsarbeiten betraut. Die Arp Schnitger-Orgel in der Hamburger St. Jacobi-Kirche (1890) gehört ebenso dazu wie die Namensschwester in Lübeck (1893/94). Seit Beginn der Orgelbewegung in den 20er Jahren des 20. Jahrhunderts gehörte Marcussen zu den Vorreitern eines historisch bewußten Orgelbaus, restaurierte die großen Prestigeobjekte wie St. Bavo in Haarlem oder die Nieuwe Kerk in Amsterdam, baute aber auch neue Orgeln wie im Dom zu Schleswig (1963), Linz/Österreich (1968), Lübeck (1970) und Meldorf (1977). Alle diese Orgeln gelten als Meisterwerke der Intonation. Genau davon aber kann man sich auch in der Flensburger Marienkirche überzeugen, wo als Intonateur Albrecht Buchholtz wirkte. Wer ihm einmal bei der Arbeit zugesehen hat, fühlt sich an Reuter erinnert. Auch Buchholtz gibt keine Ruhe, ehe aus der Pfeife nicht genau das herauskommt, was er sich vorstellt. Nach fünf Tagen Arbeit an einer *Gambe* und einem einstündigen Vorspiel nur dieses Registers durch den Organisten bringt er es fertig, wieder von vorne anzufangen. Hinweise auf den Einweihungstermin wären bei Buchholtz zwecklos.

Als sich die Kirchengemeinde von St. Marien in den 80er Jahren entschloß, ihre alte Orgel von 1732 zu ersetzen, hat man in der Firma Marcussen einen Partner gewählt, der sich perfekt in die Lage hineinfand. Eine Restaurierung des Innenlebens war nicht möglich – nur ganz wenige Register konnten übernommen werden. Die wichtigste Entscheidung lag in der Grundkonzeption. In Anlehnung an den erhaltenen Barockprospekt sollte ein neobarockes Klangbild entstehen, wobei man dem vorhandenen Hauptwerksgehäuse ein entsprechendes Rückpositiv hinzufügte, das heute wohl niemand als ganze 250 Jahre jüngere Schnitzarbeit erkennen dürfte. Ansonsten wirkt die Disposition mit ihren 41 klingenden Stimmen eher unauffällig. Im Hauptwerk kommen zum Prinzipalchor und den doppelten Mixturen zwei *Flöten, Cornett* und *Trompete* hinzu. Das Rückpositiv ist etwa gleich stark besetzt, das Schwellwerk mit Jalousien nach vorne und hinten (letztere geben ihm den Charakter des Fernwerks) enthält am meisten von den alten Registern: *Bordun, Rohrflöte, Terz* und eine Schwebestimme. Zusammen mit der neuen *Vox humana* ist also einiges an Charakteristischem vorhanden. Eine stilistische Festlegung auf ein historisches Vorbild geht damit nicht einher. Gerade deshalb wirkt die Orgel außerordentlich vielseitig, verfügt sowohl über Abwechslungsreichtum wie über mehrere satte Plena. Internationale Orgelkonzerte, Bach-Tage und Adventsmusiken haben mittlerweile den Rang des Instruments bestätigt.

Im übrigen ist St. Marien nicht die einzige Kirche in Flensburg, die über eine bedeutende Orgel verfügt. In St. Nikolai, nur ein paar Schritte entfernt gelegen, hat ein Instrument die Zeiten überdauert, dessen Prospekt aus den Jahren 1604/05 stammt.

Der Umbau des Renaissance-Werks erfolgte 1707–1709 durch Arp Schnitger, die Reparaturen des 19. Jahrhunderts nahm wiederum die Firma Marcussen vor. Im 20. Jahrhundert allerdings kam es zum völligen Neubau, zuerst durch Wilhelm Sauer (1922 und 1937), dann durch Emanuel Kemper und Sohn (1958). In dieser Form bietet die Orgel 66 Register auf vier Manualen, ein frühes Zeugnis des Orgelbaus nach dem Kriege mit einigen barockisierenden Stimmen (wie der *Bärpfeife* im Oberwerk, den beiden *Regalen* im Kronpositiv oder dem *Rankett* im Pedal). Inzwischen aber wartet ein viel ehrgeizigerer Plan auf seine Ausführung. Die Firma Woehl soll in einem ersten Bauabschnitt eine Rekonstruktion der Schnitger-Orgel von 1709 mit 43 Registern errichten, in einem zweiten ein modernes Instrument mit sinfonischen Ansprüchen hinzufügen – und dies alles hinter dem alten Renaissance-Prospekt, lediglich mit je eigenem Spieltisch. Schließlich ist auch noch die Wiederbelebung des spätromantischen Fernwerks vorgesehen, das Sauer einst eingeschmuggelt hatte. Wer Deutschland vom Norden her betritt, wird also sogleich von einer Orgelstadt mit hohem Niveau empfangen.

Ein Totentanz für Orgeln

St. Marien in Lübeck

Große Orgel: 5 Manuale, 101 Register – Kemper und Sohn (1968)
Totentanzorgel: 4 Manuale, 56 Register – Führer (1986)

Als im Jahre 1940 die bedeutende Organistin Else Maiwald Lübeck als »Stadt der Orgeln« bezeichnete, konnte niemand ahnen, daß zwei Jahre später in einer einzigen Bombennacht die Pracht dahin sein sollte. Vor allem den Dom hatte es getroffen, Arp Schnitgers Orgel, die freilich von Grund auf verändert worden war, und ebenso St. Marien, die Kirche, an der einst Dietrich Buxtehude 1668–1707 wirkte. Hier versanken gleich zwei Instrumente in Schutt und Asche: die Große Orgel, die ebenfalls schon mehrfach umgebaut worden war, aber auch eines, das seinen historischen Kern bis zuletzt bewahren konnte: die kleinere Totentanzorgel. Nach Vorgängerwerken seit 1477 hatte Henning Kroeger ihr im Jahre 1622 die endgültige Gestalt gegeben. Karl Kemper restaurierte das Instrument 1937 unter dem Eindruck der gerade in Gang gekommenen Orgelbewegung. Damit stand neben der Stellwagen-Orgel in der St. Jakobi-Kirche ein weiteres Instrument zur Verfügung, an dem man die Kunst der Barockmeister studieren konnte. Aber all das war seit 1942 eben Vergangenheit, und diesmal mochte wiederum niemand ahnen, daß Lübeck erneut eine Stadt der Orgeln werden sollte. Denn nicht nur, daß das Zerstörte ersetzt wurde, sondern gerade in Lübeck hat man demonstriert, wie eine solche Erneuerung aussehen konnte: vom kompletten Neubau wie im Dom über die Erhaltung entweder der Pfeifen oder des Prospekts bis hin zur gelungenen Restaurierung von beidem – wir werden davon genauer hören. In kaum einer deutschen Stadt kann man heute auf so engem Raum wieder einen solchen Reichtum erleben.

St. Marien, wie gesagt, hatte es hart getroffen. Die Erneuerung begann mit einer überhasteten Maßnahme, wie es auch andernorts geschah. 1955 erklang wieder ein Instrument, um den Gottesdienst begleiten zu können, und zwar als Versuch einer Kopie der verloren gegangenen Totentanzorgel. Zwar bescheinigten Experten höflich, daß eine Barockorgel erstanden sei, aber im Detail beruhte alles lediglich auf Annäherung, auf Vermutung. Das Pfeifenmaterial existierte nicht mehr, vom Prospekt gab es nur noch Fotos. Sogar der Aufstellungsplatz war ein anderer geworden. Statt für die Totentanzkapelle bestimmt und entsprechend tief in diesen Raum hineingesetzt, sollte die neue Orgel den gottesdienstlichen Aufgaben dienen, rückte also *neben* die Totentanzkapelle ins Kirchenschiff. Während das alte Instrument jedoch immerhin ersetzt werden konnte, gab es für einen monumentalen Nachfolger im Westwerk der Kirche vorläufig keine Mittel. Aber diese kamen schließlich zusammen, und seit 1962 plante man eine neue Große Orgel, die dann 1968 von der Firma Kemper und Sohn fertiggestellt wurde. Bei der Konzeption wurden zwei Gesichtspunkte zugrunde gelegt, die gleichermaßen Berücksichtigung finden sollten: einerseits ein Instrument für den riesigen Kirchenraum, andererseits stilistisch so breit angelegt, daß sich die gesamte Literatur spielen ließ.

Das Ergebnis war ein großes Werk, ja mit 101 Stimmen eines der größten der Nachkriegszeit, und dies bei rein mechanischer Spieltraktur. Wenn man als Besucher hinaufschaut, ist der Organist, sofern er sich denn zeigt, nur als winzige Figur zu erblicken – so hoch reicht der Prospekt, um im Gegensatz zu den Vorgängerinstrumenten das Fenster freizugeben, aber auch um von der Abstrahlung durch das Deckengewölbe zu profitieren. Fünf Teilwerke hat man gebaut, spielbar von fünf Manualen: außer Hauptwerk, Brustwerk, Oberwerk und Rückpositiv noch ein Kronwerk in allerhöchster Höhe, dazu natürlich das Pedal mit seinem Zweiunddreißigfuß direkt im Prospekt. Für die Barockliteratur bieten Haupt- und Brustwerk sowie Rückpositiv die notwendigen Stimmen, in Ober- und Kronwerk findet sich alles, was zur Darstellung romantischer und moderner Literatur erforderlich ist, z.B. die ›schwebende‹ *Unda maris*, die ein sphärenhaftes Klangbild ergibt, das aus dieser Höhe in besonderer Weise wirkt. Um dem Organisten angesichts der Größenordnung Hilfe zu bieten, wurde ungewöhnlicherweise eine elektrische Registertraktur mit doppelter Speichermöglichkeit eingerichtet. Wie im Spiegel steht rechts und links des Spieltischs jeweils ein kompletter Apparat mit sämtlichen Stimmen zur Verfügung, der selbst wiederum je sechs freie Kombinationen enthält. Es lassen sich also vor einem Konzert mehrere Stücke ›einprogrammieren‹, was heute angesichts der Elektronik bereits wieder vorsintflutlich wirkt. Der Klang der Orgel aber ist gewaltig – dank der Größe des Raumes jedoch auch im Tutti ohne Brutalität.

Auf völlig andere Wirkung hin ist die neue Totentanzorgel angelegt, die seit 1986 den ersten Erneuerungsversuch ablöste. Die Firma Führer hat den Fehler der Kopie nicht mehr wiederholt. Schon die Gestaltung des Prospekts vermeidet die Erinnerung an das (wesentlich kleinere) zerstörte Instrument. Es entstand ein Schwalbennest mit ›Hamburger‹ Konturen in modernisierter, fast schroffer Form. Bei der Disposition sollte lediglich die Erinnerung an Buxtehude und die barocke Orgeltradition wachgehalten werden, jedoch ohne den Versuch, die alten Verhältnisse historisierend nachzuahmen. Wichtig

ST. MARIEN IN LÜBECK (Große Orgel)

trotz der beengten Verhältnisse das Rückpositiv als Voraussetzung barocken konzertierenden Spiels und wichtig auch das voll ausgebaute Pedal. Man sieht es bei den Größenverhältnissen der Kirche dem Instrument kaum an, daß insgesamt 56 Stimmen auf vier Manualen zusammengekommen sind – neben der Großen Orgel eine deutlich kleinere, aber immer noch ein Instrument mit Garde-, will sagen: Kathedralmaßen. Um für barocke Literatur geeignet zu sein, richtete man auf allen Teilwerken einen lückenlosen Prinzipalchor ein, der im übrigen mit den halligen Verhältnissen am besten zurechtkommt. Fürs solistische Spiel bietet die Orgel einige Auswahl, allein 13 Zungen stehen zur Verfügung. Daß man nicht historisieren wollte, zeigt sich nicht zuletzt daran, daß es keine Berührungsängste gegenüber romantischen Stimmen gab. Im Schwellwerk sind genau diejenigen Zungen untergebracht, die Cavaillé-Coll als Standard entwickelt hatte: *Trompette harmonique, Hautbois* und *Clairon.*

Von den Qualitäten der Orgel wie auch von der ihrer großen Schwester schräg gegenüber kann man sich ungewöhnlich oft überzeugen. Bis zu dreimal wöchentlich finden während des gesamten Jahres Konzerte statt, in denen der derzeit amtierende Organist, Ernst-Erich Stender, ein breites Repertoire zu Gehör bringt, das alle Stilepochen berücksichtigt.

Sieben Jahre Hugo Distler

St. Jakobi in Lübeck

Große Orgel: 4 Manuale, 62 Register – Joachim Richborn (1673),
letzte Restaurierung: Schuke/Berlin (1984)
Stellwagen-Orgel: 3 Manuale, 31 Register – Stellwagen (1637,
nach anonymem Vorgängerwerk von 1515),
letzte Restaurierung: Gebrüder Hillebrand (1978)

Nur zwei der fünf großen Lübecker Kirchen haben den Zweiten Weltkrieg weitgehend unbeschadet überlebt: St. Aegidien und St. Jakobi. In St. Aegidien wurde damit der bedeutende Prospekt aus den Jahren 1624/25 gerettet, St. Jakobi aber behielt ebenso sein großes wie vor allem sein kleines Instrument: die Stellwagen-Orgel von 1636/37, die selbst wieder auf einem Vorgängerwerk von (mindestens) 1515 beruht. Die Erhaltung verdanken wir allerdings nicht dem Zufall der Bombentreffer bzw. -nichttreffer allein. Wie auch in Hamburg bedurfte es der Entdeckung des Werts eines solchen Instruments, der schützenden und dann auch der rührigen Hand. In Lübeck war es ein Organist von St. Jakobi selbst, der die Lage begriff: Hugo Distler, eine bedeutende Persönlichkeit der neueren Kirchenmusikgeschichte. Nur die wenigen Jahre zwischen 1931 und 1937 mußten in diesem Fall genügen, um die Rettung einzuleiten, dann ging der zum Professor Berufene nach Stuttgart, 1940 folgte Berlin. Wieder zwei Jahre später machte Distler seinem Leben ein Ende. Die Kunst aber, die er geschaffen

ST. JAKOBI IN LÜBECK (Große Orgel)

hatte, wurzelte tief in jener barocken Tradition, die er in Lübeck begeistert studieren konnte – an seinem eigenen Instrument und in nächster Nachbarschaft an der Totentanzorgel von St. Marien. Gerade in Lübeck war ein Großteil seines umfangreichen geistlichen Werks für Chor ebenso wie die Partiten für Orgel entstanden.

Was die St. Jacobi-Orgel in Hamburg für Hans Henny Jahnn und Albert Schweitzer war, bedeutete die Stellwagen-Orgel also für Hugo Distler. Aber auch die Große Orgel der Kirche gehört zu den historischen Instrumenten, deren Meister sogar vermutlich ein Stellwagen-Schüler war: der nicht ganz so bekannte Joachim Richborn im an großen Namen so reichen norddeutschen Raum. Richborn hatte das Instrument zwischen 1671 und 1673 erbaut, besser: aus einem anonymen Vorgängerinstrument umgebaut, das bis ins Jahr 1504 zurückreicht. Damals bereits entstand der gotische Prospekt für das zentrale Hauptwerk, von dem heute noch viele Bleipfeifen erhalten sind, dann folgte 1573 das Rückpositiv. Richborn fügte nur noch Brustwerk und Pedal hinzu. Damit wurde aus dem gotischen Blockwerk (in dem ursprünglich keine Möglichkeit bestand, die Register beliebig zusammenzustellen: sie erklangen immer alle zusammen) eine ›richtige‹ Orgel mit variablen Teilwerken auf drei Manualen. Freilich sollte das Instrument im Gegensatz zur kleineren Schwester in derselben Kirche nicht vor inneren Eingriffen verschont bleiben. Nicht nur, daß mit der Größe der Orgel die Anfälligkeit für Schäden zunimmt, auch der Zeitgeschmack wirkt eher auf das Hauptinstrument denn auf das etwas im Schatten des Interesses liegende zweite. In jedem Jahrhundert also griff man ein, schon 1710 mit der Lieferung einer *Posaune* 32', für die sich – ein echter Schildbürgerstreich – wegen Platzmangels erst einige Jahrzehnte später bei einem weiteren Umbau eine Aufstellungsmöglichkeit (hinter den Pedaltürmen) ergab. Am wenigsten Schaden richtete 1890 ein Unbekannter an, der die hübschen Gesichter auf die alten Prospektpfeifen malte – mit den Kernspalten als geöffneten Mündern. Der innere Zustand der Orgel muß um diese Zeit jedoch deprimierend gewesen sein. 1891 lauteten zwei Gutachten vernichtend, wobei allerdings auch die Abneigung gegenüber allem Barocken herausklingt: »Schreistimmen« würden überwiegen, heißt es in dem einen, das Oberwerk klinge »leierkastenartig« im andern. Entsprechend wurde romantisiert. Hugo Distler erst stoppte diese Entwicklung im Jahre 1935 mit dem genau umgekehrten Versuch der Rückführung auf den alten Zustand. Mehr als die Beseitigung der Romantizismen (etwa des Schwellers) und die Errichtung einer neuen mechanischen Spielanlage war allerdings damals nicht möglich. Auch dies aber blieb nicht unangetastet. Nach der vorsorglichen Auslagerung des Pfeifenmaterials während des Zweiten Weltkrieges erfolgte zwischen 1957 und 1965 durch Emanuel Kemper der Wiedereinbau, nach dessen Abschluß 50 der insgesamt 68 Register erneuert waren, dazu die gesamte Spielanlage. Als man sich 1981 entschloß, noch einmal von vorn zu beginnen, ging Karl Schuke (damals Berlin-West) auf das Stichjahr 1673 zurück, ohne einige der mittlerweile erfolgten Erweiterungen zu ignorieren: z.B. das Oberwerk oder die für die Gravität bedeutsame 32'-*Posaune*. Der einsturzgefährdete Prospekt wurde von Grund auf neu errichtet, die Orgel auf vier Manuale mit insgesamt 62 Stimmen ausgelegt. Was an historischem Pfeifenmaterial noch vorhanden war, wurde restauriert, alles andere so historisch getreu wie möglich nachgebaut – die Ergänzungen vor allem des 20. Jahrhunderts verschwan-

ST. JAKOBI IN LÜBECK (Stellwagen-Orgel)

den wieder. Dazu gehörte ein letztes Mal die Spielanlage: Die Orgel bekam wieder eine mechanische Spiel- und Registertraktur. Insgesamt ist die Große Orgel von St. Jakobi damit ein Beispiel für eine ›gemischte‹ Konstruktion: kein Neubau, aber in diesem Fall (mangels Möglichkeit) auch keine wirkliche Rückführung auf den alten Zustand. Diese Lösung – die Wiederweihe erfolgte 1984 – verdient jedoch denselben Respekt wie andersartige. Auch die ständige Veränderung spiegelt ein wesentliches Stück der Realität unserer Kulturgeschichte. Wäre Hugo Distlers Plan einer Umgestaltung im Sinne der Orgelbewegung wirklich konsequent zustandegekommen, so hätte man im Jahre 1935 bei bestem Bemühen wohl kaum mehr als eine Phantomorgel schaffen können. Wie die alte Denkschrift zeigt, wollte man jedem Teilwerk seinen eigenständigen Charakter geben, das Hauptwerk majestätisch, das Oberwerk hell und ›quintig‹, das Rückpositiv ›terzig‹ gestalten – alles sehr ›barock‹, aber auch reichlich abstrakt. Ohne das historische Material läßt sich eben keine historische Orgel bauen.

Genau dies belegt schließlich aufs beste in derselben Kirche das Schwesterinstrument. Die Stellwagen-Orgel *war* erhalten geblieben, und zwar *mit* ihrem Pfeifenmaterial (sogar auf den dazugehörigen alten Windladen). Die auch hier eingetretenen Verluste betrafen Details, die immer ergänzbar sind, auch Erweiterungen wie die ausgerechnet durch Distler selbst vorgenommene Vergrößerung des Pedals, die man wieder rückgängig machen konnte. Auch in diesem Fall hatte man nach der Auslagerung während des Krieges schon 1946 übereilt für einen Wiedereinbau gesorgt, der alle Abänderungen der vorangehenden Jahrhunderte unkontrolliert übernahm. Als die Gebrüder Hillebrand im Jahre 1977/78 den Auftrag der Restaurierung übernahmen, kam es dann zur genauen Inspizierung, die überzeugende Ergebnisse brachte, weil der alte Zustand schlicht in der Orgel ›steckte‹. Am Prospekt brauchte man nur die Ergänzungen der Vergangenheit abzunehmen. Die Stimmung im normalen Kammerton wurde wieder in die alte zurückverwandelt: also eine Terz höher (sog. Chorton) und statt Temperierung modifizierte Mitteltönigkeit. Neu hinzugekommene Register verschwanden, um dem barocken Werkprinzip Geltung zu verschaffen. Wie ein Blick auf die Disposition zeigt, waren Hauptwerk und Rückpositiv im Gleichgewicht bei deutlich geänderten ›Farbwerten‹: in beiden Fällen die komplette Klangpyramide bis in die Mixturen, aber im Hauptwerk etwa die gravitätischere *Trompete* gegenüber dem zurückhaltenderen *Krummhorn* im Rückpositiv. Das Brustwerk bot mit Flöten und Zungen (wie dem *Regal* und der *Schalmei*) die ›charakteristischen‹ Stimmen.

Was für die Große Orgel also nicht gelingen konnte, war für die Kleine letztlich ein lösbares Problem. Wir hören heute den alten Klang des Jahres 1637, ja teilweise sogar des Jahres 1515. In den regelmäßigen Orgelkonzerten werden häufig beide Instrumente vorgeführt, und natürlich spielt der Organist Buxtehude oder Reinken auf der Kleinen, Widor oder Liszt auf der Großen Orgel. Der Zuhörer kann sich also durch die Zeiten führen lassen, durch sehr lange Zeiten.

Von lauten Orgeln und lauten Organisten

Ratzeburger Dom

4 Manuale, 60 Register – Rieger (1978)

Man stelle sich vor – im Geiste, versteht sich –, es gäbe einen Organisten, der sein Amt führte wie der Trainer Christoph Daum in der Fußball-Bundesliga, als Sprücheklopfer, der – unter dem Datum des 1. April – eine Traktatreihe ankündigte mit Titeln wie »Aids in der Musik (Alternativ-impertinente Dom-Singspiele)« oder »Ratzeburger Orgelmusik: Der Ratzeputz für das Ohr«, der bereitwillig über die Verunglimpfungen seiner eigenen Kompositionen berichtete (sie klängen, wie wenn zehn Mann gleichzeitig einer Katze auf den Schwanz träten) und im Nebenberuf Feuerwehrmann wäre. Dazu dann einen Orgelbauer mit gleichem verbalen Talent, der bei der Frage nach dem besten Aufstellplatz für eine Chororgel mitberücksichtigte, daß der Organist der vorüberschreitenden Braut vorsichtig in den Ausschnitt sehen könne und stolz auf andere Nebentätigkeiten hinzuweisen hätte, z.B. darauf, während des Zweiten Weltkriegs im Regiment Guderian den ersten Panzer mit Flak konstruiert zu haben. Nun, man braucht es sich nicht vorzustellen. Sie existieren nicht nur wirklich (zum Schrecken der Zunft), sondern sind die beiden Väter der Ratzeburger Domorgel: Neithard Bethke und Josef von Glatter-Götz, damals Haupt der Firma Rieger. Was die beiden austüftelten und 1978 zur Einweihung brachten, ist mittlerweile eine musikalische Attraktion im norddeutschen Raum mit seiner schönen, aber auch abseits gelegenen Seenlandschaft geworden.

Die Voraussetzung, zu der (wie zu hoffen ist) weder Bethke noch Glatter-Götz etwas beitrugen, lag in der Tatsache, daß das Vorgängerinstrument seinen Geist aufgegeben hatte und der Dom in den 70er Jahren gerade von Grund auf restauriert wurde. Für eine Orgel also bestand Handlungsbedarf, alles andere lag (wie so oft) an der Zugfähigkeit der Hauptakteure. Sie war enorm. Bei der Auswahl des Platzes schaffte man etwas, was andernorts so gut wie nie gelingt. Gegen noch unqualifiziertere Verbalinjurien, als sie die Protagonisten normalerweise vortrugen – ein mißgünstiger Dr. theol. rief gar für Bethke nach einem Exorzisten –, riß man eine vorhandene Betonempore ab und schuf damit den Raum für ein großes Instrument mit 60 Registern auf vier Manualen plus Pedal. Das Besondere liegt darin, daß nicht nur die gesamte Traktur, sondern ebenfalls die Registersteuerung mechanisch erfolgt. Genau das hatte *diesen* Organisten mit *diesem* Orgelbauer aus dem weit entfernten Österreich zusammengebracht: von Glatter-Götz war tatsächlich einer der ersten, der (wieder) mit einer solchen Bauweise experimentierte. Während über die Vorzüge der mechanischen *Spiel*traktur bei den Sachverständigen seit den 60er Jahren kaum Meinungsunterschiede bestehen, bedeutet eine mechanische *Register*steuerung erhebliche Einschränkungen ohne direkt erkennbaren Gewinn. Alleine kann der Organist kaum spielen, vor allem die romantische und moderne Literatur setzt raschen und vielfältigen Wechsel voraus – und dafür einen guten Helfer. Daß man den Nachteil in Kauf nahm, hat ideologische Gründe, wenn auch nicht unbedingt schlechte. Die Orgel stammt aus der Vergangenheit und lebt von deren Kunst bzw. Kunstverständnis. Man kann Organisten verstehen, die gerne etwas so Riesiges ohne die sonst allgegenwärtige Elektrik (nicht zu reden von Elektronik) ›regieren‹ möchten. Man spielt nicht nur besser, wenn man es bequemer hat, sondern auch, wenn man sich wohlfühlt.

Die Orgel selbst hat zunächst einmal nichts Ungewöhnliches an sich, wirkt nach Disposition wie Prospektgestaltung grundsolide, ja eher (im besten Sinne) konservativ, und kann sich dank des (teilweise) offenen Zweiunddreißigfußes mächtig entfalten. Ihr ›Gesicht‹ erinnert durchaus und höchst passenderweise an die Hamburger Prospekte des norddeutschen Raumes. Die Disposition sei ausnahmsweise in den Worten des Erbauers wiedergegeben: »Die Front der Orgel ist, notwendig, gefaltet, weil sonst die tiefen, dicken Brummer vorne nicht auf eine Linie zu bringen sind mit den hohen, dünnen Piepsern, die hinten stehen. Die größten Querulanten, Untersatz 32' C-Fis, stehen, verbannt in einem eigenen Gehäuse, hinter der Orgel. Sie murren, aber allen verständlich. Demokratische Ordnung? Nicht für den Auftritt einer Königin! Also schickt sie zuerst eine farbenfrohe Vorhut: das Rückpositiv (recte Vor-Positiv). Dann kommt, über dem Spielschrank, rurales Gequängel, bäurischer Übermut und subtile Spielkunst: das Brustwerk. Erhaben ob solcher Tändelei, beschreiten gravitätisch und solenn die spanischen Granden (Hidalgos) die Bühne, dominierend und alles andere auslöschend. Sie anerkennen nur den Baß, links, rechts und hinten, um die Kraft ihrer Sprache zu stützen und zu erhöhen: Spanisches Werk. Und jetzt kommt der Baß, das Pedal. Bisher durfte er nur poltern oder dezent schnurren. Jetzt möchte er tanzen. Er darf. Aber jetzt kommt die Königin höchst selbst. Sie ist zweigestaltig: weich, weil sie weiblich ist, und hart, weil sie König ist. Alles Weiche steht im Schwellwerk ganz oben. Es wischt den Schweiß von der Stirne, trocknet die Tränen, tröstet und macht Mut. Der harte Kern, der König, ist das Hauptwerk in der Mitte – die Mitte – die Hauptsache. Wenn durch seinen Schall, Klang und Hall nicht alle niederknien möchten, war alles vergebens.«

Anders als im Falle der kleinen Chororgel hat Josef von Glatter-Götz die einzelnen Register mit ihren üblichen Namen versehen, so daß man also nicht raten muß, was sich hinter dem *Bischofsprinzipal*, der *Cocopula* oder *Guillermos Quintessenz* verbirgt. Nur in einem Fall ist eine Ausnahme gemacht, und zwar beim im Pedal aufgeführten *Rauschwerk*. Zieht ein fremder Organist das ›Register‹, dürfte er verdutzt das Ergebnis wahrnehmen. Links unten fährt eine Art Schiebefach aus dem Spielschrank heraus und präsentiert eine Flasche mit Hochprozentigem samt Glas – die Marke hat es in sich, wird aber nicht verraten.

Wer nach soviel Schabernack an der Seriosität des Ganzen zweifelt, muß eines Besseren belehrt werden. Das Instrument ist zwar nicht die »Königin der Orgeln« geworden, wie es im Originalton des Herstellers heißt, aber sie ist ein beachtliches Werk – und nicht nur hinsichtlich der Mechanik ein Experiment. Man hat ihm bei der Intonation (und bei einer späteren Nachintonation sogar noch verstärkt) eine Klangstärke mitgegeben, die schlicht ans Brutale reicht. In unmittelbarer Nähe, in der man in diesem Kirchenraum ja tatsächlich sitzen kann, dürfte die Schmerzgrenze jedenfalls für gesunde Ohren überschritten sein (Vorsicht beim Mitbringen von Kindern!). Daß die Orgel trotzdem ihre Freunde fand und weiter findet, ist indes längst unter Beweis gestellt.

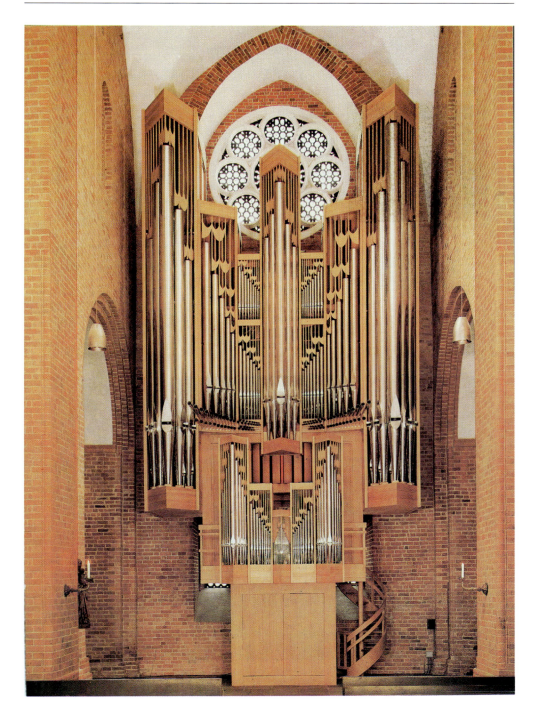

Dank internationaler Orgelwochen, Sommermusiken und vielem andern mehr, was teilweise mit eigenen Chören und Orchestern bestritten wird, besitzt Ratzeburg ein Musikleben, um das man die Stadt beneiden (um nicht mit Blick auf den Schöpfer zu sagen: beneitharden) kann. Wenn dabei die Lautstärke der Orgel und besonders ihres Organisten mitgeholfen haben sollte – na schön! Besser Sprücheklopfer mit Erfolg als raunende Oberpriester vor leeren Bänken.

Ein Prinzipal aus Blei
St. Johannis in Lüneburg

3 Manuale, 51 Register – Hendrik Niehoff und Jasper Johannsen (1553),
erweitert durch Matthias Dropa (1714),
letzte Restaurierung: von Beckerath (1953 und 1976)

Als der junge Bach im Alter von 15 Jahren nach St. Michaelis in Lüneburg ging, um dort als armer Leute Kind drei Jahre lang für seine Mitwirkung im Chor die Schulbank zu drücken, hat er auch den noch heute berühmten Organisten am Ort kennengelernt. Es war Georg Böhm von der benachbarten St. Johanniskirche. Dort stand damals ein dreimanualiges Instrument mit 26 Registern, das eineinhalb Jahrhunderte zuvor einer der bedeutendsten Orgelbauer der Zeit errichtet hatte: Hendrik Niehoff, zusammen mit Jasper Johannsen. Niehoff war Niederländer und bezog seine Werkstatt in 's-Hertogenbosch, von wo aus er auch den norddeutschen Raum belieferte. In Hamburgs St. Katharinenkirche, die vor dem Auftreten Arp Schnitgers über die größte Orgel am Ort verfügte, hatte er gerade eine große Reparatur durchgeführt.

Bach lernte also ein hervorragendes Werk kennen, das Böhm freilich erst einige Jahre später erweitern und auch äußerlich in den Zustand versetzen ließ, der sich heute dem Blick darbietet. Die beiden mächtigen Pedaltürme, die schon dem neuen Barockgeschmack huldigen, stammen von Matthias Dropa aus dem Jahre 1714, Hauptwerk, Oberwerk und Rückpositiv kann man sich mit etwas Blinzeln gut auch alleine vorstellen. In diesem noch von der Renaissance geprägten Teil aber steht bis heute der Prinzipal, den Niehoff dorthin gestellt hat und den auch Bach hörte. Er ist das klangliche Prunkstück der Orgel, nach seinem Gewicht ein Koloß aus fast reinem Blei, der trotz des weichen Materials nicht wie andere seiner Art ›durchgesackt‹ ist. Dieses Material jedoch, wohl aus Sparsamkeitsgründen benutzt, weil Zinnpfeifen dieser Größe damals unerschwinglich waren, ergibt einen unbeschreiblich singenden Ton voller Wärme und klanglicher Fülle. Wenn Michael Praetorius als zeitgenössischer Beobachter am niederländischen Orgelbau insgesamt rühmt, er habe sich »sehr der Lieblichkeit beflissen«, so dürfte dies gerade auf ein solches Register zutreffen. Nur am Pedal ließ man es noch fehlen. Brausende Bässe, Gravität, wie Bach sie in Lübeck und Hamburg kennenlernen sollte, entsprach dem norddeutschen Geschmack. Erst Matthias Dropa hat ihm beim

Umbau zweifellos nach Böhms Anweisungen in Lüneburg Geltung verschafft. Auch die etwas schwergängigen Springladen wurden damals durch Schleifladen ersetzt und eine ganze Reihe von Registern ausgetauscht bzw. neu hinzugefügt. Die *Trompete* im Hauptwerk, der *Dulcian* im Oberwerk und Rückpositiv – alles Zungen – stammen von 1714.

Die Orgel von St. Johannis war also bereits im frühen 18. Jahrhundert ein Gemisch aus Renaissance- und Barockwerk, man kann natürlich auch sagen: bewahrte ein sehr altes Stück wertvoller Orgelkultur, und dies über die Zeiten hinweg. Zu Beginn unseres Jahrhunderts, noch vor Einsetzen der Orgelbewegung, war Walcker 1922 mit einer Sanierung beschäftigt, die u.a. die Traktur betraf. Die alten Renaissance-Stimmen wurden nun pneumatisch zum Klingen gebracht. Dann erfolgte die Generalsanierung durch Rudolf von Beckerath in zwei Anläufen 1952/53 und 1975/76, dazwischen war die Orgel wegen der Renovierung der Kirche vierzehn Jahre lang ausgelagert. Von Beckerath, ganz und gar den Prinzipien der Orgelbewegung huldigend und einer der ersten, der in Deutschland nach dem Zweiten Weltkrieg wieder mechanische Orgeln baute, restaurierte gleichwohl nicht im Stil eines Jürgen Ahrend. Jedenfalls erfolgte keine kompromißlose Rückführung auf den Stand von 1714 oder gar 1553, sondern eine Art Übernahme des alten und in einigen Fällen (nach Böhm) rekonstruierten Pfeifenwerks in eine neue Orgel. In der Traktur gibt es Aluminium-Teile, die Windanlage ist auf dem letzten Stand, der Tonumfang bis zum *g′′′* erweitert und als Gipfel der Neuerungen ein amerikanisches Radial-Pedal eingebaut. Dabei blickt Dietrich von Amsberg, der derzeitige Amtsinhaber, keineswegs neidvoll zu seinen Kollegen, die sich mit Stummelpedal, beschränktem Tonumfang, ungleichstufigen Temperaturen und einigem anderen abmühen. Von Amsberg spielt neben Böhm und Bach auch Liszt und Reger. Die Voraussetzung dazu liegt schlicht in einer anderen Philosophie der Restaurierung. Der bleierne Prinzipal braucht dabei keineswegs um sein Leben zu fürchten, im Gegenteil. Aber er soll nun eben in Alu-Umgebung singen: Hauptsache, er singt. Übrigens hat es seit 1976 nie einen technischen Defekt gegeben. Und dies, obwohl die Orgel neben dem normalen Gottesdienst ca. hundert Mal pro Jahr in weiteren Konzerten, Orgelandachten u.ä. zum Einsatz kommt. Bei den Pfeifen, von denen einige fast 450 Jahre Dienst getan haben, war ohnehin nichts anderes zu erwarten.

Sechs Millionen für eine Wiedergeburt

St. Jacobi in Hamburg

4 Manuale, 60 Register – Arp Schnitger (1693), letzte Restaurierung: Ahrend (1993)

Mancher Kenner, der an ihr hochschaut, mag es immer noch nicht recht glauben, daß der Traum wahr wurde. Nach dreihundertjährigem Dienst, nach Instandsetzungen, Kriegsverlusten im Ersten und Zweiten Weltkrieg, schließlich nach einer Wiederherstellung in den 50er Jahren unter lauter Kompromissen erklingt seit dem Oster-

sonntag 1993 die St. Jacobi-Orgel wie zu den Zeiten ihrer Erbauung im Hochbarock. Weil man nach der Vernichtung der großen Schwesterinstrumente der Region in den Bombennächten von 1943 die Pfeifen unterm Turm der Kirche einbunkerte, blieb 85% des alten Bestandes erhalten – in erbärmlichem Zustand, aber erhalten. Für das Gehäuse, den typischen Hamburger Prospekt, der mit dem Gotteshaus abbrannte, existierten Fotos, in die ein unbekannter Laie sogar die wichtigsten Maße notiert hatte. Für den ebenfalls vernichteten Spieltisch konnte man auf das erhaltene Schnitger-Exemplar des Lübecker Doms zurückgreifen. Sechs Millionen Deutsche Mark wurden benötigt, wofür man zwei neue Domorgeln bester Qualität bekommen kann. Daß statt dessen etwas Altes *wiedererstand*, verdankt sich der Initiative eines Kreises Begeisterter um die Hauptakteure Pastor Lutz Mohaupt, Organist Rudolf Kelber und Restaurator Jürgen Ahrend. Sie hatten zum Schluß tatsächlich alle Probleme gelöst, alles Geld zusammengebettelt, sogar dank einer Sonderbriefmarke der Deutschen Bundespost, die die nötige Publicity brachte. Für ein derartiges Gelingen aber bedarf es guter, ja sehr guter Argumente. Es war letztlich das einzige, woran kein Mangel herrschte.

Die Orgel von St. Jacobi stammt vom besten Baumeister der damaligen Zeit im norddeutschen Raum: von Arp Schnitger. Er hatte ein Großinstrument mit 60 Registern bauen dürfen wie kurz zuvor für St. Nicolai in Hamburg und kurz hinterher für den Lübecker Dom. Überall existierten bereits Großorgeln – eine Herausforderung für alle Beteiligten. Keine einzige aber hat überlebt – außer in St. Jacobi. Was die Kriege nicht zerstörten, schaffte der Hamburger Brand von 1842, den Rest besorgten Umbauten, besonders in romantischer Zeit. St. Jacobi ist hinsichtlich dieser Größenordnung schlicht die letzte Zeugin der Vergangenheit. Schon die Fertigstellung der Orgel fällt in eine Phase abnehmenden Interesses. Die Instrumentalmusik war auf dem Vormarsch, aber auch der Kompositionsstil wendete sich von dem ab, woraufhin gerade die großen Orgeln angelegt sind. Galante Homophonie mit Betonung von führender Melodie und begleitender Harmonie ersetzte das komplizierte Flechtwerk der kontrapunktisch geführten Stimmen z.B. in den Fugen. Der Hamburger Musiker und Musikschriftsteller Johann Mattheson, eine Generation jünger als Schnitger, spottete bereits über die »Mixturjunker und Pedalquäler«, die es neben Sängern und Instrumentalisten schwer hatten. Als Johann Sebastian Bach, wirklich er selbst, sich 1720 ausgerechnet auf die Stelle in der Jacobikirche bewarb, zog er schließlich zurück, weil er den gerade damals erfundenen ›Einstandspreis‹ nicht zahlen konnte – auf Kunst kam es bereits nicht mehr an. Zum Glück war wenigstens das Instrument unverkäuflich. Vom besten Baumeister in bester Tradition also gebaut und alleine übriggeblieben: langt das? Nicht unbedingt, aber es kommt auch noch etwas hinzu.

Die St. Jacobi-Orgel ist nicht nur ein sehr gutes Instrument, sondern auch ein sehr typisches. Schnitger hat hier eine norddeutsche Barockorgel wie im Lehrbeispiel gebaut. Zunächst einmal mußte er wie üblich einiges Pfeifenmaterial des Vorgängerinstruments verwenden und tat es brav: immerhin 14 komplette Register aus dem frühen 16. Jahrhundert, aber nur Labiale. Alle 15 Zungen stammten von ihm selbst, weil er hier offenbar eigene Vorstellungen hatte. Außer den kräftigen Trompeten im Hauptwerk (für die »Gravität«) sind es besonders die unterschiedlichen Soloregister, die ihn reizten. Stellt man die 17 Flöten daneben, so ergibt sich zunächst einmal eine große Auswahl an

ST. JACOBI IN HAMBURG

Charakterstimmen (für die »Lieblichkeit«). Aber dies ist nur die eine Seite der Absichten. Die andere führt uns noch näher an das Besondere der St. Jacobi-Orgel.

Schnitger hatte fünf Teilwerke zur Verfügung, spielbar von vier Manualen (Hauptwerk, Rückpositiv, Oberpositiv, Brustpositiv) und dem Pedal. Alle diese Teilwerke behandelte er wie Orgeln im Ganzen (sog. Werkprinzip). Nicht alles Kräftige ins Hauptwerk, alles Leise oder Spitze in die Positive, sondern erst einmal jedes Werk in sich komplett, mit selbständiger Prinzipalausstattung in den übereinander geschichteten Klanglagen vom 8' (im Hauptwerk sogar 16') bis in die krönenden Mixturen. Als in sich komplettes Teilwerk aber erhielt jedes seine eigene Charakteristik, genauer: Farbcharakteristik. Man kann also einen Choral in viermal anderem Klangaufbau begleiten, natürlich jeden dieser Klangaufbauten wiederum in sich variieren. Kleine Klanggruppen lassen sich in fast unendlichen Variationen zusammenstellen, um gegeneinander, nacheinander, auch ineinander zu spielen, ohne daß der Hörer den Faden verliert. Der Gipfel des Ganzen aber: Man hat mit modernen akustischen Messungen nachgewiesen, daß die Werke in sich einen Eigencharakter haben, der dem entspricht, was die menschliche Stimme hervorbringt. Wie die einzelnen Vokale alle einen bestimmten Klangaufbau, man sagt: einen eigenen Formanten, besitzen, so entspricht das Hauptwerk dem menschlichen o, das Rückpositiv dem etwas helleren e, das Brustwerk dem ganz hellen i. Das kann man zwar nicht ›hören‹, aber ›empfinden‹ – der Klang ›lebt‹.

Fast hätte dieses Leben jedoch sein äußeres Ende gefunden, ja klinisch war die Schnitger-Orgel so gut wie tot. Schon 1917 muß das Instrument einer Ruine gleichgekommen sein, als man die Prospektpfeifen abgeliefert hatte, um daraus Konservendosen für die Front zu machen. Hans Henny Jahnn, der Hamburger Dichter, der auch Orgelbauer war (oder umgekehrt), hat den Geist trotzdem noch wehen hören und weitere Kenner auf die Spuren gesetzt: Christhard Mahrenholz und Albert Schweitzer insbesondere. Von diesem stammen all die Superlative, die man nur dem wirklichen Liebhaber verzeiht: von der »schönsten Orgel« der Region über »eine der wertvollsten Orgeln der Welt« bis zum subtilen Slogan vom Instrument, »nach dem Bach sich sehnte«. 1925 fand in Hamburg die erste jener Tagungen statt, mit denen die norddeutsche Orgelbewegung begann. Noch also waren in St. Jacobi Eindrücke zu gewinnen, ehe dann der Zweite Weltkrieg auch dem Verbliebenen fast den Rest gegeben hätte. Zwar baute man alles noch einmal zusammen, aber ohne wirkliche Sanierung und auch ohne den Willen zur Erhaltung des Konzepts. In alles Technische war eingegriffen, das Gehäuse gar in neuen Proportionen errichtet worden – kein vernünftiger Mensch hätte eine Wiederbelebung der Vergangenheit für möglich gehalten. Aber dann kamen die ›Unvernünftigen‹ und breiteten ihr schlichtes Konzept aus: alles wiederherstellen! Was verbrannt war, wurde rekonstruiert, was Beschädigungen aufwies – einige Pfeifen sollen so krumm gewesen sein wie Bananen, von den aufgeplatzten Nähten nicht zu reden –, wurde restauriert. Die Voraussetzung dazu: genaue Aufnahme des Bestandes bis in die letzte Einzelheit. Jede der ca. 4000 Pfeifen wurde vermessen und nach bis zu 30 Merkmalen beschrieben, um die Sanierung auf sichere Grundlagen zu stellen. Wo das Material verschwunden war, mußte man es nach alten Vorbildern ersetzen wie etwa beim Zweiunddreißigfuß, von dem man wußte, daß die Metallstärke seiner einzelnen Pfeifen nach oben hin kontinuierlich abnimmt.

Es gab auch Streit, der zu Kompromissen zwang. Fast hätte die Diskussion um die Gestaltung der Empore das Unternehmen zum Abbruch gezwungen. Auch die Frage der Stimmung führte auf Kollisionskurs. Der Restaurator wollte die originale mitteltönige, also einige ›reine‹ Tonarten auf Kosten der Unsauberkeit aller anderen. Der Organist wollte Bach spielen und strebte eine Stimmung in der Nähe der temperierten an. Man einigte sich schließlich auf eine modifiziert mitteltönige Variante zwischen den Extremen, wobei der Kammerton eine ganze Stufe ›über Normal‹ liegt. C-Dur klingt entsprechend wie D-Dur, also einen Ton höher. Wenn man ein D-Dur-Präludium in C-Dur spielt, weil D-Dur nicht klingt, klingt eben D-Dur, und zwar fast sauber. Wer dies nicht versteht, braucht sich keine Gedanken zu machen. Der Organist wird es schon richten – und in St. Jacobi dürfte man auch in Zukunft nur die besten haben, nie wieder die Zahlungskräftigsten wie zu Bachs Zeiten.

Vom Spazierstock zum Plattenspieler

St. Michaelis in Hamburg

5 Manuale, 85 Register – Steinmeyer (1962)

Fünf Hauptkirchen kennt Hamburg seit dem späten 17. Jahrhundert. Sie alle wetteiferten um die bedeutendste Orgel. In drei Kirchen holte man den besten Mann der Region, Arp Schnitger, der nach St. Nicolai und St. Jacobi im Jahre 1712 auch St. Michaelis bekam. Aber *die* Kirche, die zum Wahrzeichen Hamburgs werden sollte, stand noch nicht. Schnitgers Orgel gehörte zur Vorgängerin, die 1750 abbrannte. Als 1762 der Barockbau Ernst Georg Sonnins fertig wurde, begann ein neues Kapitel auch in musikalischer Hinsicht. Nicht nur daß Schnitger schon lange tot war, man sah sich in der Hansestadt nach grundsätzlich anderen Vorbildern um und holte sie schließlich aus einiger Ferne. Während St. Jacobi einst Bach abgewiesen hatte, machte St. Michaelis dessen Sohn Carl Philipp Emanuel zum Musikdirektor, direkt nach einem anderen bedeutenden Thüringer, nämlich Georg Philipp Telemann. Die aber brachten die Orgeltradition ihrer Heimat in den Norden. Den Auftrag für das neue Instrument bekam Johann Gottfried Hildebrandt, Sohn von Zacharias Hildebrandt, der wiederum Schüler und dann Konkurrent von Gottfried Silbermann gewesen war. In einer erstaunlichen Privatinitiative legte der Hamburger Musikschriftsteller Johann Mattheson, einer der Väter der Musikwissenschaft, aber auch ein Tausendsassa mit damals seltenem Talent zum Reichwerden im Reich der Kunst, ein Drittel der benötigten Mittel auf den Tisch und durfte dafür mit Hildebrandt zusammen die Disposition ausarbeiten. Mattheson erlebte die Fertigstellung nicht mehr, wohnte der Einweihung aber trotzdem in nächster Nähe bei: Wie schon vorher Bach wurde auch er in der Gruft bestattet.

Man dürfte die Geschichte nicht so ausführlich erzählen, wenn nicht diese Hildebrandt-Orgel auch noch im heutigen Instrument ›steckte‹: nicht mehr real – zu viele

neue Brände bzw. Zerstörungen –, aber dem Geiste nach. Schon vom ursprünglichen Prospekt hat man sich bei allen Neubauten nie mehr völlig gelöst. Und als man 1958 wieder einmal von vorn anfangen mußte, entschied man sich für ein Klangbild, das der Hildebrandt-Silbermann-Tradition nahekommen sollte. Freilich ist diese Entscheidung nicht zu verstehen ohne ein ungewöhnliches Zwischenspiel, das die Orgel von St. Michaelis für einige Jahre zur größten Kirchenorgel der Welt machte.

Dies war 1912 gewesen. Sechs Jahre zuvor hatte ein Juligewitter Kirche und Orgel dahingerafft. Inzwischen aber war St. Michaelis mit seinem hohen Turm, der vom Hafen her die Stadtsilhouette beherrscht, zum Wahrzeichen geworden. Der Wiederaufbau erfolgte sofort, und auch der Auftrag an Walcker zeigt, wie sehr man die gewachsenen Traditionen achten wollte: Nachdem schon im 19. Jahrhundert Versuche abgewehrt wurden, die Hildebrandt-Orgel zu ›modernisieren‹ – es existiert ein hochpolemisches, aber auch erfolgreiches Gutachten zur Rettung des Bestandes –, blieben die Schatten des großen Vorgängers erhalten. Hildebrandt hatte sein Instrument in ein Gehäuse gestellt, das an die Silbermann-Orgel im Freiberger Dom anknüpfte, angesichts der Dimensionen in Hamburg freilich einen Akzent gesetzt, der einmalig war. Genau in der Mitte des Prospekts stand die längste Pfeife, das tiefe *C* des 32'-*Prinzipals* mit einer Höhe von 11,28 Metern. Walcker hat nicht nur das Detail, sondern auch die ganze Anlage übernommen, dabei die Orgel noch einige Meter vorgezogen und selbst die Seitenränder genutzt, um Raum zu schaffen für den neuen Riesen: im I. (Prinzipalwerk) und II. Manual (Hornwerk) zwei annähernd gleichberechtigte Hauptwerke, im III. (Zungenschwellwerk) und IV. Manual (Labialschwellwerk) zwei dynamisch deutlich abgestufte Solowerke, schließlich im V. Manual das Fernwerk, das durch einen 40 Meter langen Eisenbetonkanal aus einer Deckenrosette tönte. Insgesamt ergaben die 163 Stimmen einen alle Schattierungen abdeckenden Klang, natürlich besonders in Richtung zeitgemäßer romantischer Sinfonik. Technisch war die Orgel auf dem neuesten Stand der Elektrifizierung mit allen Arten von Koppeln und zahlreichen Gruppenzügen für vorpräparierte Registrierungen. Zur Einweihung hatte man außer dem Kaiser auch Max Reger geladen und damit angedeutet, für welche Art von Literatur dieses Instrument gedacht war.

Es wurde im Zweiten Weltkrieg stark beschädigt, riß aus seinen Verankerungen und blieb als Trümmerhaufen übrig – die Holzpfeifen waren erst anschließend zum Verfeuern geraubt worden. Als sich die Frage nach einem Wiederaufbau stellte, plädierte der damalige Kirchenmusikdirektor von St. Michaelis unter heftiger Anfeindung durch Gemeindemitglieder *gegen* die Restaurierung der Walcker-Orgel und für einen Neubau, der schließlich durch die Firma Steinmeyer 1962 ausgeführt wurde. Friedrich Bihn wollte schlicht den Gigantismus des 19. Jahrhunderts nicht mehr wiederholen, sondern stärker zum Ausgangspunkt zurückkehren, zur Hildebrandt-Orgel. Zwar war eine Rekonstruktion nicht mehr möglich, aber das alte Konzept sollte dem neuen Werk wenigstens die Richtung weisen. Das 85-Register-Instrument erhielt wiederum fünf Werke, die diesmal sogar abweichend von Walcker *und* Hildebrandt ihren Aufbau auch im Prospekt zumindest andeuten durften: statt des auftrumpfenden offenen Zweiunddreißigfußes und der ebenfalls markanten 16'-Pfeifen eine etagenweise Gliederung in Prinzipalwerk (II. Manual), Hauptwerk (III. Manual), Brustwerk (IV. Manual), Kronwerk (V. Manual), dazu das Bombard-Werk (I. Manual) mit den klangstärksten Zungen. Es gibt immer noch ein kräftiges, aber auch variables Plenum, dem mit dem weit entfernten Kronwerk ein barock anmutender Klangkörper gegenübersteht. Die gesamte Spielanlage ist mechanisch und dank der neuen technischen Möglichkeiten trotz der Dimensionen leichtgängig.

Die Steinmeyer-Orgel in St. Michaelis stellt zweifellos den Typ der modernen Universalorgel dar, wie er die sechziger Jahre beherrschte – mit einem Akzent in Richtung Silbermann-Tradition. Dies aber kam auf höchst ungewöhnliche Weise zustande. Man hat in der Planungsphase über starke Lautsprecher Schallplatteneinspielungen verschiedener Orgeln aus dem noch leeren Gehäuse ertönen lassen und so tatsächlich die endgültige Wahl getroffen. Wenn man bedenkt, daß Gottfried Silbermann einst mit seinem Spazierstock auf den Kirchenboden geschlagen haben soll, um die Akustik zu prüfen, und auch von Bach allerlei Anekdoten berichtet werden, wie er die Klangverhältnisse optisch ›ablas‹, wirkt die Hamburger Methode fast ernüchternd: Welche Orgel, bitte schön, soll's denn sein? Interessant ist das Ergebnis auf jeden Fall. Es wird berichtet, daß die akustischen Nachmessungen hinterher tatsächlich den Verhältnissen der Dresdner Frauenkirche ähneln, soweit die vorhandenen Tonzeugnisse den Vergleich gestatten. Doppeltes Phantomspiel: Der reale Klang in Hamburg ähnelt dem nur noch konservierten in Dresden. Man konnte damals freilich kaum ahnen, daß die im Augenblick wiedererstehende Frauenkirche auch eine Rekonstruktion der alten Silbermann-Orgel erhalten soll. Vielleicht wird es also zur wirklichen Probe aufs Exempel kommen.

Zweierlei Restauratoren
St. Cosmae und St. Wilhadi in Stade

St. Cosmae: 3 Manuale, 42 Register – Berendt Huß (1675),
letzte Restaurierung: Ahrend (1975 und 1993/94)
St. Wilhadi: 3 Manuale, 40 Register – Erasmus Bielfeldt (1736),
letzte Restaurierung: Ahrend (1988)

Wer heute als Tourist durch Stade schlendert und sich dabei ins Mittelalter versetzt fühlt, irrt sich zwar ein wenig in den Jahrhunderten – der Stadtbrand von 1659 sorgte für die wichtigste Zäsur –, aber völlig zu Unrecht entsteht der Eindruck nicht. Nach schlechten Zeiten im aufkommenden Industriezeitalter ist Stade in einen Dornröschenschlaf versunken und hat dabei sein historisches Gesicht gewahrt. Die große Sanierung der 70er Jahre konnte es in seinem alten Glanz wieder herstellen. Neben all den schönen Fassaden aber widmete man sich auch den historischen Orgeln von St. Cosmae und St. Wilhadi. Sie wurden Teil der Sanierung, anders hätten die für eine Kleinstadt gigantischen Summen nicht aufgebracht werden können. Selbstverständlich war dieses Projekt keineswegs, denn beide Orgeln hatten ihre ›Rettung‹ eigentlich schon hinter sich. Vor und nach dem Zweiten Weltkrieg nahm sich Paul Ott der Instrumente an, freilich im Rahmen des damaligen frühen Kenntnisstandes. Immerhin war auf diese Weise die Erhaltung eingeleitet, denn längst drohte die Ersetzung der alten Orgeln. In St. Wilhadi mußte der Organist bereits mit Schutzhelm spielen, weil die Schleierbretter herunterbröckelten. Aber Restaurierung ist eben nicht Restaurierung, und Stade stellt nicht nur eine historische Idylle dar, sondern auch ein Lehrbeispiel für das Aufeinandertreffen von höchst unterschiedlichen Ansichten über historische Treue. Gleich mehr davon!

Im 17. Jahrhundert hat noch niemand an uns heutige Nachfahren gedacht. Man erwarb damals sehr gute und sehr teure Orgeln zur Verschönerung des Gottesdienstes als Zentrum des Lebens. Seit dem 14. Jahrhundert sind entsprechende Instrumente in Stade bezeugt, 1591 baute in St. Cosmae einer der ganz Großen: Hans Scherer der Ältere. Dann kam der Stadtbrand und danach fast sofort der Neubau. Berendt Huß aus Glückstadt wurde diesmal gewonnen, in dessen Werkstatt ein junger Mann lernte, der ihn bald überflügeln sollte: Arp Schnitger. Noch unter den Fittichen des Lehrherren ist er an beiden Projekten beteiligt, die mehr oder weniger parallel liefen – für die Gemeinden wohl eine Kostenersparnis unter den damaligen Verhältnissen einer mehrjährigen Niederlassung der Orgelbauer an der Stätte ihres Wirkens. St. Cosmae wurde 1675 fertig und bekam als Organisten Vincent Lübeck, der es rasch zur Berühmtheit brachte und später nach Hamburg ging. Er blieb übrigens seit damals ein Leben lang mit Schnitger freundschaftlich verbunden, was man bei Bach und Silbermann so gerne gesehen hätte, aber eben nicht zustande kam. St. Wilhadi folgte 1678, hatte aber weniger Glück. Beim Beschuß der Stadt im Jahre 1712 wurde das Werk schwer beschädigt. Schnitger versuchte es noch mit einer Rettungsaktion, dann kam ein Blitzschlag, der endgültig alles in Asche legte. Man mußte also wieder von vorn anfangen und rief Erasmus Bielfeldt, einen Enkelschüler Arp Schnitgers, der 1735 das Werk vollendete. Stade besaß damit wieder zwei Orgeln des Spätbarock, geschaffen von bedeutenden Meistern der Zeit, und versank in dieser fürstlichen Ausstattung in jenen Tiefschlaf, der uns den Schatz erhalten hat.

Die Orgel von St. Cosmae, die etwas ältere, ist entsprechend etwas klassischer geraten. Sie besitzt Hauptwerk (hier Oberwerk genannt), Brustwerk und Rückpositiv, dazu das in dieser Region selbstverständliche voll ausgebaute Pedal. Man erkennt an der Disposition, wie sehr man auch damals (entgegen der Lehrmeinung aus orgelbewegter Zeit) die Grundstimmen betonte: überall satter Aufbau auf kräftigem Fundament bis in die Klangkronen, dazu die Soloregister aus dem Bereich der Aliquoten (*Sesquialter* und *Cornett*) sowie der Zungen (*Krumphorn, Schalmey, Trechter Regal*). Lübeck ließ Schnitger nachträglich noch vier weitere Stimmen einbauen, darunter eine 16'-*Trompete* im Oberwerk. Man kann mit all dem vorzüglich zwischen den in sich kompletten Teilwerken abwechseln, wie man es damals anstrebte. In St. Wilhadi hat man dagegen einen Hauptpfeiler dieses Systems abgewandelt. Hier fehlt das Rückpositiv, das im späteren Orgelbau tatsächlich auch fast völlig abhanden kommen sollte. An seine Stelle tritt ein Hinterwerk (noch ist es kein Schwellwerk) mit deutlich solistischen Ambitionen. Hier steht die *Vox humana*, jene Zunge, an der sich so viele Orgelbaumeister mit ihren Intonationskünsten abgemüht haben und die in romantischen Zeiten immer als erste

herausflog – die französische *Voix humaine* hat einen ganz anderen Klang. Im übrigen fallen die weitmensurierten Prinzipale auf, die fast wie Flöten wirken, also ein weiches Klangbild bieten, das ebenfalls der Lehrmeinung vom herben norddeutschen Barockklang widerspricht. Die Bielfeldt-Orgel zeigt, daß man damals im Norden ebenso auf den Süden zuging wie im Süden auf den (französischen) Westen: Orgelbaukunst war immer Kunst in Bewegung, kein wirklicher Meister begnügte sich mit bloßem Wiederholen.

Diese Form der Erstarrung brachte tatsächlich erst unser Jahrhundert, und zwar ausgerechnet in Gestalt der Orgelbewegung. Im selben Augenblick, in dem man die Prinzipien der Barockkunst an den wenigen übriggebliebenen Instrumenten wiederentdeckt hatte, wurden sie in vereinfachter Form *jeder* historischen Orgel übergestülpt. Gewiß hatte man auch im Laufe der vorangegangenen Jahrhunderte eingegriffen, z.B. 1870 in St. Cosmae das Rückpositiv abgebrochen und in die Orgel hineinverlegt – wie üblich in romantischen Zeiten. Es gehörte zu den ersten Maßnahmen Paul Otts, dieses Rückpositiv wieder neu zu errichten. Daß der gleiche ›Restaurator‹ dann 1935 in St. Wilhadi ein Rückpositiv *hinzuerfand*, weil die klassischen Orgeln ein solches haben ›mußten‹, ist die Kehrseite der ideologischen Medaille. Aber dies betraf nur das äußere Erscheinungsbild. Auch das Innenleben hat Ott gehörig umgekrempelt. Zwischen 1960 und 1963 bekam die Orgel eine komplett neue Traktur, neue Pfeifen und neue Stimmhöhe. In St. Cosmae hatte er schon 1948 aus dem historischen Instrument u.a. mit radikaler Drosselung des Winddrucks ein neobarockes gemacht, wie man es sich damals als authentisch vorstellte. Dann machte sich ein einstiger Lehrling von Paul Ott noch einmal ans Werk, zuerst (ab 1973) in St. Cosmae. Es war Jürgen Ahrend aus dem ostfriesischen Leer, der einmal in einem Interview die Orgelbewegung »letztlich eine Katastrophe« nannte. Wieso gelang ihm, was Ott versagt blieb?

Der Grund ist letztlich ebenso einfach wie folgenreich. Statt einer abstrakten Vorstellung von *der* barocken Orgel anzuhängen, ging Ahrend stets vom individuellen Instrument aus. Nachdem er den Orgelbau in seiner klassischen (und d.h. mechanischen) Kunst bei den besten damaligen Fachleuten studiert hatte (Trakturen bei Metzler, Pfeifen bei Marcussen), verbrachte er seine Urlaube damit, historische Instrumente zu untersuchen. Jede der nachfolgenden Restaurierungen war dann ein Werk wie ein Neubau auch. Unter der Voraussetzung, daß jedes Detail mit jedem andern in Beziehung steht, wurde kompromißlos der Originalzustand angestrebt. Die Pfeifen bekamen die alten (oder rekonstruierten) Windladen, die Tasten ihre alte Mechanik, das Werk insgesamt seine einstige Tonhöhe. Auch historische Zustände, die manch ein Organist heute weniger begeistert begrüßt (wie z.B. verengter Pedalumfang), hat Ahrend beibehalten bzw. wiederhergestellt. Getreu dem Motto, daß die alten Orgeln als ein Organismus gebaut waren, der nur dann funktioniert, wenn man an ihm nichts verändert, geht Ahrend jedem noch so unwichtig erscheinenden Detail nach. Wo etwas fehlt, wird anderswo nachgesehen, wie es aussah, wo geändert wurde, wird zurückgeändert. Die Kosten sind entsprechend, und man muß zur Ehrenrettung Otts sagen, daß derartiges in den Nachkriegsjahren nicht zu finanzieren gewesen wäre. Der Anfang war entsprechend nicht einfach und glückte auch nicht in Deutschland, sondern in den Niederlanden. Nur reisen Organisten heute gern und berichten darüber. Diese Berichte waren so überschwenglich, daß man bald auch in Deutschland den Aufwand riskierte. St. Cosmae (1975) gehört zu den ersten Meisterwerken Ahrends in diesem Land, denen sich dann weitere anschlossen: Norden 1985, St. Wilhadi 1988, Hamburg 1993 – die vielen kleineren Projekte gerade im norddeutschen Raum können nicht alle aufgezählt werden. Ahrend hat mit seiner Methode sehr viel gewagt und sehr viel erreicht. Eine Verabsolutierung würde er wohl selbst als erster ablehnen.

Ein ›subwoofer‹ für die Kirche

St. Ludgeri in Norden

3 Manuale, 46 Register – Arp Schnitger (1692), letzte Restaurierung: Ahrend (1985)

Wer Ordnung will, braucht Schubladen – sogar der Computer ist in diesem Punkt höchst altmodisch und hat sie in Form von *files* übernommen. Aber Schubladen haben ihre Tücken. Mit der Ordnung kommt die Gleichmacherei, und manchmal muß man etwas aus der einen in die andere legen. So ist es auch mit den Orgeln. Wie hilfreich kann es sein, wenn die erste Information lautet: ›norddeutsch‹. Aber keine Orgel ist damit schon beschrieben. Zuletzt sind es Individuen, die einen Typus prägen, und dieser existiert nur in einzelnen Erzeugnissen mit einem gemeinsamen, aber auch wieder je eigenen Charakter.

Arp Schnitgers Instrumente sind das beste Beispiel. Der vielleicht bedeutendste Orgelbauer des Barockzeitalters ist im Oldenburgischen geboren, stammt aus einer Tischler- oder Schnitzer-Familie (daher also der Name) und lernte bei seinem Vetter Huß im holsteinischen Glückstadt sein Handwerk. Die erste große Bewährungsprobe bestand er in Stade, wo Huß in St. Cosmae und St. Wilhadi baute – letztere Orgel hatte er nach dem Tode des Meisters 1678 zu Ende gebaut und dabei auch schon seine eigenen Vorstellungen verwirklicht. Von da aus ging es nach Hamburg, wo er mit der Nicolai-Orgel (1687) seinen Ruhm begründete. Sie war damals mit ihren 67 Stimmen die größte Orgel Europas, man pilgerte zu dem Werk wie zu einem Weltwunder. In direkter Nähe der großen Hansestadt, in Neuenfelde, gründete er seine Werkstätte, von der aus er die Region belieferte – am Ende seines Lebens waren es 169, darunter freilich viele Hausorgeln. Ganz zuletzt eroberte er die Niederlande, von wo die deutsche Orgelbaukunst einst ihre wichtigsten Anstöße erhalten hatte. Lieferungen nach Moskau und Portugal (von wo aus übrigens ein Instrument nach Mariana in Brasilien gelangte, das noch heute erklingt) waren die Ausnahme, selbst die Lieferung ins Berlin der Hohenzollern ein folgenloser Abstecher. Noch prägte man Landschaften, und besonders zwischen Elbe und Weser sind bis heute etliche Instrumente erhalten, wenn auch die meisten umgebaut oder nur noch mit ihrem Prospekt: Lüdingworth und Cappel, das seine Orgel einst aus einem Hamburger Kloster erwarb, wären besonders erwähnenswert, weiter Steinkirchen, Hollern, Estebrügge, Dedesdorf, Grasberg und Neuenfelde, die Arbeitsstätte, an der er seine eigene Kirche ausstattete, wo er auch begraben liegt.

Einer dieser Orte jedoch verdient, besonders hervorgehoben zu werden: Norden mit der St. Ludgeri-Kirche. Hier hat die größte (fast) im Originalzustand erhaltene Orgel Schnitgers überlebt. Dabei aber handelt es sich gerade nicht um eine Art Standardmodell, sondern ganz im Gegenteil: In St. Ludgeri war die Aufstellung ein fast unlösbares Problem, nachdem man den Chorraum um das Hauptschiff erweitert hatte, ohne an einen Platz für die Orgel zu denken. Das Vorgängerinstrument stand zwischen zwei Pfeilern im Chor und strahlte seinen Schall offenbar so ungünstig ab, daß man schon im Kanzelbereich Hörschwierigkeiten hatte. Schnitger zog nun das Hauptwerk etwas vor, stellte es leicht schräg in den Raum und gab ihm statt der üblichen Pedaltürme rechts

und links einen einzigen, der um den Vierungspfeiler herum direkt ins Hauptschiff schallt – genau wie ein *subwoofer* in heutigen Stereoanlagen, der ja auch als ein einziger Lautsprecher die (vom Gehör räumlich nicht zu ortenden) Baßtöne wiedergibt. Als das Konzept fertig war und der Aufbau begonnen hatte, gab die Gemeinde, offenbar begeistert vom Begonnenen, noch ein komplettes weiteres Teilwerk in Auftrag. Schnitger legte es als Oberwerk an und stellte es – von der Kirche her gesehen weitgehend verdeckt (die oben hervorlugenden Pfeifen sind sogar Attrappen) – hinter die Orgel. Die acht Stimmen wurden dem Brustmanual des schon fertiggestellten Spieltischs hinzugefügt. Man sieht also eine verhältnismäßig kleine Orgel mit einem eigenartigen Ableger und hört ein großes Werk von immerhin 46 Registern, die den ungewöhnlichen Kirchenraum sehr gut füllen. Beim Pedal muß der Organist sogar zurückhaltend registrieren, aber bei einem symmetrischen Aufbau hätte einer der beiden Türme immer lauter geklungen als der andere.

Das reizvolle Werk, das freilich nicht völlig ohne Vorbild ist, hat die Zeiten also überdauert. Als man sich in der Orgelbewegung des Werts bewußt wurde, erhielt Paul Ott vor und nach dem Zweiten Weltkrieg den Auftrag zur Sanierung. Noch freilich fehlten die notwendigen Kenntnisse, und man muß froh sein, daß bei allerlei ›zeitgemäßen‹ Eingriffen wenigstens die meisten Pfeifen und das Innenleben erhalten blieben. Jürgen Ahrend konnte jedenfalls 1985 eine Restaurierung durchführen, die bei einigen Rekonstruktionen zum Originalzustand zurückführte. Dazu gehören sowohl die modifiziert mitteltönige Stimmung wie eine verkürzte Tastatur für die jeweils untersten Oktaven der einzelnen Manuale und des Pedals (sog. kurze Oktaven), die uns noch in Tangermünde näher beschäftigen werden. Man hat lange gezögert, dieser Form von Restaurierung zuzustimmen, aber eine Erweiterung hätte bedeutet, das gesamte Innenleben, das Schnitger wie auch sonst äußerst eng angelegt hat, zu ändern. Es gibt Spezialisten, die den ursprünglichen Zustand dem Ganzen zuliebe gerne akzeptieren und lieber ihr Spiel als die Orgel umstellen.

Dem Dampf sei Dank

Bremer Dom

4 Manuale, 100 Register – Wilhelm Sauer (1894),
letzte Restaurierung: Scheffler (1996)

Eine große Monographie über Wilhelm Sauer, der zu den bedeutendsten deutschen Orgelbauern der Spätromantik zählt, beginnt mit einem Kapitel über die Dampfmaschine. Wie alle anderen alten Handwerke hat sie im 19. Jahrhundert auch die Orgelbaukunst gründlich verändert. Mit der Kreissäge zur Holzverarbeitung und der Hobelanlage für Zinnplatten, übrigens mit der Verwandlung von Sägespänen in Energie und der Nutzung des Abdampfs für die Zentralheizung entstand die Fabrik, groß genug, um

auch Domorgeln fertig aufzubauen, sie dann nach entsprechender Zerlegung in alle Welt zu transportieren und binnen kürzester Zeit am Ort endgültig zu errichten. Die Opuszahlen schnellten entsprechend in die Höhe. Hatte Arp Schnitger einst mit 169 Orgeln einen Rekord aufgestellt, so wird nun die Tausendermarke überschritten. Sauer erreichte sie 1907, insgesamt kam er auf 1099 Instrumente (viele kleinere nicht gezählt). Damit aber stand er nicht allein. Walcker baute die Hamburger Michaelis-Orgel 1912 als Opus 1700, Steinmeyers Orgel für die Mannheimer Christuskirche von 1911 war Opus 1100, Riegers Orgel für das Wiener Konzerthaus aus dem Jahre 1913 trug die Zahl 1900. Während sich die Riesen*orgeln* eher der Pneumatik und dann der Elektrizität verdanken, verdanken sich die Riesen*zahlen* dem Dampf, worauf man übrigens stolz war. In ihrer Werbebroschüre bezeichnet sich die Firma Klais im Jahre 1896 als »Orgelbau-Anstalt mit Dampfbetrieb«. Walcker hatte schon 1878 keine Probleme mit dem später so verrufenen Begriff der »Orgel-Fabrik«.

Natürlich stellt sich damit die Qualitätsfrage: Kann der Dampf die Hand ersetzen? Aber in dieser Form ist eine Antwort kaum möglich, weil sich gleichzeitig das Klangideal verändert hat. Die Orgeln des 19. Jahrhunderts waren romantische Instrumente geworden, die sich am zeitgenössischen Orchester orientierten, es durchaus imitierten. Jedenfalls ist es weniger der Klang einzelner Register oder kleiner Registergruppen wie früher, die den Gesamtcharakter bestimmen, als der Klang ganzer Registerchöre, z.B. der neuen Streicherstimmen, die in der Massierung und der damit einhergehenden Verschmelzung wie ein Teppich wirken, oder der Trompeten, die sich in kompletten Batterien zum eigenen Fanfarenchor entwickeln. Man *braucht* nun die vielen Register, nicht unbedingt der Lautstärke, sondern dieses chorischen Effektes wegen. Barockorgeln müssen nicht leiser sein, sie sind aber in sich transparenter – so wie beim Gesang ein Solistenquartett anders klingt als ein großer Chor. Cavaillé-Coll in Frankreich war der Vorreiter gewesen, und gerade bei ihm sollten die deutschen Orgelbauer in die Lehre gehen. Unter ihnen war für ein ganzes Jahr auch der junge Sauer.

Eine seiner Orgeln, nach Berlin und Leipzig die dritte, ist in jüngster Zeit restauriert worden. Das Werk im Bremer Dom gehörte mit seinen drei Manualen und 63 Registern eher zu den bescheidenen der Firma, war im Januar 1894 bestellt und im Dezember des gleichen Jahres eingeweiht worden – dem Dampf sei Dank. Allerdings verwendete man den alten Prospekt und den Zweiunddreißigfuß der Vorgängerorgel von Johann Friedrich Schulze aus dem Jahre 1849, die buchstäblich der Wurm gefressen hatte, nachdem man zuvor übrigens eine Schnitger-Orgel fast vorsätzlich verkommen ließ. Das neue Instrument Sauers sollte eher an zuviel ›Pflege‹ leiden. Zwölf Jahre nach dem Aufbau kam es zu einer Erweiterung um ein ganzes Manual, dann setzten seit 1925/26 die orgelbewegten Änderungen ein. Das Bach-Fest von 1939 brachte eine Ergänzung auf 98 Register, aber gleichzeitig die Entfernung sämtlicher Streicher – das Todesurteil für jede romantische Orgel. Der Zweite Weltkrieg beschädigte den Prospekt, dessen Reste immerhin eingemottet wurden und einem offenen Pfeifenaufbau Platz machten, ein paar leichte Änderungen folgten. In dieser Form war die Orgel schlicht gesichtslos geworden. Mittlerweile hatte der Dom ein Zweitinstrument erhalten, das wiederum die Firma Sauer 1939 lieferte und ganz und gar neobarock ausgerichtet war. Es wurde 1966 durch ein ähnlich disponiertes Instrument mit drei Manualen und 36 Registern der niederländischen Firma Gebrüder van Vulpen ersetzt. Im gleichen Jahr 1939, ebenfalls zum Bach-Fest, erwarb der Dom im übrigen ein Kleinod, das heute in der Westkrypta steht. Es handelt sich um ein Positiv mit acht Registern von Gottfried Silbermann aus den Jahren 1732/33. Von Sauer zunächst wenig einfühlsam spielbar gemacht, folgte 1994 eine gründliche Restaurierung durch die Firma Wegscheider aus Dresden, mit der gleichzeitig eine Kopie vorgenommen wurde, die heute im Silbermann-Museum in Frauenstein steht.

Es war wohl letztlich ein Glück, daß man bei der großen Orgel so lange mit einer Lösung gewartet hat – so lange, bis man den Wert auch der romantischen Instrumente wieder entdeckte. Die Lösung hieß schließlich: konsequente Restaurierung des Sauerschen Werkes in seiner letzten Fassung einschließlich pneumatischer Kegelladen und Prospekt, aber auch Ergänzung durch einige neue Register, die das romantische Repertoire in Richtung eines etwas helleren und schärferen Klangs ergänzen. Der Spieltisch lehnt sich an den alten Sauerschen an, hat aber auch zur Programmierung von Registrierungen eine moderne Setzeranlage, die sich dezent hinter einer Schiebetür versteckt. Klanglich ist dabei durchaus die Orgel der Jahrhundertwende wiedererstanden, auch wenn der Organist nun verschiedene Mixturen zur Verfügung hat. Übrigens verfuhr man in Frankreich ganz ähnlich. Die Cavaillé-Coll-Orgel von Saint-Clotilde in Paris hat man ebenfalls umgebaut und dabei ›aufgehellt‹ – mit einem Ergebnis, das der Bremer Orgel durchaus nahekommt. Möglich, daß die beiden Meister, die sich aus ihrem irdischen Leben gut kennen, im Himmel diskutieren, wer mehr gelitten hat.

Über evangelische und katholische Orgeln

St. Andreas in Hildesheim

4 Manuale, 63 Register – von Beckerath (1966),
letzte Erweiterung: von Beckerath (1989)

Ob die Orgel, wie es die deutsche Sprache nahelegt, wirklich weiblich ist, läßt sich nicht beweisen. Im Französischen ist sie jedenfalls männlich, und wenn man bedenkt, daß heute vielerorts französische *Récits* direkt neben deutschen Hauptwerken stehen, könnte man ins Sinnieren geraten, woher die niedlichen kleinen Rückpositive kommen, die ihren Eltern so verdächtig ähnlich sehen. So oder so – noch nie ist es bei der Geschlechterfrage wirklich zum Streit gekommen. Anders bei der Frage, ob es katholische oder evangelische Orgeln gibt. Klingt die norddeutsche Orgel nicht doch evangelisch und die süddeutsche katholisch? Und wenn dies so wäre: Hat nicht die Gegenreformation bei allem militärischen Mißerfolg (vor allem im Dreißigjährigen Krieg) schließlich musikalisch gesiegt, indem ein Wilhelm Sauer im Berliner Dom der Hohenzollern, ein Friedrich Ladegast gar in Luthers Wittenberg romantische Orgeln bauten, die ihre Herkunft aus dem katholischen Frankreich nicht verleugnen können? Aber kam nicht der unerwartete Gegenschlag seit den 30er Jahren, als die Orgelbewegung, auf vorwiegend evangelischem Terrain operierend, schließlich die Romantik wieder zurückdrängte und wieder dem Barock Vorteile verschaffte? Und die nächste Wende mit Einzug der Franzosen speziell aus dem katholischen Paris? Ist die Geschichte der Orgel vielleicht eine konfessionsgeschichtliche Auseinandersetzung, die mangels Pulverdampf nur niemand bemerkt hat?

Falls der Leser dem Autor zwecks Erholung von den technischen Details diese Gedanken verzeiht, mag er einmal ein Gutachten lesen, das ein amerikanischer Sachverständiger schrieb, um für die Trinity Ev. Lutheran Church in Cleveland/Ohio unbedingt eine von Beckerath-Orgel zu bekommen. Das Vorgängerinstrument berücksichtige in keiner Weise die lutherische Tradition, heißt es, und wörtlich: »Sollte ich für die Entscheidung verantwortlich sein, so würde ich eine vom deutschen Orgelbauer Rudolf von Beckerath erbaute Orgel befürworten, weil ich in der ganzen Welt keine schöneren zeitgenössischen Instrumente als die aus seiner Werkstatt kenne. So eine Orgel würde zweifellos ihrer ungewöhnlichen Klangschönheit wegen bald berühmt werden und könnte sogar für die Vereinigten Staaten neue Maßstäbe setzen. Daneben wäre sie das ideale Instrument für die lutherische Liturgie.« Das viermanualige Werk kam tatsächlich im Jahre 1957 zur Ausführung und bildet den Grundstein für eine Tätigkeit der deutschen Firma in aller Welt, z.B. in Kanada, Australien und Japan. Zu ihrem Markenzeichen gehören mechanische Traktur, neobarocke Register und ein Prospekt nach norddeutschem (Hamburger) Muster, nur ohne Zierrat. In Deutschland hatte man im Jahre 1954 in diesem Stil erstmals in der Düsseldorfer Johanneskirche gebaut, nach deren Vorbild übrigens eine Orgel in Pittsburgh entstand. Wie Marcussen in Dänemark und Metzler in der Schweiz gehört von Beckerath zu den Vorreitern einer Bewegung, die zum klassischen Orgelbau zurückkehrte und sich damit bald völlig durchsetzen sollte. Tatsächlich waren die Besteller um diese Zeit vorwiegend evangelische Kirchen, während man auf katholischer Seite länger ›romantisch‹ baute. Auf einer Tagung noch im Jahre 1934 hieß es tatsächlich, ein *Salizional* (also ein typisch romantischer ›Streicher‹) dürfe in keiner katholischen Kirche fehlen. Aber nicht nur, daß die katholische Firma Rieger mit ihrem langjährigen Leiter Joseph von Glatter-Götz auf eigenen Wegen ebenfalls zur ›Klassik‹ gefunden hatte: Seit Beginn der 60er Jahre gab es im Orgelbau nur noch Qualitätsprobleme und Stilentscheidungen nach Geschmacksgesichtspunkten.

Schon in der evangelischen St. Andreas-Kirche von Hildesheim spielten konfessionelle Fragen keine Rolle mehr. Die Entscheidung für das Konzept von Beckeraths innerhalb eines Ideenwettbewerbs mit internationaler Beteiligung hatte stilistische, ja sogar in erster Linie akustische Gründe, wie es die Aufzeichnungen des langjährigen Kantors Reinhold Brunnert dokumentieren: »Angesichts der Größe des Raumes sprach sich der damalige OLKR Untermöhlen für die Idee aus, einen klassischen Orgelaufbau nach barockem Werkprinzip zu planen, der im Prospekt den 32'-Prinzipal zeigt.« Tatsächlich kann eine klassisch konzipierte Orgel mit starkem Fundament und hellen Mixturen, kräftigen Prinzipalen und schmetternden Zungen einen gotischen Raum nicht nur füllen, sondern auch polyphone Musik mit großer Durchsichtigkeit präsentieren. Die Hildesheimer Orgel läßt sich klassischer kaum denken, bietet außer dem Werkaufbau auch manche Solostimme der alten Zeit, wie z.B. die *Bärpfeife* im Rückpositiv oder den *Schwiegel* sowie das *Regal* im Brustwerk. Gerade dann, wenn man zurückhaltend registriert, die Plena nicht durch zu viele Stimmen gleicher Tonhöhe ›verdickt‹, zeigt diese Orgel ihre wahren Werte. Daß der Zweiunddreißigfuß wirklich bis zum tiefen *C* ausgebaut ist – fast überall sonst hat man diese längsten und teuersten Pfeifen durch halb so große gedackte ersetzt –, verdankt sich im übrigen der Größe dieser gotischen Kirche, in der die entsprechenden Türme schlicht Platz finden. 1995 hat man die ursprünglichen Zinkpfeifen sogar durch viel wertvollere aus Zinn ersetzt, um eine (allerdings nicht unumstrittene) letzte Steigerung an Tonschönheit zu erzielen – die ausgemusterten Riesen zieren heute übrigens den Vorgarten der Firma Vleugels in Hardheim bei Würzburg, wo sie wohl manchen Vorüberfahrenden vor einige Rätsel stellen.

In einer anderen evangelischen Kirche Hildesheims, der aufgrund ihres Alters ehrwürdigsten am Ort, kann ein soeben entstehendes Instrument mit betont französisch-romantischem Klangbild die letzten Zweifel hinsichtlich konfessioneller Grenzen im Orgelbau beseitigen. In St. Michael wird 1998 eine Orgel aus dem Hause Woehl eingeweiht, die trotz ihrer drei Manuale und 55 Register den vorromanischen Raum mit seinen schlanken Formen nicht stören soll. Sie ist bewußt ohne architektonische Anbiederung über Eck in den Bereich des südlichen Querschiffs gestellt und hat einen Vierfrontenprospekt – eine Skulptur aus Holz und Pfeifen. Um Platz zu sparen, ist der *Großbordun* 32' auf die dahinterliegende Engelempore ausgelagert. Der Durchblick zum Westchor hin bleibt also frei. Wie auch immer das klangliche Ergebnis ausfällt: Von der Konfession des Orgelbauers oder gar der Orgel wird es nicht abhängen.

3

MECKLENBURG-VORPOMMERN, BERLIN, BRANDENBURG UND SACHSEN-ANHALT

Von den Leiden eines Organisten

Schweriner Dom

4 Manuale, 84 Register – Friedrich Ladegast (1871),
letzte Restaurierung: Schuke/Potsdam (1988)

Wer im Schweriner Dom womöglich gedankenverloren dem virtuosen Vortrag eines Orgelstücks zuhört, wird kaum ahnen, welche Schwerstarbeit der Interpret an einem solchen Großinstrument leisten muß. Hinter dem Prospekt mit seinen neugotischen Formen verbirgt sich ein Werk, das aus der Zeit der Hochromantik stammt und bei seiner Fertigstellung im Jahre 1871 eines der größten der Welt war. Heute stellt es das größte aus dieser Zeit in Deutschland erhaltene dar: 84 klingende Stimmen, verteilt auf vier Manuale und Pedal. All dies muß mit den Mitteln der Mechanik bewältigt werden wie eh und je (vor dem Zeitalter der Elektrifizierung), allerdings mit einem bedeutenden Unterschied. Ein Engländer namens Charles Spackman Barker hatte einen Weg gefunden, die Verbindung von der Taste zum Pfeifenventil etwas leichter zu gestalten. Auf halber Strecke baute er kleine Bälgchen ein, die von Hand geöffnet werden, dann aber mit der einströmenden Luft die zweite Hälfte gewissermaßen automatisch bewältigen – also nur noch halbe Arbeit für den Organisten. Ebenso war es damit möglich, mehrere Register bzw. ganze Gruppen auf einen Impuls hin (und zwar per Fußtritt) gemeinsam zu ziehen bzw. abzustoßen. Der erste, der sich dieser Technik bediente, war Cavaillé-Coll in Paris, der damit seine Träume von einer sinfonischen Orgel in die Praxis umsetzen konnte. Zu denen aber, die sich bei ihm umsahen, gehört auch Friedrich Ladegast, der Erbauer der Schweriner Domorgel.

Der gebürtige Sachse hatte sein Handwerk in der heimischen Region gelernt. Von Restaurierungen her war er mit Silbermann vertraut und gab selbst an, sich beim Bau

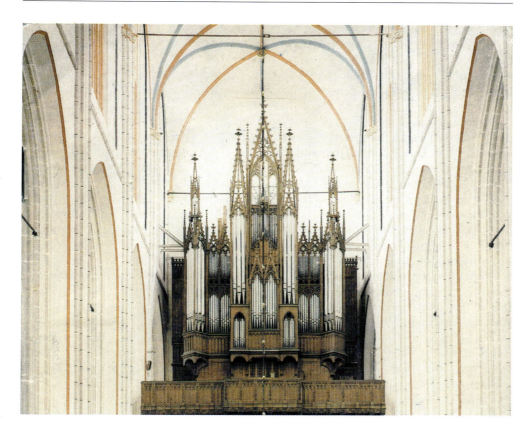

der Zinnpfeifen für den Schweriner Dom nach dieser Schule gerichtet zu haben. Aber Ladegast war kein historisierender Orgelbauer. Seine Klangvorstellungen gingen in die Richtung der Romantik mit ihrer orchestralen Fülle und Neuheiten in den Solostimmen. Der frühe Besuch bei Cavaillé-Coll im Jahre 1840 und der sich daran anschließende lebenslange Kontakt brachte mancherlei Anregungen, auch Anlehnungen, jedoch keinen Verzicht auf einen eigenen Weg. Dieser war nach eher schwierigem Start von Weißenfels aus nach und nach durchaus steil verlaufen. 1855 durfte er die Merseburger Domorgel um- bzw. neubauen, deren Einweihung Franz Liszt zum Komponisten für die Orgel machte – darüber wird im Merseburg-Artikel mehr berichtet. Was Liszt begeisterte, war der Typus von Wohlklang oder Schmelz, der ebenso im Gesamtwerk wie in den Einzelstimmen lag: viele Register im dunklen 16'- und 8'-Bereich und vor allem neue Flöten und Zungen. Der Erfolg war durchschlagend, und Ladegast bekam als nächsten Großauftrag die St. Nicolai-Kirche in Leipzig, wo 1862 eine 84-Register-Orgel entstand, die freilich noch mehr als die Merseburger Orgel heute bis zur Unkenntlichkeit des Ursprungs abgeändert ist. In Leipzig verwendete er zum erstenmal die neue Barkermaschine für die Spieltraktur und löste mit dem ›Wunderwerk‹ eine entsprechende Sensation aus. Damit war die Voraussetzung für Schwerin geschaffen. Als dort der

Wettbewerb um einen vollständigen Neubau ausgeschrieben wurde – in Leipzig war noch einiges an historischem Bestand zu übernehmen gewesen –, galt Ladegast als berühmter Mann und bekam 1868 den Auftrag.

Es wurde wieder ein 84-Register-Werk mit der neuesten technischen Ausstattung, sprich: mit pneumatisch gesteuerten Crescendo- und Decrescendo-Möglichkeiten. Natürlich gehört die reiche Palette von 16'- und 8'-Stimmen in den Manualen zur Disposition, die zusammen die romantische Wärme bringen, weiterhin sorgen drei Zweiunddreißigfüße im Pedal für das nötige Fundament. Und natürlich fehlt es nicht an den typisch romantischen Soloregistern, der weichen *Klarinette* und *Aeoline*, dem *Doppelgedackt* etwa oder all den Zartheiten des IV. Manuals, wie es sich schon im Namen eines Registers ausdrückt: der *Zartflöte* 8'. Vielleicht ist die ebenfalls hierher gehörige doppelchörige *Unda maris* mit ihrer Schwebung das charakteristischste überhaupt. Aber Ladegast hat dem romantischen Prinzip auch eine eigene Wendung gegeben. Es existieren weiterhin die Aliquoten und Mixturen aus barocker Tradition, zwar tiefer liegend als früher, aber immer noch einigen Glanz erzeugend. Insgesamt geht die Tendenz nicht in Richtung schmetternden Zungenklangs, sondern bleibt ›prinzipialisch‹, wenn auch deutlich von den Streichern mitbestimmt, die dann den Hauptunterschied zwischen der französischen und deutschen romantischen Orgel darstellen sollten. Ein anderer Unterschied fällt ebenfalls stark ins Gewicht. Während Cavaillé-Coll an einer neuen und außerordentlich großzügigen Windversorgung (mit abgestuftem Druck) arbeitete, fällt sie bei Ladegast so knapp aus, daß der Organist das Tutti nicht wörtlich nehmen darf – das Ganze würde sonst glatt zusammenbrechen. Die Schweriner Orgel wirkt nicht so sehr dank ihrer (freilich immer noch erheblichen) Kraft, sondern dank ihrer Fülle, die mehr an eine Mischung von Romantik und Barock denken läßt denn an die späteren sinfonischen Orgeln mit noch deutlicherer Betonung der romantischen Tendenzen.

Daß dieses große Instrument heute noch bzw. wieder spielbar ist, verdankt es einer Reihe von glücklichen Umständen bzw. dem sprichwörtlichen Glück im Unglück. Es überstand beide Weltkriege mit Ausnahme des Verlusts an Prospektpfeifen wie fast überall sonst im Kriegsjahr 1917. Es überstand auch die Heizungsanlage, die seit 1888 mit vier riesigen Koksöfen die Pfeifen systematisch verrußte. Vor allem aber überstand es alle Vorstöße in Richtung einer ›Klangverbesserung‹ nach neobarockem Muster. Die Firma Schuke/Potsdam hat zwischen 1982 und 1988 das Ganze restauriert, ohne Kompromisse, auch ohne Mitleid mit dem Organisten, der trotz der Pneumatik vor allem bei gekoppeltem Werk immer noch viel Kraft braucht, um seine Werke zum Klingen zu bringen. Was diese Werke selbst betrifft, bedarf es jedoch kaum einer Einschränkung. Auf der Schweriner Domorgel kann man wie selten sonst Barock wie Romantik darbieten, und für die Franzosen finden sich hier ebenso Darstellungsmöglichkeiten wie für einige Richtungen der Moderne. Bei der Wiedereinweihung 1988 hat man es mit Literatur vom 17. bis zum 20. Jahrhundert unter Beweis gestellt. Über die Leiden der Akteure (waren Aktricen dabei?) existieren freilich keine Nachrichten.

Gruppenbild mit David
St. Marien in Stralsund
3 Manuale, 51 Register – Friedrich Stellwagen (1659),
letzte Rekonstruktion/Restaurierung: Schuke/Potsdam (1959)

Als Friedrich Stellwagen nach langer Tätigkeit an allen Hauptkirchen Lübecks den Auftrag für St. Marien in Stralsund annahm – er hatte zuvor bereits in zwei anderen Kirchen der Stadt gewirkt –, muß er selbst die neue Aufgabe als Krönung seines Schaffens empfunden haben. In diesem riesigen gotischen Backsteinbau aus dem 14. Jahrhundert mit seinem auf fast 33 Meter aufragenden Mittelschiff konnte sich sogar eine Großorgel glatt verlieren. Aber Stellwagen bekam die Mittel, um sich zu behaupten. So wurde der Prospekt schließlich über 20 Meter hoch und nahm die gesamte Breite der Empore ein. Als solle der Wucht dieses Kolosses die Erdenschwere genommen werden, gab der Architekt ihm nicht nur die gewohnte Gliederung mit Hauptwerk, Oberwerk, Rückpositiv, Pedal und ihrem Gewoge von auf- und absteigenden Türmen, sondern darüber hinaus ein beispielloses Schmuckprogramm. Vierzehn Großfiguren stehen frei auf den höchsten Punkten, vorwiegend Engel, die mit ihren Blas- und Saiteninstrumenten ein Konzert vollführen und von weiteren Instrumentalisten in allerlei Nischen unterstützt werden. Hinzu kamen noch in die Schleierbretter eingearbeitete Figuren: Von vorn schauen uns Fratzen an, von der Seite dagegen Engel, himmlische und höllische Geister also, die sich mit ihren Kräften im Gleichgewicht halten. Mittendrin aber ist David mit seiner Harfe postiert, Urbild und Kronzeuge musikalischen Gotteslobs, das der Orgel letztlich ihre Legitimation als Instrument der Kirche gibt.

Auch das Klangkonzept ist von der Größe des Raumes her zu verstehen, wobei man jedoch nicht von einer Klang*kraft* ausgehen darf wie etwa bei den sinfonischen Instrumenten späterer Zeit. Als man bei der Restaurierung bzw. Rekonstruktion nach dem Zweiten Weltkrieg das Hauptwerk fertigstellte und erwartete, daß nun das zuvor errichtete Rückpositiv einen voluminösen Widerpart erhielte, waren einige Hörer enttäuscht. Die Teilwerke der St. Marien-Orgel sind nicht auf Steigerung, ja nicht einmal auf Addition hin berechnet, sondern nach barockem Konzept auf Abwechslung und Gegensatz. So liegt das Entscheidende in der stabilen 16'-Basis, die im Hauptwerk von *Prinzipal* und *Trompete*, im Rückpositiv von der etwas weicheren *Quintadena* und dem ebenfalls etwas weniger wuchtigen *Dulcian* getragen werden. An Stimmen ist das Rückpositiv sogar reicher, im Gesamtcharakter etwas spitzer disponiert als das Hauptwerk. Für Echowirkungen ausgerüstet ist das Oberpositiv, in dem das einzige Register aus Holz steht, die *Blockflöte*. Das Pedal schließlich erweist sich als voll ausgebaut; von Anfang an besaß es den ungewöhnlichen Umfang bis zum *f'* wie bei heutigen Orgeln. Dabei bieten ein vom *F* an im Prospekt stehender Zweiunddreißigfuß (deshalb spricht man von einem Vierundzwanzigfuß), drei 16'-Register (einschließlich einer Zunge) sowie Vertreter aller anderen Fußlagen bis zur krönenden Mixtur Gravität und die Möglichkeit kräftiger Zeichnung. Daß ein so großes Werk alle Energie in den Farbreichtum statt in die klangliche Wucht legt, zeigt uns, wie sehr man in frühbarocken Zeiten von einem Konzertieren her dachte, das die Engel auch optisch dokumentieren.

Natürlich konnte dieses Instrument die Zeiten – bis heute fast 350 Jahre – nicht unbeschadet überdauern. Nur liegen die Probleme in Stralsund anders als gewöhnlich. Eine nicht geringe Überraschung stellt die Tatsache dar, daß es seit Beginn an Pflege mangelte, schon weil nicht fähige Meister ins Amt gerufen wurden, sondern geradezu Hilfsorganisten, meist Lehrer im Hauptberuf. So ist es einerseits zu verstehen, daß keine gravierenden Umbauten erfolgten, aber andererseits Reparaturen am Rande des Skandals ausgeführt wurden. Am Ende des 18. Jahrhunderts hielten Orgelbauer und Gutachter zusammen, um ein Pfuschwerk als Sanierung hinzustellen, die nach der Explosion des in der Nähe befindlichen Pulverturms notwendig geworden war. Die schweren Beschädigungen während der berüchtigten Franzosenzeit in den Jahren von 1807 bis 1810 (während derer die Kirche als Magazin diente) gaben dem Werk fast den Rest. Zum Glück fand sich in den darauffolgenden zwanziger Jahren ein fähiger Restaurator, der vor zum Teil ausgeraubten Registern stand, das Instrument trotzdem rettete und es anschließend miterleben mußte, daß sich kaum jemand für das Ergebnis interessierte. Immerhin blieb die Orgel von Modernisierern weitgehend verschont, und 1917 konnte man sich auch noch gegen die Abholung der Prospektpfeifen für Kriegszwecke erfolgreich zur Wehr setzen. Dann aber kam der Tiefpunkt mit der Auslagerung des riesigen Instruments während des Zweiten Weltkriegs. Beim Rücktransport Anfang 1946 waren nur noch Trümmer übrig geblieben.

Der Bericht des Organisten, der seit 1951 die Restaurierung begleitete, liest sich wie ein Krimi. Man hatte von Anfang an klare Vorstellungen von dem Schatz, den es hier zu bewahren galt, auch die richtigen Fachleute, aber es mangelte immer wieder an Material, Stromabschaltungen gar nicht gerechnet. Weil bei altem Edelmetall nach dem berüchtigten ›Schrottgesetz‹ die Hälfte abzugeben war, deklarierte man die historischen Pfeifen als neu, um den Bestand zu retten. Die fromme Lüge mußte alle Rechnungen und Bespitzelungen überstehen und tat es so perfekt, daß heute der Organist Mühe hat, die historische Substanz seiner Orgel zu beweisen. Sie ist indessen in vollem Umfang durchsichtig. Während das Rückpositiv praktisch original erhalten blieb und nur zu restaurieren war – es wurde als Ganzes ausgelagert –, mußten in allen anderen Teilwerken umfangreiche Rekonstruktionsmaßnahmen getroffen werden. Manchmal anhand weniger Einzelpfeifen – im Falle des Pedals war immerhin nur *einer* der Türme

ausgeraubt worden – erstanden deren Register, indem die alten Mensuren errechnet wurden: ein Forschungsauftrag für sich. Karl und dann sein Bruder Hans Joachim Schuke als Leiter sowie Georg Jann als Intonateur hatten zuletzt alle Schwierigkeiten überwunden und auch noch den Traumtermin 1959 für die 300-Jahr-Feier möglich gemacht. Das Zinn für den Sechzehnfuß war organisiert, und selbst die Schnitzarbeiten konnten von Spezialisten weitgehend fertiggestellt werden, einschließlich des schönen Schildes, auf dem sich Stellwagen als Erbauer verewigt hat und das im letzten Moment von Touristen gestohlen wurde. Inzwischen ist man wieder ein wenig klüger geworden, weiß mehr über historische Windversorgung oder Traktur und würde wohl auch die Stimmung anders legen. Aber die Orgel von St. Marien ist gerettet: als größte Orgel aus der Mitte des 17. Jahrhunderts ein Denkmal von europäischem Rang.

Märchen mit Schönheitsfehler

Dorfkirche in Basedow

3 Manuale, 36 Register – Samuel Gercke und Heinrich Herbst Vater und Sohn (1683), letzte Restaurierung: Schuke/Potsdam (1983)

Alte Orgeln sind wie alte Damen – sie haben viel zu erzählen. Im Falle der Basedower Orgel könnte es für einen Roman reichen, mindestens aber für ein Märchen. Es würde etwa folgendermaßen beginnen: In einem Lande, in dem alle Leute evangelisch waren, lebte einmal in einem schönen Schloß ein reicher Graf. Eines Tages beschloß er, katholisch zu werden. Da ließ er Priester kommen, die ihm alles Neue beibrachten, lernte fleißig und feierte am Ende ein großes Fest. In seiner Freude dachte er auch an die Bewohner des kleinen Dorfes, das an sein Schloß grenzte; ihnen wollte er ihre kleine Kirche auf das Schönste ausstatten. Er sann darüber nach, was wohl das Allerschönste wäre, und kam auf eine Orgel. Sogleich rief er Meister, die ihm seine Priester nannten, und trug ihnen auf, an nichts zu sparen. Die ganze Breite der Empore sollte ausgefüllt, der Prospekt von den besten Schreinern gefertigt werden, voller Zierrat und Bemalung. Für die Tasten wählte er Elfenbein und dunkelrotbraunes Schlangenholz. Die zinnernen Pfeifen ließ er mit Silber überziehen, die Tonschlitze an ihrem Fuß mit Gold, einige gar mit Ranken und Gesichtern bemalen. Unten am Gesimse der Pedaltürme aber mußten die Handwerker vier Löwen anbringen, die beim Ziehen eines Registers drohend mit den Augen rollten und dazu die Zunge herausstreckten – zum Hohn auf alle diejenigen, die über den Grafen Böses sprachen, weil er ihre Kirche verlassen hatte…

Wenn man das Märchen so erzählt, merkt man, daß es nur einen Schönheitsfehler hat: Es ist wahr. Der Graf mit Mut zum handfesten Skandal war Christian Friedrich von Hahn, zwei der drei Orgelbauer, Heinrich Herbst Vater und Sohn, kamen aus dem katholischen Hildesheim, und das Instrument kann man heute (wieder) hören. Daß dies der Fall ist, läßt sich als nächstes Märchen erzählen, doch wir wollen uns mit nüchternen

Fakten begnügen. Wie an allen Orgeln nagte auch an dieser der Zahn der Zeit, bis sie, mehrfach umgebaut und teilweise schlicht ausgeraubt, im Zustand der Unspielbarkeit schließlich die berüchtigte Phase der Modernisierer überstand. Noch 1963 hat jemand den Abriß mit dem Hinweis empfohlen, alles andere wäre eine »strafbare Handlung«. Als man den Wert endlich erkannte, erwies sich die Lage als überraschend günstig, in einem Punkt sogar als sensationell. Wie nur ganz wenige große Orgeln Deutschlands hatte diese 1917 ihre Prospektpfeifen *nicht* an die Heeresverwaltung abzugeben – ein Gutachten konnte die Verantwortlichen erweichen. 17 der alten Register waren vollständig erhalten, von den übrigen fand man immerhin die Reste im Müll. Unter diesen Umständen konnte die Restaurierung durch die Firma Schuke/Potsdam erfolgen; sie wurde fast auf den Tag 300 Jahre nach der Abnahme von 1683 fertig.

Damit ist die Basedower Orgel die älteste spielbare Orgel Mecklenburgs überhaupt – die wenigen noch älteren existieren nur noch als Prospekt oder in Teilen. Natürlich handelt es sich angesichts der kleinen Kirche nicht um einen Riesen. In Ober- und Brustwerk, im Rückpositiv sowie im – wie dieses in die Brüstung eingefügten – Pedal sind insgesamt 36 Register untergebracht. Alles für eine Barockorgel Wesentliche ist jedoch vorhanden, und natürlich füllt das Instrument mühelos den Raum. Nicht die Orgel ist hier das Problem, sondern die wenigen Sitzplätze für die Zuhörer. Sie müssen im übrigen von weither anreisen, denn Basedow ist Dorf geblieben, ganz zweifellos orgelmäßig das bestausgestattetste Deutschlands.

Walzen für die Orgel
Berliner Dom

4 Manuale, 113 Register – Wilhelm Sauer (1905), letzte Restaurierung: Sauer (1993)

Als am 27. Februar 1905 der Berliner Dom eingeweiht wurde, war nicht nur eine Kathedrale fertig, sie besaß auch schon ihre Großorgel – ein seltenes Kunststück. Unter diesen Voraussetzungen verwundert es nicht, daß alles aus einer Hand kam. Der Architekt Julius Carl Raschdorff hatte von Anfang an den für das Instrument bestimmten Raum vor Augen, sein Sohn Otto entwarf den Prospekt. Auch an den nötigen Mitteln mangelte es nicht. Ein Fürst war seinem Kaiser zu Diensten gewesen und wählte mit Wilhelm Sauer aus Frankfurt/Oder nicht nur den besten Orgelbauer der Region, sondern gab ihm den Auftrag zum Bau des größten Instruments Deutschlands. Zum Optimum schien nicht viel zu fehlen, aber wo viel Geld ist, ist mitunter auch viel schlechter Geschmack. Nicht nur daß der protestantische Dom – für viele ohnehin ein Widerspruch in sich – in seiner ausgerechnet auf den Petersdom schielenden Kopie ein Lehrstück in Gigantomanie ist: Der riesige Kuppelbau stellt alles andere als ein ideales Bauwerk für eine Orgel dar. Im übrigen wurde der Prospekt erst nach Herstellung des Innenlebens fertig, so daß Sauer hinter den Kulissen gehörig improvisieren mußte,

zumal im letzten Augenblick noch 13 Register hinzugekommen waren – einige Pfeifen-reihen gerieten gar hinter schallschluckende Windladen. Das an eine norddeutsche Barockorgel erinnernde Rückpositiv wirkt vor der klassizistischen Pfeifenwand des Hauptwerks völlig deplaziert, steht aber ohnehin zu diesem in keinerlei innerer Bezie-hung, sondern sollte als eine Art Zweitorgel lediglich der Sängerbegleitung dienen.

Aber es baute eben Wilhelm Sauer, und der ließ sich von verfehlten Konzepten nicht aus der Fassung bringen. Trotz aller widrigen Umstände, die auch manchem Theologen mißfielen – es war gar von einer Kirche die Rede, »wo man Gott in Uniformen ehrt« (Chapeau!) –, kam eine Orgel zustande, die nichts als Orgel sein wollte, nach Möglich-keit die optimale Verkörperung spätromantischen Klangwillens. Dieser Klangwille drückt sich selbstverständlich in der Disposition aus, die freilich aufgrund der Vielzahl von Registern nicht leicht lesbar ist. Eines aber sieht man fast auf den ersten Blick: In allen Manualen sind die Grundstimmen betont, meist mit gleich zwei 16'-Registern und sieben bis neun 8'-Registern (ohne die Zungen zu rechnen). Vor allem die Streicher hat Sauer in großer Zahl gebaut, jene obertonreichen Stimmen, die in besonderer Weise am Zustandekommen eines orchestralen Klangs mitwirken. Zwar sind auch die hellen Farben vertreten, auch Mixturen, aber diese bieten nur eine weitere *Nuancierung* des insgesamt dunklen Gesamtklangs. Der Aufbau der vier Teilwerke der Orgel zeigt ent-sprechend keine Gegensätze, sondern nur leichte Abstufungen in der Dynamik, wenn das II. Manual ein wenig zurückhaltender und ein wenig heller disponiert ist als das Hauptwerk (I. Manual). Den Gipfel an Biegsamkeit des Klangs aber bieten das III. und IV. Manual, die Schwellwerke: Jalousien lassen sich öffnen bzw. schließen und schattie-ren auf diese Weise auch ohne Registerwechsel die Klangstärke ab. Das solistischste der Soloregister, die *Vox humana*, steht gar in einem eigenen Schwellkasten. Wenn man das Konzept mit einem Wort fassen möchte, wäre es vielleicht das beste, von einem unend-lich biegsamen Einheitsklang zu sprechen.

Das Auskosten dieser Möglichkeiten liegt natürlich in der Registrierkunst des Organi-sten und seiner Fähigkeit, immer neue Abschattierungen zu finden. Er hat dabei aber auch eine Hilfe, die nur zu dieser Art von Orgel paßt: die stufenlose Steigerung und Abnahme (Crescendo und Decrescendo) der Lautstärke über eine Walze. Mit jeder kleinen Drehung, die mit dem Fuß vorgenommen wird, schalten sich nach festgelegtem Programm Register hinzu bzw. ab – und dies in insgesamt 22 Stufen. Auf der leisesten ersten Stufe ertönen fünf Register: aus dem I. Manual die *Harmonika* 8', aus dem II. die *Dulziana* 8', aus dem III. *Dolce* 8', aus dem IV. *Aeoline* 8', im Pedal *Lieblich Gedackt* 16' – wobei alle Manuale ans Hauptwerk gekoppelt sind (man kann ja nicht auf allen vier Manualen gleichzeitig spielen). Von vornherein wird also nicht etwa zunächst das I. Manual ›ausgefahren‹, dann das II. usf., sondern die gesamte Orgel wirkt immer zusam-men. Und genau so geht es dann weiter. Dreht der Organist eine Stufe (einige Zentime-ter der Walze) weiter, so folgen aus dem I. Manual *Gemshorn* 8', aus dem II. *Salicional* 8', aus dem III. *Gemshorn* 8', aus dem IV. *Quintatön* 8', im Pedal *Dulziana* 8'. Noch ist alles eine einzige Grundtonballung mit einem Klang, in dem man kaum irgendwelche klaren Konturen hören kann: Es ›wabert‹ schlicht. Aber nach und nach kommen eben andere Register hinzu, auch hellere, auch lautere, auch solche mit klarerer Zeichnung. Auf der allerletzten Stufe, also im Tutti, sind es im I. Manual *Clairon* 4', *Trompete* 8' und

Bombarde 16' – regelrechte Kracher –, im II. Manual die *Tuba* 8', im Pedal schließlich die dicken Brummer: *Prinzipal* 32' und *Posaune* 32' – die Pfeifen der tiefsten Töne messen jetzt mehr als 10 Meter und entwickeln als Fundament der Klangpyramide einen letzten Schub an zusätzlicher Energie im Tiefenbereich. Das Spiel, das auf diese Weise möglich ist, läßt sich nur mit dem eines Orchesters vergleichen. Wie dort der Dirigent seine Instrumentalisten zu Steigerung bzw. Abschwächung anhält, wozu dann auch das Eingreifen bzw. Aussteigen von Instrumentengruppen gehört – das Blech kommt natürlich immer im lautesten Moment hinzu –, so ›walzt‹ sich auch der Organist durch sein Werk. Natürlich wäre dies sinnlos bei der Darstellung einer Bachschen Fuge, die ganz und gar von der klaren Linienführung lebt, aber es gehört zur romantischen Orgelliteratur, die in genau dieser orchestralen Weise komponiert ist: Sigfrid Karg-Elert oder Max Reger haben solcherlei Musik geschrieben und sind dabei auch von Instrumenten ausgegangen, die dies ermöglichten.

Der Klang der Orgel war jedoch von Anfang an nicht unumstritten. Schon 1915 hat der amtierende Organist den Wunsch geäußert, angesichts der Größe des Raumes für mehr »Kraft« zu sorgen, die aber zweifellos aus mehr Helligkeit resultieren sollte. Der Nachfolger klagte weiter und erzwang tatsächlich eine Änderung durch die Firma Sauer, bei der das Rückpositiv neue und sehr helle Register erhielt (*Sifflet* 1' und *Cymbel*, dazu ein *Krummhorn*), weil man in diesen ohnehin reichlich sinnlosen Baukörper immerhin am leichtesten eingreifen konnte. Wenn man liest, daß Hanns Henny Jahnn an den Vorschlägen beteiligt war, weiß man, woher der Wind wehte: aus der Richtung des Barockideals. Tatsächlich wollte man 1941 konsequent in dieser Richtung weitergehen, hätte der Krieg die Planungen nicht vereitelt. Dann kam die Vernichtung Berlins, die auch den Dom hart traf, aber die Orgel verhältnismäßig glimpflich davonkommen ließ – Vandalismus und Raub haben anschließend größere Schäden angerichtet. Sie waren schließlich so groß, daß ein provisorischer Aufbau nicht in Frage kam. Erst 1954 erhielt das Gebäude ein Notdach, allerdings beschäftigte man sich zu dieser Zeit auch schon mit der Orgel, und zwar im Sinne einer neobarocken Umgestaltung – alle Streicher sollten verschwinden. Nur der Tatsache, daß diesmal das Geld fehlte, ist es zu verdanken, daß die Orgel nicht völlig ihr ursprüngliches Gesicht verlor. Als der Dom dann seit 1975 restauriert wurde, setzte sich das historische Gewissen durch. 1991 fiel der endgültige Beschluß zur Rückführung auf den alten Zustand. Die Firma Sauer durfte fast ohne jeden Kompromiß (es wurde lediglich eine Superoktavkoppel zur Erzielung von etwas mehr Helligkeit und Kraft eingefügt) den Originalzustand anstreben. Ausgerechnet die größte der Sauer-Orgeln – ihre insgesamt 70 Geschwister in und um Berlin gingen fast alle verloren – ist damit erhalten.

Zu den Opfern gehört auch das große Werk (103 Register) in der Kaiser-Wilhelm-Gedächtnis-Kirche, deren Ruine zusammen mit dem neuen Oktogon plus Glockenturm von Egon Eiermann dann als Markenzeichen der City West diente. Als man für diesen Bau mit seiner raffinierten Verglasung – das Licht erstrahlt im Inneren der Betonwaben – eine Orgel plante, kam nur ein modernes Werk mit entsprechendem Prospekt in Frage. Die ortsansässige Firma Schuke errichtete es in Abstimmung mit dem Architekten, der z.B. die in den Raum vorspringenden spanischen Trompeten als Urlaubsidee mitbrachte. Orgeltechnisch war 1962 die Zeit, in der man klassische Elemente in Hauptwerk, Positiv und Brustwerk mit einem französischen Schwellwerk mischte, das in diesem Fall ein großes Kornett samt Streicherchor als Ausstattung erhielt. An einem der zentralen Plätze der Weltstadt war damit ein Werk entstanden, das zahlreiche Besucher anlockte. 1985 erfolgte eine Überholung des Werks mit einigen dispositionellen Eingriffen, die das klassische Element verstärkten.

Natürlich waren in Berlin noch viele weitere bedeutende Kirchenorgeln untergegangen, die nach und nach ersetzt wurden. So baute die Firma Klais 1976 ein großes Werk (3 Manuale, 67 Register) für die St. Hedwigs-Kathedrale im damaligen Ost-Berlin. Der kühne Prospekt mit seinen frei vor dem Gehäuse aufgestellten Pfeifen sollte die Orgel im schlichten Raum nicht zu dominant erscheinen lassen. Charakteristisch für die DDR-Politik in dieser Hinsicht war ohnehin eher der Bau von Saal- bzw. Konzertorgeln, wie es in Berlin im neu erbauten Schauspielhaus geschah. 1984 hat die Firma Jehmlich aus Dresden das Werk errichtet, das zusammen mit dem Gebäude fertig wurde. In diesem Fall mußte sich der Prospekt der klassizistischen Umgebung anpassen und stellt sich als imposante Schinkel-Nachempfindung dar. Das Innenleben nimmt bewußt ›regionale‹ Züge auf, besonders den farbenreichen Klang der Silbermann-Schule, die die Firma aus ihren Restaurierungen kannte. Andererseits gibt es auch ein französisches Schwellwerk zur Darstellung romantischer Literatur, zu deren Aufführung übrigens ein eigener Schauspielhausorganist zur Verfügung steht. Klar, daß ein Schwerpunkt der Arbeit in der Pflege der Musik für Orgel und Orchester liegt, die hier besonders gute Voraussetzungen findet. Von der Firma Jehmlich, aber nun nach der ›Wende‹, stammt übrigens der derzeit letzte Neubau einer Orgel (3 Manuale, 43 Register), eingeweiht im

Dezember 1997. Sie steht im heute als Museum genutzten ältesten Gotteshaus der Stadt, der gotischen Nikolaikirche, und ist ebenso um eine Anknüpfung an mittel-deutsch-barocke Traditionen wie um eine Öffnung in Richtung deutscher und französischer Romantik bemüht.

In allerneuester Zeit (1996) hat die St. Nikolai-Kirche in Spandau ein Instrument der Firma Eule erhalten, das bewußt an die Tradition des bedeutenden Gotteshauses anknüpfen sollte. Vor der im Krieg zerstörten Ladegast-Orgel stand hier ein Instrument von Joachim Wagner (1734), dem bedeutendsten märkischen Orgelbauer des 18. Jahrhunderts. Man hat die barocke Tradition mit modernen Mitteln behutsam fortgesetzt und z.B. beim Hinterwerk auf einen Schwellkasten verzichtet. Bei der Auswahl der Register und der Festlegung ihrer Mensuren gab es Anlehnungen ans historische Vorbild (mit subtilen Recherchen) neben einem Bemühen um eine neue klangliche Einheit für die Bedürfnisse des 20. Jahrhunderts. Experimentelles völlig anderer Art findet man dagegen in der Epiphanienorgel in Charlottenburg, wo nach den Plänen von Schulze und Kühn die Firma Mitteldeutscher Orgelbau ein Instrument errichtet hat, das bewußt alle klanglichen wie architektonischen Traditionen aufgibt. Ob damit dem Instrument eine Zukunft eröffnet wird, muß freilich abgewartet werden.

Der Orgelbauer des Soldatenkönigs
Brandenburger Dom

2 Manuale, 33 Register – Joachim Wagner (1725),
letzte Restaurierung: Schuke/Potsdam (1966)

Daß Friedrich II. von Preußen, auch »der Große« genannt und noch bekannter als »der Alte Fritz«, neben dem Kriegshandwerk der Musik zugetan war und selbst die Flöte spielte, lernt man noch heute in der Schule. Daß jedoch sein Vater, Friedrich Wilhelm I., der wegen seiner Strenge eher berüchtigte Soldatenkönig außer an Tabak und seinen Langen Kerls an Orgeln Gefallen fand, wissen selbst viele Kenner der Geschichte nicht. Aber es war so, und in nichts spiegelt es sich besser als im Auftrag an seinen Vertrauten, sich in den Niederlanden Großinstrumente anzusehen, um für die Berliner Petrikirche ein Werk mit sage und schreibe 110 Registern auf 6 Manualen plus Pedal zu errichten. Nur weil der Turm der Kirche zweimal einstürzte und der Neubau die Mittel verschlang, kam es nicht zu diesem irrwitzigen Abenteuer, mit dem der Militärnarr wohl auch nicht viel günstiger in die Geschichte eingegangen wäre – zu viel Imponiergehabe, das bei diesem Projekt der Kunst aus den Falten geschaut hätte. Der ausersehene Orgelbauer aber bekam genügend anderes zu tun. Er wurde mit seinen mindestens 46 Instrumenten der bedeutendste seiner Zunft in Brandenburg-Preußen, wofür er überwiegend arbeitete. Sein Name hatte auch über die Region hinaus einen guten Klang und ist heute trotzdem vergessen: es handelt sich um Joachim Wagner.

Der Pfarrerssohn, dessen Bruder in der Hamburger St. Michaeliskirche Hauptpastor war und dem Aufsteiger offenbar kräftig unter die Arme griff, schaffte 1719 die Niederlassung mit entsprechender Privilegierung in Berlin, was im Gegensatz zu manch anderem Ergebnis von Vetternwirtschaft auch mit wirklichem Können einherging. Nach seiner Lehrzeit bei einem uns unbekannten Meister, der sich eine zweijährige Tätigkeit bei Gottfried Silbermann anschloß, besaß er das Format, hinsichtlich des Klangideals und der Gehäusegestaltung eigene Wege zu gehen, wie es in der Berliner St. Marienkirche (1723) als einer Art Meisterstück zum ersten Mal sichtbar wurde. Hier muß der König auf den neuen Mann aufmerksam geworden sein und vertraute ihm als erstes die Potsdamer Garnisonkirche an. Danach durfte er das Berliner Gegenstück (mit immerhin drei Manualen und 50 Registern) bauen, bei deren Einweihung im Jahre 1725 Seine Majestät sich huldvoll zufrieden äußerte. Die bedeutende Arbeit lähmte das Fortkommen an einer weiteren, die Wagner zuvor angefangen hatte, nämlich an der Orgel im Brandenburger Dom. Sie ist das größte (bis auf ein einziges Register: die *Vox humana*) wirklich authentisch erhaltene Instrument des Meisters überhaupt und stellt damit das wichtigste Dokument seines Wirken dar. Nur bei der Stimmung hat man sich anläßlich der Restaurierung von 1966 für eine moderne Lösung entschieden.

Blickt man auf den Prospekt im Brandenburger Dom, so zeigt sich gegenüber den barocken Vorgängern eine Pfeifenanordnung ohne Berücksichtigung, ja nur Andeutung der Teilwerke. Den ersten Schritt hatte Silbermann getan: die Verabschiedung des Rückpositivs, die Wagner noch mit Problemen der Trakturführung rechtfertigte, im Grunde aber eine Folge gewandelter Klangvorstellungen war. Die Orgel des Aufklärungszeitalters gab sich schlichter, entwickelte eine Art Einheitsfront, die Silbermann bei seinen vielen Instrumenten kaum abwandelte. Anders Wagner, der zeitlebens experimentierfreudig blieb, freilich auch das Glück hatte, bedeutende Schnitzer für die Ausführung zu gewinnen. Als erster griff er wieder auf die reiche Ornamentik der Vergangenheit zurück, die auch in Brandenburg das Bild beherrscht. Wichtiger jedoch die grundlegende Gestaltungsidee: die Pfeifen selbst, die kaum von Schrankelementen umfaßt werden, sich vielmehr wie eine einzige Fläche über die gesamte Höhe und Breite ausdehnen. Nur noch das sanftere Auf und Ab der Labien, der Pfeifenmünder also, führt das alte Auf und Ab der Pfeifen selbst fort. Und auch im Klangideal ging der Schüler über den Lehrer hinaus. Schon Silbermann zielte auf einen abgewogenen Einheitsklang, dem verschiedene Soloregistrierungen als Ergänzung dienten, aber Wagner ging weiter. So fällt beim ersten Hören die Fülle auf, gut gestützt durch Sechzehnfüße und abgerundet von terzhaltigen Mixturen, die nicht nur für Helle sorgen. Auch die Streicherstimmen in jedem Manual sind eine Besonderheit, die Silbermann nicht kannte. Schließlich baute er im Gegensatz zur älteren Praxis einer Koppelung von Manualstimmen das Pedal voll aus bis in die Klangkrone. Entscheidend aber die Verschmelzungsfähigkeit der verschiedenen übrigen Stimmen, die zahlreiche kleine Plena mit eigenem Charakter bilden und sich ebenfalls gut zum Tutti verbinden. Die Domorgel, übrigens sehr hoch auf ihre obere Empore gebaut (wie es Silbermann in vergleichbaren Fällen auch tat), bietet von zartem Schmelz bis zu brausender Fülle zahlreiche Schattierungen.

Man kann es sich kaum vorstellen, daß ein Orgelbauer dieser Qualität am Ende seines Lebens verarmt gestorben sein soll. Während die Aufträge eingingen, hat Wagner

offenbar nicht nur nichts zur Seite gelegt, sondern gelegentlich auf eigene Kosten Ideen verwirklicht, die seine Auftraggeber dann verständlicherweise nicht bezahlen wollten. Zuletzt aber muß es auch an Aufträgen gemangelt haben. Während der Soldatenkönig für friedliche Zeiten gesorgt hatte, stürzte der Musensohn Preußen von einem Krieg in den anderen. Flöten, sogar Cembali, kann man mitnehmen, Orgeln brauchen Frieden. Vielleicht liegt es mit daran, daß der Preuße Wagner gegenüber dem Sachsen Silbermann auf Dauer keine Chance hatte.

Stimmungsprobleme
St. Stephan in Tangermünde

3 Manuale, 32 Register – Hans Scherer der Jüngere (1624),
letzte Restaurierung/Rekonstruktion: Schuke/Potsdam (1994)

Die Orgel, die Hans Scherer der Jüngere im Jahre 1624 für die St. Stephanskirche in Tangermünde fertigstellte, war möglicherweise ein Bestechungsversuch. Die Hansestadt Hamburg hatte der verbündeten Gemeinde das große Werk des damals berühmten Orgelbauers wohl nicht ohne Grund spendiert. In jedem Fall aber handelte es sich um ein Instrument nach neuestem Know-how und vor allem auch nach neuestem Stil. Zwar existierte damals noch nicht der Begriff des Hamburger Prospekts, aber was sich in der Stephanskirche im Westchor etablierte, entsprach genau dem Design, das die Scherer-Familie in Hamburg entwickelt hatte und in Tangermünde wohl auch als hamburgisch erkennbar sein sollte, ehe es seinen Siegeszug durch ganz Deutschland antrat. Vorher, in den Zeiten der Renaissance, war die Gliederung von Positiv und Hauptwerk noch flächiger gewesen, traten die Pfeifen noch nicht in rundem Mittelturm und spitzen Seitentürmen nach vorn, um die Front plastischer zu gestalten. Vor allem gab es noch kein so opulentes Pedalwerk, das derart wuchtige Türme zur Rechten und Linken notwendig machte und zugleich dem Gesamtbild jene Form von Majestät verlieh, die so genau der musikalischen Wirkung entsprach. Rund, spitz, rund, spitz, rund – so ›liest‹ das Auge die Wellenbewegung von links nach rechts, und von unten ›antwortet‹ das Ganze noch einmal in verkleinerter Form. Klare Teilwerke, aber auch ein Kreisen der Formen, das alle Übergänge verschmilzt. In der Hamburger Katharinenkirche hatte es Hans Scherer noch zusammen mit seinem Vater erprobt, nach Tangermünde baute er für die Aegidienkirche in Lübeck das vielleicht vollkommenste Beispiel des Modells – zum Glück ist der Prospekt (übrigens nach einmaliger Rettungsaktion in den 70er Jahren: fast wäre alles noch im letzten Moment zusammengebrochen) bis heute erhalten.

Wir sagten: nach neuestem Stil und neuestem Know-how. Natürlich konnten die Zeiten dem Stil weniger anhaben, wohl aber dem Know-how. Man hat früh ins Innenleben eingegriffen. Bereits 1715 besaß die Orgel de facto eine neue Disposition, 1857

erfolgte ein weiterer Umbau, der u.a. die kurzen Baßoktaven in sämtlichen Klaviaturen beseitigte. Scherer hatte sich in dieser tiefen Lage mit acht statt zwölf Tönen begnügt, alle Halbtöne außer dem *B* weggelassen und die Töne so angeordnet, daß sich heute kein unvorbereiteter Organist mehr zurechtfindet (nach dem *C* folgt das *F; D* und *E* kommen später als ›schwarze Tasten‹). Die hinzugefügten Pfeifen, in der tiefen Lage natürlich gerade die längsten, schauten höchst unnatürlich hinter dem Prospekt hervor. 1929 kamen nach allerlei Umdisponierungen noch ein Schwellwerk und eine *Vox coelestis* hinzu – dann setzte die Rückwärtsbewegung ein. Immer noch waren 50 Prozent der Pfeifen erhalten, der größte Bestand an Scherer-Material überhaupt, und damit die Chance, eine Großorgel des Frühbarock wieder hörbar zu machen. 1978 schloß man den Vertrag mit der Firma Schuke, seit 1983 erfolgte der Ausbau. Dann kam die Wende, die zur Zusammenarbeit mit Experten (und Geldgebern) auch der alten Bundesländer führte, und schließlich erfolgte die Wiedereinweihung 1994. Man hatte die schwierigen Rekonstruktionen durchgeführt, um den alten Zustand so weit wie möglich wieder hörbar zu machen. Mensuren waren errechnet und gegengerechnet, die Technologie der Bleiherstellung nach damaligem Verhüttungsverfahren erkundet worden (heutiges Blei ist zu weich). Auch die kurzen Oktaven im Baß wurden erneuert, schließlich etwas, was man bisher eher selten an historischen Orgeln gewagt hat: die Wiederherstellung der alten mitteltönigen Stimmung (ohne die sonst üblichen Kompromisse einer sog. modifizierten Mitteltönigkeit). Worum geht es bei dieser wichtigen, aber auch schwierigen Frage?

Orgeln sind bekanntlich Tasteninstrumente, Tasteninstrumente aber haben ein unlösbares Problem: Sie müssen die Tonabstände statisch fixieren (im Gegensatz zum Geiger, der variabel greifen kann) und entweder einige von diesen Tonabständen (also Quinten und Terzen) rein wiedergeben auf Kosten anderer, die dann zwangsläufig unrein werden, oder alle gleich oder fast gleich unrein stimmen. Letzteres ist die Methode der temperierten bzw. wohltemperierten Stimmung, die Bach protegierte (dafür hat er das *Wohltemperierte Klavier* geschrieben). Sie hat den Vorteil, daß man nur so in allen Tonarten spielen und vor allem zwischen ihnen hin- und herwandern kann. Ersteres ist die Methode der alten Meister. Diese hat den Vorteil, daß wenigstens einige Tonarten wirklich rein klingen und im übrigen deutlich anders als die anderen: Voraussetzung der Tonartensymbolik, die bei der Temperierung mehr oder weniger verloren geht. Weil man damals ohnehin nicht so kühn schrieb wie Bach, waren die Nachteile gering, die Vorteile groß. Übrigens konnte man die unsauberen Tonarten auch noch nutzen: z.B. zur Darstellung der höllischen Mächte ein wahrhaft höllisch klingendes Cis-Dur erklingen lassen. Seit Bach sieht die Rechnung anders aus. Dessen *Phantasie in g-Moll* mit ihrem Spaziergang durch sämtliche Tonarten wird auf einer mitteltönig gestimmten Orgel zum *unabsichtlichen* Marterstück. Was also tun mit den alten Orgeln, z.B. der in Tangermünde? Masochistisches Entzücken an Treue um den Preis eines musikalischen Neandertals? Langeweile in C-Dur als Traum von einer heilen Welt, von unvergänglicher und unverbrauchbaren Unschuld als Absage an das Chaos der Stile und musikalischen Kompliziertheiten in der Moderne?

Versuchen wir es ein wenig anders! Man kann eine historische Orgel nicht verändern, ohne damit ihren Charakter anzutasten. Dies spricht immer für Bewahrung. Aber man möchte gerne auf historischen Orgeln mehr spielen, als zu ihrer Erbauungszeit möglich war. Dies spricht für Anpassung. Wenn Bewahrung und Anpassung nicht gleichzeitig zu haben sind, kann man Kompromisse suchen. Bei vielen historischen Orgeln ist dies überzeugend demonstriert worden, z.B. in der Hamburger Jacobikirche. In andern Fällen wurde vielleicht zu voreilig modernisiert, z.B. in der Dresdner Hofkirche. In jedem Fall aber spricht viel für ein Sowohl-Als-auch statt für ein Entweder-Oder. Wo es kein Patentrezept gibt, sollte man Alternativen gelten lassen. Dabei aber muß Radikalität nach allen Seiten möglich sein, auch nach der historischer Treue. So gesehen verdient das Beispiel Tangermünde Respekt, ohne es zum alleinigen Maßstab werden zu lassen. Man kann also wirklich einmal hören, wie die alten Orgeln geklungen haben, etwa so wie ein (guter) Chor, ehe die Orgel sich mehr in Analogie zum Orchester entwickelte. Wenn man bedenkt, wie zäh noch ein Gottfried Silbermann gegen Bach an dem alten Klangtyp festgehalten hat, wird man die Einschränkungen hinsichtlich des Literaturspiels vielleicht leichter in Kauf nehmen. Man kann es ja nicht oft genug betonen: *Die* Orgel gibt es nicht, seien wir froh über jede Erweiterung des Spektrums!

Romantik für den Reformator

Schloßkirche Wittenberg

4 Manuale, 57 Register – Friedrich Ladegast (1864 und 1894),
letzte Restaurierung: Eule (1994)

Zweimal in der Geschichte des Christentums gab es für die Orgel einen kritischen Augenblick. Die frühe Kirche sah im heidnischen Instrument einen Fremdkörper, ja eine Bedrohung und wollte allein die menschliche Stimme, den Gesang, als Form des Gotteslobs gelten lassen. Fast das Gleiche wiederholte sich in der Reformation. Nun galt die Orgel zusammen mit all dem anderen Schmuck, der in die Kirchen eingezogen war, als Verfall. Calvin und Zwingli drängten die Orgel heraus, Radikalere wie die Wiedertäufer schlugen sie in Stücke. Der Initiator der Reformation aber hatte andere Vorstellungen. Luther sah in der Musik eine höchst bedeutungsvolle Ausdrucksform menschlichen und religiösen Geistes, in der er sich lebenslänglich theoretisch und praktisch vervollkommnete. Bei allem Vorrang des Gesangs, den er teils aus der alten Kirche übernahm, teils durch das volkssprachliche Lied ergänzte, ist auch seine Anerkennung von Instrumentalmusik bezeugt. Das Votum der theologischen Fakultät Wittenberg sprach in seinem Sinne, wenn es hieß: »Was … die Orgelen anlanget, sind wir aus Göttlicher Schrift gewiß, daß man GOTT auch mit Instrumenten … lobet … Es ist die instrumentalis musica … eine solche Gabe Gottes, daß sie die Gemüter der Menschen zu bewegen kräftig, wenngleich mit menschlicher Stimme darunter nicht gesungen wird. Wenn man nur das Genus weiß, so ist es genug … Das Genus aber ist, daß man weiß, es wären geistliche Lieder, die zu Gottes Lob gemacht sind, darauf geschlagen …

ungeachtet, daß man nicht in specie vernimmt, was es für Lieder sein mögen.« Dies war 1597 gewesen, schon zwei Menschenalter nach dem legendären Thesenanschlag an der Tür der Schloßkirche, die auch der Universität diente. Dort aber hatte Luther täglich eine Orgel gehört, und zwar gespielt von einem Organisten, den wir kennen. Er hieß Johann Weinmann, gehörte zu Luthers Freunden und wurde einer seiner ersten Anhänger. Noch einmal ganze zwei Jahrhunderte später wurde die Wittenberger Schloßkirche übrigens zur Seminarkirche des evangelischen Predigerseminars erhoben, in der – ebenfalls ganz im Lutherschen Sinne – jeder Kandidat grundlegende musikalische Kenntnisse erwerben muß.

Kein Wunder also, daß die wichtigste Kirche der Reformation, die Hauskirche des Theologieprofessors Martin Luther, von 1508 bis zu seinem Tode 1546 immer über eine Orgel verfügte, wenn auch nicht unbedingt über eine große. 1771 bekam sie ein zweimanualiges Instrument mit 37 Registern von Johann Ephraim Hübner. Knapp 100 Jahre später war der Zustand nicht mehr befriedigend, vor allem aber regte sich mittlerweile der Wunsch, der Ruhestätte des Reformators sowie seines Freundes Melanchthon etwas Repräsentativeres zu geben. Ausersehen wurde der relativ junge Friedrich Ladegast, der damals gerade an seinem ersten großen Werk in der Leipziger Nikolai-Kirche arbeitete, der ihn berühmt machte. Es war die Zeit der Hochromantik, der Orgel nicht unbedingt günstig angesichts der sinfonischen Musik, der Oper, auch des Virtuosentums im Klavier- und Violinbereich. Wollte die Orgel mithalten, mußte sie neue Wege gehen, klangliche Bereiche erschließen, die einen Anschluß an die Strömungen der Zeit brachten. Ladegast hat dem entsprochen. Unter Anleihen an die französische Romantik, betont aber auch in Weiterführung der Silbermann-Tradition seiner Heimat, arbeitete er an einem musikalischen Ausdruck, der der Orgel den alten Rang wiederbringen sollte. In Wittenberg mußte dies im verhältnismäßig eng gesteckten Rahmen eines zunächst 35-registrigen Werks geschehen, das dann vier weitere Stimmen bewilligt bekam.

Liest man den Abnahmebericht, der damals in der wichtigen Musikzeitschrift *Euterpe* veröffentlicht wurde, so fällt auf, wie sehr das hohe Lob der Orgel an ihre solistischen Möglichkeiten gebunden war. Vor allem im Ober- und im schwellbaren Echowerk standen mit der *Viola da gamba* und der *Flauto traverso* die einschmeichelnden und lieblichen Stimmen, mit *Trompete* und (durchschlagender, besonders weicher) *Oboe* die charakteristischen zur Verfügung. Für das Pedal sind Kraft und Fülle des streichenden *Violons* 16' und *Violoncellos* 8' hervorgehoben, wie überhaupt die Ladegastschen Streicher zu den Prunkstücken dieser Art von Klangkultur gehören. Dem Gesamtwerk bescheinigt der Berichterstatter einen »ernsten, feierlichen Klang, würdig der Grabstätte eines Luther und Melanchthon«. Angesichts der guten Akustik der nicht eben riesigen Schloßkirche konnte die relativ bescheidene Orgel alle Wünsche erfüllen. Als knapp 30 Jahre später eine Renovierung des Gotteshauses notwendig wurde, hat der alte Ladegast selbst den dabei fälligen Umbau der Orgel geleitet. Sie bekam ihr heutiges neugotisches Gehäuse, das der übrigen Innenausstattung angepaßt war, dazu einige technische Neuerungen – am Klangkonzept brauchte der Meister nichts zu ändern. Wenn man bedenkt, daß etwa gleichzeitig der Plan eines repräsentativen Instruments für den Petersdom in Rom durch Cavaillé-Coll *nicht* zur Ausführung kam, wird man die Leistung in Wittenberg vielleicht doppelt anerkennen.

Im Jahre 1933 trat allerdings ein Kantor seinen Dienst an, der mit der vorgefundenen Lage völlig unzufrieden war. Die Liste der von ihm hervorgehobenen Mängel ist so lang wie spektakulär und kulminiert in der Beschwerde über das »schauerliche Stöhnen und Ächtzen« beim Anstellen des Ventilators. Aber hinter den Klagen verbirgt sich ein grundsätzlicher Meinungsunterschied. Die 30er Jahre hatten mit der Orgelbewegung die Rückkehr zu barocken Klangvorstellungen gebracht, die sich gerade in Wittenberg verhängnisvoll mit einem Argument anderer und besonders suggestiver Art verband: »In einer ›Lutherkirche‹ muss eine Bach-Orgel stehen«, lautete der Slogan. Dementsprechend beauftragte man die Firma Sauer mit einem gründlichen Umbau, der das romantische Werk um all das ergänzte, was man sich damals als ›barock‹ vorstellte. Auf eigenartige Weise belegt der auch diesmal äußerst lobende Abnahmebericht beinahe eher die Qualitäten des alten denn des neuen Werks. »Vor Kraft strotzend« und »kirchenfüllend« sei jenes gewesen, liest man, während man die Register nun »zugunsten künstlerischer Feinheiten merklich gemildert« habe. So sehr Bach mit Recht als bedeutendster Komponist protestantischer Kirchenmusik mindestens im Barockzeitalter gelten darf, eine Bach-Nachfolge als Ladegast-Beseitigung war alles andere denn eine glückliche Idee. Ende der 70er Jahre setzten Überlegungen zur Schadensbegrenzung ein.

Sie mündeten in eine Rehabilitierung Ladegasts, ohne puristisch zu verfahren. 1985 legte die Firma Eule eine Bestandsaufnahme vor, die zur Rückführung ermutigte – originale Substanz war noch ausreichend vorhanden –, aber auch eine Ergänzung vorsah, die der Gestaltung eines breiteren Literaturspektrums, speziell der sinfonischen Formen, entgegenkommen sollte. Die romantischen Stimmen des 19. Jahrhunderts wurden nun durch ein Schwellwerk im Stil von Ladegast ergänzt. Dieser neue Klangkörper wurde dem IV. Manual zugeordnet, während die drei Manuale und das Pedal Ladegasts auf ihren originalen Windladen in ihrer ursprünglichen Besetzung wiederhergestellt sind. Die Ladegastschen Register sind auf den entsprechenden Schildchen in unterschiedlichen Schriftfarben kenntlich gemacht – rot für die originalen, hellrot für die rekonstruierten –, auch zwei Sauer-Register hat man in brauner Farbe abgehoben, während das neue Schwellwerk schwarz erscheint. Man kann also den historischen Kern bequem für sich spielen.

Übrigens geriet auch das Wittenberger Projekt wie einige andere der bedeutenden Restaurierungen in den Strudel der Wende und überstand alle damit verbundenen Schwierigkeiten, u.a. die Reprivatisierung der Firma, die zuvor als volkseigener Betrieb verstaatlicht worden war. Die Einweihung feierte man 1994. Daß sich die Arbeit so lange hingezogen hatte, war jedoch nicht nur von Nachteil. Wären Anfang der 70er Jahre die Finanzmittel bereitgestellt worden, dürften wir angesichts des damaligen Geschmacks heute kaum noch diesen Zeugen der deutschen Hochromantik besitzen. Im Bericht einer Besichtigungsfahrt von Orgelbauern aus fünf Ländern von 1995 lautet der Schlußsatz: »Auf alle Fälle zweifelt keiner mehr, daß die deutsche romantische Orgel im zeitgenössischen Orgelbau eine vielversprechende Zukunft hat.« Es muß also nicht immer Bach und Barock sein, nicht einmal dort, wo es scheinbar so nahe liegt.

Ein Pianist auf der Orgelbank

Merseburger Dom

4 Manuale, 81 Register – Prospekt von 1665, umgebaut durch
Friedrich Ladegast (1855), letzte Restaurierung: Kühn (1962)

Seit dem Ende des 18. Jahrhunderts war die Orgel auf ihre Funktion im Gottesdienst beschränkt, drang zwar in den Konzertsaal vor, aber in mehr oder weniger dienender Rolle. Dabei fehlt es nicht an wohlwollenden Bemerkungen aus berufenen Mündern. Mozart liebte die Orgel durchaus, Schumann pries sie ebenfalls. Nur schrieben Mozart und Schumann ganz am Rande ihres Schaffens für die Orgel, andere Komponisten ignorierten sie völlig. Aber es gibt zwei Ausnahmen. Die bekannteste stellt Mendelssohn Bartholdy dar, der Wiederentdecker Bachs in Leipzig. Die weniger bekannte ist Franz Liszt. Mehrfach in seinem Leben trat er in Kontakt mit diesem Instrument, und zwar bei Neubauten, die die Klangsprache der Romantik auf das alte Barockinstrument übertrugen, es gewissermaßen in neuzeitlichem Geiste spielbar machten. Dabei kehrt ein Name immer wieder, der Liszts Begeisterung weckte: der des Orgelbauers Friedrich Ladegast aus Weißenfels. Zum ersten Mal aber geschah dies in Merseburg. 1855 wurde dort der grundlegende Umbau eines barocken Vorgängerinstrumentes fertig, das seinen prächtigen Prospekt aus dem Jahre 1665 behielt. Und wie Ladegast sich auf die große Vergangenheit einließ, so auch Liszt. Für das Einweihungskonzert schrieb er *Präludium und Fuge über B-A-C-H*, bis heute eine der herausragenden Kompositionen des 19. Jahrhunderts.

Liszt hatte den Bau vom nahen Lauchstädt her verfolgen können, wo er wie zuvor schon Goethe seine Kuraufenthalte absolvierte. Die Komposition wurde nicht rechtzeitig fertig, aber zur Orgelweihe spielte man ein anderes Werk des damals bereits Berühmten, die *Phantasie über Ad nos, ad salutarem undam.* Er selbst setzte sich ebenfalls auf die Bank und begleitete Arien von Mendelssohn sowie Bach, von dem er auch die gis-Moll-Fuge aus dem *Wohltemperierten Klavier* vortrug – eine weitere Kombination von Bach und Romantik als Antwort auf Prospekt und Orgelwerk. Das Echo aber geriet enthusiastisch, und es scheint so, daß man die Synthese nicht nur für gelungen hielt, sondern auch als solche begrüßte. Der damals wichtige Musikkritiker Brendel hob die »Kraft und Fülle« als Erbe der Vergangenheit hervor und rückte sie neben den »Wohllaut«, ja »Schmelz« der neuen und bis dahin ungehörten »sanften Stimmen«. Mag sein, daß Ladegast selbst seine Aufgabe in dieser Richtung lösen wollte. Die Disposition zeigt einige Charakteristika der barocken Klangsprache, insbesondere hohe Register, auch eine Respektierung des Werkprinzips einschließlich des Rückpositivs, wie es die Romantik ansonsten eher ablehnte. Die 16 übernommenen barocken Stimmen hat Ladegast selbst allerdings ca. zehn Jahre später ersetzt. Insgesamt also war eine sinfonische Orgel entstanden, die ebenso von den für die Zeit charakteristischen Plena mit ihrer Grundtönigkeit lebt wie von den zahlreichen Solostimmen. Bedeutende Orgelwerke des endenden 19. und beginnenden 20. Jahrhunderts wurden für dieses Instrument geschrieben und auch hier uraufgeführt: so etwa Julius Reubkes *94. Psalm* oder Max Regers

zweite *Sonate d-Moll*. Die Merseburger Orgel bietet eben Romantik im barocken Kleid, wobei das Kleid sich zuletzt doch mehr als Kostüm erweist.

Es ist im übrigen nicht bei Ladegasts eigenem Eingriff geblieben. Man hat 1962 im Rahmen einer Instandsetzung tatsächlich barockisiert, d.h. eine große Anzahl von Registern entfernt bzw. umgestellt, so daß ein Organist heute nur dann das alte Klangbild einigermaßen authentisch zur Geltung bringt, wenn er sich entsprechend auskennt. Dennoch blieb die Orgel durchaus attraktiv und lud sogar zu Experimenten wie der Kombination mit Jazz ein. Die jährlich stattfindenden Merseburger Orgeltage bieten ein breites Programm der Orgelliteratur. Übrigens kann man sich in einer Seitenkapelle der Kirche von reinen Ladegastschen Klängen überzeugen. Hier hat ein kleines einmanualiges Werk (10 Register, mit Pedal) seinen Platz gefunden, das aus der Dorfkirche von Raschwitz stammt. Bei einigen Rekonstruktionen, z.B. der verlorengegangenen Prospektpfeifen, kann es als das älteste original erhaltene Instrument des Meisters überhaupt gelten.

Ein anderes, noch kleineres Instrument (6 Register, ohne Pedal) findet man in der unmittelbaren Nachbarschaft, und zwar in Halle. In diesem Fall handelt es sich um eine

Kostbarkeit sowohl aus der Sicht der Instrumenten- wie der Musikgeschichte. In der Marktkirche hat sich die Orgel erhalten, an der der junge Händel seinen ersten Unterricht erhielt. Das Instrument ist 1664 von Georg Reichel erbaut worden, von dem wir nicht viel wissen und auch nur diese eine Orgel noch besitzen. Das Instrument war für das damalige Zusammenspiel mit der Großen Orgel der Kirche bzw. mit Orchester bestimmt, konnte aber auch als eine Art Zweitinstrument für kleinere Gemeinden benutzt werden. Was wohl niemand dem Winzling hoch oben auf der Ostempore ansieht, ist die Tatsache, daß er mühelos auch den Gesamtraum füllen kann. Material, Mensurierung und Winddruck machen es möglich, nachdem eine Restaurierung bzw. Rekonstruktion durch die Firma Schuke/Potsdam den alten Zustand wiederhergestellt hat. Die Große Orgel gegenüber mit ihrem prachtvollen Barockprospekt von 1716 enthält heute ein neues Werk der gleichen Firma aus dem Jahre 1984, das mit seiner reichen Registerausstattung nicht zuletzt den Musikstudenten der Stadt als Übeinstrument dienen soll. Natürlich kann man nur hier die gesamte Literatur vom Barock bis zur Gegenwart spielen. Aber beim Vergleich von David mit Goliath wird wohl jeder spontan zu David überlaufen.

Gipfeltreffen mit Kontrahenten

St. Wenzel in Naumburg

3 Manuale, 53 Register – Zacharias Hildebrandt (1746),
letzte Restaurierung (Rückpositiv): Eule (1996)

In den letzten Septembertagen des Jahres 1746 könnte in Naumburg noch Spätsommer gewesen sein, auf jeden Fall herrschte Freude in der Stadt angesichts der bevorstehenden Orgelweihe. Die berühmten Revisoren waren schon eingetroffen und durften ganze fünf Tage auf Kosten des Rates leben. Bach hatte es von Leipzig nicht weit gehabt, für Silbermann kamen von Freiberg her einige Stunden mehr zusammen. Weit unterschiedlicher müssen die Gefühle gewesen sein, mit denen die beiden der Einladung nachgekommen waren. Bei Bach herrschte tiefe Zufriedenheit vor. Endlich konnte er das Werk in Augenschein nehmen, dessen Entstehung er von Anfang an verfolgt, den Auftrag an Hildebrandt befürwortet, vielleicht auch an der Disposition mitgewirkt hatte. Er kannte sie sicherlich auswendig, bis auf die *Unda maris*, die der Meister im letzten Augenblick hinzufügte: ein Dankeschön an die Stadtväter. Kein Kuckuck oder Nachtigall wie bei den Altgläubigen, nein: Etwas besonderes sollte es sein in dieser besonderen Orgel. Ein Register voller Süße aus Italien, leicht schwebend dank etwas zu hoher Stimmung gegenüber den normal intonierten. Bach wird bei all seiner Erfahrung gelächelt haben, als er sie im Oberwerk entdeckte, direkt neben der weiteren Solistin, die hier hingehört, der *Vox humana*. Aber das Lächeln dürfte flüchtig gewesen sein, das Hauptaugenmerk galt dem Ausbau von Hauptwerk, Oberwerk und Rückpositiv, die alle etwa gleich stark, aber mit unterschiedlichem Charakter versehen waren. Überall die Grundstimmen in verschiedenen Klangfarben besetzt, die kompletten Familien der Prinzipale, Gedackten, Flöten und Streicher, im Hauptwerk auf 16'-Basis. Überall auch die Zungen für Solo und kräftiges Plenum, im Pedal die ganze Batterie von 32'- bis 4'-Lage, Lieblichkeit *und* Gravität also, deutlich zurücktretend die hohen und spitzen Stimmen. Mixturen ja, aber nicht dominierend, nur der nötige Glanz.

»Merseburger Bier, 30 Kannen Wein, Coffee und Canaster-Toback vor Pfeiffen« hatte der Rat der Stadt den Visitatoren spendiert, um sie bei Laune zu halten. Aber Silbermann dürfte all dies dennoch die trüben Gedanken nicht zerstreut haben. Was dieser Zacharias ihm für Schwierigkeiten gemacht hatte! Obwohl im Lehrvertrag ausdrücklich vermerkt war, daß der Schüler bei späterer Selbständigkeit nicht in der Region des Meisters bauen dürfe, war es anders gekommen. Hildebrandt arbeitete direkt vor seiner Tür, und dieser Bach hatte die Orgel nicht nur abgenommen, sondern auch noch eine festliche Kantate zur Einweihung geschrieben mit dem provozierenden Titel: »Höchsterwünschtes Freudenfest«. In Störmthal, direkt bei Leipzig, war dies 1723 gewesen, inzwischen lange her, und lange her auch die Klage vor Gericht, in die sich zuletzt der Landesvater schlichtend eingeschaltet hatte. Man war sich mittlerweile einig geworden, es gab also zwei Orgelbauer in der Region. Dennoch eine Zumutung, daß Hildebrandt ihm, der Schüler dem Lehrer, ausgerechnet das größte Instrument vor der Nase wegschnappte und es im übrigen deutlich anders baute, als er es selbst gemacht hätte.

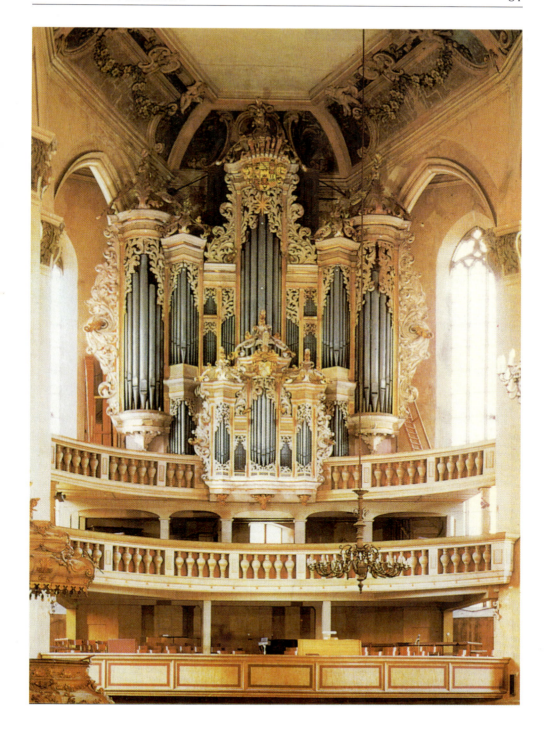

Wieder ein in seinen Augen überholtes Rückpositiv und auch im Klang weit weg von jener silbrigen Helle, die seiner Vorstellung entsprach und die er seinem Paradeinstrument im Freiberger Dom mit fünf Mixturen gegeben hatte. Und nun diese Naumburger Orgel mit ihren vier Sechzehnfüßen und zwölf Achtfüßen allein in den Manualen. Das Provozierendste aber: Hildebrandt hatte dem neuen Instrument die neue temperierte Stimmung (nach Neidhardt) gegeben, die Bach protegierte: jene seltsame Verirrung des Geistes und der Ohren, die alle Tonarten fast gleich, aber eben auch keine wirklich ›schön‹ erklingen ließ.

Geben wir es zu: So *könnte* es gewesen sein, vielleicht war es auch ganz anders. In jedem Fall verdient das Gipfeltreffen des Jahres 1746 in Erinnerung gehalten zu werden. Bach schätzte auch Silbermann, hatte oft auf dessen grundsolide gebauten Orgeln gespielt, aber nie ein Abschlußgutachten geliefert. Als sein Sohn Bernhard an der Jacobikirche in Sangerhausen ein neues Instrument bekam, sorgte er dafür, daß Hildebrandt es baute. Und für die Stelle in Naumburg empfahl er seinen einstigen Schüler und dann auch Schwiegersohn Johann Christoph Altnikol, dessen Lob des Instruments sich anhört wie von Bach souffliert: »Der Ton ist überaus schön und angenehm, und fällt sehr in das Gehör, hat dabey aber auch eine gewaltige Force. Jedes Clavier hat seine besondere Mensur und Tonart, da nämlich das Hauptmanual einen etwas dicken, vollen Ton, das Rückpositiv aber schneidend und das Oberwerk sozusagen einen Zimbelton hat. Herr Hildebrandt hat an dieser Orgel viel Fleiß bewiesen – er ist ein reiner und guter Arbeiter, das Werk wird seinen Meister loben. Es sprechen alle Pfeifen besonders geschwinde an, auch die Rohrwerke, welches gar sehr was Feines und Schönes in meiner Orgel ist. In der Temperatur gehet er nach dem Neidhart und kann man auf allen Tonarten ganz fein modulieren, ohne daß das Gehör etwas widriges zu hören bekommt, welches bey dem heutigen Gusto der Music das schönste ist.«

Dieses Instrument aber ist erhalten. Nicht daß die Zeit ihm nicht zugesetzt und nicht daß es der allergrößten Anstrengungen bedurft hätte und noch weiterer bedarf. Anfang der 30er Jahre war der Zustand mehr als bedenklich, und dem Enthusiasmus eines Günther Ramin und Christhard Mahrenholz ist es zu verdanken, daß es nicht zum Abbruch kam. Die Firma Walcker sollte immerhin einen Teil retten, freilich mit einiger Willkür und vor allem nur das, was der Elektrifizierung nicht im Wege stand. Wichtiger als das alte Innenleben war es den Restauratoren gewesen, den Spieltisch eine Etage tiefer und damit näher an die Gemeinde heranzurücken. Die Mechanik ging dabei ebenso verloren wie ein Teil der Pfeifen. Vom alten Spieltisch haben nur die Klaviaturen überlebt – als »historische Merkwürdigkeit«, wie es im damaligen Protokoll heißt. Als man sich 1992 nach der Wende auf einem Symposium erneut zusammensetzte und wiederum für eine Restaurierung plädierte, begann eine Rückführung auf den alten Zustand durch die Firma Eule, die mittlerweile erste Ergebnisse vorlegen kann. Der alte Prospekt aus dem Jahre 1705 ist stabilisiert. Dann kam das Rückpositiv an die Reihe und wird mittlerweile in Konzerten auch gespielt: zwölf (teilweise rekonstruierte) Register, immerhin vom ebenfalls rekonstruierten Spieltisch aus. Der Hauptteil der Orgel muß weiterhin warten. Man kann nur hoffen, daß das schaurig-leere Gehäuse die Gemüter der Verantwortlichen endlich erweicht.

4
SACHSEN UND THÜRINGEN

Tönende Sonnen
St. Peter und Paul in Görlitz

3 Manuale, 64 Register (wird erweitert auf 4 Manuale, 90 Register) –
Eugen Casparini und Sohn Adam Horatio (1703), Neubau: Matthis (1997)

Mit der Wiedereinweihung der Görlitzer Sonnenorgel am 12. Oktober 1997, genau 300 Jahre nach dem ersten Vertragsabschluß, dürfte eine der kuriosesten Geschichten dieses Instruments ihren vorläufigen Abschluß gefunden haben. Schon der Erbauer bietet Stoff für einen Groschenroman des Barockzeitalters. Zu Beginn des Dreißigjährigen Krieges in Schlesien geboren, weicht der junge Eugen Casparini, der beide Namensteile änderte – er hieß ursprünglich Johann Kaspar –, über Augsburg und Regensburg den kriegerischen Wirren immer weiter in Richtung Süden aus. Fast 30 Jahre arbeitet er, mittlerweile katholisch geworden, in Venedig und Padua, wird am kaiserlichen Hof in Wien *maestro d'organi di Sua Maj.*, wofür er sich mit einer spektakulären Orgel aus Papierpfeifen bedankt und kehrt schließlich als berühmter Mann in die alte Heimat zurück. Dort wieder evangelisch geworden, baut er als Vierundsiebzigjähriger zusammen mit seinem Sohn sein berühmtestes Werk: die Sonnenorgel zu Görlitz. Er hat die Vollendung noch erlebt, nicht aber die bald einsetzenden Turbulenzen um den auch für damalige Verhältnisse überaus teuren Bau (18 000 Taler). Die Gutachter gaben sich die Klinke in die Hand, und Bachs Urteil steht für alle anderen: Es sei eine »Pferds-Orgel«, »weil es eine Roßmäßige Arbeit ist droben zu spielen«, soll er nach dem Bericht des Johann Andreas Silbermann gesagt haben, der auch dort war und einen Zustand vorfand, daß er »nichts darauf hätte spielen können«. Die Ventile waren falsch angebracht, die Traktur insgesamt zu umständlich, und zwei Koppeln besorgten den Rest. Nur hatte Eugen Casparini ohnehin anderes im Sinn als eine Orgel (allein) zum Spielen.

Die Sonnenorgel erinnert an den Anfang der Geschichte des Instruments: an die Zeit, als die Orgel im Grunde nichts anderes war als ein technisches Wunderwerk. Gerade im Barockzeitalter lag es nahe, daran wieder anzuknüpfen. Überall die Begeisterung für künstliches Spielwerk, für Automaten, mit denen der Mensch die Schöpferkraft Gottes nachahmte. Ob als Springbrunnen oder als künstlicher Vogelbaum mit Gezwitscher – das Barockzeitalter will ›Kurioses‹ bieten als Demonstration menschlichen Erfindungsgeistes. Auch am Orgelbau war dies nicht vorübergegangen: Überall die Kuckucke und Nachtigallen, die Heerpauken und Zimbelsterne mit ihren Überraschungseffekten. Nur war dies Beiwerk gewesen. Was Casparini präsentierte, ging einen entscheidenden Schritt weiter. Statt die Pfeifen auf normale Windladen zu stellen, was letztlich Kunst genug ist, finden wir in Görlitz ausgerechnet das pfeifenreichste Register überhaupt, eine zwölffache Pedalmixtur (also mit 12 Pfeifen bzw. Tönen pro Taste), wie die Speichen von Rädern angeordnet, die ihren Wind aus dem jeweiligen Zentrum beziehen. Insgesamt 15 kleine und zwei große bzw. doppelte dieser Art sind über den Prospekt verteilt und haben jeweils in ihrer Mitte kleine Scheiben, auf denen tatsächlich Sonnen den Betrachter anlachen, dazu kommt ein schneckenartiges Gebilde mit auch noch in den Raum vorspringenden Pfeifen gleich winzigen spanischen Trompeten. Wenn man weiß, wie sehr in der damaligen Zeit Technik noch mit Magie zusammenfiel, und man überdies in Rechnung stellt, daß Magie besonders Astralmagie bedeutete, könnte es sein, daß diese Sonnen nicht ganz zufällig auftauchen. Aus der Sonne als Zentrum des Weltalls stammt für den Sternengläubigen alle Kraft. Die Musik aber gehorcht den gleichen (mathematischen) Gesetzen wie die Umlaufbahnen der Gestirne, hier wie dort vollzieht sich alles in festen Proportionen. Was also hat für einen Sternengläubigen näher gelegen, als in der Orgel ein Instrument zu sehen, das die Kräfte des Weltalls spiegelt? Und warum soll der unstete, experimentierfreudige und seinen Glauben so häufig wechselnde Casparini nicht tief in seiner Seele abergläubisch gewesen sein wie so viele andere gerade seiner intellektuellen Zeitgenossen? Übrigens hatte er an einer seiner italienischen Orgeln schon einmal Sonne, Mond und Sterne untergebracht.

Aber lassen wir es beim technischen Kuriosum, zu dem es auch noch gehört, daß zwei der trompetenblasenden Engel tatsächlich an das Windsystem angeschlossen sind und jeweils acht Töne von sich geben. Weiterhin kann sich die genau in der Mitte des Prospekts angebrachte Sonne wirklich drehen und dabei vier Glöckchen ertönen lassen, Kuckuck, Nachtigall und Vogelgesang gibt es sowieso. Schließlich bot die Orgel auch erstmalig eine *Unda maris*, ein etwas zu hoch gestimmtes Register, das gegen ein normal gestimmtes ›schwebt‹: Effekt aufgrund von Naturgesetz, von Menschenhand ›künstlich‹ gesteuert – und übrigens als einzige Stimme original erhalten. Nur war alles wohl doch zu überladen gewesen, erwies sich jedenfalls als eine Art Arbeitsbeschaffungsprogramm für Orgelbauer während der nächsten Jahrhunderte. Dann kam sogar der Exitus. 1928 setzte die Firma Sauer ein völlig neues Werk mit fast 100 Registern ins alte Gehäuse, das immerhin erhalten blieb – und zwar bis in die Feinheiten der Sonnen und trompeteblasenden Putten. Seit 1978 aber regte sich die Idee einer Wiederherstellung des Verlorenen. Die Kirchengemeinde nahm die nötigen Kontakte auf, begann im damaligen DDR-Staat neben der Restaurierung des Gotteshauses die Mittel anzusparen und erteilte 1988 den Auftrag. Auf 445 000 Mark waren die Kosten angesetzt, 380 000 waren beisammen. Dann geschah etwas, was niemand vorhergesehen hatte und – fast möchte man nach all den Abenteuern zuvor sagen: natürlich – diese Orgel traf. Die Wende machte aus den angesparten 380 000 Mark 190 000 DM und aus den projektierten

445 000 Mark der DDR ganze 1,3 Millionen DM. Daraufhin mußte man den Vertrag wieder auflösen.

Aber es gab ein Happy-End. Daß ausgerechnet die Bemühungen dieser Gemeinde ein Opfer der Wende werden sollten, hat viele Geister aufgeweckt. 1991 wurde der *Freundeskreis Görlitzer Sonnenorgel* mit dem Organisten der Gemeinde, Reinhard Seeliger, als Vorsitzendem gegründet. Seither reißen die Benefizkonzerte nicht ab. Überall in der Bundesrepublik und auch im benachbarten Ausland fanden entsprechende Veranstaltungen statt, deren Einnahmen dem Projekt zugute kamen. Inzwischen ist das Ziel (fast) erreicht. Seit Oktober 1997 erklingen 64 der geplanten 89 Register: Hauptwerk, Oberwerk, Brustwerk und Pedal, die in ihrer Disposition an die alte Casparinische angelehnt sind (mehr war beim Fehlen fast allen alten Pfeifenmaterials nicht zu verantworten), vor allem den inneren Aufbau wahren, auch wenn die heute voll ausgebauten Zweiunddreißigfüße aus Platzmangel im Innern des Gehäuses quer liegen. In einem für 1999 geplanten Bauabschnitt soll ein Schwellwerk hinzukommen, das die Klangmöglichkeiten in Richtung Romantik und Moderne bereichert, übrigens auch wieder die Sonnen und Putten tönen läßt – im Augenblick gibt es nur ein Demonstrationsmuster. Wer die Einweihung mit ca. 1 500 Gästen im Gottesdienst und Konzert erlebt hat, die jetzt schon grandiose Kraft des Instruments kennt und sich von den Worten des Bischofs wie denen des Bundesministers für Städtebau überzeugen läßt, daß viel Geld für Kultur auch in einer wirtschaftlichen überaus schwierigen Region nicht verschwendet ist, wird den Initiatoren Glück für das Erreichen des endgültigen Zieles wünschen. Am wunderschönen Spieltisch braucht man jedenfalls nichts mehr zu ändern. Das vierte Manual existiert, der Schwelltritt für die Bedienung der Jalousien ebenfalls, und die Bohrungen für die zusätzlichen Registerzüge machen auch jedem uneingeweihten Betrachter deutlich, daß Casparinis alte Orgel noch etwas zu erwarten hat.

Ein kurzes Nachwort! 1991, als sich der *Freundeskreis Görlitzer Sonnenorgel* etablierte, hat man in der gleichen Stadt ein anderes Vorhaben gerade abschließen können. In Görlitz steht nicht nur das Werk Casparinis, es ist auch eine Konzertsaalorgel von Wilhelm Sauer übrig geblieben, die die Firma Vleugels in verstaubtem, aber sonst gutem Zustand vorfand. Das Instrument mit 60 Registern plus Fernwerk war 1910 eingeweiht worden und ist Zeuge einer Tradition, von der nur wenige Exemplare übriggeblieben sind. Für die sinfonische Musik mit Orgelpart, vor allem auch für das Zusammenspiel mit großen Chören – es sollte ursprünglich Platz geschaffen werden für fast 1 000 Mitwirkende bei knapp 2 000 Zuhörern – entstanden Orgeln auch außerhalb der Kirchen mit entsprechend andersartigen architektonischen Entfaltungsmöglichkeiten. Die Görlitzer Stadthalle zeigt dies dank der beiden Obelisken im Prospekt, die etwas Aida-Stimmung transportieren. Auch hier also Italien, aber nach weiteren Parallelen sollte man nicht suchen.

Rettung dank Zivilcourage

Katholische Hofkirche in Dresden

3 Manuale, 47 Register – Gottfried Silbermann und Schüler (1755),
letzte Restaurierung/Rekonstruktion: Jehmlich (1971)

Die Schaffenszeit Gottfried Silbermanns fällt zusammen mit der kulturellen Blüte Sachsens unter August dem Starken und seinem Sohn und Nachfolger Friedrich August. Vor allem Dresden, die Metropole, wurde damals zum berühmten Elbflorenz ausgebaut. Natürlich profitierte davon auch die Musik. Der Hof hatte seine Kapelle und schuf sich wie überall sonst in Europa sein musikalisches Zentrum in der Oper. Aber der katholische Kurfürst, der König von Polen geworden war, förderte auch die Orgel. Silbermann konnte 1720 in der Sophienkirche bauen, dann das große Instrument in der Frauenkirche, dem vielleicht bedeutendsten protestantischen Kirchenbau der Zeit. 1734 war diese evangelische Stadtkirche geweiht worden, zwei Jahre später die Orgel. Bach hat 1731 in der Sophienkirche konzertiert, sofort nach der Einweihung auch in der Frauenkirche, nachdem ihm der begehrte Titel eines *Compositeurs bey Dero Hof-Capelle* verliehen worden war. In beiden Fällen ist überliefert, daß er sich rühmend zu den Orgeln geäußert hat, aber wir wissen auch, daß seine Vorliebe in einer anderen Richtung lag.

Die Orgel der Hofkirche, mit der Silbermann nach langen Planungen 1750 begann – sie wurde mit 47 Registern seine größte überhaupt –, wäre Bachs Geschmack vielleicht mehr entgegengekommen. Aber nicht nur Bach hat die Vollendung nicht erlebt. Silbermann selbst ist 1753, mitten im Bau, gestorben. Dieser Tod kam nicht völlig unerwartet. Wahrscheinlich litt Silbermann an einer berufsbedingten Bleivergiftung, jedenfalls war der Fortgang der Arbeit genau geregelt. Der einstige Schüler Zacharias Hildebrandt, mit dem sich der Meister zeitweilig zerstritten hatte, beaufsichtigte mit weiteren langjährigen Gesellen unter der formalen Führung von Silbermanns Neffe und Alleinerbe Johann Daniel die Ausführung der Pläne. Leider sind die Anteile der Beteiligten heute nicht mehr genau feststellbar, aber wir wissen, daß sich Hildebrandt zuletzt zurückzog und wieder eigene Projekte verfolgte. Jedenfalls trat eine Verzögerung, aber kein Stillstand ein. Dazu trug auch bei, daß alle zum Orgelbau nötigen Werkzeuge aus dem Besitz Silbermanns auf allerhöchste Anordnung hin in Dresden verbleiben mußten. So wurde das Instrument 1755 fertig und erhielt seine Einweihung, die im evangelischen Dresden allerdings zurückhaltend ausfiel. Daß die Orgel die Bombennacht von 1945 überlebte, verdankt sich der Tatsache, daß Propst Beier zusammen mit dem Hoforganisten Wagner, dem Organisten der benachbarten Annenkirche, und den Orgelbauern der Firma Jehmlich die Auslagerung beschlossen. Wie andere (hier ungenannt bleibende) Verantwortliche in Deutschland zur damaligen Zeit besaß man die Zivilcourage, sich über den nicht ungefährlichen Vorwurf des Defätismus angesichts des »Endsiegs« hinwegzusetzen.

Vergleicht man die Disposition mit der des viel früheren Freiberger Instruments, so wird ein Unterschied sichtbar. In Dresden sind die grundtönigen Stimmen deutlicher vertreten, gibt es viel mehr Zungen, als Silbermann sie je zuvor verwendete. Dies steht

im Zusammenhang mit einer Wende innerhalb seines Schaffens, die sich schon beim Bau der Orgel für die Frauenkirche abzeichnete, deren fast gleichartiges Schwesterinstrument sich erhalten hat: die nur etwas kleinere zweimanualige Orgel von St. Petri in Freiberg. St. Petri bekam erstmals einen *Prinzipal* 16' sowie ein *Fagott* 16' im Hauptwerk und im Pedal eine 32'-Basis, wie es auch in Dresden der Fall ist. Wenn Silbermann schon früher an Gravität interessiert war, so wird diese nun noch mehr betont. In einem Lobgedicht auf die ebenfalls dieser Schaffensperiode angehörende (und leider früh vernichtete) Zittauer Orgel (1741) hat ein Autor diese Seite Silbermannscher Kunst mit etwas Übertreibung, aber dafür einprägsam folgendermaßen wiedergegeben:

»Wie rauschen und rollen die Winde mit Macht,
Hier im Fagott und dort in Baessen,
Als wolten sie, da alles kracht,
Sich selbst, den gantzen Bau zertrümmern, brechen, fressen …
O! welche Donner-Macht regiert die weiten Baesse,
Ihr Brummen rührt mich selbst, ihr Schnarchen schreckt die Nacht,
Ich fürcht' ihr Rasen fast, daß ich mich selbst vergesse,
Weil mich schon ihre Wuth vor Aengsten zitternd macht …«

Übrigens mangelt es der Hofkirchenorgel nicht an der ebenfalls wichtigen Anmut. Die aus dem altitalienischen Orgelbau stammende *Unda maris*, ein Schweberegister, wie es der Bedeutung von ›Meereswoge‹ entspricht, gehört zu den klanglichen Subtilitäten, auch die *Vox humana*, die schon Bachs Sohn Wilhelm Friedemann rühmte, oder die *Chalumeau*, ein schalmeiähnliches (Zungen-)Instrument, auf dessen gelungene Ausführung Silbermann stolz war. Leider hat gerade die *Unda maris* als einziges Register den Ausbau nicht überlebt und mußte beim Wiederaufbau rekonstruiert werden.

Dabei war der Hofkirchenorgel in ihrer Geschichte genug Unbill widerfahren. Schon Silbermann selbst muß mit den Verhältnissen nicht zufrieden gewesen sein. Er wollte angesichts des Riesenraums die Orgel weiter vorziehen, was jedoch an den Bedürfnissen eines gemeinsamen Konzertierens mit Sängern und Instrumentalisten scheiterte. Später hat man immer wieder eingegriffen, nicht zuletzt weil hier mehr Mittel bereitstanden als andernorts. Als die Firma Jehmlich, die das Instrument schon seit dem 19. Jahrhundert betreute, Ende der 60er Jahre die Restaurierung in Angriff nahm, behielt man die bereits 1938 erfolgte Höherstimmung der Orgel um einen Halbton (auf $a = 440$ Hz) bei und beließ es auch bei der temperierten Stimmung, womit letztlich eine Änderung des Klangcharakters einhergeht. Der heutige Zustand entspricht damit wohl nur annäherungsweise dem des 18. Jahrhunderts.

Ein kleines, vielleicht riskantes Nachwort! Während diese Zeilen entstehen, ist die Diskussion darüber in Gang gekommen, ob man in der Dresdener Frauenkirche die Silbermann-Orgel rekonstruieren solle oder nicht. Als Autoren, die in diesem Buch weder allein dem historischen Orgelbau verbunden sind noch dem modernen, befürworten wir in diesem Fall klar die Rekonstruktion. Drei Gründe geben für uns den Ausschlag. Erstens: Der Architekt der Kirche, George Bähr, hat selbst den Prospekt der Orgel entworfen – in jener monumentalen Einheit von Altar und Orgel, wie es für den protestantischen Orgelbau damals typisch war. Zweitens: Wie bei kaum einer anderen zerstörten Orgel sind alle Einzelheiten genau bekannt, ist das direkte Schwesterinstrument (in St. Petri in Freiberg) vorhanden und lassen sich sogar Klangaufnahmen heranziehen, die im allerletzten Moment vor der Zerstörung erstellt wurden. Am wichtigsten aber der dritte Grund, der ganz außerhalb der Kunst als solcher liegt: Im Wiederaufbau der Frauenkirche bündeln sich in unüberbietbarer Symbolträchtigkeit all die Anstrengungen, die mit der Überwindung der Nachkriegsfolgen in Deutschland verbunden sind. Wenn die Frauenkirche im Jahre 2006 vollendet sein sollte, wird der besonders sinnlosen Zerstörung Dresdens in der allerletzten Kriegsphase ebenso wie dem noch viel sinnloseren Krieg selbst ein Zeugnis für die bewahrenden und friedlichen Kräfte der Kultur entgegenstehen. Zu einer Frauenkirche aber, die auf diese Symbolik hinarbeitet, gehört auch ihre Orgel, die von Anfang an dem Bauwerk zugedacht war.

Vom Selbstbewußtsein eines Siebenundzwanzigjährigen

Freiberger Dom

3 Manuale, 44 Register – Gottfried Silbermann (1714),
letzte Restaurierung: Jehmlich (1983)

Als Gottfried Silbermann im Jahre 1710 mit dem Bau der Freiberger Domorgel beauftragt wurde, müssen die Verantwortlichen in der Stadt genausoviel Mut gehabt haben wie er selbst. Es handelte sich um Opus 2 des damals gerade Siebenundzwanzigjährigen, und Opus 1, das ohne Lohnkosten für die Heimatstadt Frauenstein gebaute Instrument, war zur Zeit des Vertragsabschlusses nicht einmal fertig gewesen. Niemand konnte ahnen, daß man es mit dem Mann zu tun hatte, der einmal der berühmteste Orgelbauer Deutschlands werden sollte, und auch Silbermann selbst konnte nicht wissen, daß er seine Karriere gleich mit einer Art Krönung seines Schaffens begann – die späteren Werke in dieser Größenordnung haben sich entweder überhaupt nicht oder in wesentlich schlechterem Zustand erhalten. Die Lehrzeit beim Bruder Andreas im Elsaß mit entsprechendem Beglaubigungsschreiben, vor allem aber wohl das Auftreten des Youngsters müssen alle berechtigten Bedenken weggeblasen haben. Der Thomaskantor von Leipzig, Johann Kuhnau, sowie dessen Schüler Elias Lindner, der spätere Organist an der neuen Domorgel, waren tief beeindruckt vom vorgetragenen Konzept und setzten sich voller Begeisterung für die Verwirklichung ein. Ein französisch inspiriertes und mit mitteldeutschen Ingredienzien gemischtes Instrument war einzigartig in der Region. Lindner selbst zeichnete den Prospekt – den einzigen, der einen Werkaufbau zeigt, und mit seinen vier korinthischen Säulen der vielleicht reich geschmückteste Silbermanns überhaupt –, dann durfte der Meister loslegen. Im August 1714 war die Abnahme, nachdem Schwierigkeiten mit der Materialbeschaffung eine kleine Verzögerung bewirkt hatten.

Natürlich führte Kuhnau die Abordnung an. Nachdem man zwei Tage lang »vor- und nachmittags mit allem Fleiße« die Orgel untersucht hatte, lautete das Ergebnis mehr als zufriedenstellend, ja man fand Technik und Intonation vollkommen. Silbermann hatte aber nicht nur handwerklich Hervorragendes geleistet, sondern offenbar auch den Geschmack der Auftraggeber getroffen. Die Orgel bot genau das, wonach man damals verlangte: ein breites Ausdrucksspektrum zur Darstellung der Affekte, die es mit Hilfe der Musik zu erregen bzw. zu besänftigen galt. Daher die Auslegung der Teilwerke auf die Hauptaffekte, die im einzelnen abzuwandeln sind: ein »recht gravitätischer Klang« im Hauptwerk, »scharff und spizig« das Oberwerk, »recht delicat und lieblich« das Brustwerk, »starck und durchdringend« schließlich der Baß – so hat es Silbermann selbst beschrieben. Man kann dabei in des Meisters weiterem Schaffen eine Entwicklung feststellen: die schrittweise Entfernung vom ursprünglich stärker französisch geprägten Ideal hin zur Betonung der mitteldeutschen Tradition mit verstärktem Pedal, mehr Flöten, weniger Zungen. Aber dies tangiert nicht das Grundkonzept. Silbermann zielte stets auf einen raumfüllenden Plenumklang bzw. leicht abgestufte Plena, denen sich alle Register zuordnen – weniger auf die vielen solistischen Stimmen, wie sie im süddeutschen Orgelbau charakteristisch sind. Und an erster Stelle stand wohl immer das volle Werk, mit dem eine dichtgedrängte Gemeinde bei ihrem schmetternden Choralgesang immer noch deutlich zu führen war. Wiederholt finden sich Hinweise darauf, daß die Disposition und Intonation einer Orgel der *gefüllten* Kirche entsprechen solle. Auch von einer Betonung der hohen Lage mit ihrem Silberklang dank *Quinte* 1 1/2' und *Sifflöte* 1' ist der Meister niemals abgewichen.

Mit der Orgel im Freiberger Dom gelang also der frühe Durchbruch. Von überall her kamen die Aufträge, die Silbermann mit erheblichem Organisationstalent bewältigte. In Freiberg wurde die Werkstatt eingerichtet, in der man alles vorfertigen konnte – ein außerordentlich rationelles Verfahren. Von früh an entwickelte Silbermann fünf Grundmodelle, die lediglich nach den jeweiligen Bedingungen leicht abgeändert wurden: eine einmanualige Orgel mit und ohne Pedal, eine große und kleine zweimanualige Orgel und die dreimanualige Domorgel wie in Freiberg (sowie später in Dresden und Zittau). Die Gesellen waren eingespielt, der Meister konnte auf die ständig anfallenden Reisen gehen, ohne daß der Betrieb zusammenbrach. Auch das Material stand zur Verfügung, ja Silbermann begründete seine Ansiedlung in der Bergmannsstadt Freiberg geradezu damit, daß er hier über die Hölzer und Metalle verfügte, die er brauchte. Immer wieder wird gerade diese Seite seiner Kunst (zusammen mit bester Verarbeitung, z.B. beim Löten und Polieren der Pfeifen) in den Abnahmeberichten hervorgehoben. Nicht zuletzt gehörte auch die Termineinhaltung zu den Leistungen, Verzögerungen waren nie seine Schuld. Übrigens konnte Silbermann seine Preise durchsetzen. Verhandlungen waren üblich, aber zwecklos, vor allem seit er 1723 durch August den Starken zum »Königlichen Hof- und Landorgelbauer« ernannt worden war – ein höchst wertvolles Privileg, das unliebsame Konkurrenz verdrängen sollte.

Eine Erklärung für den beispiellosen Erfolg des Orgelbauers, dem es schon als Siebenundzwanzigjährigem nicht an Selbstbewußtsein mangelte, ist mit all dem noch nicht gegeben. Wir werden in dieser Hinsicht einen zweiten Anlauf nehmen. Konzentrieren wir uns zum Schluß noch einmal auf Freiberg. Die Domorgel aus dem Jahre 1714 ist in

bemerkenswerter Weise erhalten geblieben – nicht ganz getreu (die Stimmung wurde verändert), aber ohne die Eingriffe in Spielanlage und Pfeifenmaterial, die wir sonst bei wertvollen historischen Instrumenten kennen. Kein Wunder also, daß in Freiberg 1927 eine jener Tagungen von Experten stattfand, mit denen die Orgelbewegung verbunden ist. Dabei steht in Freiberg nicht nur die Domorgel, sondern fast das gesamte Modellprogramm des Meisters: von der einmanualigen Orgel der Johanneskirche, die heute im Dom aufgestellt ist, über das kleine zweimanualige Instrument in St. Jacobi bis zum großen in St. Petri, dem wir schon begegnet sind. Silbermann war eben auch Geschäftsmann, der wußte, wie man Kunden bedient. Dafür ist er wie kein anderer in Lobgedichten anläßlich von Orgelweihen bedacht worden, wobei schon in Freiberg ein Autor auf seine Weise alle Register zieht. Nur den so nahe liegenden Zusammenhang zwischen dem Namen des Gepriesenen und der Klangcharakteristik seiner Orgeln hat sich der Autor entgehen lassen und dafür wohl ungewollt etwas hervorgehoben, was erst die Zukunft wirklich erfüllen sollte:

»Herr Silbermann läßt heut' sein Werk erschallen,
das tausend Ohren hat vortrefflich wohl gefallen.
Er zimmert, bauet stimmt kunstmäßig rein und schön,
Auf seinen Orgeln saust ein englisches Getön.
Es leb' der Virtuos der Wind und Luft so zwinget,
Daß eines Menschen-Stimm in zinnern Pfeifen klinget.
Der heißt Silbermann, er kann ein Goldmann sein,
Den seiner Orgeln-Bau behält den Preis allein.«

Ein Zirkel im Wappen

Dorfkirche in Großhartmannsdorf

2 Manuale, 21 Register – Gottfried Silbermann (1741),
letzte Restaurierung: Eule (1990)

Bekanntlich sind die menschlichen Sinne, und gerade die wichtigsten, unzuverlässig. Der Parthenon in Athen beispielsweise erscheint unserm Auge nur deshalb von vollkommenem Ebenmaß, weil der Architekt die langen Linien leicht gekrümmt baute – wären sie gerade, würden wir sie krumm sehen. Genauso das Ohr. Stellt man eine Reihe von Pfeifen über mehrere Oktaven nebeneinander, so nimmt ihre Länge konstant im Verhältnis 1:2 pro Oktave ab. Würde man den Querschnitt der Pfeifen dabei immer gleich belassen, so klängen die tiefen in anderer Farbe als die hohen. Verkleinert man den Querschnitt nach einer geometrischen Proportion (sie liegt bei $1:\sqrt{8}$), so stimmt die Klangfarbe, aber das Register klingt irgendwie tot, und legt man gar allen Registern der Orgel *dieselbe* Proportion zugrunde, kommt erst recht nichts Befriedigendes heraus. Nur wenn der Verlauf leicht ›gekrümmt‹ ist, die Mitte ein wenig zurückgenommen wird, weil das menschliche Ohr hier besser hört, klingt das Ergebnis befriedigend. Und nur wenn einige der Register *anders* gekrümmt sind als die anderen, stimmt es auch insgesamt. Wie sich denken läßt, war all dies nicht nur eine Wissenschaft, sondern ein gehütetes Geheimnis. Es gab Traditionen, die jeder kannte, sozusagen Grundprinzipien, aber die großen Meister verdanken eben ihre Erfolge dem letzten Pfiff. Orgelbau war Kunst, und dazu gehörte gerade das hier angesprochene Kapitel der Mensurierung bzw. des Wissens um die richtigen Maße für die Pfeifen.

Gottfried Silbermann war einer dieser Künstler. Auf seinem ersten Wappen ist ein Zirkel abgebildet, mit dem man die Mensurierung der Pfeifen auf einem Diagramm abgriff (statt sie jeweils zu berechnen) – auf Mensuren also kam es entscheidend an. Dies zeigt sich nicht zuletzt daran, daß er das bei seinem Bruder in Straßburg Gelernte später abwandelte. Andreas legte seine Mensuren noch durchweg variabel an, wie es barocker Tradition entsprach, während Gottfried diese Variabilität bewußt reduzierte, wichtige Register also ›parallel‹ laufen ließ. Darin zeigt sich die systematisierende Art seines Vorgehens, die konsequent mathematische Durchdringung der Materie, die so gut zum Aufklärungszeitalter paßt, dem Silbermann angehört, ja dessen Geist er vielleicht wie kein anderer zuerst auf den Orgelbau anwendete. Wo immer er konnte, strebte er nach Klarheit, nach ›Simplizität‹, wie sie Kuhnau am inneren Aufbau seiner Orgeln rühmte. Daß dies im Falle der Mensurierung nicht nur zu Zweckmäßigkeit, sondern auch noch zu überzeugenden klanglichen Ergebnissen führte, krönt diese Bemühung. Der Vorteil liegt in einer Verstärkung des strahlend-silbrigen Klangs, vor allem in hohen Lagen, auch in einer intensiven Klangverschmelzung bzw. in einem Ineinandergreifen aller Klangkomponenten zu einem Einheitsklang, dem die Zukunft gehören sollte.

Wohin die Klangvorstellungen Silbermanns zielten, zeigt sich dabei etwas genauer gerade an seinen kleineren Orgeln, die er über Jahrzehnte hinweg in fast gleichbleibender Form baute. Für zwei von ihnen, darunter für die Großhartmannsdorfer, hat er Registrierungsanweisungen hinterlassen. Sie bekunden zunächst, daß für das »reine volle Spiel« wirklich fast alle Register gezogen wurden – *bloße* Solisten sind die Ausnahme, jede Stimme soll vielmehr *auch* plenumfähig sein. Für eine (solistische) Melodieführung im Diskant bietet Silbermann verschiedene Varianten an. Dazu gehören »Flöthen-Züge«, etwa *Rohrflöte* 8' und *Spitzflöte* 4' im Hauptwerk, der aus Frankreich stammende »Cornet Zug« mit dem *Cornett* entweder im Hauptwerk oder Oberwerk, der »Tertien Zug« mit hoher *Terz* 1 3/5' und schließlich das »Stahl Spiel«, das seinen Namen der ›Härte‹ dieses Klangs verdankt: *Gedackt* 8', *Nasat* 2 2/3', *Terz* 1 3/5', *Quinte* 1 1/3' und *Sifflöte* 1' im Oberwerk sind besonders hohe bzw. spitze Stimmen, wie man sie im Barockzeitalter liebte (und während der Romantik dann durch die dunkleren Klänge ersetzte). So gesehen steht das verhältnismäßig unscheinbare Werk in Großhartmannsdorf genauso für die großen Wege der Orgelbaukunst, ja der Musikgeschichte wie etwa die Instrumente in Freiberg oder Dresden. Von den kleineren Orgeln aber besitzen wir heute noch eine große Anzahl. Nach der Qualität der Restaurierung (durch die Firma Eule) dürfte Großhartmannsdorf an der Spitze liegen, aber auch die Orgeln in Forchheim, Helbigsdorf, Großkmehlen, Pfaffroda oder Ponitz sind mittlerweile wieder annähernd in ihrer Originalgestalt spielbar. Insgesamt zeugen 31 von 45 Instrumenten noch heute von der Vergangenheit. Wenn man sich fragt, wieso Gottfried Silbermann von allen Orgelbauern Deutschlands der berühmteste geworden ist, warum es gerade für die Pflege seines Werkes eine eigene Gesellschaft (in Freiberg) und ein eigenes Museum (in Frauenstein) gibt, so dürfte auch in diesem Überleben ein Teil der Antwort liegen.

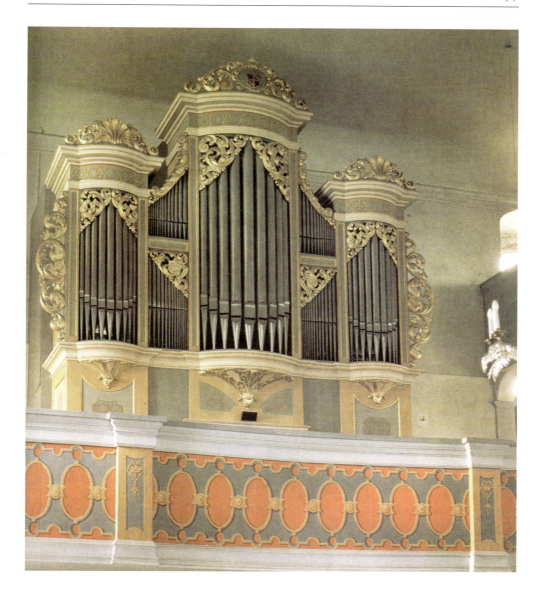

Liebenswerte Klänge

St. Annen in Annaberg

3 Manuale, 65 Register – Walcker (1884), letzte Restaurierung: Eule (1995)

Seit dem Spätmittelalter zieht die Orgel in die großen Kirchen des Abendlandes ein, seit dem Barockzeitalter wetteifern selbst Dörfer um ein prachtvolles Instrument. Was hat die Menschen zu den Anstrengungen und Opfern angetrieben, woher dieses Orgelfieber?

Orgeln sind Musikinstrumente wie andere auch, aber dank ihrer Größe an einen festen Ort gebunden, wie wir es sonst nur noch von den Glocken kennen, mit denen die Orgeln ohnehin viel gemeinsam haben. Orgeln und Glocken versammeln, stiften Gemeinschaft. Als vor dem Industriezeitalter die Glockengießer noch von Ort zu Ort wanderten (wie die Orgelbauer), versuchten Gemeindemitglieder beim Guß kleine Schmuckstücke ins Metall zu werfen – der Ton sollte später etwas von ihnen selbst enthalten. Bei Orgelneubauten werden heutzutage ganz legale Partnerschaften für Pfeifen angeboten, in die bei entsprechender Spende der Name eingraviert ist. Der Klang hat eben etwas Beständiges, an dem man gerne Anteil hätte. Er kehrt immer wieder, immer wieder als derselbe, als der Klang ›meiner‹ oder ›unserer‹ Orgel, den sogar die längst Verstorbenen noch kannten: Versammlung selbst übers Leben hinaus. Mit dieser Form von Gemeinschaft ist eine eigenartige Gerechtigkeit verbunden – der Klang ist für alle gleich. Sehen neigt zur Hierarchie, es gibt immer eine erste Reihe, einen erhöhten Stuhl. Hören macht die Anwesenden zu Partnern, auch hier wie sonst nur der Tod. Übrigens spricht der Klang den Hirnstamm an, nicht die Großhirnrinde wie das Auge, früher sagte man: die Seele, nicht den Geist. Auch dafür lieben wir ihn, lassen ihn in uns eindringen, wie es sonst bei keinem anderen Sinnesorgan der Fall ist. Nur identifizieren müssen wir ihn können, charakteristisch genug muß er sein zur Unterscheidung von anderen Klängen, ›schöner‹ als sie, wie wir es auch sonst möglichst mit allem halten, was wir unser eigen nennen. Sirenen versammeln auch, aber es gibt kein Sirenenfieber.

Als die Annaberger im Jahre 1884 ihre neue Orgel von Walcker bekamen, hatten sie sich zu einem Schritt entschlossen, der ihnen alles abverlangte. Das Vorgängerinstrument war nach fast 250 Jahren Dienst so altersschwach geworden, daß eine weitere Instandsetzung nicht sinnvoll schien. Damit kam die Stunde des Neuanfangs. Man erkundigte sich und schrieb das Projekt schließlich aus. Unter den Anbietern stellte die Firma Walcker die weitaus bedeutendste dar. Das Haus existierte seit 1820, hatte mit Eberhard Friedrich im Jahre 1833 seinen Durchbruch in der Frankfurter Paulskirche erzielt und baute seither im gesamten In- und Ausland. St. Petersburg war beliefert worden, auch Boston und Kalkutta. Mit der Übernahme des Betriebs durch die Söhne kam es zu einem weiteren Aufschwung. Gerade, im Jahre 1883, hatte man im Dom zu Riga ein Rieseninstrument mit 124 Registern errichtet – und nun das kleine Annaberg im Erzgebirge neben all den Großen. Den Verantwortlichen wird es mulmig gewesen sein, als sie den Vertrag unterschrieben. Vielleicht half der ortsansässige Schreiner, we-

nigstens beim Gehäuse Kosten einzusparen. Aber zum Schluß hatte man seine Walcker-Orgel für die geräumige gotische Kirche, die pünktlich zum Ereignis selbst restauriert worden war. Die ursprünglich 56 Register sollten den Raum füllen, aber das Instrument bot nicht nur Lautstärke.

Die Walcker-Orgel gab sich selbstverständlich als Kind ihrer Zeit, der Hochromantik, mit zahlreichen grundtönigen Stimmen, die je für sich abwechslungsreiche solistische Möglichkeiten enthielten. Eine Besonderheit lag in der *Oboe*, für die eine eigene Schwelleinrichtung bestand. Noch seltener die *Vox humana* in einem wiederum eigenen sechs Meter hohen ›Schornstein‹ mit speziellem Tremulanten – romantischer Klangzauber *par excellence*, der im Einweihungskonzert die Hörer genauso fesselte wie die Gewalt des Tutti. Es ist schwer nachzuvollziehen, daß der Organist – und nicht einmal ein neuer – nur zehn Jahre später einen tiefgreifenden Umbau veranlaßte. Neun Walcker-fremde Register kamen hinzu, die sehr gute Mechanik wurde durch die damals neumodische Pneumatik ersetzt, um für mehr Spielhilfen zu sorgen. Auch die aufwendige Versetzung des Gehäuses, um dem Chor mehr Platz zu bieten, erscheint rückblickend wie ein Hohn auf die Leistung der Gründer. Und die Maßnahmen rächten sich. Die Pneumatik erwies sich als störanfällig, bis die Orgel schließlich 1975 stillgelegt werden mußte. Dann folgte das spannendste Kapitel. Die Annaberger entschlossen sich weder zu notdürftiger Reparatur noch zu einem wohlfeileren Neubau, sondern auf den Rat der erfahrenen Firma Eule hin zur Restaurierung ›ihrer‹ Orgel. Man rettete den Auftrag sogar über die kritische Phase der Wende mit einer gigantischen Verteuerung des Unternehmens. In einem Werbefeldzug ohnegleichen sammelte man zum Schluß mehr als zwei Millionen DM, woran die ortsansässige Großbäckerei mit ihren Christstollen genauso beteiligt war wie die Hotels der Umgebung und Ludwig Güttler mit Benefizkonzerten in der Kirche.

Damit konnte man an die Ausführung des Projekts gehen. Von der Umarbeitung des Jahres 1894 wurden die neu hinzugefügten Register zwar aussortiert, aber ohne Entfernung ihrer Lade. Auf dieser stehen nun Register Walckerscher Prägung, wie man sie im Rigaer Dom fand. Ansonsten ging alles in Richtung Rückführung. Der Prospekt rückte an die alte Stelle, die gesamte Traktur wurde wieder mechanisch angelegt (wobei man zum alten Barkerhebel im Hauptwerk weitere in den übrigen Werken einrichtete, um die Spielbarkeit gleichmäßig zu gestalten). Auch eine pneumatische Unterstützung der Registersteuerung, die Walcker einst in Riga gebaut hatte, wurde für Annaberg übernommen. Man kann mit dieser Hilfe die während des Spiels gerade benutzte Registrierung auf Hebeldruck gewissermaßen ›einfrieren‹ und während dieser Zeit ungestört umregistrieren. Erst bei abgeschlossener Handlung läßt sich das neue ›Programm‹ auf entsprechenden Hebeldruck aktivieren. Insgesamt ist eine hochromantische Orgel fast im Originalzustand erstanden, die wenige Jahrzehnte zuvor vielleicht dem Barockideal zum Opfer gefallen wäre. Eine wesentliche Rolle dürfte auch die Belebung, wenn nicht Beschwörung der Vergangenheit gespielt haben. Im damaligen DDR-Staat, der die Kirchen unterdrückte, bot die alte Orgel die Gewähr von Stabilität über Tagesereignisse hinaus, auch über ein paar Jahrzehnte Kirchenfeindlichkeit.

Ein kleines Nachwort, das an den Beginn dieses Kapitels anknüpft. Im Jahre 1976 legte der damalige DDR-Schriftsteller Reiner Kunze – ein Regimekritiker, der nach

Publikationsverbot und vielerlei Schikanen 1977 ausgebürgert wurde – einen kleinen Prosaband *Die wunderbaren Jahre* vor, in dem er über die Schwierigkeiten Jugendlicher in ihrem Staat berichtete. Eines der Kapitel heißt »Orgelkonzert« und beschreibt in einer kleinen Utopie die Befreiung, die mitten in der Welt der Willkür und Unterdrückung vom Klang der Orgel ausgeht. Der im Erzgebirge Geborene kennt sich gut aus und nennt eine Reihe historischer Instrumente seiner Heimat beim Namen: die Silbermann-Orgel in Freiberg, Naumburgs Wenzelsorgel, die vielen Bach-Instrumente, auch die Sonnenorgel in Görlitz. Sie alle haben ihr Bergendes an sich als die zeitenübergreifenden Spezialisten des Lebens, als »unsere Orgeln«, wie es im Text auch in Anführungszeichen heißt. Die letzten Zeilen lauten: »... alle Orgeln – unter wessen Dach auch immer – müßten mit einem Mal zu spielen beginnen, einsetzen mit vollem Werk, mit ihren tiefsten Pfeifen, den zehnmeterhohen, und mit ihren höchsten, den millimetergroßen, mit ihrem Holz und Metall, ihren Zungen und Lippen; alle Orgeln – die im Osten, Süden, Norden, Westen, die sechstausendeinhundertundelf klingenden Pfeifen in der Kreuzkirche zu Dresden, das Betstubenpositiv der Grube Himmelsfürst zu Freiberg, die von Bach geprüfte Orgel zu Hohnstein, die zu Kirchdorf, die einfach ›unsere Orgel‹ heißt – sie alle müßten plötzlich zu tönen beginnen und die Lügen, von denen die Luft schon so gesättigt ist, daß der um Ehrlichkeit Bemühte kaum noch atmen kann, hinwegfegen – unter wessen Dach hervor auch immer, hinwegdröhnen all den Terror im Geiste ... Wenigstens ein einziges Mal, wenigstens für einen Mittwochabend.«

Ein thüringischer Silbermann?
Schloßkirche Altenburg

2 Manuale, 36 Register – Heinrich Gottfried Trost (1739),
letzte Restaurierung: Eule (1976)

Irgendwer hat Heinrich Gottfried Trost einmal den thüringischen Silbermann genannt – und wollte damit seiner Wertschätzung Ausdruck verleihen. Nur würde niemand auf den Gedanken kommen, Gottfried Silbermann als den sächsischen Trost zu bezeichnen. Einen großen Namen zu gewinnen, ist schwierig, und meist verdankt er sich im Falle der Orgelbaukunst einer Lebensleistung, bei der auch die Quantität eine Rolle spielt, ja manchmal reicht eine Generation nicht aus. Gottfried Silbermanns Bruder Andreas baute ebenfalls Orgeln, und dessen Sohn Johann Andreas setzte das Werk des Vaters im Elsaß fort. Zusammen errichteten sie zahlreiche Instrumente, nicht zuletzt in bedeutenden Städten und Kirchen. Auch Arp Schnitger konnte sich im Alter auf seine Söhne stützen. Die Stumms und die Königs wirkten in vielen Generationen innerhalb ihrer Region, mit Höhen und Tiefen, aber doch lange Zeit als bewährte Fachleute. Seit 1820 bis heute ist Walcker ein Familienunternehmen mit einer Opuszahl von zuletzt über 5 000 Orgeln. Bedeutende Einzelgänger, die mit wenigen Instrumenten Höchstleistungen vollführten, sind selten, und noch seltener solche, die es damit zu Ruhm brachten. Vielleicht die einzige Ausnahme wäre Joseph Gabler mit seinen Orgeln in Ochsenhausen und Weingarten. Heinrich Gottfried Trost, der in mancher Hinsicht Gabler ähnelt – beide überzogen jeden Terminplan und hinterließen schon deshalb keine hohen Stückzahlen –, hat eher noch weniger erreicht. Mit seinen großartigen Instrumenten ist er gerade noch der thüringische Silbermann geworden.

Wahrscheinlich fehlte es ihm trotzdem nicht an Selbstbewußtsein. Als Trost seine erste große Orgel in Waltershausen – sie geht 1998 ihrer Restaurierung im Originalzustand entgegen – unter dem Druck zahlreicher Prozesse zu Ende brachte, weil er mit sechs Jahren nicht ausgekommen war und das Budget um das Dreifache überzogen hatte, schloß er mit den Altenburgern noch einmal einen Vertrag, an dessen Einhaltung er wohl selbst kaum glaubte, obwohl der Herzog als Auftraggeber fungierte und er selbst mit diesem Werk seinen Status als Hoforgelbaumeister festigen wollte. In zweieinhalb Jahren sollte ein nur wenig kleineres Instrument als in Waltershausen entstehen. Tatsächlich blieb er auch hier stecken, so daß man die Kammer bemühte und ausgerechnet Gottfried Silbermann als Gutachter bekam. Nur lautete dessen Urteil keineswegs ungünstig. Ein »gar ansehnlich und gutes Werck« sei da im Entstehen, heißt es, und man könne erkennen, daß »sich Herr Trost viel Mühe und Arbeit gäbe und keinen Fleiß sparete, aber dafür auch schlechten Profit haben dürffte«. Der Profi im Kalkulieren bescheinigt seinem in dieser Hinsicht eher naiven Zunftgenossen also eine Qualität, die den entstandenen ›Schaden‹ mehr als wettmache. Die fast einzige kritische Anmerkung hinsichtlich des zu kräftigen *Posaunenbasses* 32' führte übrigens zu einer hübschen Legendenbildung: Dieser habe die Fensterscheiben zum Zerspringen gebracht, heißt es, was gemeinhin eher hohe Töne schaffen, wie jeder weiß, der die *Blechtrommel* gelesen hat.

Trost wurde schließlich in Altenburg doch fertig, bekam die Abnahme und erntete darin wieder höchstes Lob. Noch kurz zuvor probierte Bach das Instrument – ein Schild an der Kirche erinnert daran –, wovon die glaubwürdigere Mär überliefert ist, daß er einen Choral in d-Moll von Strophe zu Strophe jeweils einen Halbton höher spielte. Bach wollte damit weder seine Künste demonstrieren noch die Sänger ärgern, sondern die neue temperierte Stimmung testen, für die man sich entschieden hatte. Ein es-Moll wäre bei einer Silbermann-Orgel schlicht nicht zu ertragen gewesen. Wahrscheinlich war Bach aber ohnehin sehr zufrieden, weil er hier alles vorfand, was er zeitlebens für eine gute Orgel forderte: eine reiche Palette von 8'-Registern, dabei äußerst experimentierfreudige Stimmen wie weite Flöten und enge Streicher, die für ungewöhnliche Farben sorgen. Die *Hohlflöte* und *Fugara* im Oberwerk gehören dazu, ganz besonders aber die *Viola di Gamba* im Hauptwerk, bei der man (bei gezogenem Tremulanten) den Eindruck gewinnen kann, es säße ein leibhaftiger Cellist im Schrank. An Gravität im Baß war die Orgel ohnehin nicht zu übertreffen, die Mixturen (mit thüringischer Terzbeimischung) klingen im Gegensatz zu den Silbermannschen eher weniger hell und durchdringend, was ebenfalls Bachs Geschmack entgegenkam. Den hohen Wert des Instruments bestätigt weiterhin, daß einer der Lieblingsschüler Bachs später Hoforganist wurde, nämlich Johann Ludwig Krebs (der einzige Krebs in seinem Bache, wie der

Lehrer gewitzelt haben soll), der die ersten Eingriffe plante, die aber dann doch nicht ausgeführt wurden. Größere Umbauten erfolgten erst in romantischer Zeit, die mit Wilhelm Stade wieder einen ausgezeichneten Organisten ins Amt brachte. Stade war eng mit Liszt befreundet, der selbst wiederholt nach Altenburg kam, und hat übrigens Hector Berlioz' *Symphonie fantastique* hier uraufgeführt. Allerdings veranlaßte er auch mehrere romantisierende Umbauten, darunter den durch Friedrich Ladegast, der sich bei dieser Gelegenheit ebenfalls lobend äußerte – die Orgel sei lange Zeit eine der besten in Deutschland gewesen –, aber trotzdem gründlich änderte. Die gesamte Spielanlage und Windversorgung wurde umgestellt und endlich auch die ominöse *Posaune* 32' ersetzt, die immer wieder für Aufregung gesorgt hatte.

Die Altenburger Orgel war also zeitweilig ein romantisches Instrument geworden, ehe man den Denkmalwert erkannte und Trost zu geben bereit war, was des Trostes ist (wie Ladegast an anderm Ort, was ihm gebührt). Unter Federführung der damaligen DDR-Verantwortlichen kam es 1951 zu einer ersten Instandsetzung. Dann folgte eine konsequente Restaurierung durch die Firma Eule in den Jahren 1974 bis 1976. Die zeitweilig zum Konzertsaal umfunktionierte alte Schloßkirche der sächsischen Herzöge altenburgischer Linie besitzt damit ein Barockinstrument, das auch äußerlich mit seinem prunkvollen Prospekt in klarer Werkgliederung (Oberwerk über dem Hauptwerk, daneben die Pedaltürme) den norddeutschen Großorgeln durchaus etwas entgegensetzen kann. Für den heutigen Konzertbetrieb ist die eher ungewöhnliche Aufstellung auf einer Seitenempore nicht unbedingt von Nachteil. In jedem Fall dokumentiert das Instrument die Breite der Kunst in damaliger Zeit in diesem Land. Es bedarf keineswegs eines Denkmalsturzes, wenn man Trost heute in einem Atemzug mit Silbermann nennt – ohne jedes ›schmückende‹ Beiwort.

Eine Orgel für Max Reger

St. Thomas in Leipzig

Hauptorgel: 3 Manuale, 88 Register – Sauer (1889, umgebaut und erweitert
1902 und 1908), Restaurierung: Scheffler (seit 1988)
Nebenorgel: 3 Manuale, 47 Register – Schuke/Potsdam (1967)

Seit wir wissen, daß Energie niemals verloren geht, sondern nur umgewandelt wird, liegt ein faszinierendes Gedankenexperiment nahe. Längst verklungene Töne sind nicht wirklich vergangen, sie sind nur untergetaucht in das große unterscheidungslose Rauschen, das uns umgibt. Wie, wenn sich die Richtung der Umwandlung einmal umkehren ließe, das Rauschen sich in Töne verwandelte und wir z.B. Goethe zuhören könnten, wie er sich mit Eckermann unterhält? Oder Bach, wie er seine Kantaten aufführt und an der Orgel improvisiert? Gut, wir werden es nicht hören, aber damit liebäugeln dürfen wir schon – ganz gewiß in der Leipziger Thomaskirche. 27 Jahre hat

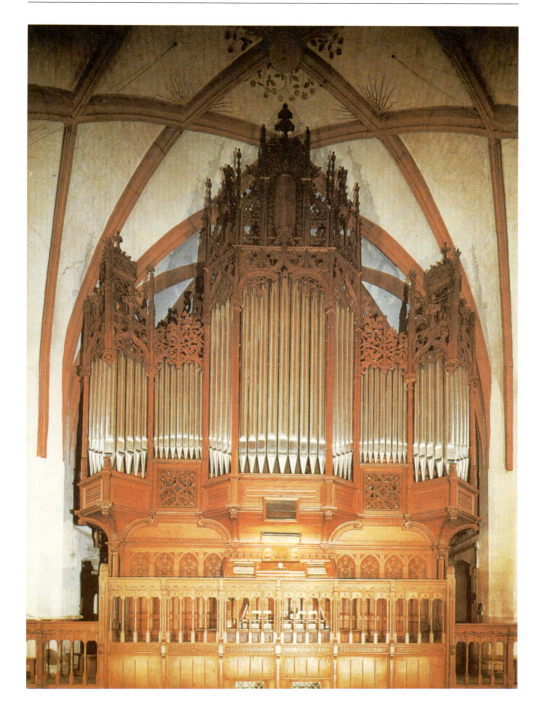

hier der bedeutendste Orgelkomponist aller Zeiten gewirkt, kein Ort ist mehr mit ihm verbunden, hier ruhen seit 1949 seine irdischen Reste. Nach einer 100jährigen Phase der Fast-Vergessenheit ist Bach in die Überzeitlichkeit eingegangen. Seit dem 19. Jahrhundert dient das Thomaskantorat der Pflege seines Werkes, wurde die Stelle des Thomasorganisten eine der wichtigsten in Deutschland. Zu Beginn unseres Jahrhunderts übte Karl Straube zuerst das Organisten- und dann das Kantorenamt aus: damals ohne Zweifel der größte Virtuose des Instruments.

Aber Bach-Pflege bedeutete gerade für Straube keinen Rückzug ins musikalische Museum. Straube war von der Spätromantik geprägt, ging auf die damals gerade entstehende Orgelbewegung ein, aber praktizierte stets Altes und Neues gemeinsam. Unter dem Neuen war es in erster Linie das Orgelwerk Max Regers, das er in seiner Entstehungszeit durchsetzte und das wahrscheinlich ohne Straubes technisches Können und musikalisches Verständnis in dieser Fülle nicht entstanden wäre. Die erste Begegnung der jungen Genies fand 1897 in Berlin statt, wo Straube Regers e-Moll-Suite aufführte, was freilich damals noch zu vernichtender Kritik führte. In den nächsten Jahren reihte sich Uraufführung an Uraufführung. Die Instrumente aber, auf denen die neuen Werke erklangen, stammten durchweg von Sauer, waren also Instrumente der Spätromantik mit sinfonischem Charakter. Genau dies trifft auf die Leipziger Thomasorgel zu, wo Straube längere Zeit direkt mit Reger zusammenwirkte. Auch hier stand seit 1889 eine Orgel dieser Firma, auf der Straube nicht nur Regers Werke gespielt, sondern einige von ihnen unter Zugrundelegung der Sauerschen Disposition für den Druck eingerichtet hat – nicht immer ganz so, wie es sich der kühnere Reger mit seinen berüchtigten extravaganten Spielanweisungen (die ständig von vierfachem Pianissimo bis zu vierfachem Fortissimo reichten) dachte. Daneben orientierte sich Straube am ebenfalls von Sauer errichteten Instrument am Leipziger Konservatorium, wo eine ganze Generation von Organisten den neuen Heros studierte. Auch Reger selbst, der ein virtuoser Pianist war, aber auf der Orgel eher dilettierte, spielte seine Werke immer wieder auf Sauer-Orgeln, die wohl am besten seinen musikalischen Vorstellungen entsprachen. Übrigens sind einige dieser Konzerte auf Walzen mitgeschnitten worden, so daß wir diesen Meister im Gegensatz zu Bach heute noch wirklich hören können.

Das Instrument der Thomaskirche war für Sauer selbst natürlich eine seiner bedeutendsten Herausforderungen gewesen. Unter den Anbietern befand sich auch die Firma Walcker, der größte Konkurrent, der also übertroffen werden konnte. Nach der Einweihung von 1889 hob ein guter Kenner der Lage enthusiastisch die Klangkultur der damals verhältnismäßig bescheidenen Orgel – sie enthielt anfangs nur 63 Register – hervor. Neben dem Lob einzelner Solostimmen wie etwa der deutsch-romantischen *Gambe* und der *Clarinette* in ihrer französischen (durchschlagenden) Bauart ist es in erster Linie die »Gesamtwirkung«, die betont wird. Jedes Register sei auf jedes andere abgestimmt und verbinde sich in immer neuen kleineren und größeren Klangkörpern, wie es beim Orchester der Fall ist. Ausdrücklich heißt es, daß sogar *Mixtur, Cornett, Trompete* und *Posaune*, »wahre Grossmäuler« in anderen Orgeln, hier »ebenso vornehm wie glänzend intonirt« seien. Dank der modernen Pneumatik gibt es zahlreiche Koppelmöglichkeiten sowie Kombinationszüge, mit denen man verschiedene vorpräparierte Plena (Tutti, Forte und Mezzo-Forte für die jeweiligen Manuale) abrufen kann, darunter ein beliebig zusammenstellbares Plenum. Auch eine Walze für durchgehendes Crescen-do bzw. Decrescendo ist vorhanden, sogar eine zusätzliche nur fürs Pedal. All dies fördert das orchestrale sinfonische Spiel mit seinen dynamischen Übergängen und Kon-trasten. Daß Sauer kein sogenanntes Prolongement gebaut hat, mit dem man Registrie-rungen festhalten kann, während man umregistriert, ist als der einzige Minuspunkt aufgeführt – neben der Klangkultur ging es am Ende des 19. Jahrhunderts eben um die sinfonischen Möglichkeiten.

Womit der Rezensent noch zufrieden war, sollte indes schon wenige Jahre später neue Anstrengungen auslösen. Die Orgel füllte offenbar den Raum nicht ausreichend, zumal sie im Gegensatz zum Vorgängerinstrument aus Bachs Zeit weit nach hinten gerückt war, um Platz für das im 19. Jahrhundert größer gewordene Ensemble von Sängern und Instrumentalisten zu gewinnen. Sauer selbst schlug eine technische Umrü-stung auf pneumatische Traktur und elektrisches Gebläse vor, die dann zusammen mit einer kleinen Ergänzung 1902 zur Ausführung kam. Als Straube Thomaskantor wurde, setzte er eine weitere Ergänzung durch, die den Endstand von 88 Registern brachte. Ausdrücklich ist im Abnahmebericht hervorgehoben, daß der »Gesamtton« nun »grös-ser« geworden sei, ohne die alte Geschlossenheit zu beeinträchtigen. Das Instrument blieb freilich in den folgenden Jahrzehnten nicht unangetastet, sondern erhielt die üblichen neobarocken Zutaten, die Klangbild (Ersetzung von 16 Sauer-Registern) und inneren Aufbau erheblich tangierten. Nach 1945 stand selbst ein Abriß zur Debatte, aber man entschied sich dann doch für eine Ergänzung durch ein Zweitinstrument zur Darstellung barocker Literatur, das 1967 von der Firma Schuke/Potsdam gebaut wurde. Damit war der Weg frei für eine konsequente Rückführung der Sauer-Orgel durch die Firma Scheffler, die in Etappen zwischen 1988 und 1993 erfolgte und noch nicht ganz abgeschlossen ist. Darüber hinaus ist die Ersetzung der Schuke-Orgel durch ein neues ›barockes‹ Instrument geplant. Das Bach-Jahr 2000, der 250. Todestag des großen Meisters, soll die Erfüllung der Wünsche bringen.

Von der List der Vernunft

Neues Gewandhaus in Leipzig

4 Manuale, 89 Register – Schuke/Potsdam (1981)

Machthaber mit totalitären Ansprüchen haben immer Schwierigkeiten mit der Tradition. Möglichst soll alles aussehen wie von ihnen selbst geschaffen und des-halb niemand anderem verpflichtet. So war es auch in Frankreich nach 1789. Die neuen Volksvertreter nahmen besonders die Kirche aufs Korn und suchten sie ihrer ›Sprache‹ zu berauben, indem sie ihr die Glocken wegnahmen. Zu politischen Versammlungen rief fortan die Trommel. Aber man hatte sich übel verrechnet. In einer Protestwelle ohnegleichen kämpfte jedes Dorf, jede Stadtgemeinde um ihr Geläut, das die Einteilung der Zeit ebenso gewährleistete wie die Verkündung von Geburt und Tod, von Jubel und Katastrophen. Nach wenigen Jahren ging die politische Führung in die Knie und erstattete den Raub zurück. Am Ostersonntag 1802 erklangen als erste die Glocken von Notre Dame in Paris, dann fielen alle anderen ein – eine der größten Demonstrationen friedlicher Art in der Geschichte.

Seither sind Machthaber vorsichtiger geworden. Der DDR-Staat mochte die Kirchen nicht, hat sie aber niemals offen bedroht, auch nicht ihre Instrumente. Von Lenin kannte man statt dessen andere Wege der Bekämpfung, insbesondere Unterwanderung und Einverleibung. Im Falle der Orgel erklärte man die bedeutenden Werke zum allgemeinen Kulturgut der Nation und finanzierte mit bemerkenswertem Aufwand Restaurierungen. Darüber hinaus gab es Neubauten, freilich nicht in Kirchen, sondern in Konzertsälen, wo sich die symbolische Bedeutung des Instruments nicht nur verlor, sondern in eine Art Gegenkultur verwandelte. Nach erstem Zögern geschah dies speziell in den 70er Jahren: im Dresdener Kulturpalast (1970), in der Konzerthalle Carl Philipp Emanuel Bach in Frankfurt/Oder (1975), in Karl-Marx-Stadt, Gera, Magdeburg, Halle. Den Höhepunkt aber brachte die Orgel für das größte Renommierobjekt des damaligen DDR-Staates überhaupt, das Leipziger Neue Gewandhaus.

Konzert- oder Saalorgeln haben neben Kirchen- oder Kultorgeln eine lange Tradition. Während Bach für den gottesdienstlichen Gebrauch schrieb, spielte schon Händel das Instrument als Pausenfüller während seiner Opern und Oratorien. Alle berühmten Häuser des 19. Jahrhunderts, das Concertgebouw in Amsterdam oder der Musikvereinssaal in Wien bekamen Orgeln. Deutschland stand dabei nicht nach. Für die Jahrhunderthalle in Breslau, ein Konzertsaal in Erinnerung an den Sieg über Napoleon im Jahre 1813, erbaute die (damals bereits von einem der Walcker-Brüder geleitete) Firma Sauer nicht nur ein Rieseninstrument mit 187 Registern, sondern gab Max Reger einen Kompositionsauftrag zur Einweihung, den der Thomaskantor Karl Straube dann vortrug (die *Introduktion, Passacaglia und Fuge in e-Moll*, ein Monumentalwerk von 45 Minuten Länge). Auch der Vorgängerbau des heutigen Neuen Gewandhauses (das *alte* Neue Gewandhaus) hatte zu seiner Einweihung im Jahre 1884 sogleich seine repräsentative Orgel von Walcker bekommen, die dann in einer Bombennacht des Jahres 1944 zusammen mit dem für seine Akustik berühmten Saal unterging.

Nach 1945 diente dem Gewandhausorchester die Leipziger Kongreßhalle als provisorische Bleibe, wo es auch eine kleine Orgel gab. Dann setzte man zu einem Neubau an. Teils gegen die berühmten Kirchen der Bach-Stadt gerichtet, teils mit einem Blick auf die Berliner Philharmonie entstand ein Konzerthaus, dem auch Kritiker aus dem Westen hohes Lob zollten. Vielleicht nicht zuletzt deshalb, weil der Scharoun-Bau in West-Berlin nicht zu übertreffen war, konzentrierte man sich auf die Orgel als das einzige Element, das man in Berlin eher stiefmütterlich behandelt hatte. Von Anfang an wurde das Gewandhaus zum Orgelsaal, entstand kein Entwurf des Hauses ohne Berücksichtigung des Aufstellungsortes für die Orgel. Die gesamte Stirnseite des Saales sollte genutzt werden, was in der zuletzt beschlossenen asymmetrischen Anordnung des Pfeifenwaldes ein wenig zurückgenommen wurde. Der Prospekt zeigt einen klaren Werkaufbau mit Schwellwerk und Oberwerk im Zentrum, dem sich zur Rechten das Pedal, zur Linken das Hauptwerk angliedern – bei symmetrischer Anordnung hätte sich die Front

bis über die Saaltüren hinaus verlängert. Für das gesamte Werk wurden aus Gründen der besseren Abstrahlung Gehäuse gebaut, vor denen eine Reihe offener Pfeifen als Schmuckelemente zu stehen kamen, ergänzt durch die liegenden spanischen Trompeten in der Mitte. Bei verdunkeltem Saal und sanftem Scheinwerferlicht auf dem Prospekt kann schon eine Märchenschloß-Stimmung aufkommen, wie es die Festschrift rühmt.

Das Klangkonzept der Orgel, das vom damaligen VEB Schuke entwickelt wurde, ging in die Richtung von Universalität. Es gibt einen klassisch-neobarocken Fundus, der im deutsch-romantischen Schwellwerk seine Ergänzung erhielt. Natürlich sind alle Registerfamilien abgedeckt, ist mit zwei Zweiunddreißigfüßen für ein kräftiges Fundament gesorgt. Die mechanische Spieltraktur war selbstverständlich, Intonation nach den Verhältnissen im Saal, die vorher niemand kennen konnte, ebenfalls, wobei allerdings große Schwierigkeiten überwunden werden mußten, da der Aufbau der Orgel mit den letzten Arbeiten der Handwerker parallel ging. Die Einweihung am 8. Oktober 1981 war dann ein groß gefeiertes Ereignis mit viel Polit-Prominenz. Im musikalischen Zentrum stand ein Auftragswerk von Siegfried Thiele für Chor, Orgel und Orchester, dem auch Orgelsolo-Darbietungen des ersten Gewandhausorganisten Matthias Eisenberg folgten. Dank der Initiative Eisenbergs entwickelte sich das Gewandhaus dann wie wohl kein anderer

Konzertsaal der Welt zum Orgelhaus. Als auf den Plakaten der Stadt erstmals der ganze Fundus liturgischer Musik (passend zu den kirchlichen Festtagen) angekündigt wurde, soll ein Funktionär erschreckt ausgerufen haben: »Jetzt wollen die aus dem Konzertsaal wohl gar noch eine Kirche machen.« Zu den berühmten Improvisationskonzerten, bei denen Saaldiener im Publikum Themen sammelten und dem Interpreten zur Auswahl vorlegen durften, kamen Tausende. Während der Messezeiten gab es stets Sonderkonzerte, der *Leipziger Sommer* wurde ebenso eine Dauereinrichtung wie die 40 sonnabendlichen *Stunden der Orgelmusik*. Aus dem anfänglichen Versuch des Unterlaufens war eher ein Unterlaufen des Unterlaufens geworden. Viel Resonanz jedenfalls und noch dazu im doppelten Wortsinne. Aber natürlich war keine Kirchenorgel entstanden. Orchester benötigen eine andere Akustik als Orgeln, die in Kirchen groß geworden sind und an deren Klang wir immer etwas vermissen, wenn der Nachhall gar zu gering ausfällt. Im neuen Gewandhaus sind die Verhältnisse mit ca. 2 Sekunden optimal für ein Orchester, aber noch nicht unbedingt für eine Orgel. Es hätte der Befürchtungen also nicht bedurft. Aber gegen die List der Vernunft ist ohnehin noch niemand angekommen.

Die älteste Orgel Deutschlands?

Kapelle Schloß Wilhelmsburg in Schmalkalden/Thüringen

1 Manual, 6 Register – Daniel Meyer (1589), letzte Restaurierung und Rekonstruktion: Rühle (1976)

Pfarrkirche in Kiedrich/Rheingau

2 Manuale, 21 Register – Nach anonymem Vorgänger um 1500/1520 Johann Wendelin Kirchner (1653), Restaurierung (1857), letzte Restaurierung und Rekonstruktion: Kuhn (1987)

Dorfkirche in Rysum/Ostfriesland

1 Manual, 7 Register – Nach anonymem Vorgänger (1457/1513) mehrere Umbauten, letzte Restaurierung: Ahrend (1961)

Jede Kultur lebt von zwei Tendenzen, die sich nur auf den ersten Blick ausschließen: von Erneuern und Bewahren. Niemand kann Erfolg haben, der mit allem von vorn anfangen müßte, und niemand, der alles anders machen wollte als je zuvor. Daher der Reiz des Neuen neben der Erhaltung des Überkommenen. Aber das Mischungsverhältnis wandelt sich, und krisengeschüttelte Zeiten neigen eher zur Bewahrung als vorwärtsdrängende. Was älter ist als ein Jahrhundert, gar ein halbes Jahrtausend, hat

vorwärtsdrängende Zeiten mehr als einmal erlebt, und was sich trotzdem behauptete, erscheint in krisengeschüttelten doppelt willkommen. Orgeln sind im übrigen nicht aus besonders haltbaren Materialien gebaut, dafür aus wertvollen, die die Begehrlichkeit anreizen. Wer hier das halbe Jahrtausend voll macht, ist ein Glückskind, von dem wir in Deutschland nur noch wenige besitzen. Auch sie haben freilich ihre Wandlungen über sich ergehen lassen müssen und bewahren ihre Gestalt nur noch in der Form der Restaurierung, ja meist Rekonstruktion. Wer ist denn nun die älteste im Land?

Das Schmalkaldener Instrument stellt auf jeden Fall das zuletzt begonnene in unserer kleinen Reihe dar. Es entstand zu einer Zeit, in der man schon dreimanualige Orgeln baute, hatte aber aufgrund seiner bescheidenen Größe die viel besseren Überlebenschancen. Da es in einer Kapelle stand, die man nicht vergrößern konnte, hielten sich die Umbauten in Grenzen, so daß die Restaurierung in unserem Jahrhundert den Ursprungszustand recht getreu wiedergeben dürfte. Unter den sechs Registern, die für Kammermusik und Gottesdienstbegleitung damals wie heute vollauf ausreichen, war alles Wesentliche vertreten. Der Achtfuß als Gedackter, dann die weiteren Oktaven bis zur krönenden *Zymbel*, dazu zwei Zungen in 8'- und 4'-Lage. Während die labialen Stimmen sich bis heute kaum wesentlich geändert haben, klangen die Zungen (leider handelt es sich gerade bei ihnen nur um Rekonstruktionen) gröber – man sprach wohl nicht ohne Grund und vor allem ohne jede Ironie von ›Schnarrwerk‹. Dabei waren alle Pfeifen einzigartigerweise aus Holz, die im Prospekt sichtbaren mit Elfenbein belegt.

Auch sonst ist nicht an Verzierungen gespart worden, um die Orgel in (durch bemalte Flügeltüren) geschlossenem und geöffnetem Zustand als Augenweide über Altar und Kanzel in einer für die frühe protestantische Predigtkirche typischen Anordnung zu präsentieren. Als auffällig, ja fast irritierend erweist sich schließlich das schon fast barocke Äußere. Der Hamburger Prospekt ist jedenfalls nur eine Erweiterung dieses Grundelements mit Rundturm und Ecktürmen.

PFARRKIRCHE IN KIEDRICH

Etwas älter, dafür aber auch viel öfter und viel einschneidender ›bearbeitet‹ ist die Kiedricher Orgel der Pfarrkirche St. Valentin und Dionysius (s. die Abbildung auf S. 112). So, wie sie sich heute darstellt, ist sie – Pardon für die Formulierung! – die moderne Rekonstruktion einer im Jahre 1857 versuchten Rekonstruktion des vermuteten Ursprungs in der Zeit um 1500. Der englische Baron John Sutton mit dem sympathischen Spleen einer Begeisterung für die ›Gotik‹ hatte das Instrument auf einer romantischen Rheinfahrt entdeckt und zusammen mit der Kirche auf seine Kosten in zweijähriger Arbeit erneuern lassen – unglaublich, aber wahr. Im damaligen 19. Jahrhundert war die Orgel längst barockisiert worden und wesentlich vergrößert, besaß Rückpositiv, (entsprechend) zwei Manuale und Pedal samt Türmen rechts und links des Renaissance-Schrankes. All dies entfernte man also wieder, wobei es an genaueren Kenntnissen hinsichtlich der Ausgangslage mangelte. Immerhin wurde so die äußere Gestalt gerettet, die uns den typischen Renaissance-Prospekt in seiner flächigen Anordnung der Pfeifen vermittelt. Pfeifen und Mechanik stammen aus mehreren Umbauten, von denen derjenige im Jahre 1653 der bedeutendste war. Übrigens hat man beim Versuch der Datierung des Werks Zahlenangaben auf den Pfeifen geltend gemacht, die sich hinterher als Tonbezeichnungen erwiesen. Der begehrte Titel der ältesten Orgel Deutschlands mit dem Ursprungsjahr 1436 oder gar 1313 war also frommer Wunsch, wenn nicht gar etwas unfromm erschwindelt.

In dieser Hinsicht kann man im ostfriesischen Rysum überzeugender auftreten (s. die Abbildung auf S. 114). Der *Praestant*, also das im Prospekt sichtbar aufgestellte Register, stammt garantiert aus dem Erbauungsjahr 1457, als jemand die Tatsache festhielt, daß die Gemeinde damals ihre »fetten Kühe« einem Groninger Orgelbauer in Zahlung gegeben hatte. Bemerkenswerter als diese damals übliche Form von Kuhhandel dürfte es sein, daß dieser *Praestant* anfangs aller Wahrscheinlichkeit nach einem Blockwerk gegenüberstand, einem kleinen Ensemble von Registern, die nur gemeinsam gespielt werden konnten. Es gab also ein Nebeneinander von Solo und Tutti, wobei das Solo dank der Herstellung der Pfeifen aus reinem Blei (das mit Hilfe einer Zinnfolie glänzend gemacht wurde) einen dunklen, aber auch besonders intensiven Klang besitzt, den man noch heute bewundern kann. Ansonsten wurde viel geändert während der langen Zeiten. Jürgen Ahrend (damals noch zusammen mit Gerhard Brunzema) hat trotzdem eine Restaurierung bzw. eine Rekonstruktion gewagt, die sich den alten Verhältnissen anzunähern versuchte. Bei den Ergänzungen – drei der sieben alten Register waren verloren gegangen – hat man immerhin die alten Herstellungsmethoden zugrunde gelegt.

Die älteste Orgel Deutschlands? Man kann Lokalpatrioten verstehen, wenn sie nach Kriterien suchen, die diesen so attraktiv klingenden Titel rechtfertigen. Wenn es wirklich ehrlich zugeht, muß man jedoch so viele Einschränkungen machen, daß man rasch die Lust an derartigen Beschreibungsmonstern verliert. Lernen wir von der angeblich ältesten Orgel der Welt, die im schweizerischen Wallis steht, in der Valeria-Kirche von Sion, und von einem Experten folgendermaßen genau erfaßt ist: als »die einzige noch spielbare Orgel, deren Bestandteile in beträchtlichem Umfang aus der Zeit ihrer Entstehung im Spätmittelalter stammen«. Touristen haben es für solcherlei Genauigkeit zu eilig, und Verkehrsämter sind mehr an Superlativen interessiert als an exakten Formulierungen.

Belassen wir es für Deutschland bei einigen sehr alten Orgeln, wundervollen Zeugen der Vergangenheit, von denen wir ohnehin immer nur das Eine lernen können: Die Größe und deshalb Fülle abgerechnet, hat sich der Klang nicht völlig geändert. Unsere Vorfahren, deren Umwelt sich in so vielen Dingen von der unsrigen unterscheidet, haben ganz ähnliche Klänge gehört wie wir noch heute.

Vom Echo
Dorfkirche in Bedheim

2 Manuale, 18 Register – Caspar Schippel (1711) und Nicolaus Seeber (1721),
letzte Restaurierung: Schuke/Potsdam (1996)

Wie es scheint, hat noch niemand ein Buch über das Echo geschrieben. Dabei stolpert man in der europäischen Kulturgeschichte förmlich über die Beschäftigung mit dieser seltsamen Laune der Natur. Nicht nur daß Ovid uns den hübschen Mythos von der Nymphe gleichen Namens überliefert hat, die die Gattin des Zeus bei dessen ehebrecherischen Eskapaden mit ihrem Geschwätz aufhielt und zur Strafe dafür nur noch die letzten Worte ihrer Gesprächspartner wiederholen durfte. Aristoteles, der nicht nur Philosoph, sondern auch Naturforscher war, belegt mit dem Echo seine Theorie des Hörens, die auf einer Art Schlag der Luft gegen unser Ohr beruhe – wie das Echo als zurückgeworfener Schlag gegen eine Wand. Athanasius Kircher, der berühmte Universalgelehrte im 17. Jahrhundert (dem Umberto Eco in seinem Roman *Die Insel des vorigen Tages* ein Denkmal gesetzt hat), beobachtete die Echowirkung an der Stadtmauer von Avignon und kam aufgrund der Brechungserscheinungen zum Ergebnis, daß der Schall dem Licht ähnele. Dabei war er in ganz Europa auf der Suche nach Bauwerken mit dem begehrten Wunderecho, wie er es z.B. im (heute zerstörten) Heidelberger Schloß oder dem (noch existierenden) Baptisterium in Pisa fand. Zu dieser Zeit war das Echo längst in die Musik eingezogen, sogar als die Person Echo wie in Monteverdis *Orfeo*. In der Renaissance kam die Mehrchörigkeit auf, die häufig echoartig komponiert ist, und noch Bach und viele andere Komponisten liebten diese etwas verspielte Form der Kunst. Das Echo reizt oder narrt uns eben und kann so hübsch in der Musik nachgeahmt werden – gerade auch von Orgeln. Die Instrumente in Italien oder Spanien waren fast immer als Doppelinstrumente gebaut, um unter anderem Echowirkungen hervorbringen zu können. In Frankreich aber baute man bis ins 18. Jahrhundert ein Teilwerk bzw. Manual mit dem Namen – *Écho*.

Irgendwie muß etwas von all dem auch im thüringischen Bedheim gewirkt haben. Als dort im Jahre 1711 (wie im ländlichen Raum üblich) der Kirchenpatron Johann Philipp von Heßberg eine kleine Orgel auf der Westempore errichtete, sorgte er nur zehn Jahre später für eine Erweiterung, die in 20 Meter Entfernung als Schwalbennest über dem Triumphbogen zum Altarraum aufgehängt ist – ohne Spieltisch. Denn dieser verblieb im Westen und wurde entsprechend ergänzt. Damit liegt der Zweck des Ganzen auf der Hand. Der Organist kann eben wechseln, im Gegensatz zur armen Nymphe seine eigenen ›Worte‹ *und* ihr Echo spielen. Möglich wurde dies dank einer Trakturführung quer über den gesamten Dachboden, womit der Orgelbauer einen für seine Zeit einmaligen Rekord aufgestellt haben dürfte. Es handelt sich dabei übrigens um einen in seiner Zeit durchaus bekannten Mann, Nicolaus Seeber, der auch als Kantor und Komponist tätig war – vielleicht deshalb die waghalsige Idee. Jedenfalls lädt das Instrument, dem freilich im 18. Jahrhundert eine mangelhafte Windversorgung attestiert wurde, zu Experimenten ein, die fast überall sonst weniger empfehlenswert sind. Zum Beispiel läßt sich (auf zwei Manualen) vierhändig spielen, ohne daß unliebsame Zeitverzögerungen zu berücksichtigen sind. Auch beim normalen Spiel hört der Organist beide Instrumente so gut wie gleichzeitig, so daß er z.B. die *Hautbois* des Schwalbennestes mit dem *Grobgedackt* der Hauptorgel begleiten kann.

Im Laufe der Jahrhunderte hat man viel am System gewerkelt. Es wird von schlecht ausgeführten Reparaturen berichtet und natürlich von Veränderungen nach dem jeweiligen Zeitgeschmack. In romantischen Zeiten hatte man das Schwalbennest zur Fernorgel (mit nur noch vier Registern) heruntergearbeitet, in der Mitte unseres Jahrhunderts alles auf Neobarock umdirigiert. Aber ein tatkräftiger Pfarrer, Eberhard Altenfelder, brachte in seinem vierzigsten Dienstjahr die Gelder für eine konsequente Wiederherstellung zusammen, die die Firma Schuke/Potsdam ausführte. Zum Glück waren Schwesterinstrumente beider Orgeln vorhanden. Zur Hauptorgel von Caspar Schippel existiert

DORFKIRCHE IN BEDHEIM

ein kleines Instrument in Pfersdorf bei Hildburghausen, fürs Schwalbennest finden sich Vergleichsobjekte in Haina, Marisfeld und Leutersdorf. Man hat entsprechend restauriert bzw. rekonstruiert und nur behutsam moderne Technik (wie bei der Windversorgung) eingesetzt. Thüringen, ohnehin nicht arm an Attraktionen im Orgelbau, hat damit ein Juwel wiedergewonnen, wie man es wohl auf der ganzen Welt nicht noch einmal findet. Konzerte mit hochkarätigen Interpreten sind der Dank.

5

NORDRHEIN-WESTFALEN
UND RHEINLAND-PFALZ

Von liebenswürdigen und unhöflichen Windladen

Pfarrkirche und Museum in Borgentreich

3 Manuale, 45 Register – Johann Patroclus Möller (1730),
letzte Restaurierung: Ott (1953)

Orgeln sind käuflich, aber nicht von der Stange. Wer ein Instrument erwerben will, geht zu einem Orgelbauer oder auch zu mehreren, bespricht seine Wünsche, vergleicht die Angebote und erteilt schließlich den Auftrag. Vor dem Zeitalter der Fabriken vollzog sich alles Weitere meist in der Kirche. Der Orgelbauer ließ sich mitsamt seiner Familie am Ort des Geschehens nieder und werkelte jahrelang unter den Augen der neugierigen Gemeinde. Später erfolgte der Bau in der heimischen Werkstatt, aber auch dann dauerte es seine Zeit, bis eines Tages große Lastwagen und einiges Personal anrückten, um mit der Aufstellung zu beginnen.

So oder so geschah es eigentlich immer, seit es Orgeln gibt. Nur in einem einzigen Jahr ihrer Geschichte war es anders, nämlich 1803. Damals konnte man Orgeln in fertigem Zustand kaufen, massenweise. Napoleon hatte in Deutschland alle geistlichen Besitztümer aufgelöst und weltlichen Potentaten zugeschlagen. Aus Klöstern wurden Zweckbauten aller Art, das Inventar stand zum Ausverkauf, auch Orgeln. Kluge Bürgermeister, die schon lange für ihre Gemeinden gerne ein Instrument gehabt hätten, brauchten nur aufzupassen und zuzuschlagen. So tat es Ferdinand Stamm aus Borgentreich. Als er hörte, daß – neben fünfzig vergleichbaren Objekten – das nahegelegene Augustiner-Chorherrenstift Dalheim seine Orgel anbot, schickte er einen Spezialisten zum Ausmessen, bewarb sich beim preußischen König um die Genehmigung der Übernahme, bekam sie tatsächlich binnen eines einzigen Monats und ließ in 32 Pferdewagen die kostbare Fracht holen. Unterwegs mußte man an eine clevere Nachbargemeinde Wegzoll entrichten, in Borgentreich selbst kostete das Ganze noch etwas Geld für die

Beleuchtung beim nächtlichen Abladen und wohl noch etwas mehr für Branntwein an alle Helfer. Dann konnte man an den Aufbau gehen, bei dem der alte Prospekt ein paar Federn lassen mußte. Übrigens bewerkstelligte dies ein Großneffe des Erbauers. Zweiundzwanzigeinhalb Tage brauchte man für die Intonation – die Rechnung für den Bälgetreter hat sich erhalten –, dann hatte Borgentreich eine Orgel, die es sich normalerweise nie und nimmer hätte leisten können.

Was da heute noch im wesentlichen unversehrt auf der Empore steht, ist vermutlich (der letzte Beweis steht aus) das Werk des damals bedeutendsten Orgelbauers der Region, Johann Patroclus Möller. 45 Register auf drei Manualen waren 1730 zusammengekommen, ein großes Instrument mit allen Kennzeichen der Orgelbaukunst aus der letzten Phase ihrer barocken Blütezeit – heute die größte historische Orgel Westfalens. Die ebenfalls bis heute bewahrte Besonderheit liegt in der Gestaltung der Windladen, die die Pfeifen mit der notwendigen Energie versorgen. Die allerersten Orgeln, die über mehrere Register verfügten, waren noch so gebaut, daß man mit einer Taste des Manuals immer die Pfeifen aller Register zusammen ertönen ließ, bei fünf Registern also fünf Pfeifen. Erwünscht war aber bald, die jeweiligen Register auch einzeln bzw. in wahlweisen Zusammenstellungen spielen zu können. Dazu bedurfte es einer Trennung bzw. eines Mechanismus, der diese Trennung ermöglicht. Im Prinzip geht dies nur so, daß man die einzelnen Register auf getrennte Kanäle stellt, die man je für sich durch einen entsprechenden Hebel aktivieren (d. h. mit Wind versorgen) kann. *Zieht* man einen solchen Hebel, so öffnet sich auf Tastendruck im Manual das entsprechende Ventil einer Pfeife und läßt sie ertönen. Zieht man mehrere oder alle Register, ertönen mehrere oder alle Pfeifen.

Bei der Konstruktion dieser Aktivierung, dem Herzstück des technischen Aufbaus jeder Orgel überhaupt, ist man auf die verschiedensten Lösungen verfallen. Die drei wichtigsten sollen im folgenden trotz der Kompliziertheit erläutert werden, weil sich daran zeigt, auf wie verzwickte Weise der Klang einer Orgel letztlich zustande kommt. Zum einen also kann man Bretter mit Bohrungen versehen und sie so zwischen Windlade und Pfeifenfüßen hin- und herschieben, daß entweder die Bohrungen genau unter die Pfeifen geraten und damit die Luftzufuhr zulassen oder diese abschneiden (die sogenannte Schleiflade). Zum andern kann man die Windzufuhr für jede einzelne Lade dadurch regeln, daß sich kegelartige Verschlüsse aus Bohrungen heben und damit dem Wind freie Bahn in Richtung Pfeifen geben (die sogenannte Kegellade). Schließlich kann man Bretter mit Federn versehen, die im heruntergedrückten Zustand die Luftzufuhr zu den Pfeifen versperren, im aufgesprungenen den Weg freigeben (die sogenannte Springlade). Das Interessante an diesen Techniken liegt darin, daß die unterschiedliche Art der Windversorgung tatsächlich Auswirkungen auf den Pfeifenklang hat. Cavaillé-Coll hat einmal zum Ausdruck gebracht, daß bei der Schleiflade der Pfeifenton gleich dem Gast eines Rokokopavillons auf sanften Stufen von der liebenswürdigen Wirtin hinabgeleitet werde, während ihm bei der Kegellade ein unhöflicher Bediensteter den Weg weise. Etwas technischer ausgedrückt: Je weniger ruckartig der Wind einströmt, um so singender wird die Ansprache des Tons. Und weiterhin: Wenn die gleichen Töne verschiedener Register beim Zusammenspiel von der gleichen Windquelle versorgt werden, verschmelzen sie besser. All dies aber ›kann‹ die Schleiflade am besten. In der

PFARRKIRCHE UND MUSEUM IN BORGENTREICH

Barockorgel erfunden, gilt sie heute wieder als Standard. Die Vorteile der Kegellade liegen darin, daß sie weniger Raum beansprucht und die Pfeifen insgesamt gleichmäßiger mit Wind versorgt werden (deshalb hat man sie in den romantischen Großorgeln benutzt). Die Springlade war die älteste Form der Problemlösung und letztlich wegen ihrer technischen Kompliziertheit und der darin liegenden Störanfälligkeit im Nachteil. Als einer der letzten Orgelbauer, der die Technik benutzte, gilt Möller. In Borgentreich kann man also etwas studieren, was fast völlig verlorenging, ja die Borgentreicher Orgel stellt heute die größte erhaltene Springladenorgel der Welt dar.

Sie ist in jedem Fall ein ganz ungewöhnliches historisches Instrument, das zum Glück die Umbauten in seiner Geschichte glimpflich überstanden hat. Als der Organologe Christhard Mahrenholz 1950 auf die bis dahin selbst Fachleuten völlig unbekannte Orgel aufmerksam gemacht wurde, hat er den Anstoß zu ihrer Wiederherstellung gegeben, der auch postwendend durch die Firma Paul Ott zwischen 1951 und 1953 zustande kam. Man errichtete wieder das alte Rückpositiv, das schon 1836 bei einer Kirchenrestaurierung verloren gegangen war (die Pfeifen wanderten damals ins Hauptwerk), und ersetzte auch einige der neu hinzugekommenen romantischen Register durch die alten barocken. Dann kamen bedeutende Interpreten, die u.a. für den Rundfunk das historische Instrument vorstellten, Helmut Walcha zum Beispiel. Aber die vielen anderweitigen Restaurierungen der Folgezeit brachten neue Erfahrungen und auch bessere Ergebnisse, die das Interesse an Borgentreich wieder dämpfen sollten. Die originale Disposition ist erst *nach* Otts Instandsetzung richtig erfaßt worden, und auch die Windversorgung hat der erste Restaurator zu niedrig bemessen – die Orgel klingt wie zugedreht. Schließlich nahm die Spielbarkeit bald ab, die Traktur ist mittlerweile äußerst schwergängig. Ein Neuanlauf wäre notwendig, nimmt wohl auch im Augenblick Gestalt an. Dazu freilich trägt etwas bei, dem Anspruch auf Einmaligkeit zukommt.

Seit 1980 hat der Münsteraner Professor Rudolf Reuter im damals frei gewordenen Rathaus direkt der Kirche gegenüber ein Orgelmuseum eingerichtet, in dem gerade die technische Seite des Instruments ›zum Anfassen‹ präsentiert ist. Wer einmal genauer wissen will, wie Windladen funktionieren, wie die verschiedenen Pfeifen aussehen und vor allem klingen oder wie man das Blech für die Pfeifen walzt, kann all dies von Zimmer zu Zimmer wandelnd (und Knöpfe für Knöpfe drückend) in Erfahrung bringen. Videovorführungen und auch eine kleine Demonstrationsorgel vervollständigen das Programm. Borgentreich, das Dorf, das sich einmal eine Stiftsorgel besorgte, ist heute ein Mekka für alle an diesem Instrument Interessierte. Der neue Direktor, der auch Organist der Kirche ist, sorgt ständig für Nachschub an Exponaten. Wenn es ihm nur gelingt, das Herzstück des Ganzen in seinem alten Glanz erstrahlen zu lassen!

Ein tönendes Raumschiff

St. Lamberti in Münster

4 Manuale, 52 Register – Schuke/Berlin (1989)

Man kann das Auge nur schwer überlisten, aber man kann. In gotischen Kathedralen scheint das Gewölbe gelegentlich zu schweben. Wie losgetrennt von Pfeilern und Wänden, entfalten die schmalen Rippen oder Gurte ihr Netzwerk in der Höhe, als senkte es sich aus noch höheren Höhen herab, um dem Raum den nötigen Rahmen zu geben. So wirkt es auch in St. Lamberti. Vielleicht deshalb ist man gerade hier auf den Gedanken verfallen, die Orgel ebenfalls schwebend zu gestalten. Gewiß bedurfte es eines zusätzlichen Anstoßes aus der Erfahrung mit den Vorgängerorgeln, deren Aufstellung sich stets als wenig tauglich erwiesen hatte. Die Mittelempore im Westwerk, der übliche Stammplatz, war abgerissen worden, von den Seitenemporen her konnte sich der Klang nicht recht entfalten. Dann kam der glückliche Einfall: ins Westwerk, aber ohne Empore. Wie das? Na, eben hängend – nicht wirklich, aber fürs Auge. Keine Wand berührend, sitzt die Orgel auf einer schmalen Brücke genau in der Mitte des Turmraumes. Von Osten her kann man sich das ringsum flutende Licht nicht erklären. Tritt man näher, wirkt die Brücke fast wie zwei kleine Flügel zur Rechten und zur Linken. Steht man genau darunter, fühlt man sich an ein soeben abhebendes Raumschiff erinnert, eine tönende Challenger.

Es ehrt den Orgelbauer, Ernst Bittcher von der Firma Schuke, daß er später erzählte, welche Zweifel ihm hinsichtlich der Ausführbarkeit des Projekts kamen. Wie hängt man ein vierstöckiges Haus (die Orgel allein mißt knapp 13 Meter, die gesamte Konstruktion gute 16), auch ohne Steine seine 22 Tonnen schwer, auf einen Bügel? Und als die Statiker grünes Licht gaben, blieben andere Sorgen. Wie wirkt ein solcher Körper in diesem Raum? Natürlich gibt es dafür Simulationsmöglichkeiten, obwohl man zuletzt den Plan eines 1:1-Modells aus Gründen des Aufwands verwarf. Die Entscheidung aber war im Grunde längst gefallen, und mit dem Schwung der Begeisterung wurde die Ausführung schließlich (fast) zur Routine. Es galt nur noch, dem schwebenden Raumschiff letzte Gestalt und vor allem sein Innenleben zu geben. Die liegenden spanischen Trompeten waren eine Zeitlang umstritten, weil sie angesichts der strengen aufwärtsstrebenden Form als zu verspielt (als Schnauzbart, wie sich der Orgelbauer ausdrückte) angesehen wurden. Zur Disposition sollte der Freiburger Professor Ludwig Doerr den Rahmen abstecken, der schon einmal mit der Firma zusammengearbeitet hatte.

Die Grundentscheidung lautete: klassischer Werkaufbau, dazu ein französisches *Récit*. Man sieht es von außen nicht ganz so, wie es innen aufgebaut ist. Klar heben sich nur Rückpositiv und die relativ kleinen Pedaltürme zur Rechten und Linken ab. Hinter den Prospektpfeifen des mächtigen Oberteils verbergen sich zwei Etagen, auf der unteren das Hauptwerk, auf der oberen das Schwellwerk, ein Teil des Pedals ist im Rücken der unteren Hälfte zusammengepfercht. Schaut man näher in die Disposition, ergeben sich kaum Überraschungen – der einmaligen Konstruktion entspricht keine ausgefallene Klanggestalt. In Hauptwerk und Rückpositiv stehen die klassischen Chöre der Prinzipale

und Flöten, (etwas zurücktretend) die Zungen und (nur in enger Auswahl) die Streicher. Das Schwellwerk bietet eine reiche Auswahl an Registern, wie sie dem französischen *Récit* entsprechen, ergänzt durch solche, die eher einem klassischen Echowerk zugehören – insgesamt also die Solostimmen. Die kupferne Trompeteria, für die man sich schließlich doch in liegender Bauweise entschieden hat, beschränkt sich mit dem Sechzehn- und Achtfuß auf bescheidene zwei Register und hat trotzdem ein eigenes, das vierte Manual erhalten. Die Spieltraktur des Werkes ist mechanisch angelegt, hat aber eine elektrische Registratur mit einigen Spielhilfen und sogar einer Crescendo-Walze. Es ist klar, daß man bei dieser Ausstattung die Orgelliteratur in großer Breite problemlos darbieten kann.

Hilft das Auge, wenn auch nur das überlistete, dem Ohr? Wir möchten die Frage bejahen. Zu allen Zeiten gehörte die Gestaltung des Prospekts zu den Aufgaben, die den Orgelbauer nicht nur nebenbei beschäftigten. Selbst als es klare Modelle gab wie im Barockzeitalter, wo zumindest im Norden der Hamburger Prospekt dominierte, findet man nirgends bloße Wiederholungen. In der Gegenwart, die den architektonischen Möglichkeiten dank moderner Technik viel weniger Zwang auferlegt als früher, sollten die Orgelbauer nicht ängstlich am Überkommenen festhalten: Wo die Funktion nicht beeinträchtigt ist, darf experimentiert werden. In dieser Hinsicht kann die Orgel schlicht mehr als die meisten anderen Instrumente vertragen. Und die Zuhörer waren schon immer auch Zuseher gewesen. Ja noch mehr: Irgendwie klingt eine gut gebaute Orgel, wie sie aussieht, irgendwie *leitet* das Auge das Ohr. Und wenn es wie in Münster nur die Leichtigkeit wäre, die das Raumschiff den von ihm erzeugten Tönen mitgibt.

Romantik und Schwerindustrie
Liebfrauenkirche in Bottrop
3 Manuale, 42 Register – Seifert (1929), nach Umbauten
Beginn einer Restaurierung: Weyland (1989)

Es gibt Regionen, die kaum jemand mit Orgelbaukunst in Verbindung bringen dürfte. Dazu gehört in Deutschland das Land an der Ruhr, das Land von Kohle und Stahl seit Ende des 19. Jahrhunderts. Aber die Vermutung ist irrig. Schon vor dem Ersten Weltkrieg gab es in der St. Reinoldikirche in Dortmund eine der größten Orgeln Deutschlands: den 107-Register-Riesen aus dem Hause Walcker von 1909, der im Zweiten Weltkrieg leider zerstört wurde. 1910 fand hier das erste deutsche Reger-Fest statt, und Albert Schweitzer wie andere Berühmtheiten gehörten zu den interessierten Gästen. Etwas später (1927) baute wiederum Walcker die ebenfalls imposante 88-Register-Orgel für das Hans-Sachs-Haus in Gelsenkirchen, die nach technischem Umbau noch erhalten ist. Zusammen mit der Großorgel der Hamburger Michaelis-Kirche repräsentieren diese Instrumente den Beginn der Orgelbewegung mit ihren heute fast schon kurios anmutenden Bemühungen um Rückkehr zu den ›Ursprüngen‹. In Gelsenkirchen stehen im Récit neben der romantischen *Voix céleste* ein barockes *Krummhorn*, ins Positiv hat es eine *Unda maris* und sogar ein quäkendes *Rankett* verschlagen. Hätte der Luftkrieg im Revier nicht besonders heftig getobt, wäre sicher noch viel mehr historische Substanz gerade aus der Zeit der Spätromantik vorhanden, die mit dem Aufblühen der Industrie genau zusammenfällt. So aber blieb nur wenig übrig, etwa die Eggert-Orgel von St. Maria Magdalena in Wattenscheid-Höntrop aus dem Jahre 1905, die nach allerlei Umbauten heute mit ihren 42 Registern auf nur zwei Manualen (darunter zwei Zweiunddreißigfüße) zumindest wieder an die alten Zeiten erinnert, oder die mit 40 Registern vergleichsweise kleine Sauer-Orgel in Dortmund-Dorstfeld, die vor der Wende übrigens als Anschauungsobjekt für romantischen Orgelbau im damaligen Westdeutschland diente. Romantik und Schwerindustrie mögen manchem als Widerspruch in sich erscheinen – die Geschichte setzt sich über solcherlei Schubladenvorstellungen souverän hinweg.

Eine Orgel aber ist noch vorhanden, die trotz ihres eher schlechten Zustands besondere Beachtung verdient. Es handelt sich um das Instrument von Liebfrauen in Bottrop, das 1929 die Firma Seifert aus Köln/Kevelaer errichtete. 42 Register auf drei Manualen wurden ausgeführt, im Spieltisch aber schon ein viertes Manual gebaut, das einmal ein Fernwerk aufnehmen sollte. Die Zeiten haben es nicht mehr dazu kommen lassen, und inzwischen ist auch das entsprechende Manual wieder entfernt worden. Nur hat man es dabei leider nicht belassen. Unter der Betreuung der Firma Weyland erfolgte Eingriff nach Eingriff, die zunächst mehr das Innenleben betrafen, während man sich bei der Ersetzung der Register – trotz der Empfehlung des damaligen Orgelsachverständigen des Bistums in Richtung Neobarock – eher zurückhielt. Schließlich kam es dann doch zum üblichen Einbau einer scharfen Mixtur und einiger hochliegender Aliquoten, für die so schöne romantische Stimmen wie die überblasende *Harmonieflöte* und die *Konzertflöte* weichen mußten. Seit den 80er Jahren setzte dann ein Umdenken ein, dem erste Wiederherstellungen des alten Zustands zu verdanken sind – etwa die alte *Voix céleste*. Auch Neuerwerbungen kamen hinzu, die allerdings nun das romantische Repertoire verstärkten, insbesondere die *Bombarde* im Schwellwerk, mit der eine komplette Trompetenbatterie französischen Zuschnitts zur Verfügung steht.

Warum der Hinweis auf dieses Instrument, das seinen historischen Kern nur noch ahnen läßt und an dem seit Jahrzehnten kein hauptamtlicher Organist mehr beschäftigt ist? Die Antwort liegt in einer seltenen und nicht nur des Erfolgs wegen bemerkenswerten Initiative. Seit 1983 organisiert hier Christoph W. Schulte im Walde Konzerte, zu denen mittlerweile Zuhörer aus der gesamten Region kommen. Das Programm ist deutlich französisch orientiert, bietet aber nicht nur die Renner, sondern auch die weniger Etablierten, Charles Tournemire zum Beispiel. Daneben wird die deutsche Romantik, mit Liszt oder Reubke etwa, zur Geltung gebracht, und man lernt Wagner-Transkriptionen sowie allerlei Aufführungen im Stile von ›Orgel plus‹ kennen. Dabei sind nicht nur Künstler mit Rang und Namen eingeladen, sondern auch die Aufstrebenden der Region zur Demonstration ihres Könnens. Mitten im Ruhrgebiet gibt es beste Beziehungen nach Paris neben hoher Experimentierbereitschaft. Man kann den aufwen-

DUISBURG-RHEINHAUSEN, FRIEDENSKIRCHE

digen Vorankündigungen und sonstigen Publikationen entnehmen, wie sehr man bereit ist, den Einsatz der Orgel unter heutigen Bedingungen zu überdenken.

Natürlich sind nach dem Zweiten Weltkrieg eine Reihe neuer Orgeln in der Region gebaut worden, die die verschiedenen Trends dieser Zeit repräsentieren. In der Petrikirche von Mülheim an der Ruhr baute Schuke/Berlin 1959 nach den Entwürfen des bedeutenden Kirchenmusikers und Komponisten Siegfried Reda eine ›klassische‹ Orgel (vier Manuale, 58 Register), die damals viel Beachtung und Nachfolge fand. In der Herz Jesu-Kirche von Bottrop, übrigens nur wenige Minuten von Liebfrauen entfernt, steht der größte Neubau des Bistums Essen überhaupt, die Rensch-Orgel aus dem Jahre 1986. Das viermanualige Werk mit 56 Registern gehört in die Reihe der Universalorgeln, verfügt über ein klassisches Hauptwerk, ein barockes Rückpositiv und ein romantisches Schwellwerk mit schönen Streicherstimmen in allen Fußlagen bis in die Mixtur. Warum man die der mechanischen Traktur alternativ hinzugefügte elektrische Setzeranlage so schamhaft im Miniformat angebracht hat, ist nicht zu ergründen. Umgekehrt bietet die Abteikirche St. Johann in Duisburg-Hamborn ebenfalls aus dem Jahre 1986 eine rein mechanische Anlage für eine französisch-romantische Orgel (mit französisch-barockem Positiv), erbaut von der süddeutschen Firma Mönch und Prachtel. Nicht unerwähnt bleiben darf schließlich das bedeutsamste Experiment hinsichtlich des Prospekts, den man hier vielleicht besser als Outfit bezeichnet: In der Friedenskirche in Duisburg-Rheinhausen hat man 1995 neben dem Altar eine Orgel in einem Gehäuse aus Stahl und Glas untergebracht, wie es wohl auf der ganzen Welt einzigartig ist. Das Instrument der Firma Seifert sollte keinen Fremdkörper darstellen, durfte keine historisierende Holzverkleidung bekommen und bildet nun erst recht einen Blickfang. Natürlich paßt die Konstruktion zur Region, und man kann sich davon überzeugen, daß eine Orgel auch ohne Holzverkleidung klingen kann. Übrigens hat man einige Jahrzehnte zuvor noch beim Bau des Instruments für St. Cyriacus in Bottrop ausdrücklich nach einer möglichst dichten Holzverkleidung verlangt – um das Instrument »vor dem verderblichen Industriestaub« zu schützen.

Eine Orgel zum Katholischwerden
Basilika Kevelaer
4 Manuale, 128 Register – Seifert (1907), letzte Restaurierung: Seifert (1977)

Wenn sich beim alpinen Wintersport Langläufer und Abfahrtspezialisten begegnen, kann die wechselseitige Abneigung nicht größer sein als zwischen Anhängern der barocken Orgeltradition und Liebhabern der romantischen. Zu tief erscheint der Graben in klanglicher Hinsicht, zu unterschiedlich die Vorstellungen über den Aufbau einer Orgel. Was den Barockfans als die Lieblichkeit der spitzen Flöten erscheint, bedeutet den Romantikern nur grelles Geschrei, und was diesen der orchestrale Klang des vielstimmigen Werks ist, beschimpfen jene als verquasten Klangbrei. Dabei müßte man sich angesichts der Geschichte eigentlich versöhnen. Mag sein, daß die Romantiker den Barockfans mehr angetan haben, aber auch jene sind nicht von diesen verschont geblieben. Beide aber litten gemeinsam: Die Pfeifensammler des Ersten Weltkriegs unterschieden nicht zwischen Stilepochen, die Bomben des Zweiten genausowenig. Auch die Marienorgel in Kevelaer entging nur knapp der völligen Zerstörung. Während die Kirche bis 1945 als Internierungslager diente, zersägten die Insassen den Prospekt, um Heizungsmaterial zu gewinnen. Später regnete es ins innere Gehäuse. Daß die Marienorgel wiedererstanden ist, bedurfte der gleichen Initiativen, Anstrengungen und des Sachverstands wie im Falle vieler Barockorgeln. Heute, nach grundsätzlicher Rehabilitierung des Romantischen und ihrer Aneignung eher in französischer Form, vertritt das Kevelaerer Instrument die späte deutsche Tradition dieser Stilrichtung.

Als man sich im Jahre 1904 in Kevelaer Gedanken über eine neue Orgel machte, hatte man ganz andere als stilistische Probleme. Man brauchte ein Instrument für eine Kirche, die sich zum größten Marienwallfahrtsort der Region, wenn nicht Deutschlands entwickelt hatte. Pilger in riesigen Scharen waren zu empfangen, müdegelaufen und am Ziel ihrer Wünsche bereit, ihrem Glauben lautstark Ausdruck zu geben bzw. empfänglich gestimmt zu werden für die Begegnung mit dem Gnadenbild. Genau dafür bedurfte es einer Klangwelt in der Form, wie sie die romantische Orgel bietet: sinfonisches Gebrause in Abwechslung mit überirdisch wirkender Sphärenmusik – eine Orgel zum Katholischwerden. Das Instrument, das die für diesen Zweck eigens von Köln an den Ort des Geschehens umgezogene Firma Seifert in nur zwei Jahren (1905–1907) baute, erfüllte die Erwartungen. Der Riese mit 131 klingenden Stimmen, darunter 18 fürs Fernwerk auf einer Empore im nördlichen Querhaus, war zeitweilig die größte Orgel Deutschlands, selbst der Berliner Dom hatte nur 113. Auch die äußere Gestalt bot Einmaliges. Friedrich Stummel, der die neogotische Basilika kurz nach ihrer Fertigstellung um 1900 im Stil der Nazarener komplett ausgemalt hatte, entwarf auch (zusammen mit dem Architekten Pickel) das riesige Eichenholzgehäuse mit seinem Wald von Zinnpfeifen. In eigenartiger Nostalgie erhielt das Ganze ein Positiv auf imitierter Empore: der Prospekt als ›gotische‹ Orgel im Schwalbenneststil, wie eben die Romantik die Gotik liebte, wobei in Wirklichkeit der Spieltisch (unsichtbar) unten auf der realen Empore steht. Übrigens ist das Gehäuse nicht nur 14 Meter hoch und 9 Meter breit, sondern hat die ungewöhnliche Tiefe von 10 Metern: ein Haus für sich, durch das man wie durch Zimmer schreiten kann.

Vertieft man sich in die Disposition, so muß man sich zunächst mit dem Aufbau der vier Teilwerke (plus Pedal) vertraut machen. Sie sind in romantischer Tradition nach Charakter und Lautstärke unterschieden. Alle Teilwerke enthalten in massiver Weise Grundstimmen im 8'-Bereich, dazu Solostimmen. Am schwächsten ausgebildet ist das Echowerk, das eher der Begleitung von Sängern oder Instrumentalisten dient denn der Integration in den Gesamtaufbau, am stärksten das Hauptwerk, davon wieder leicht abgestuft das Oberwerk und das Schwellwerk mit den seidigen Streichern und den klangschönen Flöten und Zungen. Schwellbar war übrigens auch das Fernwerk, darüber hinaus sogar ein Teil des Pedals. Nach dem Revisionsbericht des damaligen Kölner

BASILIKA KEVELAER

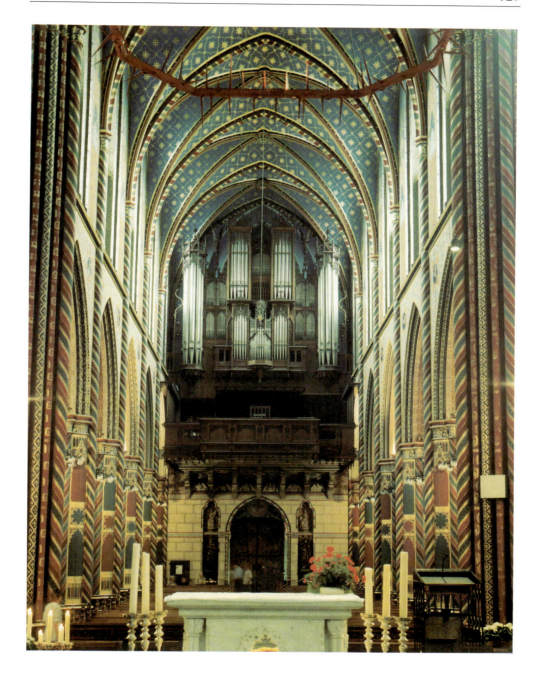

Domkapellmeisters Carl Cohen wirkte die Orgel als die Verbindung von »größter Mannigfaltigkeit und geschlossener Einheit, reicher, blühender Farbenpracht und majestätischer Fülle, lebhaftem Glanz und frischer Präzision, ungetrübter Reinheit und herrlichem Wohllaut« – der Mann war eben begeistert. Als man dennoch bereits im Jahre 1926 zu einer ersten Überarbeitung des Instruments schritt, wurde noch einmal draufgesattelt. Romanus Seifert gab z.T. auf eigene Kosten dem Schwellwerk eine komplette Zungenbatterie. Weitere Solostimmen wie die (ehemals im Fernwerk postierte) *Celesta* führten zum Höhepunkt in der Geschichte des Instruments. Auch die (Elektro-)Technik wurde auf neuesten Stand gebracht. Alles konnte über Koppeln mit allem verbunden werden, die Attraktion lag in einer Melodiekoppel, mit der in einem Akkord jeweils der höchste Ton allein verstärkt wird. Im genau gleichen Zeitraum, in dem die Orgelbewegung entstand und zu den Quellen zurückkehrte, erreichte die romantische Konzeption in Kevelaer ihren Höhepunkt.

Der Dämpfer kam, wie schon erwähnt, von völlig unerwarteter Seite, und es bedeutete viel, 1946 wieder 110 Stimmen provisorisch spielbar machen zu können. Das Fernwerk war aufgrund eines Granattreffers gänzlich verloren und wurde auch später nicht mehr aufgebaut. Dann nahte für Kevelaer der Tag der Entscheidung wie an so vielen anderen Orten auch. 1977 standen die Mittel für eine Restaurierung zur Verfügung, und es galt nur noch die Frage zu beantworten, in welcher Richtung. Für das Gehäuse fiel sie kompromißlos aus: Es erstand wieder der alte Prospekt nach einem Foto. Schade, daß man sich nicht auch bei der Disposition zur konsequenten Rückführung auf den Stand von 1907 oder gar 1926 entschloß! Unter dem Eindruck der bereits im Abflauen befindlichen Orgelbewegung mit ihren barockisierenden Vorlieben schritt man auch in Kevelaer zur ›Aufhellung‹ und fügte z.B. die entsprechenden scharfen Mixturen ein, zum Glück ohne die weicheren romantischen auszusortieren. Immerhin blieb viel von den Soloregistern erhalten, auch Einmaliges wie die sog. *Seraphonstimmen*, deren Pfeifen, mit doppeltem Labium versehen, eine unglaubliche Intensität erreichen. 1981 war die Restaurierung wiederum durch Romanus Seifert abgeschlossen, aber sechs Jahre später kam es anläßlich des Papstbesuches zu einer Erweiterung, die zur heutigen Gesamtzahl von 128 Registern führte. Der ohnehin gewaltige Klang erhielt Verstärkung durch drei Trompetenregister mit eigener, und zwar erhöhter Windversorgung (etwa 205 mm Wassersäule). Dieses Chamade-Werk hat sein Vorbild in der Cavaillé-Coll-Orgel von Sacré-Coeur (Paris). Wenn es zusätzlich zu all den anderen Zungenstimmen einsetzt, kann einem ein Schauer über den Rücken laufen.

Die Orgel von Kevelaer war von Anfang an für solcherlei Wirkung gebaut – insofern ist man dem Konzept treu geblieben. Daß es im Alltag mit einem Aufkommen von bis zu acht Gottesdiensten täglich auch umgesetzt wird, verdankt diese Orgel freilich in ungewöhnlicher Weise ihrem Organisten Wolfgang Seifen, der übrigens die Rückführung auf den alten Zustand der Orgel ebenso plant wie die Wiedereinrichtung des Fernwerks – vielleicht kommt der Papst noch einmal. Seifen bringt das Instrument in Gottesdiensten und Konzerten auf eine Weise zu Gehör, die eher selten geworden ist, aber immer zu den besonderen Attraktionen der Orgelmusik gezählt hat: in der Improvisation im großen sinfonischen Stil. Was sich besonders in Frankreich entwickelt und dort ebenfalls von bedeutenden Improvisatoren wie Marcel Dupré zum vielleicht publikumswirksamsten Orgelstil der Gegenwart ausgebildet wurde, klingt gerade auf *dieser* Orgel traumhaft. Auch Orgeln wollen den Mann, der zu ihnen paßt.

Lebendiger Wind! Lebendiger Wind?
St. Remigius in Viersen
4 Manuale, 53 Register – Woehl (1984)

Wenn Orgeln sprechen oder gar telefonieren könnten, dann hätten sie sich vor der Ankunft Johann Sebastian Bachs gewarnt. Von dessen ältestem Sohn wissen wir, mit welch abgefeimter Methode der Vater die Ärmsten zu prüfen pflegte. Er ließ den oder die Bälgetreter (Kalkanten) kräftig Wind erzeugen, zog alle Register, spielte mit der rechten Hand einen hohen Ton, mit der linken in tiefer Lage einen passenden Akkord – und wartete. Dann passierte im Prinzip überall das gleiche: Das gepeinigte Instrument ging in die Knie, ein bißchen mehr oder ein bißchen weniger, weil der voluminöse Akkord dem einsamen Ton die Luft nahm. Im schlimmsten Fall wurde er nicht nur leiser, sondern auch tiefer. Dann verabschiedete sich Bach ohne weiteres Interesse, während er sonst das nächste Organ unter die Lupe nahm – die Lunge als das wichtigste durfte aufatmen.

So war es im 18. Jahrhundert. Im 19. hatten die Orgelbauer das Problem gelöst. Dank raffinierter Trennung in Teilbereiche, dank Ausgleichsbälgen und einiger anderer Tricks gab es den stabilen Wind. Im selben Augenblick aber schlug das Ruder herum. Nun merkte man, daß zu viel Stabilität auf Kosten von Lebendigkeit geht. Der große Orgelbaumeister der französischen Romantik, Aristide Cavaillé-Coll, zog daraus die Konsequenz und setzte seine Teilwerke unterschiedlich unter Druck. Wenig Wind für die ohnehin starken Bässe, viel für die Soprane, eigener Wind für die großen und die kleinen Pfeifen (um letztere nicht zu gefährden), auch Unterschiede bei Zungen und Labialen sowie schließlich das Raffinierteste: in der oberen (hohen) Hälfte eines jeden Registers etwas mehr als in der unteren (tiefen) – die Melodie sollte betont werden, jedes Register sich selbst begleiten können. In Sacré-Coeur (Paris) gibt es acht verschiedene Windstärken, die man danach mißt, wie hoch sie eine Wassersäule treiben (in diesem Fall: zwischen 85 und 125 mm). Das hätte Bach erst einmal herausfinden müssen.

Als Gerald Woehl im Jahre 1984 seine Orgel für St. Remigius in Viersen ablieferte, hat er nicht nur den Versuch unternommen, ein Instrument in französischer Manier zu bauen, sondern auch mit ebensolchem Wind. 53 Register standen zur Verfügung, keine Riesenorgel, aber durchaus genügend für ein Werk mit sinfonischen Ansprüchen. Liest man die Disposition, so zeigt sich, daß Woehl dem romantischen Element eine Ergänzung hinzugefügt hat. Das *Positif* im Rücken des Organisten ist im Grunde ein barockes Rückpositiv, für dessen klangliche Ausstattung ein ganz anderer Meister des Orgelbaus herangezogen wurde, nämlich der legendäre Dom Bédos de Celles, Schöpfer des bedeutendsten Theoriewerks zum Orgelbau (mit seinen schönen Abbildungen) im 18. Jahrhundert. Hier finden sich also klassische Register aus dem Bereich der hohen und spitzen Aliquoten und ein außerordentlich klangschön intoniertes *Cromorne*. Erst mit dem *Grand-Orgue* und dem *Récit expressif* wird es im gewöhnlichen Sinne ›französisch‹, also romantisch-französisch. Hier dominieren die grundtönigen 8'-Register, von denen auch die Prinzipale eher weich klingen, und natürlich die Zungen. Woehl hat dem Hauptwerk eine *Trompette en chamade* 8' und 4' gegeben, dem *Récit* eine romantische Trompeteria mit *Bombarde, Trompette* und *Clairon*. Die Chamaden sind dabei sehr laut intoniert, wie es sich im Grunde auch gehört, hier aber nahe an den oberen Grenzwert, um nicht zu sagen: ans Brüllen, heranreichen. Was besser herauskommt, ist die Gleichberechtigung der Labiale und der Zungen, die sehr schöne *farbliche* Kontraste bilden. Auch die Crescendo- bzw. Decrescendo-Möglichkeiten sind dank eines dreiseitig zu öffnenden Schwellers optimal ausgebaut, eine Öffnung in den Rückraum macht ihn sogar fast zum Fernwerk. Die Viersener Orgel ist so gesehen in höherem Maße eine französische Orgel als eine Universalorgel, die auch ›französische‹ Register enthält. Aber der Kompromiß mit dem barocken *Positif* macht sich bemerkbar: Im Tutti wirkt die Orgel (wohl gewollt) beinahe klassisch.

Was aber fügt dem allem die Windversorgung hinzu, die Abstufung zwischen 78 und 100 mm Wassersäule? Der Traum ist klar: Es ist der von der expressiven Orgel, die letztlich die orgeltypische Starrheit überwinden soll. Aber man muß sehen, daß Expressivität im Falle der Orgel doch eher schematisch wirkt. Es gibt nur eine Dynamik von unten nach oben, auch die Mixtur mit dem charakteristischen Namen *Progressio* kann nur in diese immer gleiche Richtung arbeiten. ›Atmen‹ ist das nicht, wohl ein interessanter Versuch an den Grenzen der Möglichkeiten. Für das sinfonische Spiel wie bei einer Widor-Toccata könnte das Ganze im übrigen seine Schwächen zeigen. Hier braucht es Kraft in allen Lagen, kein Atmen. Auch sonst droht dem raffinierten System Gefahr. An der Grenze der Drosselung wartet die Blässe, im Extrem gar Schwindsüchtigkeit. Wenn Bach davon sprach, daß er die Lunge der Orgel prüfte, war dies metaphorisch, bildlich gemeint. Die Nachfahren haben es wörtlicher genommen, wollten der Maschine das Maschinenmäßige austreiben. In Viersen ist das Prinzip auch sonst auf die Spitze getrieben. Nicht nur Abstufung der Lautstärke, auch die Tasten der verschiedenen Manuale haben verschiedene Größen (Tiefen), und schließlich ist man sogar bei der farblichen Fassung des hübschen Gehäuses in klassisch-französischem Stil nach oben hin heller geworden – was dem Ohr gut tut, tut es auch dem Auge. Viel Konsequenz, aber doch auch wenig wahrnehmbares Ergebnis. Lebendig, gar expressiv ist letztlich nie die Orgel, sondern allenfalls der Organist. Und der hat ausgerechnet in Viersen eine Spielbank, die man nicht in der Höhe verstellen kann.

Die erste Messiaen-Einspielung

Johanneskirche und Neanderkirche in Düsseldorf

Johanneskirche: 4 Manuale, 65 Register – von Beckerath (1954)
Neanderkirche: 3 Manuale, 47 Register – Rieger (1965)

Wir blicken heute auf die Orgelbewegung mit gemischten Gefühlen zurück. Aufbruch und ideologische Erstarrung liegen nahe beieinander, wenn einmal eine Losung ausgegeben ist und so viele unter dem willkommenen Dach Zuflucht suchen. Besser geht es Bewegungen, die keinen Namen haben und damit weniger anfällig sind für Überfrachtung mit falschen Ansprüchen und trügerischen Hoffnungen. Nach dem Zweiten Weltkrieg war eine solche Stunde gekommen. Wiederaufbau lautete die Losung, vor allem in den großen Städten, die überall in Deutschland in Trümmern lagen – natürlich auch die Orgeln. Wo noch historische Substanz gerettet wurde, setzte das Ringen um die Instandsetzung ein, mit allem Hin und Her und meist groß gefeiertem Ergebnis. Unspektakulärer vollzog sich die Suche nach dem Instrument der Zukunft, das vor allem auch der Musik der Zukunft dienen sollte. Eine der Geburtsstätten dieser unbezeichneten Bewegung ist Düsseldorf. Vielleicht half die Tatsache, daß hier die Bemühung um die historische Substanz die Kräfte nicht ganz so beanspruchte wie etwa im benachbarten Köln. Das ›junge‹ Düsseldorf hatte keine mittelalterlichen Kirchen, und die alte König-Orgel von 1755 in der St. Maximilianskirche (für Einheimische nur die Maxkirche) war ausgerechnet von Hans Henny Jahnn schon 1934 gegen den Einspruch des damaligen Organisten elektrifiziert und ihrer charakteristischen Register beraubt worden. Auf jeden Fall dank der Initiative fähiger Einzelpersönlichkeiten entstanden hier nicht nur wegweisende Instrumente, sondern mit ihnen ein Musik- und Konzertleben, das auf Gegenwart und Zukunft setzte. Die erste deutsche Einspielung von Olivier Messiaens Orgelwerken fand in Düsseldorf statt.

Den Beginn mit den Neubauten machte Rudolf von Beckerath im Jahre 1954. Damals entstand eine Orgel mit konsequent mechanischem Innenleben. Was sich seit den 30er Jahren im angrenzenden Ausland als Konsequenz der Orgelbewegung durchzusetzen begann, war in Deutschland noch Neuland – man baute hier weiter elektrisch bzw. elektropneumatisch, wie es die spätromantische Orgel mit sich brachte. Auch die Disposition war neu, und zwar genau wie die Mechanik konsequent klassisch orientiert. Die Orgel der Johanneskirche ist neobarock, ja norddeutsch konzipiert, wie es das Gehäuse auch in aller Klarheit zu erkennen gibt. Hier ragt ein Hamburger Prospekt ins Kirchenschiff, der nur fast völlig auf den alten Dekor verzichtet. Rückpositiv, (verdecktes) Brustwerk, Hauptwerk übereinander, dahinter gerade noch hervorlugend das Oberwerk mit den freilich im Barockzeitalter noch nicht gebauten Schwellertüren, rechts und links schließlich die Pedaltürme. Dem Außen entspricht das Innen: barocker Aufbau mit Betonung der Prinzipale bis hinunter zum Zweiunddreißigfuß, Flöten und Zungen, dazu die (einfachen und gemischten) Aliquoten und reichen Mixturen. Natürlich kann man hier herrlich Bach spielen. Aber die Philosophie des Instruments geht in eine andere Richtung. Keine Bach-Orgel, sondern eine klassische Orgel als die beste Basis für *jede*

Literatur. Schon der erste Organist am Instrument, Gerhard Schwarz, der auch die Koordination in den übrigen evangelischen Kirchen der Stadt übernahm, hat zeitgenössische Werke präsentiert. Seine Nachfolgerin, Almut Rößler, brauchte nur den Weg fortzuführen – darauf ist noch zurückzukommen.

Als in der Neanderkirche die Würfel gefallen waren, das frühromantische Instrument von Ibach (1852) nicht zu sanieren und statt dessen zum Neubau zu schreiten, wurde ebenfalls Neuland betreten. Nach der neobarocken Orgel der Johanneskirche, die mittlerweile in Düsseldorf Schule gemacht hatte, sollte ein neuer Akzent gesetzt werden. Unter der Federführung wiederum von Gerhard Schwarz bekam die Firma Rieger unter ihrem experimentierfreudigen Leiter Joseph von Glatter-Götz den Auftrag, das damals noch unbekannte Wesen einer deutsch-französischen Orgel zu bauen: deutsches Hauptwerk und Rückpositiv, französisches Schwellwerk. Damit zog wieder ein Stück Romantik in die Orgel ein, ohne das klassische Fundament aufzukündigen. Mechanische Traktur, Werkcharakter, nur eben auch die ›schönen‹ Stimmen der Cavaillé-Coll-Instrumente: Streicher, Schwebestimmen, durchschlagende Trompeten neben den kräftigen, liegend montierten Chamaden des Hauptwerks. Diesmal durfte auch der Prospekt neue Wege gehen. Die einzelnen Teilwerke wiederholen ihre Form mit leichter Versetzung und ergeben so ein asymmetrisches Äußere von trotzdem hoher Klarheit. Wieder aber entstand ein ›konservatives‹ Klangbild als Voraussetzung experimentierender Spielpraxis. Nur sollte diesmal eine ›europäische Synthese‹ statt einer ›klassischen‹ Orgel die gesamte und vornehmlich auch neue und neueste Literatur präsentieren helfen.

Dies ist in Düsseldorf in bemerkenswerter Weise gelungen. Schon mit der Einweihung der von Beckerath-Orgel in der Johanneskirche startete 1954 die *Erste internationale Orgelwoche* mit alsbaldiger Fortsetzung, der sich 1961 St. Martin und ab 1971 die St. Franziskus-Xaverius-Kirche mit ihrer neuen Klais-Orgel anschloß. Seit 1962 gibt es die *Sommerlichen Orgelkonzerte* in der Neanderkirche, seit 1972 die *Winterlichen Orgelkonzerte* in St. Andreas. Vor allem die eintrittsfreien Konzerte in der Neanderkirche zogen bis zu 600 Besucher an. Orgelkonzerte zum Wochenende in der Johanneskirche und zur Marktzeit in der St. Maximilianskirche führen Traditionen fort, die schon in barocken Zeiten bestanden. Außerhalb dieser Zyklen kam es zu Veranstaltungen wie den Messiaen-Festen der Johanneskirche, zuerst 1968 unter Anwesenheit des Komponisten. Almut Rößler spielte damals das gesamte Orgelwerk, Oskar Gottlieb Blarr von der Neanderkirche dirigierte die geistliche Musik für Orchester. Weitere Messiaen-Zyklen mit jeweiligen Erstaufführungen folgten, darüber hinaus Reger- und Strawinsky-Wochen, letztere noch kurz vor dem Tod des Komponisten. Seit 1971 schließlich datiert die Folge *Neue Musik* in Düsseldorf mit experimentellem Charakter, die auch auf Schallplatte dokumentiert ist: für klassisch orientierte Orgelfreunde eine Geduldsprobe, der manch ein Hörer den Besuch beim Zahnarzt vorziehen würde. Nur muß man sich eingestehen, daß moderne Komponisten eben modern komponieren dürfen müssen – so wie moderne Hörer auch alte Musik hören dürfen müssen.

Ein Fazit? Düsseldorf hat für die Orgeln der Zukunft viel getan. Geben wir dem bloß keinen Namen, damit kein Grund entsteht, diese Form der Bewegung zum Erstarren zu bringen!

Von doppelten Lottchen

Altenberger Dom

4 Manuale, 82 Register – Klais (1980)

Immer dann, wenn in den romanischen Basiliken oder gotischen Kathedralen des Mittelalters die Westseite tabu ist, bekommt der Orgelbauer Bauchschmerzen. In Altenberg nimmt das größte mittelalterliche Kirchenfenster Deutschlands mit Maßwerk und Scheiben aus dem frühen 14. Jahrhundert die gesamte Wand des Mittelschiffs (18 x 8 Meter) ein, womit sich selbst eingefleischte Orgelfanatiker wortlos auf die Suche nach einer Alternative begeben. Hans Gerd Klais wäre eine Lettner-Lösung am liebsten gewesen, eine Orgel mitten in der Kirche auf der in Mittelalter und Renaissance üblichen Chorschranke also, was aber natürlich den Blick in den Chor arg beeinträchtigt hätte. Die Denkmalpflege winkte ab und verwies auf das Querhaus, das wegen früher dort angrenzender Klosterbauten fensterlos endet. Nur kennt jeder Orgelbauer den Nachteil dieser Lage. Eine Orgel, die aus einer solchen Nische heraus den Raum insgesamt klanglich erfassen soll, wirkt wie ein Kamin in der winterlichen Wohnung: Vorne schwitzt man, hinten friert man. Anders ausgedrückt: Im Vierungsbereich schreit die Orgel, am Westportal flüstert sie.

Immerhin fand sich ein Kompromiß. Das ehemalige Zisterzienserkloster, nach der Säkularisierung seit 1857 vom preußischen König als ökumenischer Dom für beide Konfessionen restauriert, dient heute als Begegnungsstätte, auch als Konzertraum und genießt ein wenig mehr Freiheiten als im Sakralbau sonst üblich. Der Orgelbauer durfte das Instrument jedenfalls um volle vier Meter vorziehen, womit die vordere Front ans Seitenschiff des Langhauses heranreicht, das Rückpositiv bereits in dieses hineinragt. Wie man die tonnenschwere Last zum Halten brachte, war Ingenieurkunst – eine schwierige, aber lösbare Aufgabe. Damit entstand 1980 eine freistehende Großorgel von 17 Metern Höhe, etwas mehr als 6 Metern Breite und knapp 3 Metern Tiefe, die auf einem Fuß von gerade einmal 1,88 x 1,72 Metern ruht, was sogar für ein Ehebett etwas knapp wäre.

Für die Verantwortlichen stellte sich als nächstes die Frage nach dem Grundkonzept, nach dem Charakter des Werkes. Dabei bot Altenberg mit seiner Unabhängigkeit von Traditionen, ja mit seiner Internationalität die Vorentscheidung. Eine Orgel für katholischen wie evangelischen Gottesdienst, für Konzertierende aus dem In- und Ausland, nicht zuletzt für Unterrichtszwecke auf höchstem Niveau (wie im Zusammenhang mit der Internationalen Altenberger Orgelakademie für Improvisation) mußte – ob Schimpfwort oder nicht – multifunktional angelegt sein. Was dem einen ein Traum, dem andern ein Alptraum bedeutet, ist auf jeden Fall ein Problem nach dem Motto: Wer die Wahl hat, hat die Qual. Man kann dennoch klare Linien erkennen, nach denen die 82 Register ausgewählt wurden. Schon der Prospekt drückt es aus: nichts Historisierendes, keine Anlehnung an einen *bestimmten* Stil, wohl aber das Klassische der Orgelbaukunst klar herausgestellt. Man erkennt deutlich die Teilwerke, auch wenn man nicht auf Kapitellhöhe klettern kann wie beim offiziellen Foto. Ganz hoch oben das Hauptwerk mit

16'-Prospekt, wie Botticellis Venus auf einer Muschel stehend, die in diesem Fall von der in den Raum ragenden Trompeteria gebildet wird. Darunter das Schwellwerk mit den großen Pedalpfeifen davor, wieder eine Etage tiefer das Brustwerk, freilich schwer einsehbar, weil verdeckt vom Rückpositiv – insgesamt eine höchst eindrucksvolle Plastik mit raumbedingter Horizontalbetonung. Irgendwie wirkt das Ganze engelartig, jedenfalls flügelschlagend.

Bei der großen Registeranzahl versteht es sich von selbst, daß die Pflicht abgedeckt ist und auch für die Kür genug übrig blieb. Auf allen Teilwerken also zunächst einmal Prinzipalaufbau bis in die Mixturen, überall Streicher, freilich betont im Schwellwerk, regelmäßig verteilt wieder die Flöten und Gedackte, die Aliquoten hauptsächlich im Haupt- und Brustwerk, schließlich auch die Zungen in allen Teilwerken vertreten. Man bemühte sich also um Vielgestaltigkeit und Zweckmäßigkeit, nicht um den kompletten Nachbau etwa eines ›französischen‹ *Récit* nach Cavaillé-Coll oder eines Rückpositivs mit Zungenstimmen à la Schnitger. Dennoch enthält das Schwellwerk seine ›französischen‹ Register, die *Trompette harmonique* und *Clairon harmonique* beispielsweise. Das Brustwerk ist eher unkonventionell angelegt, jedenfalls reicher an Stimmen als gewöhnlich: Allein vier 8'-Register stehen zur Verfügung, betont sind die hochliegenden Aliquoten bis hinauf zur nicht mehr überbietbaren Septime in 2/3'-Lage, direkt an der Hörgrenze gelegen (man kann auch sagen: die reinsten Hundepfeifen). Weiterhin gibt es Schweberegister, also jene ein wenig zu tief bzw. zu hoch gestimmten Pfeifen, die gegen die normal gestimmten dann aus physikalischen Gründen die charakteristischen Schwebungen ausführen – ein Effekt, der sich deutlich von dem unterscheidet, der durch einen Tremulanten erreicht wird. Im Rückpositiv ist ein hübsches Glockenspiel eingebaut, das direkt in den Raum hinein tönt. Beim Hauptwerk schließlich liegt die Besonderheit in der mechanisch hergestellten Verbindung mit der Trompeteria, die also nicht von einem eigenen und meist ungünstig weit entfernt liegenden Manual aus gespielt werden muß. Man hat diesen für Auge und Ohr spektakulären Klangkörper mit fünf Registern zu insgesamt 232 Pfeifen ausgestattet, darunter ein freches *Regal*.

Bedient wird die Orgel auf doppelte Weise: Es existieren zwei Spieltische. Der eine ist ins Gehäuse eingebaut und erlaubt damit eine mechanische Spieltraktur. Sie spricht auch bei einem Weg von über 13 Metern völlig mühelos an und bietet dabei den begehrten Vorteil, daß man die Ventilöffnung der einzelnen Pfeifen als Druckpunkt in der Taste spürt – Voraussetzung für letzte Präzision und Spielkultur. Der andere Spieltisch ist elektrisch angelegt, dafür aber auch praktisch von jedem beliebigen Platz im Kirchenraum aus bedienbar: eine rollende Insel, die den Organisten aus seinem (geliebten) Versteck zwischen Brustwerk und Rückpositiv hervorzieht, jedoch in erster Linie den Zweck verfolgt, Werke für Orgel und Orchester aufzuführen, wie es in Sakralräumen sonst schwierig ist. Welche konstruktiven Maßnahmen notwendig waren, um mechanische und elektrische Spielweise nebeneinander zu ermöglichen, mag man erahnen: jeder Kontakt doppelt, und zwar so, daß sich beide nicht gegenseitig lahmlegen.

Verdoppelungen aber ist man in Altenberg ohnehin gewohnt. Es gibt einen evangelischen und einen katholischen Domorganisten, denen der Orgelbauer ein Geschenk machte, das Reibereien fast ausschließt. Die Orgel enthält eine elektrische Registratur mit der für die damalige Zeit ganz herausragenden Möglichkeit von 256 vorprogrammierbaren Kombinationen, den sogenannten Setzern. Erst seit dem Computerzeitalter ist dies nichts Besonderes mehr, wo sich die Möglichkeiten bis ins Astronomische, um nicht zu sagen: völlig Überflüssige, weiterentwickelt haben. In Altenberg aber sind diese Kombinationen noch trickreich unterteilt: 64 je Konfession bzw. Organisten, des weiteren 64 für Konzerte und schließlich 64 für Gäste – alles hübsch mit eigenem Schlüssel versehen und entsprechend weder absichtlich noch unabsichtlich durcheinander zu bringen. Viel Technik also in Altenberg, aber auch viel Klang im gotischen Raum. Wenn man sich nicht ausgerechnet einen schlechten Platz zu weit vorne oder zu weit hinten ergattert hat, kann man ein großes Instrument hören – und das Zurechtkommen mit den Verdoppelungen getrost dem Organisten überlassen.

Die Gnade der Jubiläen
Kölner Dom
Hauptorgel: 4 Manuale, 88 Register – Klais (1948 und 1956)
Schwalbennest: 3 Manuale, 45 Register – Klais (1998)

Von Zahlen geht eine eigenartige Faszination aus. Extrembergsteiger erklettern nach Möglichkeit alle Achttausender und lassen in der Regel selbst den schönsten Siebentausendneunhunderter links liegen. In der Kultur begegnet ein verwandtes Phänomen in Form von Jubiläen. Um das Gedächtnis von Philosophen, Dichtern und Komponisten stünde es schlecht, wenn sie keinen Geburts- und Todestag hätten, der irgendwann die Fünfzig, das Hundert oder sonst eine runde Zahl voll machte. Und nicht nur Kant, Goethe oder Bach erscheinen irgendwie interessanter, auch Orgeln profitieren von diesem seltsamen Rationalismus, der eigentlich ein Irrationalismus ist. In Leipzig setzt man auf das Bach-Jahr 2000, andernorts ist es ein Geburtstag des Instruments selbst, der die Hoffnungen auf Ergänzung oder Erneuerung beflügelt. Nirgendwo aber helfen die runden Zahlen so sehr wie dort, wo man in Verlegenheit ist. Hier können sie die letzte Rettung bedeuten, sorgen für Schub, wo die Kräfte nicht ausreichen oder zu erlahmen drohen.

In Köln hat sich dieses Gesetz in unserem Jahrhundert gleich zweimal bewährt. Die gotische Kathedrale war häufig vom Pech verfolgt, nicht nur im Spätmittelalter, als man den Bau aufgab und den Kran auf einem der halbfertigen Türme stehen ließ, um von der Eitelkeit irdischen Strebens zu künden. Im Inneren hing man 1572 eine Orgel an die Trennwand zwischen Chor und Hauptschiff, die als Provisorium immer wieder umgebaut wurde, auch noch 1842, als mit dem Blick auf das Jubiläum der Grundsteinlegung von 1248 der große Entschluß zum Weiterbau fiel. Schon kurz vorher experimentierte man im Geiste mit musikalischen Lösungen für das komplette Gotteshaus. Karl Friedrich Schinkel, der Baumeister der Hohenzollern in Berlin, zeichnete 1834 eine Lettnerorgel auf dem Übergang von der Vierung zum Langschiff, Cavaillé-Coll sprach sich 1856 – wie übrigens auch sein deutscher Kollege Walcker – für ein Instrument im nördlichen Querschiff aus, obwohl er selbst später in der gotischen Abteikirche zu Rouen eine klassische Westwerkorgel als sein Meisterwerk schaffen sollte. Tatsächlich erhielt der Kölner Dom nach seiner Vollendung 1863 ein Instrument in diesem Querschiff, das schon mangels Größe (mit 32 Registern) nicht befriedigte – im Hauptschiff war kaum etwas von ihm zu hören. Im Zweiten Weltkrieg, den der Dom insgesamt glimpflich überstand, ging ausgerechnet die Orgel verloren. Dann nahte das Jubiläumsjahr 1948, zu dem der damalige Kardinal Frings hohe Würdenträger aus aller Welt einlud, um ein Zeichen des Neubeginns zu setzen. An die Firma Klais aber erging der Auftrag, für die Festlichkeiten eine Orgel zu errichten.

Daß die Ausführung gelang, grenzte angesichts der damaligen Zustände – das Gebäude der Firma in Bonn war völlig zerstört gewesen – an ein Wunder. Wieder hatte man eine Trennwand zwischen Vierung und Hauptschiff errichten müssen, um die zerstörten Gewölbe nach und nach reparieren zu können. Wieder also hatte man einen halben Dom, aber diesmal rückte die Orgel näher an den Chor heran. Bis zum Jubiläum waren 70 Register fertig, keine Riesenorgel also, aber eine mit erheblichen Möglichkeiten, disponiert im Zeichen der damaligen Vorstellungen von einem ›klassischen‹ Instrument. Als nach Vollendung des Wiederaufbaus die Trennwand fiel, rüstete man 18 Register nach und hatte damit eine Orgel, die sowohl die liturgischen Bedürfnisse wie die der sehr erfolgreichen Konzertserien befriedigte. Der Domorganist hatte sie ins Leben gerufen, und bald kamen Interpreten aus aller Welt, darunter etwa Marcel Dupré, der ein großes Improvisationskonzert auf Schallplatten aufnehmen ließ.

Mit den Jahren wurden jedoch neue Wünsche laut. Seit ihrer Erbauung hatte die Orgel viel Kritik erfahren, die sich vor allem an Standort und Prospekt entzündete. Die Seitenschiffe zur Linken waren nun einmal zugestellt, die beiden Betonpilze, die die Empore tragen, trotz nachträglicher Bemalung (übrigens u.a. mit dem geigespielenden Kardinal) kein Schmuckstück. Wichtiger die Einschränkungen in klanglicher Hinsicht. Die Abstrahlung des Instruments mit seinen drei Prospektfronten ist durch die großen Pfeiler noch weiter beeinträchtigt, das Langhaus jedenfalls nicht bis zum Portal zu füllen. Wohin aber mit einem neuen bzw. einem weiteren Instrument, das die gotische Architektur zwangsläufig stören mußte? Das Domkapitel samt Experten machte sich eines Nachts mit Hebebühne und Kleinorgel nebst Instrumentalisten auf den Weg durch den Dom und fand einige wenige gute Plätze, und zwar im vorderen Hauptschiff (als Schwalbennest) und im Westwerk. Darauf erfolgte ein erster Anlauf mit einem auf Leinen gemalten Modell im Westen, immerhin im Maßstab 1:1. Der in die Luft gezauberte Prospekt der Firma Klais wurde jedoch von der Kritik förmlich zerrissen. Den Höhe- oder besser Tiefpunkt der Auseinandersetzung brachte der Vorschlag, es statt mit den offenbar widerspenstigen Pfeifen lieber mit einer elektronischen Beschallung zu versuchen.

Gut möglich, daß dem frustrierten Domkapitel die Lust an weiterer Planung vergangen wäre – hätte nicht das Jubiläumsjahr 1998, das 750. der Grundsteinlegung vor der Tür gestanden. Man schrieb also einen Ideenwettbewerb aus, an dem sich ca. fünfzig Firmen beteiligten und Klais bei vier Vorschlägen zwei Preise davontrug, darunter den begehrten ersten. Diesmal war die Lösung das Schwalbennest: In 18 Meter Höhe ragt

KÖLNER DOM (Hauptorgel)

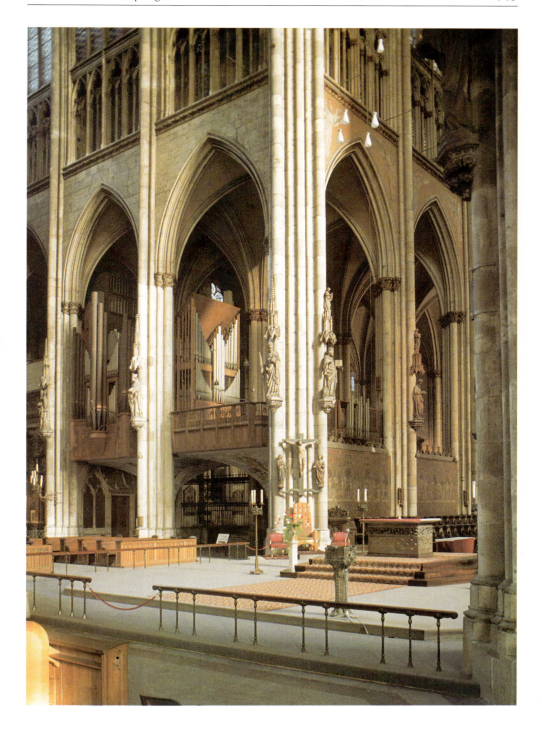

eine 20 Meter hohe Orgel auf, die nur 2,5 Meter weit ins Schiff springt und an vier kaum mehr als armdicken Stahlseilen hängt – einen mittelalterlichen Dom bohrt man nicht an. Das dahinter liegende Fenster ist natürlich verdeckt, aber der Rhythmus der Arkaden wird nicht unterbrochen, während die Pfeifen des Rückpositivs die Säulen des Triforiums, die Pfeifen des Hauptwerks die Streben der Fenster fortsetzen. Der Blick beim Betreten vom Westen her ist zwar beeinträchtigt, aber bei farblicher Anpassung des Gehäuses an den Stein nicht wirklich gestört. 45 Register waren unterzubringen, von vornherein also keine Hauptorgel, sondern ein Instrument zur Ergänzung der vorhandenen insbesondere für liturgische Zwecke. Der Dompropst sprach von einer Orgel zur Begleitung des Triumphgesangs »Großer Gott wir loben dich«, um die kritischen Einwände der bei der Entscheidung unterlegenen Kunsthistoriker zu beschwichtigen. Tatsächlich wissen die wenigsten, daß der Dom noch längst kein Museum ist, sondern sonntags acht Messen anbietet, die vor allem an Festtagen prall gefüllt sind. Die Hauptorgel soll ihre Funktion als Große Orgel also behalten und später überarbeitet werden. Auch zum Jubiläum werden die Kölner in Scharen da sein, sie werden sich die Neue Orgel ansehen und sich ganz sicher in Bewunderer und Lästerer teilen. Dann kommen die Jahre *nach* dem Jubiläum, und das Schwalbennest muß zeigen, ob es sein Stück verstellter Gotik wert ist.

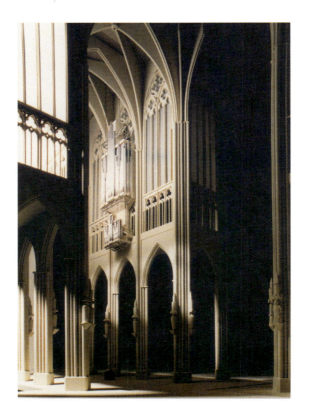

MODELL DER
SCHWALBENNEST-
ORGEL

Die Stunde der Denkmalpflege

St. Maria im Kapitol und St. Kunibert in Köln

St. Maria im Kapitol: 3 Manuale, 35 Register – Klais (1991)
St. Kunibert: 3 Manuale, 43 Register – Kuhn (1993)

Als man 1985 in Köln das Jahr der Romanischen Kirchen beging, sollte dies eine einmalige Leistung würdigen und abschließen helfen. Fast alle der zwölf großen Basiliken des Mittelalters, die im Krieg bis auf eine einzige zerstört wurden, waren wiedererstanden – und dies, obwohl sich die nationale und internationale Beachtung immer auf den Dom konzentriert hatte. Es lag in der Natur der Sache, daß die Orgeln warten mußten. Auch hier war der Verlust so gut wie total gewesen, nur St. Pantaleon konnte seinen Barockprospekt retten (und bekam schon 1963 ein neues Innenleben aus dem Hause Klais). Während ringsum in der Region manch bedeutendes Instrument entstand, gab es in den romanischen Kirchen eher Notlösungen – von einer »Orgel-diaspora« war gar die Rede. Die Wende erfolgte in den 90er Jahren und scheint im Augenblick ihrem Abschluß entgegenzugehen: St. Aposteln hat soeben seine 74-Register-Orgel von Fischer und Krämer erhalten, in St. Gereon sitzt man in den Startlöchern. So einmalig der doppelte Wiederaufbau, so einmalig aber stellte sich auch das Problem. Bei der Restaurierung der alten Kirchen hatte man viel von der historischen Entwicklung abgestoßen und das Ideal in einer weitgehenden Wiederherstellung des mittelalterlichen Erscheinungsbildes gesehen. Damit wurde der Platz für die Orgel schwierig. Während sich andernorts Kirchen und Orgeln seit langem miteinander entwickelt hatten, entstand in Köln die Situation, Orgeln des 20. Jahrhunderts mit Kirchen zu vereinigen, die nie derartige Instrumente gesehen hatten. Ein Ringen um die beste Lösung war unausweichlich, es war die Stunde der Denkmalpflege.

Dies zeigt sich beispielhaft in St. Maria im Kapitol. Vor dem Krieg befand sich hier die größte Kirchenorgel Kölns aus der Werkstatt Seifert – eine Art Zwillingsinstrument zur Kevelaerer Orgel mit romantischer Disposition. Sie nahm das gesamte Westwerk ein, vor dem auch der Renaissance-Lettner stand, ein zweifellos ›unmittelalterliches‹ Ensemble, das aber der liturgischen Nutzung der Kirche zum damaligen Zeitpunkt durchaus entsprach. Beim Wiederaufbau rückte der Lettner an seine historische Stelle, womit einerseits das Westwerk seine alte Rolle zurückerhielt und andererseits ein neuer Platz für die Orgel ›logisch‹ wurde. Lettner waren seit alters die Vortragstribüne der Kirche, von hier aus sang der Lektor (daher der Name im Deutschen, während das französische *jubé* an das *Jube, domine, benedicere* erinnert, mit dem das Stundengebet eröffnet wird) bzw. die Schola die Liturgie, und hier standen häufig entsprechende Orgeln als Begleitinstrument. Da auch die akustischen Bedingungen an dieser Stelle günstig sind – der Schall strahlt direkt ins Schiff und benötigt weniger Kraft, sprich: weniger Register –, entschied man sich in St. Maria im Kapitol für eine Lettner-Orgel wie zuvor in St. Pantaleon, wo fast die gleichen Voraussetzungen gegeben waren. Die Denkmalpflege unterstützte das Projekt schon deshalb, weil der Lettner an dieser Stelle nicht nur Vorteile bietet. Das schon in seiner Entstehungszeit als zu wuchtig betrachtete Stück –

man hatte es in Brabant bestellt und nicht bedacht, daß dort das Fußmaß größer war – zerteilt die Kirche und zerschneidet vor allem den Chorraum mit seiner Kleeblattanlage ungünstig in der Horizontalen. Mit der Orgel ist nun eine *völlige* Trennung gegeben, die aber die Erlebnismöglichkeiten dieses Raumes von vornherein umdirigiert.

Natürlich war der Prospekt eine schwierige Aufgabe, bei der die Architektin Maria Schwarz alles tat, um (mit modernen Mitteln) farblich wie hinsichtlich des Dekors die Verbindung zum Lettner herzustellen, übrigens in Richtung Mittelschiff *und* in Richtung Chorraum – es entstand also ein seltener Doppelprospekt. Der Orgelbauer mußte auf äußerst beengtem Raum wirtschaften und konnte nicht alle Bedürfnisse abdecken. Ein *Prinzipal* 16' im Hauptwerk kam ebensowenig in Frage wie ein Zweiunddreißigfuß im Pedal, das Schwellwerk wurde fast zum Schwitzkasten. Trotzdem läßt sich das Ergebnis nicht nur sehen (für manche freilich nach einer Schrecksekunde: das aber ist beim ersten Schluck besten Rotweins genauso), sondern auch hören. Es gibt ein strahlendes Tutti dank ›klassischer‹ Register, aber auch ausreichend Farben zur Gestaltung romantischer und moderner Orgelliteratur. Man kann nicht mehr in Klängen schwelgen wie vor dem Krieg, hat dafür aber an edlen Tönen gewonnen.

In St. Kunibert wurde bei weitgehend anderen Problemen eine weitgehend andere Lösung gefunden – nur in einem Punkt glich sich die Ausgangslage. Auch hier war durch den Wiederaufbau eine ›mittelalterliche‹ Kirche entstanden, vor allem die völlig neu aufgebaute Riesenhalle des Westwerks. Die alte Empore hatte die Denkmalpflege nicht wiedererrichtet, damit jedoch auch den Platz der Vorgängerinstrumente aufgegeben (der unmittelbare Vorgänger, die Seifert-Orgel von 1956, stand vor der provisorischen Abschlußwand). Allerdings wußten die Orgelfachleute, daß aus diesem Rückraum heraus die Schallabstrahlung ohnehin denkbar ungünstig ist. Damit waren die Voraussetzungen für ein Experiment gegeben, das manchen Besucher buchstäblich vor den Kopf stößt. Man läuft beim Betreten der Kirche fast gegen die Orgel, die genau dem Eingang gegenüber in die beiden hinteren Arkaden des Mittelschiffs gesetzt ist: eine Art heruntergefallenes Schwalbennest, bei dem der Organist *vor* dem ›Rückpositiv‹ sitzt – und natürlich mitten in der Gemeinde. Ob ein in den oberen Wandbereich gehängtes Instrument den Blick angesichts des freilich wirklich besonders schmalen Kirchenschiffs (es hat gerade 10 Meter) zu sehr verstellt hätte, ist schwer zu sagen. Von Vorteil war immerhin die Tatsache, daß man auf dem Boden mehr Platz für Register hat und diese auch dringend brauchte. St. Kunibert ist ein Raum mit traumhaftem, aber auch äußerst schwer zu bändigendem Nachhall, den man nur mit einem sehr guten Konzept überlisten bzw. nutzbar machen kann. Wenigstens war die Entscheidung für eine ›französische‹ Orgel richtig, da gerade sie in zwar stilistisch völlig andersartigen, aber genauso halligen Räumen groß geworden ist.

St. Kunibert bekam also ein Instrument in Cavaillé-Coll-Manier, gebaut von der Schweizer Firma Kuhn in Abstimmung mit den Wünschen des Kantors. Es wurde keine Kopie des Vorbilds. Der Spieltisch sieht anders aus als seine Brüder, und auch das mechanische Innenleben zeigt ausschließlich moderne Züge. Aber das Klangkonzept stammt eben aus Frankreich. Die drei Manuale entsprechen den Cavaillé-Collschen ›Klangterrassen‹ mit *Grand-Orgue* (I. Manual), *Positif* (II. Manual), *Récit* (III. Manual) und sind mit den Registern besetzt, die dort hingehören. Am ehesten nimmt das *Positif* auch

noch klassische Züge auf, das *Récit* aber bietet, was das französische Herz begehrt, überblasende Flöten und schöne Zungen (neben den kräftigen im *Grand-Orgue*). Der Winddruck variiert wie üblich, erreicht im Pedal 107 mm Wassersäule. Ein brausendes Werk ist bei all dem nicht entstanden, sollte und durfte nicht entstehen, wenn man bedenkt, daß die Hörer in allernächster Nähe sitzen. Man muß auch einräumen, daß sich der Schall tatsächlich fast unglaublich gleichmäßig verteilt. In den vordersten Reihen kommt noch viel an, und neben der Orgel erlebt der Hörer eben, wie es Organisten zu gehen pflegt.

Man hat sich also in Köln wie andernorts geeinigt und vielleicht gegenseitig zu guten Ergebnissen gezwungen. Allerdings muß auch erwähnt werden, daß die damals zuständige Stadtkonservatorin Hiltrud Kier aus ihrem Herzen keine Mördergrube machte und in verschiedenen Artikeln den Orgelbau mit einem Argument attackierte, das nicht unwidersprochen bleiben sollte (wenn auch mit rheinischem Frohsinn gegen österreichischen Schmäh). Es hieß, romanische Kirchen seien ohne Orgeln entstanden und sollten am besten auch ohne solche bleiben, eine Handvoll Posaunisten täten den Dienst genauso. Jedenfalls wäre es im Mittelalter leise zugegangen, und auch wir bedürften keines »barocken Klangrausches«, der »aus dem Hintergrund kommend uns überflutet«. Nett gesagt, aber weit gefehlt! Mittelalterliche Musik war laut, sehr laut, wie jeder weiß, der die Quellen kennt. Der Trompeter konnten nicht genug sein – in den höfischen Epen ist von 1000 und mehr zu lesen –, wenn es darum ging, Festfreude aufkommen zu lassen. Chronisten berichten davon, daß man in der Kirche sein eigenes Wort nicht verstehen konnte. Natürlich waren die *Orgeln* damals klein, aber nur deshalb, weil man die Technik nicht beherrschte, größere zu bauen. Nein, der Klangrausch war schon immer beliebt, ja man ließ sich mitunter den Kopf mit Glockenklang volldröhnen bis zum Schwindel. Pracht hatte eben seine optische *und* akustische Seite, und das Barockzeitalter erfüllte bloß Wünsche, die längst existierten. Lassen wir also die Orgeln ›fluten‹, vor allem wenn es edle Klänge sind. Das Auge will nicht auf Kosten des Ohres leben, solange ihm niemand das Gegenteil einredet. Wir Orgelfreunde (die wir von unserer denkmalpflegenden Kontrahentin übrigens in Gänsefüßchen gesetzt sind wie hinter Gitter) brauchen also nicht mit weißer Fahne ins nächste Konzert zu gehen und auch nicht ausschließlich Lettnerorgeln zu bauen, damit die Hörer ihrem Feind ins Gesicht blicken können. Übrigens: Wer könnte eine Handvoll Posaunisten im Dauerdienst bezahlen?

Französische und deutsche Romantik

St. Joseph und St. Elisabeth in Bonn

St. Joseph: 3 Manuale, 61 Register – Oberlinger (1981)
St. Elisabeth: 4 Manuale, 59 Register – Klais (1910),
letzte Restaurierung und Ergänzung: Klais (1989)

Seit Ende der 60er Jahren ist in Deutschland kaum eine Großorgel entstanden, die nicht ihre ›französischen‹ Register bekommen hätte, häufig auch ein komplettes Schwellwerk nach westlichem Muster, ein *Récit.* Der Grund liegt auf der Hand. Es ist der Erfolg der französischen Orgelliteratur des 19. und 20. Jahrhunderts, der nach entsprechenden Klangmöglichkeiten verlangen ließ. César Franck und Charles Marie Widor, Louis Vierne und Marcel Dupré sind die Namen, die für eine virtuose Tradition von hoher Einprägsamkeit auch für breitere Kreise stehen, in denen die Moderne sonst eher auf Vorbehalte stößt. Während in Deutschland zur gleichen Zeit auf der einen Seite Max Reger höchst komplizierte Musik schrieb und auf der anderen Seite nicht ohne museale Züge die barocke Tradition zurückgewonnen wurde, gab es in Frankreich eine lebendige Orgelszene. Das Rückgrat dazu bildeten Instrumente, die sich zur gleichen Zeit und in wechselseitiger Anregung entwickelt hatten. Aristide Cavaillé-Coll erfand die große sinfonische Orgel mit ihrer Orchesterkopie, die sich nicht mehr dem barocken Werkprinzip verdankt, sondern einem in sich abgestuften Gesamtklang. In allen Manualen ungefähr dieselben Grundstimmen, nur in Terrassen nach zu- bzw. abnehmender Lautstärke angelegt. Im übrigen hatte die neue Pneumatik und dann Elektropneumatik Spielhilfen geschaffen, ohne die jede traditionelle Klaviatur zum Erliegen gebracht worden wäre. Cavaillé-Coll baute nicht nur mehr Register als früher, die schon als solche in die Finger gehen, sondern auch allerlei Koppeln, die zu jeder gedrückten Taste noch weitere Register hinzuschalten. So z.B. die Superoktavkoppel, mit der jeder Ton zusätzlich eine Oktave höher ertönt (bei der Suboctavkoppel entsprechend eine niedriger), ein Vierfußregister also gleichzeitig als Zweifuß. Damit aber klingt die Orgel voller, brausender, ein Kraftpaket ohnegleichen.

Wie gesagt: von daher der französische Wind im deutschen Orgelbau. Aber nirgendwo gab es in Deutschland eine französische Orgel – bis zum Jahre 1981. Damals wurde in Bonn-Beuel ein Instrument eingeweiht, das der dortige Organist Hans Peter Reiners, schon mehr ein Frankomaner als Frankophiler, mit dem Orgelbauer Oberlinger nach gründlichem Studium der Vorbilder Cavaillé-Colls errichtete. Auch der Spieltisch ist dem von Saint-Sulpice (Paris) nachgebaut, die Register sogar noch etwas konsequenter ›französisch‹ angeordnet: links die Grundstimmen, rechts alles andere, verteilt auf drei Manuale mit *Grand-Orgue, Positif* und *Récit,* also dem Schwellwerk, das man mit einem Tritt auf- bzw. zufahren kann. Klanglich dominieren die vielen verschmelzungsfähigen Grundstimmen (im Hauptwerk auf 16'-Basis) und vor allem die vielen Zungen sowie Cornette, die in jedem Teilwerk vorhanden sind. Soloregister gibt es ebenfalls überall, besonders natürlich im großen Schwellwerk mit seinen 19 Stimmen. In Bonn-Beuel also sind es nicht ein paar französische Tupfer im neobarocken Grundgerüst, es ist von oben

bis unten, von vorne bis hinten eine Orgel in Cavaillé-Coll-Manier, eher zögerlich mit modernen Spielhilfen versehen, die das 20. Jahrhundert bietet (z.B. den 650 Setzerkombinationen). Die Branche hat es längst gedankt. 1996 konnte man das dreihundertste Konzert geben, wobei die Liste der Aufführenden viele Namen aus Frankreich selbst, aber auch aus dem europäischen und außereuropäischen Ausland bietet. Ein französischer Künstler hat, vielleicht mit etwas charmantem Überschwang, zu verstehen gegeben, daß mittlerweile die einzige wirkliche französische Orgel in Deutschland stehe, da man zu Hause die Tradition fleißig totrestauriere. Freilich muß man auch die Gegenrechnung aufmachen: Die Entscheidung für eine *bestimmte* Stilistik bietet Optimales auf *einem* Feld und nötigt auf den anderen zu Kompromissen.

Was das ›Romantische‹ betrifft, bietet Bonn im übrigen alle wesentlichen Vergleichsmöglichkeiten. In der Münsterbasilika stellt die Klais-Orgel von 1961, überholt, (auf 69 Register) erweitert und neu intoniert in den Jahren 1980/81, genau den Typ der Universalorgel dar, der auch romantisch-französische Züge enthält. Die *Hautbois* oder *Trompette harmonique* zusammen mit dem *Clairon* im Schwellwerk verkünden es deutlich mit ihren Namen, und die Trompeteria im Hauptwerk (gerade sie gehört zu den Erweiterungen), die so keck ins Kirchenschiff hineinragt, wandelt auf den gleichen Pfaden. Hiermit ist ein Zungenplenum gegeben, das dem Labialplenum gegenübertreten, aber auch mit ihm in kräftigem Gesamtklang verschmelzen kann. Aber die Münsterorgel pflegt eben auch die klassisch-barocken Traditionen, mit vielen hochliegenden Registern und starken Mixturen.

Damit erweitert sich natürlich das Repertoire des Spielbaren – die Alternative zur stilreinen Orgel. Übrigens gehört der von Manfred Saul gestaltete Prospekt zum Ungewöhnlichsten, was in den letzten Jahrzehnten versucht wurde. Über und über mit Figuren verziert, präsentiert er ein Bild der Zeit, zu dem ebenso die Darstellung einer Herztransplantation gehört wie Astronauten im Weltraumanzug.

Vielleicht interessanter noch ist der Vergleich mit einer romantischen Orgel *deutscher* Tradition, die einmal das französische Vorbild aufgenommen, aber selbst auch mit eigener Prägung versehen hat. Es handelt sich wiederum um ein Werk aus dem Hause Klais, diesmal vom Firmengründer Johannes aus dem Jahre 1910, restauriert und nach den ursprünglichen Plänen mit Fernwerk zu Ende gebaut vom Enkel im Jahre 1989: die Orgel von St. Elisabeth. Der Reiz des Instruments, das sich an das kurz zuvor gebaute im Erfurter Dom anlehnt, liegt natürlich wesentlich im Fernwerk. Es ist hinter dem Hochaltar unsichtbar postiert und enthält ausschließlich Register aus alten Instrumenten der Firma Klais. Klangschöne Stimmen wie die *Philomela* oder die feine Streichermixtur *Harmonia aetherea* gehören zum Bestand, spielbar vom eigenen IV. Manual der Haupt-

orgel. Diese selbst verfügt über zwei Hauptwerke (I. und II. Manual) sowie ein Schwellwerk (III. Manual), die nach romantischem Prinzip dynamisch abgestuft sind und über Schweller entsprechend ›ausgefahren‹ werden können. Der Klang ist nicht unbedingt brausend, sondern geht eher in die Richtung des Pastosen, ja Verhangenen, wozu freilich nicht wenig die Tatsache beiträgt, daß die Pfeifen überwiegend ungünstig tief in der engen Empore postiert sind. Der Architekt, der die Kirche als neoromanisches Gesamtkunstwerk plante und jedes Detail bestimmte, hat nicht viel nach Akustik gefragt und die Orgel buchstäblich in der Versenkung verschwinden lassen. Zur romantischen Verhangenheit kommt also noch ein Stück unnötiger hinzu. Dafür entschädigt eine außerordentlich gelungene Verschmelzungsfähigkeit gerade der Grundstimmen, die in drei Hochdruckregistern des III. Manuals eine gehörige Verstärkung bekommen. Die Orgel von St. Elisabeth gibt viel wieder vom deutschen Orgelbau des 19. Jahrhunderts, der das romantische Prinzip auf eigenen Wegen verwirklicht hat. Kein Geringerer als Louis Vierne saß im Jahre 1922 auf der Bank und schrieb anschließend dem Erbauer ein schönes Kompliment ins Stammbuch, das in diesem Fall wohl wirklich ernst gemeint war: Ein »wahres Kunstwerk« sei die Orgel. Franzosen haben auch einmal deutsche Instrumente bewundert.

Niederrheinisch vor dem Eisenbahnbau

Basilika Steinfeld

3 Manuale, 35 Register – Balthasar König (1727), letzte Restaurierung: Weimbs (1981)

Auf dem Foto, bei etwas flüchtigem Blick, könnte man sie mit der St. Jacobi-Orgel Arp Schnitgers verwechseln. Der Hamburger Prospekt mit rundem Mittelturm und spitzen Ecktürmen samt zwischenliegenden Flachfeldern, eingerahmt von den wiederum runden Pedaltürmen, war weit verbreitet. Aber die Steinfelder Orgel ist nicht nur um genau die Hälfte kleiner mit ihrem 8'-Praestant im Hauptwerk und sogar nicht einmal bis zum tiefsten Ton hinunterreichenden 16'-Pedal, sie hat ein völlig anderes Innenleben. In Hamburg baute man norddeutsche Orgeln, in Steinfeld eine (nieder)-rheinische – *die* Barockorgel existierte auch unter gleichem Gewand in unterschiedlicher Ausprägung. Was seit dem Zeitalter der Eisenbahn und der damit verbundenen Transportmöglichkeiten rasch verloren ging, die dank der Tätigkeit bedeutender Meister geprägte Orgellandschaft, ist heute aufgrund der Verluste vollends bis zur Unkenntlichkeit zerrissen. Nur dann und wann kommt es uns zu Bewußtsein: Was hier steht, vertritt einen Typus, häufig genug der letzte seiner Art mit der Last, für die vielen Schwestern zeugen zu müssen, die sich doch alle untereinander wieder unterscheiden.

Die Steinfelder Orgel kann als ein Relikt dieser Art zählen, wenn auch nur in Grenzen. Balthasar König, Vater einer ganzen Orgelbauerdynastie, ist wie so häufig nicht der Erbauer, sondern der Umbauer gewesen. Als er von Münstereifel her, also

ganz aus der Nähe, den Auftrag von der bedeutenden Prämonstratenserabtei übernahm, war er 42 Jahre alt, beendete gerade die Orgel in Ahrweiler und stand noch vor seinen größeren Werken in Köln, die mittlerweile alle untergegangen sind. Er fand Brauchbares vor, 17 alte, aber gute Register, 13 davon noch aus der Zeit der Renaissance um 1600, die seine Konzeption offenbar nicht störten. Als er in Köln für die Jesuiten in Mariae Himmelfahrt baute, brachte er freiwillig eine ganz ähnliche Disposition zusammen. Der Prospekt des Hauptwerks mit darunter liegendem Brustwerk stand schon seit 1678. Wieweit König an der Einfügung des Rückpositivs und der Pedaltürme im Jahre 1720 bereits beteiligt war, ist unklar. Die Pedaltürme blieben jedenfalls vorerst ein buchstäblich leeres Versprechen – bis 1879 beherbergten sie nichts als Attrappen. Aber die rheinische Orgel kannte ohnehin kein selbständiges Pedal, sondern begnügte sich mit ein paar angehängten Tönen, die vom Hauptwerk abgezweigt waren – in vielen Orgeln wurde selbst darauf noch verzichtet. Königs Beitrag blieb unter diesen Umständen der Ausbau des Ganzen, wobei er das Vorhandene zunächst einmal neu verteilte und nach seinen Vorstellungen auf 29 Register ergänzte.

Betrachtet man das Ergebnis unter dem Gesichtspunkt des für die Landschaft Typischen, so kommt zunächst heraus, daß wir es mit einem obertonreichen Werk zu tun haben. Der tiefe Prinzipal des Hauptwerks, aus dem frühesten Bestand übernommen, zeigt bei schwerem Bleigehalt und dickwandigem Aufbau eine besonders weite Mensur, was ihn weich und singend macht – Organisten verlieben sich in ihn auf der Stelle. Das Rückpositiv bekam von König viel ›Helle‹, das Brustwerk Solostimmen, die sich besonders fürs Echo eignen – das Ganze befindet sich in einem dämpfenden Kasten. Damit kann keine norddeutsche Gravität zustandekommen, sondern eher ein Klangbild, das wir von süddeutschen Orgeln her kennen. In einem Fall gibt es möglicherweise eine direkte Anleihe. Das *Tintinabulum*, ein glockenspielartig hell klingendes (sehr seltenes) Terzregister, hat als erster Gabler, der Meister von Ochsenhausen und Weingarten, gebaut. Da dieser zeitweise in Mainz tätig war und ein Mitarbeiter Königs ihn dort getroffen haben könnte, wäre eine Übernahme denkbar. In eine andere Richtung wiederum weist das *Cornett* in Rückpositiv und Hauptwerk (auch sonst hat König es in keiner Orgel ausgelassen). Zusammen mit den verhältnismäßig reichlich vertretenen Zungen weist dies in Richtung Westen, nach Frankreich. Läßt man sich in Gedanken einmal forttreiben, so könnte König im damals führenden Orgelland seine Studien gemacht haben und sogar auf den ebenfalls dort tätigen Andreas Silbermann gestoßen sein. *Clairon* 4', eine hohe und kräftige Zunge, zeigt die Anleihe schon im Namen.

Was also wäre eine (nieder)rheinische Orgel? Ein hellklingendes, mehr die Lieblichkeit als die Gravität betonendes Instrument mit vielen Solostimmen für abwechslungsreiches Spiel, offen für Süddeutsches wie Französisches, jedenfalls für alles, was ›charakteristisch‹ klingt. Daß im Zusammenspiel sowohl ein strahlendes Plenum im Sinne des Mixturenplenums wie ein kräftiges als Zungenplenum (plus Cornette) herauskam, war mehr als nur ein Nebeneffekt. Aber es ist eben alles doch ein wenig zurückhaltender, zarter als im Norden. Man kann natürlich auch sagen: Es ist für den katholischen Gottesdienst mit seinen Intonationen, Zwischenspielen und Untermalungen der liturgischen Handlung gedacht, nicht für die brausenden Choralbegleitungen und Konzerteinlagen bei den großen Orgelvespern der Protestanten. Bis weit ins 18. Jahrhundert hinein

BASILIKA STEINFELD

bauten Königs Söhne in diesem Stil weiter und fanden wiederum Nachfolger im 19. Jahrhundert, also auch noch zu romantisch gewordenen Zeiten. Als König seine Tätigkeit begann, hatte er übrigens einen Mitstreiter in der Nachbarschaft, der genau wie er eine bedeutende Familientradition (mit neun Generationen) begründete und sich dabei statt in Richtung Norden in den Süden bzw. Südwesten orientierte. Es war Johann Michael Stumm, fast genau während Königs Steinfelder Zeit in Koblenz für die Franziskaner tätig, deren Instrument heute restauriert in der Doppelkirche St. Klemens in Schwarzrheindorf bei Bonn steht. Die Stumm-Orgeln ähneln denen der Familie König erheblich, haben ebenfalls süddeutsche und französische Elemente, ein helles Gesamtbild, auch das typische Echowerk. Es fällt schon schwer, sie als mittelrheinische von den niederrheinischen zu unterscheiden.

Daß wir in diese Welt noch hineinschauen oder besser hineinhören können, verdanken wir im Falle Steinfelds wie überall sonst denjenigen, die im letzten Augenblick den Wert erkannten und für die Erhaltung sorgten. In der Eifel-Basilika, die heute von Salvatorianern als Pfarr- und Klosterkirche geführt wird, wäre es noch im letzten Augenblick um ein Haar schiefgegangen, nachdem man in all den Jahrhunderten zuvor wenig geändert, 1879 nur das Pedal um ein paar Register erweitert hatte. Ausgerechnet nach dem ebenso kompetenten wie einfühlsamen Bericht des Professors Franke vom Kölner Konservatorium im Jahre 1913 und dem schon beschwörenden Appell des aus Weingarten stammenden Paters und Organologen Ellerhorst von 1932 kam es 1934 fast wie zum Hohn zu einer Sanierung, die brutal in das Innen- und Außenleben des Instruments eingriff. Versetzung der Prospektteile (zur Raumgewinnung auf der Empore), Elektrifizierung, Rausschmiß alter Register und Ersetzung durch romantisierende verwandelten die Steinfelder Orgel in einen stilistischen Trümmerhaufen, auf dem der damalige Organist zur Einweihung Widor spielte. Als ob sich das alte Werk das neue Joch nicht gefallen ließ, brach die Technik sehr bald zusammen. Diesmal aber war nicht nur der Kenntnisstand, sondern auch der Wille zur Restaurierung da. Der Orgelbauer Josef Weimbs aus Hellenthal, wieder einmal ein Mann aus der Nähe, machte die Orgel zu seinem Studienobjekt, versenkte sich in jedes Detail und schaffte den Neuaufbau als Rettung des Zustandes von 1727 – bis in den alten Standort hinein. Nur beim Pedal ging man (zurecht) den Kompromiß ein, behielt die Erweiterung des Jahres 1879 hinsichtlich Bestand und Tonumfang (bis zum *d'*) bei, um damit die Voraussetzungen für ein breiteres Literaturspiel zu bieten. Alles andere, das gesamte mechanische Innenleben insbesondere, wurde wiederhergestellt oder nach vergleichbaren Vorbildern ergänzt. Es ist keine Frage, daß der alte Balthasar heute in Steinfeld seine Orgel wiedererkennen würde.

Schwalbennester für die Liturgie

Trierer Dom

Hauptorgel: 4 Manuale, 67 Register – Klais (1974)
Chororgel: 2 Manuale, 24 Register – Klais (1996)

Die Erfindung der Orgel wird einem Griechen aus Alexandria zugeschrieben. Sein Name war Ktesibios, sein Beruf Ingenieur. Das Instrument diente damals der Demonstration von Wasserkraft – es kam nicht auf die Töne an, sondern auf deren hydraulische Hervorbringung – und war wohl mehr ein Kuriosum. Als die Orgel nach einigen Startschwierigkeiten in der christlichen Kirche des Mittelalters ihren Platz fand, ging es um einen völlig anderen Zweck. Sie wurde Partnerin der singenden Mönche bzw. Gemeinde und bereicherte damit die Liturgie. Wegen der Dimensionen von Kirchen und besonders Kathedralen kam es seither nicht zu einer nennenswerten Form von Konkurrenz, höchstens zum Verzicht auf *jegliches* Instrument wie in der Ostkirche. Heute hat sich manches geändert, vor allem ist der Orgel eine zweite Aufgabe im Konzertwesen zugefallen. Aber keine Kirche finanziert ein Instrument ohne den Blick auf die ursprüngliche Aufgabe. Man merkt dies, wenn im Planungsstadium Kunsthistoriker (Denkmalpfleger), Organisten (Musiker) und Pfarrer (Liturgiker) um den besten Aufstellungsort ringen. In Trier hat dieses Ringen Tradition. Drei verschiedene Lösungen wurden ausprobiert, von denen eine der jetzigen zum Vorbild diente und offenbar tatsächlich alle drei Interessen berücksichtigt, besonders aber das liturgische. Heraus kam ein Schwalbennest an der Nordseite des Hauptschiffs, angesichts einer Höhe von 16 Metern und einem Gewicht von 30 Tonnen allerdings vielleicht besser als Adlerhorst bezeichnet.

Neu war die Idee also nicht, vielmehr hing an genau gleicher Stelle bis 1832 schon einmal eine Orgel. Man war dann in den Westchor umgezogen, auf eine eigens errichtete riesige Empore mit gleichfalls riesigem Prospekt in Schinkel-Manier über die volle Breite des Mittelschiffs. Außer der Orgel sollte Platz für Sänger und Instrumentalisten geschaffen werden – Voraussetzung für die Aufführung von großen Konzertmessen, die im 19. Jahrhundert die Gottesdienste prägten. Nach der Jahrhundertwende riß man das unharmonische Gebilde ab und ging diesmal in den Bereich des Kapitelchores, wo zu beiden Seiten ein Instrument auf die jeweilige Empore gestellt wurde, eine Doppelorgel also nach altem Vorbild, aber in hochmoderner Version. Es war eine der ersten elektropneumatischen Orgeln Deutschlands von Carl Weigel, der seine Erfindung auf der Wiener Weltausstellung 1873 vorgestellt hatte. Dabei bekam die linke Orgel Register mit vierfachem Winddruck, sogenannte Hochdruckregister, die für entsprechendes Gebrause sorgten. Der Bau verschleppte sich wegen finanzieller Querelen und wurde endlich 1908 durch die Firma Klais zu Ende gebracht – Klais hat also in Trier Tradition. Dann kam der Zweite Weltkrieg mit einem Bombentreffer, der Orgel und Kirche schwer schädigte. 1964 begann die Domrestaurierung und in diesem Zusammenhang die Planung für die neue Orgel.

Natürlich gab es niemanden mehr, der sich an alle alten Standorte erinnern konnte,

TRIERER DOM (Hauptorgel) 159

und so beorderte man Bläser an die verschiedenen Stellen und begann zu hören. Nur ist die akustische Seite des Problems nicht die einzige. Letztlich kann man vom Westchor wie vom Ostchor her die Kirche erfassen, die Mitte ist nur am günstigsten, weil hier die geringste Kraft (sprich: Register) benötigt wird. Der Nachteil dieser Lösung liegt einzig in der Trennung von Orgel und Chor. Dagegen wiederum läßt sich der liturgische Gesichtspunkt aufrechnen. Die Orgel ist näher bei der Gemeinde und am Altar, auch wenn letztlich statt Sichtkontakt eine Videoübertragung für den Organisten eingerichtet werden muß. Im übrigen gibt es gegen die Trennung von Chor und Orgel eine Lösung: eine zusätzliche Chororgel, deren Kosten nicht ganz so ins Gewicht fallen, weil man beim Schwalbennest Register sparen kann. Sieht man sich den Trierer Dom einmal genauer an, vor allem seine ungewöhnliche Breite im Hauptschiff, so läuft alles auf das

Schwalbennest hinaus. Tatsächlich hat dies die Beteiligten überzeugt, auch wenn zuletzt anhand eines 1:1-Modells um Zentimeter gerungen und der Orgelbauer buchstäblich immer mehr an die Wand gedrückt wurde.

Die Lösung hat ein klassisches Gepräge – mit einem Schuß Verspieltheit. Klassisch ist der klare Werkaufbau mit (verdecktem) Brustwerk, Schwellwerk und Hauptwerk übereinander, davor Rückpositiv, daneben die Pedaltürme. Verspielt sind die Rundtürme, die Dreierpärchen pro Teilwerk, deren Pfeifen durch stumme Gegenstücke gleichsam fortgesetzt werden, um unter einem gemeinsamen Hut zu enden. Die jeweiligen Bündel bekamen von den Bildhauern Elmar Hillebrand und Theo Heiermann allerlei zusätzlichen Zierrat, der Motive aus dem Altarraum aufnimmt. Noch verspielter die mit dem Fuß nach oben montierten Pfeifen in Höhe des Schwellwerks. Am verspieltesten schließlich das kleine Tor am Orgelfuß, aus dem der Organist auf Kommando den Hirtengott Pan heraustreten lassen kann, der seine Flöte spielt. Was in Ochsenhausen der Ochs ist und andernorts der Kuckuck, ist in Trier also ein formidabler Heide, der zum Ahnherrn der Orgel gemacht wird – nur für denjenigen eine unfromme Geste des Orgelbauers an die Adresse des Hausherrn, der die katholische Form des Humors nicht versteht. Nicht verspielt, sondern auf avantgardistische Experimente berechnet, hat man einen Hebel angebracht, mit dem sich gespielte Töne ›festhalten‹ lassen, weiterhin ein Drosselventil, das auf Wunsch die Windversorgung spektakulär in einem Jaulkonzert zusammensacken läßt. Solcherlei Spielzeuge finden sich sonst nur an der von Walcker in Verbindung mit Peter Bares erbauten Orgel in Sinzig (St. Peter). Dort gibt (inzwischen man man nach Umbauten sagen: gab) es neben besonders ausgefallenen Oberton- und Schlagwerkregistern (Röhrenglocken, Harfe, repetierendes Xylophon, Messingrasseln) Tastenfessel, Winddrossel und sogar eine Percussionsanlage mit einstellbaren Rhythmen.

Daran gemessen ist Trier denn doch eine brave Orgel, an der sich ›alles‹ spielen läßt, auch wenn dies gelegentlich als Beleidigung aufgefaßt wird. Hauptwerk und Rückpositiv zeigen jedenfalls die Merkmale einer klassisch-barocken Orgel, in Brust- und Schwellwerk liegt die romantische Ergänzung (eine Art »großes Schwellwerk«, wie es der damalige Domorganist Wolfgang Oehms ausdrückte, der an der Planung maßgeblich beteiligt war). Schließlich hat das Pedal mit labialem und zungenmäßigem Zweiunddreißigfuß ein gehöriges Fundament. Natürlich ist das Gesamtwerk auf Kathedralmaße abgestimmt. Betont sind die tieferen Lagen, die Mensuren weit, die Labien breit genug gewählt und aus Gründen der Kraft und des Nachdrucks die Zungenchöre verstärkt. Aber die Frage nach der Spielbarkeit ist hier zumindest zu ergänzen durch die Bemerkung, daß das Schwalbennest den Raum auf eine Weise erfaßt, wie man es in Kathedralen kaum gewohnt ist. Straßburg wäre eines der letzten bedeutenden Beispiele, die aus der Vergangenheit übrig geblieben sind, dann hat mit der zunehmenden Größe des Instruments das Schwalbennest jedenfalls als Hauptorgel an Bedeutung verloren – mit Ausnahmen wie etwa in Chartres (1971). Gewiß bot Trier besondere Voraussetzungen, aber auch hier hat man einige Zeit gebraucht, ehe man sich durchrang. Dafür bekam man eine Orgel, die ihre Funktion in der Liturgie optimal wahrnimmt. Der einzige Nachteil wurde auch noch beseitigt. Die Chororgel ist fertig, und zwar wirklich als Zusatzinstrument, nicht als stereophone Ergänzung. Unauffällig in Renaissance-Manier hängt sie mit ihren 24 Registern (von denen die meisten im Rückraum versteckt sind)

TRIERER DOM

ebenfalls als Schwalbennest an der Südwand des Chores, also der Hauptorgel schräg gegenüber, hat ihre eigenen Spieltische oben und unten und sogar ihren eigenen Organisten (weil in Trier zwei zur Verfügung stehen). Bei der Einweihung wurde sowohl abwechselnd wie zusammen musiziert. Übrigens: Nichts ist erfolgreicher als der Erfolg. Nach Trier hat die Firma Klais fast im Jahrestakt Domorgeln gebaut: Berlin (St. Hedwigs-Kathedrale) 1976, Ingolstadt 1977, Limburg 1978, Graz 1978, Altenberg 1980.

6

HESSEN, SAARLAND UND BADEN-WÜRTTEMBERG

Kunst, Kaiser und Kommerz

Erlöserkirche in Bad Homburg

Sauer-Orgel: 4 Manuale, 62 Register – Sauer (1908),
letzte Restaurierung: Förster und Nicolaus (1993)
Neue Bach-Orgel: 2 Manuale, 31 Register – Woehl (1990)

Kunst und Kommerz müssen sich nicht feindlich gegenüberstehen, sie können an einem Strang ziehen, und zwar in die gleiche Richtung. Als Hayko Siemens, Kantor an der Erlöserkirche in Bad Homburg im Taunus, den abenteuerlichen Plan faßte, seine heruntergekommene Sauer-Orgel konzertfähig zu machen und gleichzeitig der Bach-Pflege am Ort eine Stütze zu geben – man hat hier u.a. sämtliche Kantaten zur Aufführung gebracht –, wäre mit schönen Worten allein nichts zu machen gewesen. Schon das Restaurierungsprojekt überforderte die Kirchengemeinde. Das kleine Bad Homburg gleich zur kompletten Orgelstadt aufzurüsten, ging nur mit der Unterstützung potenter Helfer. Nachdem sich der Oberbürgermeister einmal an die Spitze gestellt hatte, kam der Erfolg. Möglich, daß der eine oder andere Beiträger ein wenig auf spätere Auszahlung gehofft hat wie früher manches Mütterchen oder Väterchen auf himmlischen Lohn: Der Leistung tut dies keinen Abbruch. Nicolas Kynaston und Daniel Chorzempa waren bei der Einweihung da, die Neue Bach-Orgel hatten zuvor Marie-Claire Alain und Ton Koopman vorgestellt. Mittlerweile besitzt Bad Homburg ein ansehnliches Konzertleben.

Gewiß, man braucht einen Anfang, und der war 1908 gemacht, als die Kirche zusammen mit der Orgel eingeweiht wurde. In diesem Fall hatte ein anderer Partner der Kunst auf die Beine geholfen, Kaiser Wilhelm II. höchstpersönlich. Als regelmäßiger Kurgast mit entsprechender Magnetwirkung zog er auch den königlich-preußischen Hoforgelbauer Wilhelm Sauer mit sich, der nach der größeren Arbeit in Berlin hier eine kleinere ablieferte, immerhin mit einer seltenen Besonderheit. Die zweimanualige

Hauptorgel bekam auf einem dritten Manual ein Fernwerk, dessen Abstrahlung über einen im Dachboden verlaufenden mannshohen Gang von 35 Meter Länge durch eine Rosette im Altarraum erfolgt. Die Romantik liebte diese Form von sphärenhaft-unsichtbarer Wirkung, die dem Organisten allerdings eine Hörverzögerung von einer halben Sekunde einträgt – nichts für ein Zusammenspiel mit dem Rest der Orgel, wohl aber für Solo- oder Echowirkungen. In Bad Homburg löste diese (liturgisch etwas bedenkliche) Spielerei einen Gewissenskonflikt beim Organisten aus, der sich schließlich damit beruhigte, daß die Kirchenbesucher pünktlich zum Gottesdienst erschienen. Er benutzte das Fernwerk, das seine Gemeinde liebte wie nichts sonst an ihrer Orgel, listigerweise stets zu Beginn des Gottesdienstes.

Im orgelbewegten 20. Jahrhundert hatte man nicht nur für das Fernwerk keinerlei Verständnis mehr. 1934 wurde das Instrument nach Plänen des renommierten Experten Hans Klotz gnadenlos zur Kompromißorgel umgebaut, um die damals favorisierte barocke Literatur zu Gehör zu bringen. Mit Änderungen der Disposition und der Mensuren war im Grunde das Schicksal der Orgel besiegelt. Dann kam die Rückbesinnung, die natürlich auch nur ein Kind *ihrer* Zeit sein konnte. Sie fiel jedoch keineswegs puristisch aus, sondern im Gegenteil: Die Sauer-Orgel wurde wieder gründlich umgebaut, nur diesmal in die ihr angemessenere Richtung – einerseits Rückführung auf den alten Zustand, andererseits Hinzufügung eines kompletten weiteren Klangapparats für die Darstellung der spätromantisch-modernen Orgelliteratur, unsichtbar aufgestellt hinter den 16'-Türmen des Hauptwerks. Technischer ausgedrückt: Die Sauer-Orgel bekam auf einem weiteren Manual ein französisches *Récit* mit 16 Registern, unter ihnen freilich auch Sauer-typische, z.B. bei den Zungen. Der aus *diesem* Werk hinausgeworfene Barock erstand an *eigener* Stelle. Was dem unvorbereiteten Betrachter vielleicht als Rückpositiv der großen Orgel erscheinen mag, ist nichts anderes als ein völlig selbständiges Instrument, das sich bei näherem Hinsehen mit seiner äußeren Form auch gehörig absetzt. Vielleicht werden sich spätere Besucher einmal die Haare raufen: Vor der Sauer-Orgel steht die sogenannte Neue Bach-Orgel.

Ein solches Instrument im 20. Jahrhundert setzt sich dem Vorwurf der Stilkopie aus. In Bad Homburg suchte man dem Problem eine Wendung zu geben, die den Zündstoff deutlich minderte. Das Instrument ist keine bloße Phantasie, sondern die Rekonstruktion einer Orgel, die tatsächlich einmal (in Bad Berka bei Weimar) existierte und den verführerischen Vorteil hat, in ihrer Disposition auf einen Plan von Johann Sebastian Bach aus den Jahren 1742/43 zurückzugehen. Bach hat sich für Orgeln immer sehr interessiert und träumte von einem großen Instrument, das er nie bekam. Der Entwurf für Bad Berka, freilich ein eher bescheidenes Werk, zeigt seine Wünsche immerhin etwas genauer: weit und damit weich intonierte Stimmen auch in höheren Lagen, Vielfarbigkeit für die Darstellung der unterschiedlichen ›Affekte‹ z.B. in den Choralbearbeitungen, gravitätischer Baß für die großen Soli in den Präludien und Fugen. Gerard Woehl hat sich auf das Experiment eingelassen und nach intensivem Studium der vorhandenen Instrumente in Thüringen den Nachbau gewagt. Drei Register wurden noch hinzugefügt, von denen man weiß, daß Bach sie andernorts besonders hervorgehoben hat (*Gambe, Vox humana* und *Quint*). Dann war der Plan komplett – bis auf die Frage der Aufstellung. Man hat lange gerungen, weil sich auch die weiteren Emporen der Kirche anboten, und sich schließlich für den symmetrischen Standort entschieden.

Orgelstadt Bad Homburg mit zwei Instrumenten? Es sind nicht nur zwei, sondern es kommen weitere hinzu. In der nahegelegenen Schloßkirche, der ehemaligen evangelischen Stadtkirche als Vorgängerin der Erlöserkirche, steht ein dreimanualiges Instrument von Johann Conrad Bürgy mit 38 Registern aus dem Jahre 1787. Es hatte sein Innenleben verloren und wurde 1989 wie die Sauer-Orgel von der Firma Förster und Nicolaus nach den noch vorhandenen Vorbildern rekonstruiert. Die katholische Marienkirche, ebenfalls gleich nebenan, verfügt über eine Klais-Orgel, die 1975 aus einem Vorgängerwerk derselben Firma von 1906 weiterentwickelt wurde. Schließlich sind in der näheren Umgebung drei weitere Denkmalorgeln aus dem 19. Jahrhundert zu finden, und zwar in Ober-Erlenbach (Bernhard Dreymann), in Kierdorf (Hermann Dreymann) und Gonzenheim (J. W. Walker aus England). Wenn der Anfang einmal gemacht ist, treten auch die Mauerblümchen aus ihrem Schattendasein.

Noch einmal ein offener Prospekt

Frankfurter Dom

Hauptorgel: 4 Manuale, 87 Register – Klais (1957), letzte Restaurierung: Klais (1994)
Chororgel: 2 Manuale, 28 Register – Klais (1994)

Als Mozart im Jahre 1790 nach Frankfurt am Main kam, um anläßlich der Krönung Leopolds II. zum Kaiser des Römischen Reiches deutscher Nation nach einem Auftrag Ausschau zu halten, kam nicht mehr zustande als ein Werk zum Gedenken an den Feldmarschall Laudon in Gestalt des *Stücks für ein Orgelwerk in einer Uhr.* Im Brief an die Schwester beklagt er sich über die »sehr verhaßte Arbeit«: Wenn »das Ding wie eine Orgel lautete, da würde es mich freuen; so aber besteht das Werk aus lauter kleinen Pfeifchen, welche hoch und mir zu kindisch lauten«. Im nächsten Frühjahr hat er sich trotzdem noch einmal hingesetzt und ein *Orgelstück für eine Uhr* geschrieben, die *Phantasie in f-Moll.* Diesmal wissen wir nichts über den Hintergrund der Entstehung, nichts über mögliche Leiden. Fest steht, daß das kleine Werk auf einer ›richtigen‹ Orgel sehr schön klingt und häufig in Konzerten vorgetragen wird. Und wir wissen auch, daß Mozart die Orgel mochte und gelegentlich spielte: schon als Knirps, der mit den Füßen nicht ans Pedal kam, aber auch später hin und wieder, z.B. an der großen Stumm-Orgel in Kirchheimbolanden in der Pfalz, wo man heute noch das Ereignis in Erinnerung hält.

Fest steht aber schließlich: Von Frankfurt, wo Mozarts erstes Orgelwerk entstand, dürfte keinerlei Anregung ausgegangen sein. Die damalige Domorgel war mehr als bescheiden, und zur Krönung brachten die Kaiser ihre Hofkapelle mit – Trompeten und Pauken, markerschütternde Festlichkeit mit einem Schuß Einschüchterung. Die Geschichte der Orgelmusik im Frankfurter Dom geht zwar bis ins 13. Jahrhundert zurück und kennt immer wieder neue Instrumente an immer wieder neuen Plätzen in der großen Kirche, aber auf ein bedeutendes mußte man lange warten. Die erste größere Orgel baute 1857 Eberhard Friedrich Walcker im Westwerk, und zwar nach seinem Durchbruch gerade in der Stadt der Kaiserkrönungen. Hier hatte er für die Paulskirche gearbeitet und damit in Deutschland die romantische Phase eingeläutet. Aristide Cavaillé-Coll, der das Instrument eigens besichtigte, fand es wie einen »schönen Mann, der von Schwindsucht befallen ist«, schätzte den Hersteller aber trotzdem. Ob der Spott auch für die Domorgel gegolten hätte, wissen wir nicht. Sie brannte schon 1867, zehn Jahre nach ihrer Erbauung, ab. Der damalige Organist, nach dem Tod des Vorgängers nicht einmal eine Woche im Amt, hat der Vernichtung zugesehen und alle Einzelheiten beschrieben, so daß wir auch diese Form von Orgelklang kennen: das letzte Aufheulen aller Register im Feuersturm, die Explosion des Spieltisches, von dem er hinterher nur noch das Registerschildchen »IV. Manual Aeoline 8'« fand und als Erinnerung aufhob – übrigens der Beleg dafür, daß die Orgel viermanualig war. Dem nächsten Werk von Walcker aus dem Jahre 1891 schlug die Stunde im Zweiten Weltkrieg, diesmal ohne Beschreibung, aber mit dem gleichen Ergebnis: Es gab nichts mehr zu restaurieren. Damit beginnt ein neues Kapitel.

Beim Wettbewerb von 1955 setzte sich ein Plan durch, der gute Chancen hatte, gar nicht erst näher betrachtet zu werden. Fast zum letzten Mal bot Hans Klais einen Vorschlag mit offenem Prospekt an – eine Orgel ohne Gehäuse also, mit nackten Pfeifen. 30 Jahre zuvor hatte die Firma diese Konzeption zum erstenmal in der Klosterkirche Knechtsteden bei Köln erprobt und überraschend Erfolg gehabt. Es gab viele Nachahmungen, und auch Klais selbst baute zahlreiche Orgeln in dieser Form, z.B. für die Brüsseler Weltausstellung 1935. Ästhetisch lag eine Übernahme von Ideen vor, die in Deutschland seit 1922 das Bauhaus prägte: die Neue Sachlichkeit. Orgeltechnisch aber verband sich das Konzept mit der Abkehr von der romantischen Orgel und der Hinwendung zum barocken Werkaufbau. Während der gotisierende wie der klassizistische Prospekt der Vergangenheit eine Art Einheitsfront zeigte, die letztlich den Einheitsklang der Orgel spiegelte, sollten nun die Pfeifengruppen wieder die Teilwerke präsentieren. Man sollte also wieder *sehen*, was man hört, und der Frankfurter Prospekt folgt dem ja sehr deutlich: das Rückpositiv sowieso, darüber in der Mitte das Hauptwerk vor dem Schwellkasten, rechts und links der Pfeifenwald der Pedalregister, alles sogar in den natürlichen Formen wie bei einer Hirtenpfeife. Aber die Gegner hatten sich längst formiert. Der offene Prospekt zeige statt des Gesichts das Eingeweide der Orgel, hieß es bereits einige Jahre zuvor suggestiv. Daß ausgerechnet das liturgischste aller Instrumente die Hüllen fallen gelassen hatte, brauchte man nur zu denken, um Abscheu zu provozieren. Im übrigen gab es genügend Munition aus rein praktischem Blickwinkel. Fliegen sterben gern über Pfeifen, und Staub fällt bekanntlich von oben nach unten. Auch die Abstrahlung des Klangs erscheint im Gehäuse besser gebündelt. 1955 wußte man jedenfalls, wofür man sich entschied, *wollte* ganz offensichtlich noch einmal die Ästhetik der Sachlichkeit und die Klangwelt der neobarocken Orgel, die damit verbunden war. Klais bekam den Zuschlag.

Die Disposition der 1957 eingeweihten Orgel zeigt sich in aller Deutlichkeit als Kind ihrer Zeit: ›hohes‹ Rückpositiv mit zwei Mixturen, kräftiges Hauptwerk mit Trompeten in allen Fußtonlagen, das Oberwerk und das Schwellwerk solistisch, im Schweller noch einmal kräftige Zungenregister, natürlich auch ein passendes Pedal mit zwei 32'-Registern. Was Kind der Zeit ist, muß deshalb nicht schlecht sein, und in diesem Fall zeigte sich zudem, daß man ein solches Werk durchaus neuen Zeiten mit ihren neuen Anforderungen anpassen kann. 1989 war eine Überholung fällig, bei der durchaus die Möglichkeit bestanden hätte, zur Radikalkur überzugehen wie andernorts und sich von seiner eigenen Geschichte im Handstreich zu befreien (oder Organistenträume nach dem Dernier cri zu erfüllen). Man entschied aber anders und setzte auf Erweiterung. Gerade die ›Werkorgel‹, also die Orgel mit in sich kompletten Teilwerken, ließ sich so weiterentwickeln, daß einzelne dieser Teilwerke die neuen Aufgaben übernahmen, z.B. das mittlerweile wichtig gewordene romantische Spektrum abzudecken. Es kamen also

außer einigen französisierenden Solisten noch eine komplette Trompeteria, ebenfalls französischer Bauart, hinzu. Schließlich konnte man das Ganze 1994 noch einmal anläßlich der Restaurierung des Kaiserdoms (im 1200. Jahr der Gründung der Stadt Frankfurt) grundlegend überarbeiten und wiederum erweitern. Auch diesmal wurde der Tendenz zur romantischen Orgel nachgegeben und damit eine Großorgel mit 87 Registern geschaffen, die die gesamte Literatur vom Barock bis zur Gegenwart spielbar macht. Für den gottesdienstlichen Gebrauch – die Hauptorgel steht im südlichen Querschiff nicht sehr günstig für eine klangliche Erfassung des Doms – erstellte die Firma Klais eine Chororgel mit 28 Registern als Schwalbennest an der Nordwand des Hochchores mit ausgesprochen ›barocker‹ Disposition. Das Werk kann der Ergänzung dienen, ist aber auch vom Spieltisch der Hauptorgel her benutzbar und verstärkt dann den Gesamtklang oder läßt sich echoartig als Fernorgel einsetzen.

Ein kleines Nachwort! Als Walcker einst die Domorgel baute, hatte er zuvor die Paulskirche ausgestattet. Auch Klais war das Doppel vergönnt. 1988 entstand nach der völligen Zerstörung im wieder aufgebauten Gebäude ein relativ kleines Instrument (mit 45 Registern), das jedoch dem neuen Zweck in Form und Funktion außerordentlich gut angepaßt ist. Fast unauffällig hängt es als Schwalbennest über der Rednertribüne, die heute diesen Raum prägt. Die nationale Gedenkstätte, in der 1848 (noch vergeblich) an der deutschen Einheit und Verfassung gearbeitet wurde, besitzt so ein unaufdringliches Instrument zur Unterstützung von Gedenkfeiern und ähnlichen Anlässen. Auch sonst hat Frankfurt an Orgeln (wieder) einiges zu bieten. In der modernen Kirche Cantate Domino entstand 1970 die am klassischen Ideal orientierte Orgel von Ahrend und Brunzema, wobei man wohl einzigartigerweise die Deckenkonstruktion auf optimale Akustik hin entwarf. 1988 bekam der schöne Barockprospekt der St. Justinuskirche ein neues Werk aus dem Schweizer Hause Kuhn. 1990 baute die österreichische Firma Rieger in der Katharinenkirche, die französische Firma Kern in der Musikhochschule. Eine breite Streuung also, die in Frankfurt zum Vergleich lockt.

Legendenbildung in der Orgelbewegung

Christuskirche in Mannheim

Nordempore: 4 Manuale, 92 Register – Steinmeyer (1911),
letzte Restaurierung: Steinmeyer (1984)
Südempore: 2 Manuale, 31 Register – Marcussen (1988)

Bedeutende Ereignisse, besonders Neuerungen, lösen fast immer eine Legendenbildung aus. Im Falle der Orgelbewegung lautet sie etwa so: Nachdem die romantische Orgel immer mehr die dunklen Grundstimmen verstärkt und die hellen Obertonstimmen (Aliquote und Mixturen) verdrängt hatte, besann man sich eines Tages auf die barocke Vergangenheit und schuf wieder Instrumente wie zu Zeiten von Johann Sebastian Bach – weniger Grundstimmen und viele helle Obertöne. So vorbereitet, klingt es außerordentlich merkwürdig, daß sich die größten Protagonisten der romantischen Orgel für Bach begeistert haben sollen und die Obertöne verstärkten. Aber der legendäre Organist von Saint-Sulpice in Paris, Charles-Marie Widor, *war* Bach-Verehrer, und Cavaillé-Coll, der ebenfalls legendäre Hauptvertreter des romantischen Orgelbaus in Frankreich, baute am Ende seines Lebens verstärkt Aliquote. Haben wir also etwas Falsches gelernt? Nicht unbedingt, aber Legenden sind eben immer ein bißchen einfacher als das Leben. Es ist spannend zu sehen, wie kompliziert es wirklich war. Die Orgel in der Mannheimer Christuskirche kann dazu beitragen.

Als man 1909 ihren Bau plante und dann tatsächlich die Einweihung zwei Jahre später zusammen mit dem klassizistischen Zentralbau feiern konnte, entstand eine Orgel, die sich einem fieberhaften Ringen um den letzten Stand der Erkenntnis verdankte. Die geräumige Kirche sollte ein sinfonisches Werk erhalten, das mit Hilfe einer imponierenden Spende (für ein komplettes Fernwerk in der Kirchenkuppel) schließlich 92 Register erhielt – damals die größte Orgel Südwestdeutschlands. An der Planung waren bedeutende Koryphäen der Region beteiligt, zwei Orgelwissenschaftler der Universität Heidelberg: Philipp Wolfrum und sein Schüler Hermann Meinhard Poppen, beide Reger-Verehrer. Letzterer, der als Orgelbeauftragter des badischen Kirchenkreises die Federführung inne hatte, wandte sich zusätzlich an den jungen Experten aus dem Reformerkreis im Elsaß, Emil Rupp. Und nun gingen Briefe hin und her, in denen man die Disposition erörterte. Sie sind etwas für Experten, aber vielleicht kann man einige wenige Details auch ohne Vorkenntnisse verstehen. Poppen hörte erstaunt, wie man im (damals deutschen) Elsaß die französischen Einflüsse besonders Cavaillé-Colls verarbeitete, die u.a. darauf hinausliefen, Register für Bach-Interpretationen einzubauen, z.B. die gut zeichnende Zunge *Clairon* 4' im Pedal für klare Linienführung beim Fugenspiel. Weiterhin schlug Rupp fürs Pedal ein (zerlegtes) *Cornett* auf 32'-Basis für ebenfalls deutliche Stimmführung vor, das sich haargenau in der berühmten Cavaillé-Coll-Mutin-Orgel von Sacré-Cœur findet, die einst im Ausstellungsraum der Firma stand und von Albert Schweitzer und Emil Rupp überschwenglich gelobt wurde. Dies muß für Poppen so überraschend gewesen sein, daß er es letztlich nicht übernahm. Anderes aber *hat* er übernommen, so daß in der Orgel der Christuskirche tatsächlich Elemente stecken, die

sich der Barockbegeisterung innerhalb der französischen Romantik verdanken – verkehrte Welt, wenn man an Legenden glaubt.

Wer bis jetzt durchgehalten hat, darf aufatmen. Die Mannheimer Orgel wurde ein sinfonisches Instrument, eine ›richtige‹ Reger-Orgel mit vielen Grundstimmen, kräftigen Zungen und hochfeinen Flöten – sogar mit jenen sog. Hochdruckregistern, also besonders kräftig angeblasenen Pfeifen, die für die Spätromantik typisch sind und die Rupp schon nicht mehr haben wollte. Nur enthält sie auch schon Elemente der elsässischen Orgelbewegung, die sich aus der Spätromantik löste. Als die *norddeutsche* Orgelbewegung in den späten 20er Jahren unter dem Einfluß der Instrumente besonders in Hamburg und Lübeck einsetzte, löste dies in Mannheim die ersten Umdispositionen aus: Jetzt empfand man den neobarocken Einschlag innerhalb des romantisch-sinfonischen Gesamtkonzepts als nicht weitgehend genug und ›barockisierte‹ weiter. Schließlich erfolgte jedoch eine Abkehr von dieser Art des Hin und Her, ja ein grundsätzliches

Umdenken. 1984 waren nicht mehr die romantischen Orgeln in der Über- und die neobarocken Orgeln in der Unterzahl, sondern längst umgekehrt. So entschloß man sich zur Restaurierung des Ursprungszustandes (nur der Spieltisch wurde erneuert, um moderne Registrierhilfen zu bekommen), wozu freilich eine weitere Entscheidung kräftig beitrug. Statt der älteren kleinen Zusatzorgel von Marcussen sollte dieselbe Firma ein größeres Werk bauen mit eindeutig barockem Gesicht – innerlich und äußerlich. Die Firma tat es, sogar mit ungleichschwebender Stimmung. Damit steht nun der eine Stil dem anderen buchstäblich gegenüber, braucht die romantische Orgel nicht die Aufgaben der barocken zu übernehmen und umgekehrt. Statt eines Ringens um die Versöhnung der Elemente also zuletzt eher ein Durchschlagen des gordischen Knotens mit der seltsamen Ironie, daß die alte Orgel die junge ist und die junge die alte.

Der Pate des modernen Orgelbaus

St. Arnual in Saarbrücken

3 Manuale, 44 Register – Kuhn (1995)

Die Geschichte des Orgelbaus ist voll von Erfindungen. Kein Meister hat es je zu Ruhm gebracht, der nicht irgendein Detail des technischen Aufbaus oder des Klangs veränderte. Im 19. Jahrhundert gelang dies wie keinem anderen einem Franzosen, Aristide Cavaillé-Coll, geboren 1811, gestorben 1899. Der Sohn eines Orgelbauers war in der klassischen Tradition verwurzelt, kannte Dom Bédos' Monumentalwerk zur Kunst des Orgelbaus in- und auswendig, aber verstand sich auch auf Mathematik und deren technische Umsetzung. Seine erste Idee lag in der Verbesserung der Windzufuhr, ohne die keine Orgel auskommt. Cavaillé-Coll wollte variablen Wind, und zwar genau so viel, wie er jeweils brauchte: für die windschluckenden Bässe mehr als für die zarten Solostimmen des Schwellwerks. Dazu baute er Präzisionsmaschinen mit entsprechenden Drosseln, die so genau arbeiteten, daß sie dem Physiker Léon Foucault, dem berühmten Konstrukteur jenes Pendels, mit dem man die Erdumdrehung nachweisen kann, für seine Bestimmung der Lichtgeschwindigkeit ausreichten. Umgekehrt nahm Cavaillé-Coll an technischen Erfindungen sofort auf, was er für seine Orgeln brauchen konnte. Die pneumatische Maschine des Engländers Charles Spackman Barker zur Erleichterung von Register- und Spieltraktur gehört dazu.

Aber Cavaillé-Coll wäre nicht zum Paten des modernen Orgelbaus geworden, wenn er nicht auch ins Klangbild eingegriffen hätte. Die klassisch-romantische Musik brachte das große Orchester mit einer Dynamik hervor, an der gemessen die Orgel alten Typs starr wirkte. Zwar bot auch die Barockorgel unterschiedliche Klang*stärken*, aber sie tat dies dank Registern, die die Klang*farbe* veränderten. Laut war früher identisch mit hohem, ja scharfem Mixturenklang, leise mit Flöten, ein Pianissimo existierte noch nicht. Cavaillé-Coll setzte dem eine Veränderung der Klangstärke entgegen, die die Klangfarbe beibehielt – wie im Orchester. Möglich wurde dies dank einer Disposition, in der alle Registerfamilien gleichermaßen schwächer und stärker besetzt waren, insbesondere aber die Zungen. Das brausende Tutti wurde nun mehr von den Trompeten denn von den Mixturen bestimmt. Als Solostimmen aber erfand Cavaillé-Coll neue Register, die überblasende *Flûte harmonique* und *Trompette harmonique* zum Beispiel, auch durchschlagende Zungen, die statt auf einen Metallkern aufzutreffen, frei schwingen und einen weichen Klang erzeugen (wie beim Harmonium oder bei der Mundharmonika). Schließlich gehören leise und leiseste Stimmen, die schon vom Namen her ins Himmlische deuten (wie die *Voix céleste* oder die *Aetherea*), zu den Intonationskunststücken des Meisters, an denen man seine Handschrift erkennt.

Das erste große Werk von St. Denis in Paris (1841), vom Entwurf her ein Geniestreich, der in drei Tagen fertig war und zur Ausführung dann volle sieben Jahre benötigte, enthielt bereits alle Neuerungen hinsichtlich Wind, Pneumatik und Disposition. Dann folgte Kathedralorgel nach Kathedralorgel, darunter die bedeutendsten Frankreichs mit Paris an der Spitze. Hier waren es neben Notre-Dame die Madeleine, Sainte-

Clotilde und Saint-Sulpice, der Konzertsaal des Trocadéro, teilweise fünfmanualige Großinstrumente mit entsprechenden sinfonischen Möglichkeiten, an denen die bedeutendsten Organisten Frankreichs sitzen sollten: César Franck in Sainte-Clotilde, Charles-Marie Widor in Saint-Sulpice, Alexandre Guilmant an der Trinité-Kirche und im Trocadéro. Allein die Pariser Organisten, zu denen übrigens auch Camille Saint-Saëns gehörte, dazu wieder deren Schüler wie Louis Vierne oder Marcel Dupré, schrieben in der zweiten Hälfte des 19. und am Anfang des 20. Jahrhunderts das Repertoire, das heute als französische Romantik überall vorgetragen wird. Und schon im 19. Jahrhundert strahlte dies auf ganz Europa aus – natürlich nicht ohne die typischen Nachteile einer Monopolstellung. Cavaillé-Coll baute von Spanien bis England, belieferte daneben fast alle Kontinente und ließ dabei ein Land völlig aus, das er von einer Studienreise her übrigens kannte und durchaus schätzte: Deutschland. Hier war die Wirkung nur indirekt, über heimische Meister wie Ladegast, Walcker oder Sauer, die sich in Paris umgesehen hatten. In Deutschland entwickelte sich eine eigenständige Romantik mit größerer Betonung der Grundstimmen, der Bevorzugung der Streicher vor den Zungen. Bis in die Mitte der 70er Jahre unseres Jahrhunderts gab es keine einzige Orgel in der Tradition Cavaillé-Colls.

Dies änderte sich dann schlagartig, und unter den schon späten Anhängern befindet sich auch St. Arnual. Als man hier nach der aufwendigen Sanierung des altehrwürdigen Gotteshauses – mit ca. 700 Jahren eines der ältesten im Saarland überhaupt – den Beschluß zum Orgelneubau faßte, zielte der Wunsch aller Beteiligten auf ein ›französisches‹ Instrument. Die Akustik des Raumes kommt romantisch-sinfonischer Musik entgegen, die Kooperation mit der nahen Musikhochschule machte diesen Stil zusätzlich attraktiv, und nicht zuletzt wird die Nachbarschaft zu Frankreich eine Rolle gespielt haben: Wo, wenn nicht hier, wo an den Schulen Französisch als erste Fremdsprache gelehrt wird, soll eine französische Orgel stehen? So gab man den Auftrag der Schweizer Firma Kuhn, die in ihrer Heimat bedeutende Kathedralen wie St. Gallen und Zürich ausgestattet und sich schon früh mit Cavaillé-Coll beschäftigt hatte. Ein Blick auf die Disposition zeigt, wie getreu man dem Vorbild folgte. Die Trompeten sind reichlich vertreten, im Hauptwerk in allen Fußtonlagen, im Positiv als Achtfuß, im Schwellwerk als *Trompette harmonique* 8' neben *Clairon* 4', im Pedal wieder als die ganze Batterie. Natürlich enthält das Hauptwerk seine *Flûte harmonique*, das Schwellwerk seine (besonders gut gelungene) *Flûte traversière*, dazu die anderen Schönheiten wie *Basson-Hautbois* oder *Voix humaine*. Neben diesem romantischen Repertoire hat man die Möglichkeiten des modernen Orgelbaus nicht ignoriert. Schon der Prospekt verzichtet auf bloße Nachahmung, und auch der Spieltisch geht seine eigenen Wege. Vor allem steht eine hochmoderne Setzermaschine mit 320 Kombinationen zur Verfügung, die gerade für Gäste alle gewünschten Programmiermöglichkeiten bietet. So gesehen würde sich Cavaillé-Coll doch erheblich über seinen späten Sprößling wundern.

Nicht vergessen aber sei auch die Vertretung der *deutschen* Romantik in Saarbrücken. In St. Michael steht eine Orgel der Firma Späth aus dem Jahre 1924, die 1984 überholt, aber leider auch verändert wurde. Man hat das Instrument elektrifiziert, einige der typischen Stimmen ersetzt und vor allem das Fernwerk beseitigt, das für die deutsche Romantik so charakteristisch ist. Die heutigen 54 Register, die auf Hauptwerk, Pedal und *zwei* Schwellwerke verteilt sind, erzeugen jedoch immer noch die ›runden‹ Klänge, die mit der Orgelbewegung so sehr aus der Mode kamen. Übrigens zeigt sich auch an diesem Instrument der Einfluß Cavaillé-Colls. Wie dieser stolz war auf Soloregister, die Instrumente perfekt nachahmten – man denke an die *Flûte traversière* als Kopie einer Querflöte –, so hat auch St. Michael sein Prunkstück in Form einer *Concertflöte* 8', bei der man glaubt, einer Aufführung nach dem Motto ›Orgel plus‹ beizuwohnen. In Saarbrücken also kann man Reger und Karg-Elert genauso spielen bzw. hören wie Widor und Vierne. Viel Romantik im ehemaligen Industrieland an der Saar!

Weg vom Neobarock!
Deutschordensmünster in Heilbronn
3 Manuale, 46 Register – Seifert (1996)

Drei Gründe – so heißt es in der Festschrift zur Einweihung – haben in Heilbronn den Ausschlag dafür gegeben, eine ›französische‹ Orgel zu bauen: die hallige Raumakustik, die Eignung für Improvisationen und der Reiz der Einmaligkeit des Klangkonzepts in der Region. Es wird so gewesen sein, aber es könnte ein schamhaft verschwiegener weiterer Grund eine noch stärkere Rolle gespielt haben. Wie an so vielen anderen Orten auch hatte sich der Nachkriegsbau als verfehlt erwiesen. Nein, kein schlechtes Material, die Orgel von 1961 war durchaus solide und brachte das, was man von ihr erwartet hatte. Aber genau dies war das Problem. Es handelte sich um ein orgelbewegtes Instrument mit hellem Barockklang, der sich in der gerade modernisierten Kirche in hochmodernem Prospekt (entworfen von Walter Supper) zeigte und damals zweifellos als letzter Stand der Entwicklung angesehen wurde. Nur zeigte sich hinterher, daß man übers Ziel hinausgeschossen war. Die ›steile‹ Disposition mit viel zu wenig labialen 8'-Registern (in Haupt- und Schwellwerk jeweils ganze zwei, im Brustwerk gar nur eines) eignete sich weder für die Begleitung des Gemeindegesangs noch für konzertante Aufgaben. Der Gesamteindruck war spitz, ein solistisches Register wie die *Sesquialtera* mit ungewöhnlicher None im Aufbau fast schreiend – die Gutachten des Jahres 1993 lesen sich wie Ohrfeigen für die Vätergeneration. Ein Umbau aber erwies sich als so aufwendig, daß ein Neubau attraktiver erschien. Wie sich die Zeiten ändern! Und wie Bewegungen, die so viel Bewegung gebracht haben, auch in Starre münden können! Nach gut dreißig Jahren Neobarock die Sehnsucht nach romantischen Klängen, wie sie am selben Ort zuletzt Walcker 1912 geboten hatte, freilich im damaligen ›deutschen‹ Gewande mit einem Schwellwerk, in dem sechs von sieben Stimmen 8'-Register waren. Und dies im schönen alten Barockprospekt einer Vorgängerorgel aus dem Jahre 1723. Nur war all dies im Krieg verbrannt.

Beginnen wir noch einmal von vorn! Den Heilbronner Verantwortlichen saß der Schrecken im Nacken, was alles bei bestem Bemühen herauskommen könnte, sicher

auch die Besorgnis, wie man nach nur einer einzigen Generation der Gemeinde erneut ihr Spendenopfer abverlangen sollte. Nach dem Motto: »Was ist weit genug weg vom Neobarock?« mußte tatsächlich die französische Romantik wie eine Sirene locken. Der aber sollte mit allen Konsequenzen nachgegeben werden. Als die Firma Romanus Seifert, die mit ihrem Kevelaerer Instrument über durchaus reiche Erfahrungen hinsichtlich der *deutschen* Romantik verfügt, den Auftrag bekam, begann auch für deren Leiter Franz Peters zunächst einmal ein gründliches Studium der Vorbilder in der Cavaillé-Coll-Tradition. Dabei war das Klangkonzept entscheidend, die Technik (des 19. Jahrhunderts) nicht unbedingt heilig. Anders noch als in Bonn-Beuel, wo man die verhältnismäßig komplizierte Registriermethode von gruppenmäßig zu- bzw. abschaltbaren Registern (den sogenannten Appels) übernahm, entschied man sich in Heilbronn in diesem Punkt für modernste Elektronik. Ein Computer bietet 800 Setzermöglichkeiten, also vorprogrammierte Registrierungen. Anders auch als in Bonn-Beuel konstruierte man die Traktur so, daß man ohne pneumatische Hilfen, ohne Barkermaschine, auskam: also eine rein mechanische Orgel, für deren Schwellwerk man allerdings einige Muskeln braucht. Nur die schönen kurzen Registerzüge mit handgemalten Emailleschildchen im ebenso schönen terrassenförmigen Spieltisch (ohne Cockpit-Outfit) behielt man an Äußerlichem bei, die traditionellen Registernamen natürlich auch. Klanglich dagegen *ist* die Orgel durch und durch französisch.

Die Disposition zeigt es am besten. Von der Werkanlage her kennt man das Grundprinzip: *Grand-Orgue* und *Solo* auf dem I. Manual, *Positif expressif* auf dem II., *Récit expressif* auf dem III., dazu das Pedal. *Grand-Orgue* und *Récit* stehen auf 16', das *Positif* auf 8'-Fundament, die drei kernigen Zungen in 16'- bis 4'-Lage befinden sich im *Grand-Orgue*. Alle diese Teilwerke enthalten solistische Stimmen, auch das *Positif expressif* ist schwellbar und bietet mit der Schwebestimme *Unda maris* ein Glanzstück romantischer Klangkultur. Das *Récit expressif*, also das große Schwellwerk, hat genauso viele Register wie jeweils die beiden anderen Teilwerke und bietet weitere Solostimmen: *Hautbois* und *Voix humaine* zum Beispiel. Schließlich hat das Pedal sein Kraftpaket bekommen: einen Zweiunddreißigfuß, dazu die Zungen in 16'- und 8'-Lage. Im Tutti kann die Orgel also brausen. Aber ihre Stärke liegt eben in jenem Klang, den man schließlich wollte: dem fein abstufbaren sinfonischen Grundcharakter, wie er im Orchester durch Streicher und Bläser zustande kommt und wie die Orgel ihn mit ihren grundtönigen Stimmen und dem hohen Zungenanteil nachahmt. Nichts mehr von neobarocker Schärfe, sondern in allen Klangfarben und in allen Klangstärken romantische Fülle.

Man hat also die Hausaufgaben gelöst, und dies bei nicht unbedingt einfachen äußeren Voraussetzungen. Im Westen des Deutschordensmünsters gibt es ein Fenster, auch noch eines in besonders aufwendiger künstlerischer Gestaltung – »eindrucksvoll«, wie der Orgelbauer es artig ausdrückte (und damit ähnlich diplomatisch wie die Verant-

wortlichen bei ihrer Rechtfertigung des Klangkonzepts). Eindrucksvoll aber auch die Lösung, die bei dieser Vorgabe für die Orgel herauskam. Das komplette Werk ist völlig unfranzösisch auf zwei Türme verteilt, *Récit expressif* und Kleinpedal zur Linken, (fast) alles andere zur Rechten, der platzfressende Zweiunddreißigfuß in der zum Glück schräg verlaufenden Turmwand. Der Rest war etwas Farbe, passend zum Raum. Wetten, daß das Konzept in der Region nicht lange allein bleibt?

Schwierigkeiten mit einer Revolution
Stadtpfarrkirche St. Alexander in Rastatt

3 Manuale, 40 Register – Gebr. Stieffell (1829), letzte Restaurierung: Jann (1994)

Wann genau im Orgelbau die Romantik beginnt, läßt sich schwer sagen. Für klare Zäsuren braucht man spektakuläre Instrumente, wie sie Walcker 1833 für die Paulskirche in Frankfurt und Cavaillé-Coll 1841 für Saint-Denis in Paris bauten. Aber dies fällt in Deutschland und in Frankreich bereits in die Phase der Hochromantik. Die Frühromantik entbehrt dieser Geniestreiche, zeigt eher einen gleitenden Prozeß, dessen Beginn sich im Barockzeitalter abzeichnet. Schon an den süddeutschen Orgeln Gablers, Riepps und Holzheys, auch an denen der Silbermann-Familie im Elsaß und in Sachsen – alle noch aus dem 18. Jahrhundert stammend – hat man die allmähliche Verschiebung hin zum neuen Einheitsklang gegenüber dem älteren Kontrastprinzip festgestellt. Zu Beginn des 19. Jahrhunderts stand alles auf endgültige Wende, aber dann kam für den Orgelbau das Katastrophenjahr 1803, seit dem infolge der Säkularisierung die Aufträge rapide zurückgingen. Auch die napoleonischen Kriege und die anschließende Phase der Revolutionen von 1830 und 1848 waren kein günstiger Nährboden für eine Form der Kultur, die besonders stark der Kontinuität bedarf. Wenig ist in dieser Zeit entstanden, noch weniger übrig geblieben. Als wichtigstes Zeugnis einer dreimanualigen Orgel besitzen wir St. Alexander in Rastatt, das nach allerlei Umbauten seit 1994 wieder seine alte Klanggestalt besitzt und – trotz schwerer Beschädigungen – auch sein altes Gehäuse zurückgewonnen hat.

Das Instrument, in dieser Größe für süddeutsche Verhältnisse der damaligen Zeit durchaus ein Renommierobjekt, war seiner Konzeption nach kein spektakuläres Werk, sondern folgt den neuen Tendenzen eher vorsichtig. Die Gebrüder Stieffell gelten als gute Handwerker, die qualitätvolle Arbeiten ablieferten und stets die Garantie gaben, ihr Werk bei Nichtgefallen noch nach zehn Jahren wieder zurückzunehmen. Als 1831 das Abnahmegutachten angefertigt wurde, sparten die Revisoren nicht an Lob, bezogen dieses aber in auffälliger Weise auf Mechanik und Windversorgung: Leichtgängigkeit auch bei Koppelung sämtlicher Manuale ist ein weiterer wesentlicher Punkt. Eine Generation später, 1868, lautete das Gutachten anläßlich einer ersten Restaurierung bereits reserviert: Gesund, aber ohne rechtes Leben und Wirkung sei das Ganze. In der Folge

STADTPFARRKIRCHE ST. ALEXANDER IN RASTATT

wurden eine Reihe Register ausgetauscht, weil sie offenbar zu barock klangen, die helle *Cymbel* im Hauptwerk sowie die *Vox humana* im Oberwerk, ersetzt von einer mittlerweile wichtiger gewordenen *Flöte* und vor allem der *Fugara*, einem Streicher. Auch aus dem Pedal entfernte man eine hohe Zungenstimme. Das besonders typische barocke *Cromhorn* war schon früher in ein *Gemshorn* verwandelt worden. In der zweiten Hälfte des 19. Jahrhunderts galt die Stieffell-Orgel bereits als veraltet. Die Firma hatte offenbar nach Erstellung des Rastatter Instruments Schwierigkeiten, neue Aufträge zu bekommen.

Aber es war eben alles auch sehr schnell gegangen, die Romantisierung der Orgel nach langem Start zuletzt schlagartig erfolgt. Betrachtet man das spezielle Beispiel der St. Alexander-Orgel aus der Sicht des 18. Jahrhunderts, also vom Ende des Barockzeitalters her, sieht das Ergebnis durchaus anders aus. Das *Cornet* (ein gemischtes Register mit Terz, Quint und Oktav als Obertönen) im Hauptwerk ist zwar barockes Erbe, aber es ist dort das *einzige* terzhaltige Register, neben dem nur noch eine einzige weitere Einzelaliquote, die *Quint*, vorhanden ist. Ansonsten dominieren eben die grundtönigen Stimmen, von denen das Oberwerk besonders zahlreiche enthält. Auch das Unterpositiv bietet ausschließlich 8'-, 4'- und ein einziges helles 2'-Register. Ein Kapitel für sich schließlich stellt das Pedal dar. Das Ungewöhnliche liegt hier nicht in den Stimmen, sondern im Umfang. Es enthielt nur 18 Töne, zeigt also in aller Deutlichkeit, für welche

Art von Literatur diese Orgel konzipiert war: keineswegs für barocke Polyphonie, sondern für galante Homophonie, für hübsche Melodik in der Oberstimme, begleitet von Alberti-Bässen als harmonische Stütze, dazu ein paar Liegetöne. In Rastatt saßen keine Virtuosen, sondern brave Kirchenmusiker, die den Gottesdienst im Geschmack der Zeit verschönerten. Dazu sollte die Orgel so klingen wie ein Orchester des galanten Zeitalters, ein Instrument für »Charakterstücke«, wie sie sich in der zeitgenössischen Literatur finden: »pathetisch und erhaben«, »getrost«, »prächtig«, »demüthigend und klagend« und vieles andere mehr.

Die Orgel in St. Alexander ist also nicht unbedingt ihres progressiven Potentials wegen wichtig, sondern deshalb, weil sie zeigt, wie unaufhaltsam sich selbst aus einem konservativen Grundkonzept heraus eine faktische Wandlung ergab. Ihre Planung stand sogar ganz im Zeichen der Nachahmung einer Orgel, die Johann Andreas Silbermann 1775 für die Abteikirche St. Blasien geschaffen hatte. Im Zuge der Säkularisierung kam sie in die Stadtpfarrkirche St. Stephan in Karlsruhe, wobei die Brüder Stieffell den Aufbau leiteten. Man hatte also gerade ein Meisterwerk des Spätbarock mit romantischen Tendenzen aus allernächster Nähe kennengelernt: die Gestaltung eines Oberwerkes, die französische Disposition, auch die Form eines Prospekts, der den Übergang vom Werkaufbau zur eleganten Einheitsfront belegt. All das, was also als ›Romantik‹ innerhalb der Barockorgel bereits im Entstehen begriffen war, konnte übernommen werden. Noch ein paar Farbtupfer, und aus der Orgel des Spätbarock wurde eine Orgel der Frühromantik. Einer der Revisoren von 1831 hat das Instrument entsprechend klanglich *über* die Silbermannschen gestellt: »Gerne entbehrt man das durchdringende Geschrei der zu vielen ehemals üblichen Terzen, Quinten usw., wenn dasselbe, wie hier, durch angenehme Register mit singendem oder sanftschneidendem Tone ersetzt ist, wodurch das zarte Spiel mit ausgewählten Stimmen ungemein an Mannigfaltigkeit gewinnt.« Nicht immer also sind es Revolutionäre, die Revolutionen machen. Wer sich in der modernen Chaostheorie auskennt, wird sich nicht besonders wundern: In der Karibik wirft jemand einen Stein ins Wasser, und Hamburg hat seine Sturmflut. Mit einer Verlagerung zum Grundtönigen fing es an, und bald konnte man im Orgelklang kaum noch die Orgel wiedererkennen.

Von Mäusen und Fenstern
St. Eberhard in Stuttgart

3 Manuale, 56 Register – Albiez (1982),
letzte Instandsetzung: Fischer und Krämer (1992)

Seit es große Orgeln gibt, gibt es auch die Angst ihrer Erbauer vor zwei Geistern, die man nicht los wird: vor Mäusen und Fenstern. Mäuse fressen gerne Leder, und ohne Leder ging es nicht im Orgelbau. Bälge, allerlei Verbindungen und vieles andere mehr war aus diesem Material. Alles Einschmieren mit Widerwärtigem half nichts. Nach ein paar Jahrzehnten stets dieselbe Bescherung. Heute sind die Städte reinlicher, die Materialien besser geworden, und nun haben es die Mäuse schwerer als die Orgelbauer. Aber *ein* Problem ist diesen geblieben, ja hat sich wie zum Hohn vergrößert. Sie sollen große und schöne Instrumente liefern, die am besten nirgendwo Platz wegnehmen, vor allem kein Licht, wovon es in Kirchen sowieso immer zu wenig gibt. Da Orgeln jedoch erst gebaut werden können, wenn die Kirchen schon stehen, gilt für diese Branche der alte Slogan vom Letzten, den eben die Hunde beißen. Gewiß, es gibt sensationelle Ausnahmen (wie im Münchner Liebfrauendom), es gibt grandiose Lösungen (wie in Weingarten) und immer wieder den mehr oder weniger geglückten Kompromiß. Wo wäre St. Eberhard einzuordnen?

Der Stuttgarter Dom, Konkathedrale der Diözese Rottenburg-Stuttgart, war – mitten in evangelischer Region – nie eine besonders große Kirche gewesen. Der heutige bescheidene Bau ist eine Art Fortsetzung des ebenfalls durchaus bescheidenen Vorgängers aus der Zeit der katholischen Herzöge im 18. Jahrhundert (u.a. von Karl Eugen, der bekanntlich Schiller das Leben schwer machte). Als man mit der Planung einer großen Orgel begann, fehlte es im Grunde an allem, was man zur Aufstellung benötigte. Die Empore ist nicht tief genug, die vorhandene Raumhöhe zu niedrig, und mittendrin gibt es das Fenster, den einzigen Schmuck im Westen, das Pendant zum großen Chormosaik im Osten. Nach erstem Ringen lautete der Bescheid des Kirchenvorstands: Mindestens zur Hälfte muß das Fenster frei bleiben. Wie aber bekomme ich das Kamel durchs Nadelöhr? Elmar Wertz hat es in Zusammenarbeit mit den Orgelbauern geschafft, sogar so geschafft, daß das Ergebnis nun so aussieht, als hätte man die Kirche nachträglich um die Orgel gebaut. Das Fenster geht wie die Sonne im Pfeifenmeer auf (oder unter – je nach Organist!). Sogar den Sechzehnfuß hat man dem Gewoge eingefügt, indem der Sockel unter Normalniveau abgesenkt wurde. Vom Kircheninnern her betrachtet, gehen die Teilwerke ineinander über, verschwimmen regelrecht. Indem das klassische Muster von Mittelbau und Außentürmen auseinandergezogen und mehrfach wiederholt werden mußte, weil für die einfache Präsentation schlicht kein Platz war, kam ein avantgardistischer Prospekt heraus, wie man es sonst vielleicht nicht gewagt hätte. Früher war er noch dazu in kräftige Farben gefaßt, in ein helles Blau außen und ein kräftiges Rot innen, was wiederum zum Chormosaik paßte. Mittlerweile ist das Ganze leider weiß gestrichen und hat damit einiges an Lebendigkeit verloren.

Bei all dem gilt keineswegs der Satz, daß es erst die Kleider sind, die Leute machen. Die Orgel, ein 56-Register-Werk, hat es ebenfalls in sich. Was die Firma Albiez seit 1980 plante und 1982 fertigstellte, darf als Typus der Universalorgel angesprochen werden, der sich in den 80er Jahren gegen den Neobarock der Orgelbewegung durchsetzte. Man hat das Hauptwerk und Brüstungspositiv klassisch disponiert, aber auch mit einem gehörigen Fundament an Grundtönigkeit, das Schwellwerk dagegen romantisch-französisch angelegt. Rein umfangmäßig ist es das ›Hauptwerk‹ geworden mit seinen 17 Stimmen, die durchweg französische Bezeichnungen tragen und tatsächlich alles bieten, was man an Registern zur Darstellung der romantischen Literatur braucht. Auch im Tutti macht sich der Fundus an ›Französischem‹ bemerkbar, vor allem die starken Zungen, wenn auch immer noch die Mixturen für die Art von Helligkeit sorgen, die eher mit der klassischen Orgel verbunden ist. In jedem Fall kann man ebenso Bach wie Karg-Elert in einem adäquaten Klanggewand präsentieren. Eine große Orgel für eine eher bescheidene Kirche! Sie sollte offenbar dem Rang des Gotteshauses entsprechen, dem Bischofssitz.

Im übrigen gibt es in Stuttgart eine Attraktion, bei der das Verhältnis von Raum und Orgel noch viel radikaler gesprengt ist – allerdings in diesem Fall aus ganz anderen Gründen. In der neuerbauten Musikhochschule wurde in den vergangenen Jahren ein Ensemble von sechs Instrumenten errichtet, das alle wesentlichen Stilrichtungen für Übe- bzw. Demonstrationszwecke abdeckt. Deutsche, französische, schweizerische und österreichische Orgelbauer durften nicht nur, sondern sollten Stilkopien anfertigen bzw. Vorhandenes restaurieren. So baute Rieger ein großes sinfonisches Werk mit 81 Registern, Kern eine altfranzösische, Mühleisen eine deutsch-romantische, Woehl eine italienische, Ahrend eine norddeutsche und schließlich Goll eine Universalorgel. Das Ländle hatte damals offenbar noch Geld, und das Ergebnis – wohl ohne Parallele mindestens in Europa – ist auch in öffentlichen Konzerten zu bewundern.

Musen unter sich

Abteikirche Neresheim

3 Manuale, 48 Register – Johann Nepomuk Holzhey (1798), letzte Restaurierung: Kuhn (1979)

Man kann sie zweifellos als Remake der Weingartener Orgel betrachten – aber nicht als Kopie. In der Neresheimer Abteikirche gibt es die gleichen sechs Fenster im Westwerk wie im Schwesterkloster, die gleichen Probleme für die Aufstellung einer Orgel also, und doch fühlt man sich kaum an Gabler erinnert. Architektonisch führt der Neresheimer Prospekt den barocken Stil ins Klassizistische weiter, während in Weingarten das Rokoko herrscht. Klanglich knüpft die Neresheimer Orgel des Johann Nepomuk Holzhey an Ottobeuren an, ist weniger süddeutsch als jene Mischung von süddeutsch und französisch/elsässisch, wie sie der Lehrer des Erbauers, Karl Joseph Riepp, praktizierte. Allerdings lassen sich die Größenverhältnisse nicht recht vergleichen. Hatte Gabler in Weingarten freie Hand für eine viermanualige Orgel mit Rückpositiv und Kronwerk, so mußte sich Holzhey in Neresheim bescheiden: 48 statt 63 Register, vor allem drei statt vier Manuale, kein Rückpositiv, keine Spielerei mit einem Kronwerk. Auch die Neresheimer Orgel gliedert souverän, aber ein Stück einfacher und, was den Werkaufbau betrifft, dem Blick entzogen. Vor die beiden mittleren der vier Pfeiler ist im oberen Abschnitt das Hauptwerk, im unteren das Echowerk (Brustwerk) postiert. Die etwas kleineren Außentürme dienen dem Pedal als Stütze. Die Brücke zwischen oberen und unteren Fenstern ist für das Oberwerk genutzt. Mehr Raum sollte nicht verbaut, mehr Architektur der Schwestermuse nicht geopfert werden.

Man kann es in diesem Fall verstehen. Die Neresheimer Abteikirche ist das letzte Werk Balthasar Neumanns, Architekt der Würzburger Fürstbischöfe, Großmeister des Barock. Das lichtdurchflutete Gebäude dient *allen* Künsten, z.B. der (Decken-)Malerei, bietet *allen* einen Ort zur Entfaltung und wirkt gerade deshalb selbst am überzeugendsten. In Neresheim war also Zurückhaltung am Platz, und diese ist der Kirche von der Orgel her auch zuteil geworden. Wenn man in Weingarten von Überschwang reden könnte, so herrscht hier eher das Understatement. Weißes Lackgehäuse vor weißen Stuckwänden, die Zinnpfeifen, ohnehin das Weiß ihrer Umgebung zurückspiegelnd, auch noch ohne das regelmäßige Auf und Ab präsentiert, kaum als Pfeifen wahrnehmbar. Man kann die Orgel glatt übersehen. Aber nicht überhören. Gewiß füllt auch dieses Instrument nicht den überaus halligen Raum, und man sollte sich im Konzert nicht zu weit nach vorne setzen. An Klangreichtum und wohl auch an Klangschönheit bietet es dennoch höchst Eindrucksvolles. Vor allem ist es recht authentisch erhalten geblieben.

Es wird Zeit, etwas über den Erbauer zu sagen. Fast hätte Holzhey den Auftrag verpaßt, weil der Vielbeschäftigte bei der ersten Anfrage im Jahre 1780 unabkömmlich in einer anderen Arbeit festhing. Der Abt der Benediktinerabtei aber drängte auf Vollendung. 1777 war die neue Kirche fertig geworden, die Balthasar Neumann nicht mehr erlebte – er war schon kurz nach Baubeginn 1753 gestorben. Man hatte alle Schwierigkeiten, die mit diesem Tod zusammenhingen, überwunden und wollte endlich auch die letzte Hürde nehmen. Obwohl das Geld schon lange knapp war und zu Notlösungen zwang – die großen Kuppeln wurden in Holz statt in Stein errichtet –, sollte trotz allem ein repräsentatives Instrument her, am besten von einem Baumeister, der dem der Kirche ebenbürtig war. Als Holzhey 1780 absagte, reagierte man überstürzt und nahm den nächsten, der annahm, allerdings nur für die Chororgel, ohne die Benediktinermönche tatsächlich schlecht auskommen können. Immerhin war es Joseph Höss aus Ochsenhausen, der an seinem Heimatort ebenfalls die (heute wieder erstandenen) Chororgeln erbaut hatte. Für die Große Orgel im Westwerk machte man dann keine Kompromisse. Wieder sollte es der bekanntere Holzhey sein, und diesmal kam der Kontrakt auch zustande.

Während der Meister schon am Werk arbeitete – übrigens in Ottobeuren, die Einzelteile mußten in vielen Wagenladungen nach Neresheim verfrachtet werden –, überholte er zunächst einmal gründlich die gerade erst errichtete Chororgel nach seinem eigenen Geschmack. Mit kleiner Verzögerung gegenüber dem ursprünglichen Plan wurde dann auch die Große Orgel am Neujahrstag 1798 eingeweiht. Es war höchste Zeit, denn fünf Jahre später existierte die Abtei nicht mehr. Von 1803, dem Jahr der Säkularisierung, bis 1920 diente die gesamte Klosteranlage den Fürsten von Thurn und Taxis, die Kirche wurde Schloß- und Pfarrkirche. Als die Mönche wieder einziehen durften, weil diesmal der weltliche Besitzer am Ende seiner finanziellen Kräfte war, fanden sie die Orgel nur noch als fast unspielbares Relikt vor. Zum Glück hatten die neuen Träger ebenfalls kein Geld, sonst wäre es noch im letzten Augenblick zum tödlichen Umbau gekommen. 1928/29 – die Orgelbewegung war längst in Gang gekommen – griff man bereits in die Mechanik ein, stellte auf Elektrik um und tauschte die ersten Pfeifen aus. Als die Abteikirche zwischen 1966 und 1975 von Grund auf restauriert wurde und auch die Orgel abgebaut werden mußte, kam es zum Umdenken. Unter Leitung der Firma Kuhn, die später auch in Weingarten tätig sein sollte, erstand in den Jahren 1977 bis 1979 wieder so weit wie möglich das alte Werk.

Man hat wirklich ganze Sache gemacht, die komplizierte mechanische Traktur wiederhergestellt und sogar die alte Stimmung übernommen (Kirnberger III, ein halber Ton unter Normalstimmung). Vor allem im Bereich der Zungen mußte man eingreifen, weil die Originale mittlerweile durch ›modernere‹, und d.h.: durch romantische ersetzt waren. In diesem Fall konnte man auf die Riepp-Orgeln in Ottobeuren zurückgreifen, wo Holzhey gelernt hatte. Die starken Zungen, die ganze Batterie auf 16'-, 8'- und 4'-Basis im Pedal sowie 8'- und 4'-Basis im Hauptwerk, wurden also nachgebaut. Auch die solistischen Zungen (alles 8'-Register), das schnarrende *Krummhorn* bis zur zarten *Vox humana*, stammen aus Ottobeuren und dürften den Originalen mindestens nahe kom-

men. Die Grundanlage der Neresheimer Orgel war im übrigen erhalten geblieben: eine fast schon romantische Klangsprache, die sich den zahlreichen grundtönigen Registern verdankt, im Hauptwerk gar einen Zweiunddreißigfuß (ab *g*) besitzt, dazu das streichende *Violoncell*, die *Clarinette* und die Schwebestimme *Unda maris*. Nur das Pedal wurde bis zum *f'* erweitert, um die Möglichkeiten des Literaturspiels zu verbessern. Es wäre schade gewesen, wenn man heute nicht die Werke aufführen könnte, die vom Anspruch her so gut zu diesem Instrument und diesem Raum passen, und zwar nicht nur von Bach, sondern ebenso von Mendelssohn oder Messiaen. Auch ein anderer Eingriff ist verständlich: Man brachte einen kleinen Aufbau an, der eine knopfartige Registriermöglichkeit für die völlig neu gebaute Chororgel von 1949 bietet. Die Liturgie fordert manchmal den Einsatz beider Orgeln, und die Elektrizität macht es möglich. Immerhin entschloß man sich zu einer recht einmaligen Lösung. Die Instrumente können nicht *gleichzeitig* gespielt werden, womit man die Große Orgel wenigstens nicht *mit*elektrifizieren mußte.

Boom im Orgelbau

St. Georg (ehemalige Abteikirche) in Ochsenhausen

Große Orgel: 4 Manuale, 50 Register – Joseph Gabler (1736 und 1755),
letzte Restaurierung: Reiser (1973)
Chororgeln: 2 Manuale, 21 Register – Joseph Höss (um 1760),
Rekonstruktion: Klais (1988)

Daß ein kleiner Ort wie Ochsenhausen, im 18. Jahrhundert kaum mehr als ein Anhängsel der großen Benediktinerabtei, im Abstand von nur einer einzigen Generation gleich zwei Orgelbaumeister hervorbrachte – der eine, Joseph Gabler, direkt im Ort geboren, der andere, Joseph Höss, im nahen Dietenheim –, die noch dazu beide an der Stätte ihres Wirkens Instrumente bauten, ruft nach Erklärung. Fast kommt man auf den Gedanken, daß die Mönche nur noch mit Landeskindern zusammenarbeiten wollten, nachdem das Kloster 1630 auf einen betrügerischen Orgelbauer hereingefallen war und schwer geschädigt wurde – auch so etwas hat es gegeben. Aber eine nüchternere Beobachtung dürfte weiter führen. In der zweiten Hälfte des 18. Jahrhunderts zeigt sich eine Bautätigkeit im Orgelbereich, die an Hektik grenzt. Als hätte man das Jahr 1803 vorausgeahnt, das mit der Säkularisierung die Möglichkeiten vor allem in den Klöstern abrupt beendete, regnete es Aufträge und ein Projekt übertraf das andere. In Ochsenhausen verwirklichte man sogar den Traum von der Doppel- bzw. Dreifachorgel, dem Instrument auf der Westempore fürs Volk und der bzw. den Chororgeln für den Bedarf der Mönche beim Stundengebet. Joseph Gabler begann, und Joseph Höss folgte. Was sie bauten, sorgte auch im 20. Jahrhundert noch für lebhaftes Interesse. 1951 fand

ST. GEORG IN OCHSENHAUSEN

hier nach den Orgeltagungen in Hamburg, Freiburg und Freiberg wieder die erste Begegnung nach dem Krieg statt. Ihr wichtigstes Ergebnis war die Gründung der *Gesellschaft der Orgelfreunde* (GdO), die mittlerweile über fast 6000 Mitglieder verfügt und internationales Format gewonnen hat.

Für Gabler – kehren wir in die Vergangenheit zurück – war Ochsenhausen ein Glücksfall gewesen. Nach seinen Lehrjahren in Mainz bedeutete die Klosterorgel die erste große Herausforderung. Ohne sie wäre es zu Weingarten, seinem berühmtesten Werk und einem der berühmtesten des Barock überhaupt, vielleicht nie gekommen. Dabei handelte es sich zunächst mehr um einen Umbau. Leider sind wir über das Vorgängerinstrument nur schlecht unterrichtet. 14 Register waren zu übernehmen und konnten erst in einer späteren zweiten Baustufe durch Gabler ersetzt bzw. umgearbeitet werden. Von 1728 bis 1736 sowie von 1751 bis 1755 – genau dazwischen liegt Weingarten – konnte der Meister also einiges von seinem Können demonstrieren. Dazu gehörte nicht zuletzt der von Franz Erb ausgeführte neue Prospekt, der bis heute erhalten blieb (s. Abb. S. 2): das kunstvoll gestaltete Engelskonzert um das Mittelfenster herum. Zum ersten Mal erprobte sich Gabler an einer ›Brücke‹ zwischen den Hauptteilen, die ein Kronwerk (Gabler spricht von einem Echo-Positiv) in überaus schwieriger Lage beherbergen sollte. Die Pfeifen werden aus einer Windlade bedient, die *unterhalb* des Fensters steht, wo auch ein Teil der Register untergebracht ist. Hauptwerk und Brustwerk (letzteres wegen seiner Charakterstimmen von Gabler als Farbwerk geführt) sind durch das Fenster genau geteilt, in der Emporenbrüstung findet sich das Brüstungspositiv. Es erfüllt die Funktion eines Rückpositivs, heißt aber anders, weil Gabler in Ochsenhausen (freilich erst im zweiten Bauabschnitt) den Spieltisch frei aufstellte – mit Blick in die Kirche, also nicht mit dem Positiv im Rücken. Die Lösung hatte sich in Weingarten offenbar bewährt und wurde zu einer Art Markenzeichen des Meisters.

Die Disposition von Gablers Orgel (nach dem zweiten Bauabschnitt) zeigt die für ihn typische Mischung aus ›süddeutscher‹ und eigener, schon leicht romantisierender Handschrift: viele grundtönige Register aus dem 8'-Bereich, viele Solostimmen vor allem bei den Flöten und nicht zuletzt einige Streicher. Gablers Werkaufbau ist bereits nicht mehr klassisch, auf dem reinen Kontrastprinzip beruhend, sondern stuft die Teilwerke dynamisch ab: starkes Hauptwerk, sanftes Brustwerk. Insgesamt bietet die Orgel reiche Entfaltungsmöglichkeit vom großen Tutti bis zum leisen Piano. Mit 50 Registern ist sie deutlich kleiner als das Weingartner Werk, füllt den ebenfalls kleineren Raum aber besser. Die Überholung zwischen 1967 und 1973 beseitigte die üblichen Eingriffe der Vergangenheit, wobei man in einer ersten Instandsetzung von 1939/40 bereits vorgearbeitet hatte. Eine wirkliche Restaurierung war mit all dem jedoch nicht verbunden. Nicht daß man einige der Spielereien wie das Paukenregister und das Glockenspiel weggelassen hat – der Kuckuckszug ist noch da, wobei gemäß dem Ortsnamen, nicht aber der Zoologie, ein Ochs aus dem Dach des Rückpositivs hervortritt, der die übliche Terz zum besten gibt. Beim Pfeifenbestand selbst fehlte es noch an den Erfahrungen späterer Restaurierungen, auch bei der Stimmung hat man keine Rückkehr zu den Ursprüngen gewagt. Insgesamt ist die Gabler-Orgel als eine Universalorgel wiedererstanden, die den alten Klang wohl nur teilweise bewahrt hat. Ein neuer Anlauf dürfte bevorstehen.

Vielleicht hat dieser Zustand dazu beigetragen, es im Falle der beiden Chororgeln anders zu machen. Hier waren die um 1760 erbauten Instrumente von Joseph Höss nur noch als Prospekte erhalten geblieben – aber man wagte eine Wiederherstellung. Nach wohl einmaliger Spurensuche in Archiven, nach Auswertung der (wenigen erhaltenen) Schwesterinstrumente, natürlich auch nach Forschungen an Ort und Stelle wie im alten Trakturschacht unterm Kirchenfußboden (der ein paar verbogene Details zutage förderte), schließlich nach einer Photographie des Spieltisches aus der Zeit vor der Stillegung der Orgel erstand die alte Anlage: die Epistelorgel mit dem Hauptwerk, die Evangelienorgel mit Positiv sowie kleinem Pedal, alles zusammen von einem Spieltisch genau in der Mitte bedienbar. Trotz Röntgenuntersuchungen der Originalpfeifen handelt es sich um eine Annäherung, um nicht mehr, um nicht weniger. Neider könnten vom Phantom einer Barock-Orgel sprechen. Vielleicht ist es jedoch auch im Orgelbau einmal erlaubt, zu weit zu gehen, um zu sehen, wie weit man gehen kann.

Der König der Prospekte

Abteikirche Weingarten

4 Manuale, 63 Register – Joseph Gabler (1750), letzte Restaurierung: Kuhn (1983)

Wenn es einer Bestätigung dafür bedürfte, daß wahre Größe auf der Überwindung eines insgeheimen Handicaps beruht, dann liefert die Weingartner Orgel ein denkwürdiges Beispiel. Von der Architektur der barocken Riesenbasilika her – der größten ihrer Art nördlich der Alpen: dem ›Schwäbischen Petersdom‹ – ist für das Instrument eigentlich kein Platz. Zu sehr sind die Wände auf der Westempore durch sechs Fenster durchbrochen, kein Typus eines Prospekts zwischen Italien und den Niederlanden war anwendbar. Als sich die Bauherren dafür entschieden, dem jungen und damals fast unbekannten Joseph Gabler – er hatte zuvor eine große Orgel nur für das Kloster Ochsenhausen geliefert – gegen die Konkurrenz eines Andreas Silbermann aus Straßburg den Auftrag zu erteilen, wird die Gestaltungsidee schon so gewirkt haben wie noch heute auf jeden Besucher, ja Betrachter nur der zweidimensionalen Abbildung. Geschickter konnte man aus der Not keine Tugend machen, reizvoller die Pfeifen nicht zu einem Gesamtbild ordnen, in dem auch der mächtige Zweiunddreißigfuß Platz hat. Freilich sollte sich in der Konzeption doch noch eine Schwäche anderer Art zeigen. Wirklich gelöst war die optische Seite des Ganzen, weniger die akustische. Was CD-Einspielungen allzu leicht verbergen, ist die Tatsache, daß es der Weingartner Orgel ein wenig an Klanggewalt mangelt. Wer gerade aus dem Münchener Dom kommt, wird sich womöglich fragen, warum der konzertierende Organist nicht endlich einmal Tutti zieht.

Aber Gabler muß das Problem erkannt haben, und es kann sein, daß er selbst seine Lösung für befriedigend hielt, weil er ein Klangideal verfolgte, das wir heute vielleicht nicht genügend respektieren. Die reiche Disposition – es kamen 63 Register zusammen, während Silbermann noch 38 vorgeschlagen hatte – ist von vornherein nicht auf Monumentalität angelegt, sondern auf solistischen Reichtum. Was dominiert, sind die vielen unterschiedlichen Stimmen, mit denen man die damalige Orgelliteratur etwa eines Georg Muffat oder Johann Ernst Eberlin sehr gut, ja mit unüberbietbarem Abwechslungsreichtum präsentieren konnte: für jede echoartige Wiederholung einer musikalischen Phrase eine andere Klangfarbe! ›Charakteristisch‹ sollten die Register also sein, Klänge vernehmbar machen, die man noch nie gehört hatte – und all dies orientiert an einer ›Lieblichkeit‹, wie sie besonders Labialregister erzeugen. Gabler verwendete kaum Zungen (darunter freilich die legendäre *Vox humana*), auch wenige Aliquote, die zur ›Härte‹ neigen. Die Süße einer *Rohrflöte*, auch sonore Streicher wie *Violine* oder *Violoncell*, dazu der helle Glanz der Klangkronen, nicht unbedingt die Kraft der Prinzipale oder das Gebrause der Trompeten bilden einen wichtigen Zielpunkt des Hörerlebnisses. Daß Gabler natürlich auch einen Tuttiklang wollte, der erst den richtigen Hintergrund für die Entfaltung des Solospiels bietet, und daß er dabei die Probleme des Kirchenraums erkannte, zeigt die Tatsache, daß die entsprechenden Register auf ungewöhnliche Weise mehrfach besetzt sind, also mehr als nur eine Pfeife für jeden Ton enthalten:

selbst die Prinzipale doppelt, die Klangkronen (statt wie üblich sechs- bis achtfach) sogar zehn- bis zwölffach. Warum andererseits die Mensuren der Pfeifen so (eng) gewählt wurden, daß die Lautstärke eher bescheiden blieb – Silbermann hat im erhaltenen Briefwechsel mit der Klosterführung ausdrücklich davor gewarnt –, ist letztlich ein Geheimnis.

Es gibt deren noch mehr in Weingarten, auch wenn man die vielen Sagen nicht mehr glauben mag, die Gabler sogar zum Teufelsbündner gemacht haben. So war der Bau auch für damalige Verhältnisse ein ungewöhnlich langwieriges Unternehmen. Während die Kirche selbst, mit der die aus dem 11. Jahrhundert stammende bedeutende Benediktinerabtei für repräsentativen Ausdruck sorgte, nach nur neun Baujahren 1724 geweiht wurde, fiel der Startschuß zum Orgelbau erst 1737. Das Ziel aber wurde erst nach ganzen dreizehn Jahren erreicht. Während dessen häuften sich die Querelen mit der Klosterschreinerei und auch der Leitung: immer wieder Vertragsänderungen, die auf penibelste Weise die Bezahlung neu regelten, die Pflichten von Kloster und Orgelbauer umgestalteten oder die Fristen betrafen. 1741 etwa bekommt Gabler freie Wohnung zugestanden, aber ohne Brennholz, dafür mit Nahrungsmittellieferung zum hauseigenen Billigtarif, das Kloster muß für das Gehäuse aufkommen, Gabler für Engel und Putten im Prospekt sowie für die teuren Elfenbeinklaviaturen, schließlich sollte die Orgel bis 1743 wenigstens teilweise spielbar sein.

Dabei hatte der Meister mit technischen Problemen genug zu kämpfen. So erwies sich die Windzufuhr für das hochgelegene Fernwerk über dem oberen Mittelfenster als fast unlösbar. Von den ursprünglich geplanten 6 Registern, darunter sogar eine Mixtur, wurden nur 4 ausgeführt – locker ließ Gabler also nicht. Auch der Spieltisch, der erste freistehende in Süddeutschland überhaupt, war nicht nur ein Kunstwerk für sich – neben der Klaviatur sind auch die Registerzüge aus Elfenbein –, sondern eine technische Meisterleistung. Noch die letzte Pfeife mußte von hier aus bedient werden, und zwar mit vertretbarem Kraftaufwand, was beim damals üblichen Einbau in das Orgelgehäuse viel einfacher gewesen wäre. So gesehen verwundert es, daß noch Zeit und Geld blieb zur Ausführung von (in unseren Augen) Spielereien: für das mit dem Pedal bedienbare Glockenspiel von zwanzig zu Trauben (wir sind in *Wein*garten!) gebündelten Glocken oder außer dem üblichen Kuckuckszug das Register mit Namen *Rossignol*, also Nachtigall, bei dem drei kopfüber in Wasser getauchte Pfeifen das entsprechende Gezwitscher imitieren. Auch das Register *La Force*, bei dem auf dem tiefen C im Pedal 49 Pfeifen ertönen bzw. erdröhnen, oder die Fertigung der höchsten Pfeifen des *Flageolet* aus Elfenbein gehören zu jenem Fundus an ›Wunderbarem‹, womit ein Orgelbauer seine Auftraggeber beeindrucken konnte, vielleicht aber auch diese selbst ihren Ehrgeiz gegenüber den Kollegen befriedigten.

Gablers Orgel hat jedenfalls wie wenige andere die Bewunderung der damaligen Fachwelt errungen. Ein Jahr nach der Fertigstellung reiste der bedeutendste Orgelkundler Europas, der Benediktiner Dom Bédos de Celles, nach Weingarten, um den Prospekt in sein monumentales Werk über die Kunst des Orgelbauens (Paris 1766–1778) als Tafel 77 aufzunehmen. Dann kam auch für Weingarten das Jahr 1803, die Auflösung des Klosters mit allen Folgen für die Pflege des Inventars. Immerhin hielten sich mangels entsprechender Mittel die Veränderungen in Grenzen. Ein Barker-

hebel zur pneumatischen Koppelung der Manuale wurde eingebaut und sogar ein neues Fernwerk mit Hochdruckregister in einem eigenen Schwellkasten außerhalb des Orgelgehäuses untergebracht. Zum Glück wurde nicht so viel verdorben, daß die Restaurierung durch die Schweizer Firma Kuhn von 1981–1983 ernsthaft gefährdet gewesen wäre. Die einzigen größeren Kompromisse, die man einging, um z.B. Präludien und Fugen von Bach spielen zu können, liegen im Ausbau des Pedals bis *d'* und der Wahl einer Stimmung, die der temperierten recht nahe kommt. Wer sich übrigens, in den Anblick des Prospekts verloren, die Frage stellt, wie man eigentlich die Pfeifen im Kronpositiv stimmt, sei über ein letztes kleines Geheimnis belehrt: Der dicke *Subbaß 32'* dient als Stiege – sicherlich eine der kostbarsten der Welt.

Kilometergeld für einen Organisten
Freiburger Münster

Chororgel: 2 Manuale, 25 Register – Fischer und Krämer (1990)
Marienorgel: 4 Manuale, 61 Register – Rieger (1965)
Langschifforgel: 2 Manuale, 21 Register – Marcussen (1965)
Michaelorgel: 2 Manuale, 28 Register – Späth (1965)

Als zu Beginn dieses Jahrhunderts, nach einer Phase immer höherer Technisierung im Orgelbau, die Rückbesinnung auf die klassischen Traditionen einsetzte, sammelten sich Gleichgesinnte und organisierten Tagungen zum Gedankenaustausch. Sie fanden dort statt, wo entsprechende Instrumente vorhanden waren: 1925 in Hamburg zu Füßen der Arp Schnitger-Orgel, 1927 bei Silbermann in Freiberg/Sachsen. 1926 aber zog man nach Freiburg, wo *keine* alte Orgel lockte, dafür das Experiment eines Nachbaus, das ein Professor angeregt hatte: die Praetorius-Orgel im musikwissenschaftlichen Institut der Universität. Nach Plänen von Wilibald Gurlitt war dort im Jahre 1921 von der Firma Walcker ein Instrument errichtet worden, dessen Disposition aus dem Jahre 1619 stammt. Statt romantischen Mischklangs auf der Basis von möglichst zahlreichen grundtönigen Stimmen nun also barocke ›Charakteristik‹ mit viel Helle, in den Ohren mancher damaliger Hörer eine reichlich schreiende Angelegenheit. In einem Bericht des Jahres 1925 über die Vorführung der Lübecker Totentanz-Orgel, die das alte Klangbild noch in authentischer Form vermittelte, war von »scharfen Registern« die Rede, die »an den Klang eines vom Wagen fallenden Sackes mit rostigen Nägeln und altem Eisen« erinnern, beim »gellende[n] Tutti« von einem Genuß gleich dem, »wenn man sich unvermutet in ein Nadelkissen setzt«. Derartiges hatte man nun rekonstruiert – die Orgel wurde übrigens nach ihrer Zerstörung im Zweiten Weltkrieg wieder aufgebaut –, und Freiburg gehört damit zu den Vorreitern der Orgelbewegung in Deutschland.

Tradition verpflichtet, und in Freiburg bemühte man sich, ihr auch im Münster gerecht zu werden. Als dort in den 60er Jahren ein Neuaufbau des Bestandes erfolgte,

der mehrere Instrumente umfaßte, kamen nur klassische Werke in Frage: mechanische Traktur, neobarocke Disposition. Was im ersten Augenblick aussieht wie ein Passauer oder Waldsassener Programm mit umgekehrtem (barockem statt romantischem) Vorzeichen, erweist sich bei Lichte besehen jedoch als etwas völlig anderes. Weder haben wir es mit einer stereophonen noch mit einer in verschiedene Stilrichtungen zerlegten Großorgel zu tun, sondern schlicht mit einer Trennung der liturgischen Funktionen. Aufgrund der Erfahrung, daß keine Orgel allein das Münster klanglich erfassen kann, ohne in einem Teil zu flüstern und im anderen zu schreien, gab man jedem Raumteil seine eigene Schallquelle. Das Schwalbennest mit seinen 21 Registern füllt die Kirchenmitte, die Marienorgel mit ihren 61 Registern das vordere Schiff. Schließlich genügen 28 Register der Michaelorgel im Turm und 25 der Chororgel, die übrigens 1990 mit ihrem kompletten Pfeifenbestand von der linken auf die rechte Seite gewandert ist – nicht ganz alleine, versteht sich. Daß man die einzelnen Werke auf elektrischem Wege miteinander auf einem Hauptspieltisch verbunden hat, der von einer eigenen Firma hergestellt wurde, sollte nur der bequemen Bedienung von einem Ort aus zugute kommen.

Wie sehr es auf die unterschiedlichen Funktionen ankommt, machen auch die Gehäuse deutlich, die sich bewußt nicht gegenseitig ergänzen, zitieren oder gar wiederholen, vor allem aber die Dispositionen. Die Chororgel, ursprünglich von Rieger gebaut, jetzt (unter Benutzung der alten Pfeifen) neu aufgebaut von Fischer und Krämer, ist grundtönig angelegt für die Begleitung von Choralämtern und Vespern. Die Marienorgel von Rieger mit ihrem asymmetrischen Prospekt und seitwärts gedrehter Schallabstrahlung zeigt deutlich neobarocke Züge: viel Raum für Obertöne (mit einem eigenen Register diesen Namens), also Terzen, Quinten, Nonen und ganze neun Mixturen, zuzüglich eines kräftigen *Cornetts* und eines heute kaum noch disponierten *Cembaloregals*. Der Klangaufbau verdankt sich allerdings nicht ideologischen Überlegungen allein, sondern ist auch Ergebnis akustischer Messungen, die für diese Stelle einen starken Abfall der hohen Frequenzen ergaben. Die Höhen mußten also betont werden, die Tiefen durften schwächer ausfallen. Versorgt man die Orgel zudem ausreichend mit Zungen (es wurden 15), so ergibt sich eine Gesamtwirkung von hoher Klarheit, wie sie besonders bei der Darstellung der klassischen Literatur erwünscht ist. Die Firma Marcussen trug die Verantwortung für die Langschifforgel, die mit ihrem Prospekt in Renaissance-Manier daran erinnert, daß es sich um das Instrument am ältesten Standort überhaupt handelt: Hier hatte schon seit 400 Jahren eine Orgel gehangen, die zuletzt (1929) mit 58 Registern sowie überhöhtem Winddruck die Kirche insgesamt beschallen sollte. Das neue Instrument beschreitet andere Wege und bietet eine schlichte klassische Lösung mit größtmöglicher Durchsichtigkeit der Stimmführung – ideal für Bachsche Triosonaten. Die Michaelorgel, akustisch fast abgeschirmt im Turmraum, dient schließlich der Begleitung des Gemeindegesangs in diesem Bereich.

Mit seinen vier Orgeln gehört auch das Freiburger Münster zu den Vertretern der Großanlagen mit quadrophonen Möglichkeiten. Nirgendwo aber ist die Erinnerung an die alte Praxis der Verteilung des Schalls im Raum gemäß der liturgischen Anforderung so konsequent und letztlich auch unaufdringlich verwirklicht wie hier. Sollte man nicht irgendwann den modernen Spieltisch aufgeben und dem Organisten lieber Kilometergeld zahlen, um den Verführungen der Elektronik zu entgehen?

Berühren verboten!

St. Johann in Freiburg

3 Manuale, 50 Register – Metzler (1981)

Daß man mitunter den Rasen nicht betreten darf, daran hat man sich gewöhnt. Ein Schild mit dem Hinweis, ein Orgelgehäuse nicht zu berühren, dürfte es nur in Freiburg geben. Es stammt vom Erbauer, der Firma Metzler, und zeugt nicht unbedingt von Schweizer Grantigkeit, sondern beruht auf der Tatsache, daß unbehandelte Eiche Fingerabdrücke annimmt und diese in Polizeiarchive gehören, nicht auf Orgeln. Eichenholz hat was, und empfindsame Menschen wollen einmal darüberstreicheln wie über zarte Haut – Gefühl hängt eben mit Fühlen zusammen. Anderseits drängt sich der Gedanke auf: Warum mußte der Orgelbauer unbedingt am falschen Ende sparen, warum hat er das Ganze nicht schlicht gebeizt? Na, da würde eben keiner mehr fühlen wollen, weil die Beize nicht nur schützt, sondern auch etwas vom Charakter dieser wunderbaren (handgehobelten) Oberfläche wegnimmt. Damit sind wir beim Material einer Orgel.

Ohne dieses geht es nicht, und die Erfahrung hat etwas gelehrt, worauf man wohl auch von alleine gekommen wäre: Das Beste ist gerade gut genug. Natürlich kann man kein frisches Holz verwenden, das noch arbeitet, aber auch furnierte Spanplatten taugen nicht: keine Resonanz! Und damit ist man nur beim Äußeren, beim Gehäuse. Fast die ganze Orgel aber besteht aus Holz: die Manuale, das Pedal, die Registerzüge, vor allem das, was man nicht sieht, die Traktur. Drückt man eine Taste herunter, so setzt man einen Hebel in Bewegung, der letztlich irgendwo weit weg das Ventil einer Pfeife öffnet. Auch dieser Weg ist aus Holz: Feine Leisten, die sogenannten Abstrakten, eine nach der anderen über Winkel geführt, sorgen für die Übertragung, die auch nach 18 Metern noch haargenau ankommen muß – nichts für Drähte, die sich verziehen. Der Wind wird ohnehin in Kästen bereitgehalten, nicht in Blechdosen. Nur hier ist er ebenso sicher wie leise aufbewahrt, um bei Ventilöffnung seine Dienste zu leisten. Natürlich sind auch Pfeifen aus Holz, nicht alle und auch nicht die meisten. Aber diejenigen, die es sind, entstammen ausgesuchten Arten: weicher Fichte z.B. oder dem härteren Ahorn bis hin zum fast steinharten Mahagoni, und bieten jeweils einen Ton, den kein anderes Material erzeugen würde.

Bei all dem aber geht nichts ohne Sorgfalt, ja höchste Sorgfalt. Fast alle Orgelbauer der Vergangenheit, gerade auch die bedeutendsten, haben als Schreiner angefangen. Mag sein, daß jemand eine Orgel hinbekommt, die bei der Einweihung schön klingt. Aber eine Orgel soll länger halten: Qualität, die man auf den ersten Blick nicht sieht, aber sehr bald im Portemonnaie spürt. Orgeln sind eben wie Menschen. Es gibt Wetterfühlige, Asthmatiker, Gelenkversteifte, auch solche kurz vor dem Herzinfarkt – und die Robusten, die immer fit bleiben. Die Schweizer Firma Metzler, gegründet im 19. Jahrhundert, hat diese Seite der Orgelbaukunst in besonderer Weise gepflegt, Langlebigkeit geradezu zur Firmenphilosophie erhoben. Man hatte immer seine eigene Schreinerei (Sägerei heißt es dortzulande), seit den 60er Jahren war die gesamte Holzarbeit von der

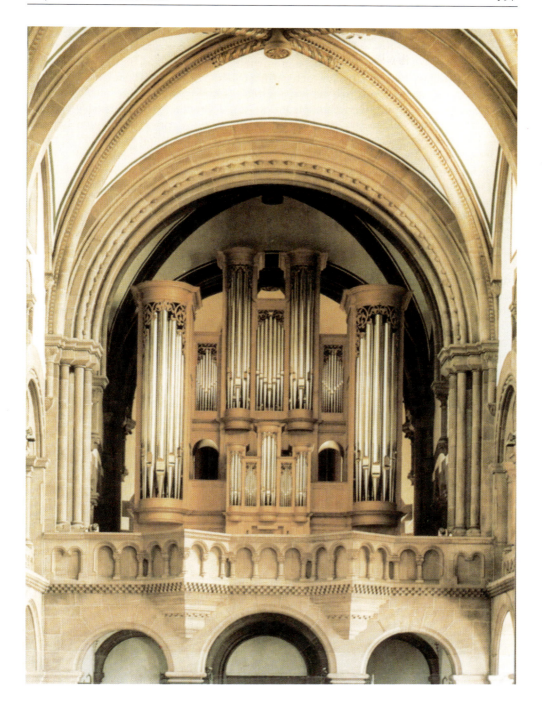

Auswahl der Stämme an in eigener Regie. Als der Orgelbau in den 20er Jahren auf allerlei Technisierung, besonders Elektrifizierung umstellte, hat man hier fast zuerst die Kehrtwende vollzogen. Seit 1937 baute man wieder rein mechanische Orgeln, alles aus Holz, keine Kabel. Die Elektrik hat sich nicht bewährt, ist störanfälliger als eine – dies immer vorausgesetzt! – gute mechanische Orgel. Gewiß, Metzler baut auch mechanische Registrieranlagen und verzichtet auch dort auf Hilfsmittel, wo sie sich *wohl* bewährt haben. Ein bißchen Eigensinn, ein bißchen ›wenn schon, denn schon‹! Auch bei den Gehäusen war man bei den ersten, die nach den Experimenten mit offenen Prospekten wieder auf geschlossene samt barockisierendem Zierrat (z.B. Schleierbretter) setzten: Kuckucksuhren, wie die Neider höhnten. In Freiburg steht eine solche mit allem Drum und Dran, weil man sich schlicht der Neuromanik der Kirche anpassen wollte.

Nun wäre es beleidigend, wenn bei allem Lob hinsichtlich der Qualitätsarbeit nicht auch etwas zum klanglichen Ergebnis gesagt würde. Die Orgel von St. Johann, übrigens die größte, die die Firma in Deutschland gebaut hat, kann sich nicht nur sehen, sondern auch hören (wenn schon nicht fühlen) lassen. Zur Verfügung stehen Hauptwerk, klassisches Rückpositiv, sogar mit eigenem Spieltisch für Chorbegleitung und Literatur für zwei Orgeln, sowie – statt Oberwerk, für das kein Platz war – ein Schwellwerk *hinter* dem Hauptwerk, also genügend abgeschottet und durch Jalousien zu öffnen bzw. zu schließen. Das Konzept ist insgesamt keine pure Stilkopie, besitzt aber zweifellos eine Schlagseite hin zum Klassisch-Barocken, ergänzt durch französisch-romantische Züge. Hansueli Metzler hatte sich bei Restaurierungsmaßnahmen in den 50er Jahren die Kenntnisse angeeignet, die ganz auf der Linie der Orgelbewegung lagen. Es gibt entsprechend norddeutsch-bodenständige Prinzipale mit gravitätischem 16'-Fundament im Hauptwerk, und es gibt ein französisches *Cromorne*, auch *Cornet* und *Trompete* in dieser Tradition. Der Gesamtcharakter geht ins Edle, die Intonation betont die klare Linienführung. In den Konzerten nach der Einweihung wurde viel Buxtehude und Bach, aber auch Liszt, Reger, Vierne gespielt. Es ist keine Frage, daß die Freiburger Orgelszene, in der ohnehin das europäische Element dominiert – im Münster stehen Orgeln von Marcussen/Dänemark und Rieger/Österreich –, mit dem Instrument aus Schweizer Werkstatt bereichert wurde.

7

BAYERN

Von Pflastermalern und Restauratoren

Evangelische Kirche (ehemalige Abteikirche) in Amorbach

4 Manuale, 66 Register – Brüder Johann Philipp und Johann Heinrich Stumm (1782),
letzte Restaurierung: Klais und Steinmeyer (1982)

In den Fußgängerzonen der Großstädte trifft man allsommerlich die Pflastermaler. Ihre Motive sind fast immer klassisch: die Mona Lisa zum Beispiel. In höchster Vollendung, einschließlich Rahmen, schaut sie uns an, und jeder staunt über die perfekte Ähnlichkeit – Kopie im flüchtigsten Medium. Als ein Geistesgestörter am 14. September 1975 Rembrandts *Nachtwache* in der Amsterdamer Nationalgalerie durch Schnitte schwer beschädigte, wurde das Kunstwerk alsbald restauriert und unter erheblichen Sicherheitsmaßnahmen wieder aufgestellt. Nur noch ein ausgebesserter und bei dieser Gelegenheit farblich gereinigter Rembrandt also, aber unterm Rahmen ist die Rede allein vom Original, das es eigentlich schon vor dem Attentat nicht mehr gewesen ist, nachdem die Firnisschichten im 18. Jahrhundert derart nachdunkelten, daß man dem Aufbruch einer Schützenkompanie am hellichten Tage den heutigen berühmten, aber völlig irreführenden Namen gab. Ein Besuch im Mainzer Dom. In den Nischen der romanischen Basilika Grabmale aus dem Mittelalter über alle Zeiten hinweg bis zum 19. Jahrhundert. Verdorbene Romanik, die man schleunigst durch Rückführung auf den Ursprungszustand retten sollte? Als letztes Beispiel die Dresdner Frauenkirche. Ein Haufen Steine, aber alle Pläne vorhanden und Computer, die wissen, was sich einmal an welcher Stelle befand. Sie wird bald wieder stehen, aber was steht dann da: die Frauenkirche oder ein Modell von ihr im Maßstab 1:1? Was ist Original, was Kopie, was historisch, was (Ver-)Fälschung? Viele Fragen, und ziemlich genau dieselben, vor denen Orgelbauer stehen, wenn sie restaurieren. Schlüssige Antworten sind selten, jedenfalls nie von der Art wie im Falle der Pflastermalerei, wo alle Probleme so wohltuend vom nächsten Regen gelöst werden.

Amorbach ähnelt noch am meisten dem Mainzer Dom. Als man für die 200-Jahr-Feier 1982 daran ging, die Stumm-Orgel zu restaurieren, wäre auch eine Rembrandt-Lösung in Frage gekommen wie z.B. in der Hamburger Jacobikirche, ja sie wäre viel einfacher gewesen als dort, weil fast alles noch da war: Pfeifen *und* Prospekt. Zusätzlich hätte es ein gutes Argument gegeben. In Amorbach ist ausgerechnet das größte Instrument der berühmten Orgelbauerfamilie aus dem Hunsrück erhalten geblieben: 45 Register auf drei Manualen, all dies in einem imponierenden 16'-Prospekt, den die Schreinerei des Benediktiner-Klosters selbst ausgeführt und auch noch mit dem Unikum der großen Uhr versehen hatte. Hauptwerk im unteren Bereich, Positiv oben, Echowerk im geschlossenen Gehäuse hinter der Spielanlage der Vorderfront auf Fußbodenniveau und mit ausgesprochen ›ferner‹ Abstrahlung, das Pedal schließlich als eine Art letzte ›Scheibe‹ hinter dem Gehäuse – das war die alte Orgel. Sie ist nicht so geblieben, vielmehr hat es Umbauten gegeben, den gravierendsten im Jahre 1868, als die Firma Steinmeyer das Werk dem damaligen romantischen Zeitgeist anpaßte, die Traktur auf Kegelladen umrüstete und einen neuen Spieltisch lieferte. In der Folgezeit wurde die alte *Vox humana* mit einem ausgefütterten Holzkasten überbaut, um sie im Ton zu ›mildern‹, ein angeblich ›quäkender‹ *Nassard* entfernt. Dann schlug das Ruder wieder herum. 1936 begann man mit der Entfernung des Hinzugefügten im Sinne einer Neobarockisierung, (damals) jedoch mit mehr Phantasie als mit wirklichem Wissen. Weder Material noch Bearbeitung der ergänzten Pfeifen trafen nach heutigen Erkenntnissen den Stummschen Zustand, ganz abgesehen von den Hinzufügungen in norddeutschem Stil (wie die *Grobmixtur* 12–16fach). Die Restauratoren der 80er Jahre standen mit anderen Worten vor einem Ungetüm an Hin- und Hergebautem und mußten eine Entscheidung treffen, was denn nun bewahrenswert und was an rückgängig Gemachtem wieder rückgängig zu machen sei. Eine radikale Lösung aber sollte verhindert werden: kein Ursprungszustand mit Verlust alles weiteren, kein historisches Monument statt eines spielbaren Instruments. So wurde dem alten Werk sogar ein komplettes neues Teilwerk auf eigenem (viertem) Manual hinzugefügt, ein romantisch-französisches *Récit*.

Die Hauptarbeit lag dabei zunächst in der Sichtung des Pfeifenbestandes, der zwar in hohem Maße auf die Stumm-Brüder zurückgeht, aber über die Orgel verstreut, also in andere Register gewandert war. Auch die ursprüngliche Anordnung der Teilwerke sollte wiedererstehen, wobei die mittlerweile verlorenen Windladen im alten Zustand nachgebaut wurden. Als man an ›falscher‹ Stelle ein Stück des Originalhauptwerks fand, hat man es (für das neu erbaute *Récit*) *wieder*verwendet: Restaurierung im Recycling-Verfahren. Im Prinzip lief alles auf eine sorgfältige Trennung des Alten und Neuen hinaus. Das *Récit* wurde dabei *hinter* das Stummsche Werk (an der Stelle von dessen damaliger Gebläseanlage) postiert, wo es als Schwellwerk ohnehin gut hinpaßt. Zu entfernen waren die vielen kleinen Eingriffe, die hinsichtlich dieser Gesamtkonzeption als unstimmig gelten mußten. Im übrigen wurde die technische Anlage auf einen neuen Stand gebracht: mechanische Spiel-, aber elektrische Registertraktur und für das *Récit* eine pneumatische Hilfe (Barkermaschine), um Leichtgängigkeit zu erreichen. Die Erweiterung des Tonumfangs von 1868 wurde beibehalten, die Spielanlage nach Stummschen Vorbildern eingerichtet, aber nicht mehr in der ungewöhnlichen Verlegung des Haupt-

werks ins III., sondern ins II. Manual; 1782 war dieser bequemere Zustand nur an technischen Schwierigkeiten gescheitert.

Heraus kam mit all dem ein Instrument, das es so in seiner Geschichte nie gegeben hat: sozusagen auf neuen (technischen) Stand gebrachter Stumm, kombiniert mit einem romantischen Klangkörper, beides trennbar, aber auch beides vereinbar. Es gibt eine CD-Einspielung von Mozart-Werken, die stolz verkündet, nur das Stummsche Potential zu verwenden. Aber es gibt auch Zeugnisse von Organisten, die gerade die Mischung für reizvoll halten. Fest steht nur das eine: Im 20. Jahrhundert wollte man auf der großen Orgel in Amorbach auch die neu hinzugekommene Literatur spielen – deshalb das *Récit*. Alles andere läßt sich weniger sicher sagen. Hätte man eben weiter *nur* Barockliteratur spielen sollen? Hätte Widor genau so gut auf der *alten* Stumm-Orgel geklungen? Die Restauratoren, von denen Steinmeyer die Tradition der Betreuung am Ort fortsetzte und Klais seine Erfahrung mit der Betreuung anderer Stumm-Orgeln einbrachte, haben sich jedenfalls für die Geschichte und ihre Weiterentwicklungen entschieden. Wer ohne Zweifel ist, werfe den ersten Stein auf die Orgel!

Erahnte und vollendete Romantik
Käppele und St. Adalbero in Würzburg

Käppele: 2 Manuale, 32 Register – Christian Köhler (ca. 1755),
Rekonstruktion: Vleugels (1991)
St. Adalbero: 3 Manuale, 52 Register – Rensch (1995)

Daß Gnadenstätten den Unbilden der Zeiten etwas besser trotzen als gewöhnliche Orte, ist wenigstens in Würzburg mehr als nur ein frommer Wunsch gewesen. Tatsächlich hat das Käppele, Wallfahrtskapelle Balthasar Neumanns, die Bombennacht im März 1945 als einzige Würzburger Rokoko-Kostbarkeit überstanden. Als sich im Winter 1800/01 die eingeschlossenen Fürstbischöflichen aus ihrer Festung heraus mit den Franzosen auf dem Nikolausberg ein Kanonenduell lieferten, blieb ebenfalls die Kirche wie durch ein Wunder fast heil. Nur eine offenbar verirrte Kugel traf die Westfassade ausgerechnet genau in der Höhe der Orgel. Das gesamte Pfeifenwerk war verwüstet – aber nicht der Prospekt mit seinem Prinzipal. Wenigstens diese Meisterleistung des Orgelbauers Christian Köhler ist also erhalten. Als er mit seinen Pfeifen einst angereist kam, fand er die Deckenkonstruktion in einer Form vor, daß er alle Planungen umwerfen, u.a. seinen Sechzehnfuß zerschneiden mußte, weil es am Raum zum Aufstellen mangelte. Das Improvisieren aber brachte alles andere denn eine Notlösung. Auf dem Unterbau mit der kompletten Mechanik erhebt sich das mit vergoldeten Arabesken verzierte Pfeifenwerk als zusätzliche Augenweide zu den Stukkaturen und Malereien, die diesen Raum so verschwenderisch schmücken. Wie genau es zum eigenartigen Balkönchen (dem Altan) mit seiner Uhr genau in der Mitte kam, weiß niemand mehr

zu sagen. Jedenfalls wird alles überwölbt vom Kronwerk und eingerahmt vom Hauptwerk, an das sich rechts und links die Pedaltürme schmiegen.

Die zerschossenen Pfeifen haben Nachfolger bekommen, aber lange Zeit gelang kein überzeugendes Gesamtwerk – bis ganz zuletzt. Nach mancherlei Überlegung, etwas völlig Neues hinter die Rokoko-Fassade zu stellen, hat man sich zur Rekonstruktion der Köhler-Orgel durchgerungen und die Firma Vleugels mit Recherchen und schließlich der Ausführung beauftragt. Die Disposition war bekannt, die wenigen Prospektpfeifen, seltsamerweise (oder auch nicht: siehe Stichwort ›Gnadenstätte‹) 1917 vorm Einschmelzen verschont geblieben, erlaubten überraschend viele Rückschlüsse auf das ursprüngliche Werk, und das noch vorhandene Schwesterinstrument in Erbach gab zusätzliche Anhaltspunkte. Nur vier Register kamen hinzu, um dem für die Zeit und Region typischen Werk noch ein wenig mehr Typisches zu geben, einen (ohnehin) nicht ganz authentischen Zeugen der Vergangenheit doch so weit wie möglich als Stellvertreter entstehen zu lassen. Was man nun hört, zeigt die vielfältigen Wege des Barockgeschmacks in einer Variante, die gerade heute von besonderem Interesse ist. Die Köhler- bzw. Vleugels-Orgel läßt die Romantik erahnen, bietet zahlreiche grundtönige Stimmen, die sich als Solisten anbieten, aber auch zusammen volle und warme Plena bilden. Kein Aliquoten- und Mixturen-Geklingel also, sondern Betonung der tieferen Lagen, wobei im verhältnismäßig kleinen Raum ein Sechzehnfuß nur im Pedal nötig ist. Die Zungen im Hauptwerk und Positiv geben Farbe und Kraft, im Pedal hätte man noch etwas mehr davon vertragen können.

Die Köhler- oder eben Vleugels-Orgel wäre natürlich kein ›Barockinstrument‹ ohne entsprechendes Innenleben. Die Traktur ist mechanisch, der Spieltisch direkt ins Gehäuse eingebaut, aber mit ungewohnter seitlicher Aufstellung, was jedoch der Leichtgängigkeit des Werkes zugute kommt (es waren weniger Winkel nötig). Auch die Registerzüge direkt über der Klaviatur sind ungewohnt, aber höchst praktisch (man kann während des Spiels umregistrieren). Weiterhin fehlt es nicht an den epochentypischen Spielereien, dem Vogelregister und selbst der Pauke, die man über einen Fußhebel zum Klingen bringen kann. Den Höhepunkt aber bietet die rein mechanisch bedienbare Balg-Anlage. Was man sonst nur hinter Türen zu sehen bzw. nicht zu sehen bekommt, befindet sich hier offen im Rücken des Organisten. Und der kann sich notfalls selbst, besser aber von einem Helfer unterstützt, an von der Decke baumelnden Tauen Wind machen lassen. Zieht man ein Tau, wölbt sich ein Balg wie die Brust eines Bodybuilders, um ganz langsam zusammenzusacken, während man in aller Ruhe die nächsten Bälge füllen kann, die dann automatisch bei Bedarf ihre aufgestaute Energie abgeben – übrigens im Gegensatz zu propellererzeugtem Wind besonders wirbelfrei und damit einem ruhigen Klang entgegenkommend. Jeden Sonntag spielt der Organist eine der Messen ›ohne Strom‹. Man will es fast nicht glauben, daß man so leicht ohne Technik auskommen kann.

Gewiß ist dies ganz anders im Falle der Orgel von St. Adalbero. Hier steht gar ein Computer im Gehäuse, auf dem der Organist Registrierungen speichern und ausdrukken kann, um vor allem seinen Gästen eine Hilfe zu bieten. Und doch gibt es eine eigenartige Verbindung zum Käppele. Was dort Versprechen war, ist hier zur Vollendung gediehen: eine romantische Orgel, die in diesem Fall mehr als nur die engere Region repräsentiert, vielmehr Tendenzen der deutschen Romantik insgesamt bündelt – freilich nicht als Rekonstruktion, sondern fast wie eine rückwärtsgewandte Utopie. Die Konzeption der Rensch-Orgel in St. Adalbero versteht sich wie die Beschwörung eines Klangideals, das (von der Orgelbewegung) lange unterdrückt war und nun seine Qualitäten unter Beweis stellen, die Vorurteile widerlegen will. Wenn in Deutschland schon seit den späten 60er Jahren die *französische* Romantik im *Récit* vieler großer Orgeln gewissermaßen Fuß gefaßt hat, so gilt es nun, die Qualitäten der *deutschen* Romantik (eines Ladegast, Walcker, Sauer) zu präsentieren – natürlich in einer modernen Adaption mit allen Möglichkeiten auch der Weiterentwicklung. Das im Grunde nicht überraschende Ergebnis: In St. Adalbero kann man zwar genauso wenig wie irgend sonst schlicht alles gleich gut spielen, aber für die deutsche Orgelliteratur des 19. Jahrhunderts, für einen Rheinberger oder Reger, findet sich nicht leicht ein überzeugenderes neues Instrument.

Dabei hat man es mit dem Auge nicht leicht, hinter die Geheimnisse zu kommen. Der Spieltisch erinnert ganz und gar an Cavaillé-Coll, und auch der Prospekt, der sich so schön mit den Fenstern verträgt, ja (vom selben Künstler entworfen) mit ihnen zusammen ein Ensemble bildet, läßt sehr an französische Vorbilder denken. Aber die

Orgel ist *nicht* französisch, und die höfliche Formulierung der Bauherren in Richtung Synthese von deutschen und französischen Elementen sollte man einmal zurückweisen dürfen, ohne in den Verdacht des Chauvinismus zu geraten. Wie wundervoll sind schon so viele französische Synthesen gelungen, wie wundervoll auch französische Orgeln, aber wie wundervoll kann auch einmal die Erinnerung an die spezifisch deutsche Tradition des 19. Jahrhunderts sein, die sich damals freilich durchaus und mit Gewinn an den französischen Orgelbau anlehnte. In St. Adalbero also herrscht nicht der schmetternde Zungenklang der französischen Romantik, sondern das Abschattieren der Farben vor allem im labialen Bereich, die fließenden Übergänge von den Prinzipalen über Gedackte und Flöten bis zu den Streichern und zurück, die alle auch untereinander farbenreiche Koalitionen eingehen können. Auch wenn es an Kraft nicht unbedingt fehlt – der Standort im nördlichen Querschiff ist kein Nachteil –, das Interessante ist hier ein Klangaufbau auf der Grundlage einer Art Gleichberechtigung *aller* Registerfamilien, und zwar sowohl im Haupt- wie 17stimmigen Schwellwerk (die beide auf 16'-Fundament stehen). Freilich sind die einzelnen Namen nicht immer leicht zu identifizieren. Daß die *Harmonia aetherea* eine Streichermixtur darstellt, wird der Fachmann wissen, sich auch mit *Geigenprinzipal* und *Wiener Flöte* zurechtfinden. Aber wetten, daß in ganz Deutschland niemand, wirklich niemand das Register *Dolatina* kennt – außer sämtlichen Gemeindemitgliedern von St. Adalbero, die sich wohl alle noch an ihren einstigen Seelsorger und Mitbauherren der Orgel erinnern, Pfarrer Adalbert Dolata.

Der digitalisierte Organist
Basilika Waldsassen

6 Manuale, 103 Register – Georg Jann (1989, letzte Ergänzung 1992)

Orgeln wären nichts ohne Orgelbauer – eine Binsenweisheit. Orgeln entstehen manchmal aber nicht ohne Organisten, ohne deren Ideen, die die Fachleute dann umsetzen. Schließlich gehört auch noch der häufig vergessene Dritte im Bunde dazu, der Hausherr mit Organisationstalent. In Waldsassen fanden sie sich nicht nur zusammen, sondern zogen an einem Strick: Georg Jann, Chef der gleichnamigen Firma, Günther Kaunzinger, als Professor in Würzburg zu Hause, hier aber Titularorganist, und Monsignore Vitus Pschierer, Stadtpfarrer als Nachfolger der einstigen Zisterzienseräbte. Das Trio stellte eine Trias auf die Beine bzw. in diesem Fall auf die Emporen, die mit Haupt- und Chororgeln den Raum der barocken Stiftsbasilika aus dem Jahre 1704 füllen. Natürlich bestehen Parallelen zu Passau, dessen Größenordnung freilich bei weitem nicht erreicht wird. Auch sonst aber gibt es Unterschiede.

Das Waldsassener Instrument ist nicht das erste in der alten Kirche, vor allem unterscheidet es sich gründlich von seinen Vorgängern, die sich zuletzt etwas rasch ablösten. Die alte Egedacher Orgel von 1698 hielt nur bis 1738, als der große Prospekt kam,

dann folgte Umbau auf Umbau bis zum nächsten Neubau von 1913/14, umgebaut 1967, dann wieder Neubau 1975/76, verkauft im Jahre 1983 – ein für Orgeldamen wahrhaft exzessives Vorleben. Was auch immer die Gründe waren, einen von ihnen muß man nicht lange erraten: Kirchen dieser Art sind für Mönche gebaut, die sich im Chor aufhalten und dort musikalische Unterstützung brauchen. Daß daraus einmal eine Pfarrkirche werden sollte, in der unter anderem Konzerte stattfinden, ahnte man um 1700 nicht. Eine Gesamtbeschallung ist im Grunde nicht möglich, jedenfalls nicht vom Westwerk her, wenn man es nicht von vornherein mit getrenntem Marschieren versucht. Dazu aber braucht man elektrischen Strom und viel Erfahrung. Die ersten Versuche im 20. Jahrhundert hatten zwar den Strom, aber eben nicht die Erfahrung. Als man sich in den 80er Jahren zusammensetzte, wußte man immerhin ganz genau, wie es *nicht* geht. Auch daraus kann sich ein Konzept ergeben.

Es ist im Grunde einfach: Verteilung der 103 Register – nicht einmal die Hälfte von Passau – im Raum, um die Hörer im Mittelschiff regelrecht in die Zange zu nehmen. Genau dazu dienen die Standorte im Westwerk sowie auf Epistel- und Evangelienseite des Chores. Die Frage war, welche Werkteile wo am besten postiert sind, natürlich auch: welche man eigentlich einsetzen sollte. Die Lösung bestand darin, der Hauptorgel (Marienorgel) den Kern des Ganzen zuzuweisen. Hier entstanden Rückpositiv (I. Manual), Hauptwerk (II. Manual) und Schwellwerk (III. Manual). Die Epistelorgel bekam ein verlängertes Hauptwerk (IV. Manual), um auch selbständig zu sein, sowie ein Solowerk (V. Manual) für Echoeffekte im Gesamtverband. Die Evangelienorgel wurde reine Spezialistin mit drei Klangkörpern. Als erstes das Chamade-Werk mit den liegenden Trompeten in tiefer bis hoher Lage (einschließlich der Besonderheit einer Quinte) sowie das nach französischem Muster hierher gehörende *Cornett*, zweitens ein kräftiges Schwellwerk (IV. Manual), als drittes schließlich ein hauchzartes Fernwerk (V. Manual) mit Streichern und feinsten Schwebestimmen. Wer mitgezählt hat, kommt auf insgesamt sieben (teilweise selbst wieder unterteilte) Teilwerke, die vom fünfmanualigen Zentralspieltisch aus spielbar waren – bei der Einweihung im Jahre 1989. Dann muß den Organisten der Teufel geritten haben.

Drei Jahre später ging eine Einladung in die Fachwelt hinaus, noch einmal zu einer Einweihung zu kommen, und zwar diesmal zu der von zwei Spieltischen – einem mobilen im Bereich der Vierung, einem stationären auf der Empore. Es handelte sich um Weltneuheiten, die sogar Stufen überwinden können, aber auch sonst wahre Monster darstellen. Versuchen wir, sachlich zu bleiben! Sieben Teilwerke zu bedienen, ist nicht ganz einfach. Zum Beispiel drängelten sich beim alten Spieltisch auf dem IV. Manual das Hauptwerk der Epistelorgel und das Schwellwerk der Evangelienorgel, auf dem V. das Solowerk der ersten und das Fernwerk der letzteren, übrigens auch noch ein Glockenspiel. Die Versuchung liegt nahe: Sieben Manuale wären eben praktischer, nur sind Organisten eben keine Basketballspieler mit deren Greifwerkzeugen. Kaunzinger baute dann auch keine sieben, sondern ›nur‹ sechs, und weil er beim in Waldsassen ohnehin beliebten Ändern war, widerstand er auch anderen Versuchungen nicht, z.B. einer voll computerisierten Steuerung des Registrierens. Warum einen Helfer um sich herumlaufen lassen, der sich ständig vertut, wenn man 1 600 Vorprogrammierungen wählen kann (durch kleine Hardware-Erweiterungen im Handumdrehen auf 3 600 zu erweitern, wahrscheinlich auch um mehr, als es überhaupt Orgelstücke gibt)? Warum sich auf eine Crescendowalze verlassen, die der Orgelbauer eingestellt hat, wenn man dergleichen auch selbst digital vorprogrammieren kann? Und – der absolute Gipfel – warum selber spielen, wenn man statt dessen bei den Zuhörern im Publikum sitzen kann, weil ein eingebauter Recorder das vorher in Ruhe Aufgenommene herunter-playbackt? Warum – letzte Frage – ist der Organist eigentlich nicht Flugzeugkapitän geworden, wo er im Cockpit eines Airbus an noch viel mehr Knöpfen drehen kann?

Brechen wir das gerade gegebene Versprechen und stellen doch noch eine allerletzte Frage: Warum geraten Orgelfreunde so rasch in Panik, wenn es um technische Errungenschaften geht? Schön, der Spieltisch von Kaunzinger ist ein bißchen verrückt und dürfte manchen Gast mehr behindern als unterstützen. Den Klängen der Orgel fügt er nichts hinzu und nimmt ihnen auch nichts. Auf diese Klänge aber kommt es allein an. In Waldsassen breiten sie sich aus in stereophoner Stereophonie gewissermaßen, bieten ein Baden in sinfonischen Klängen, wenn der Organist die entsprechende Literatur spielt (zur Einweihung 1989 gab es Widor und Liszt). Ein Erlebnis ist dies zweifellos, wenn man sich auch fragen muß, ob sich die Effekte nicht doch zu sehr verselbständigen: Gebrause *auf Kosten* von Musik. So gesehen wirkt der Spieltisch sogar eher harmlos. Unsere Kinder werden ihn ohnehin bald ziemlich altmodisch finden. Jedenfalls ist das Verfallsdatum von Computern nicht zu vergleichen mit dem von Orgeln – nicht einmal in Waldsassen.

Europas Fest geistlicher Musik
St. Sebald und St. Lorenz in Nürnberg

St. Sebald, Hauptorgel: 3 Manuale, 72 Register – Peter (1975)
Chororgel: 1 Manual, 12 Register – Peter (1976)

St. Lorenz: Hauptorgel: 4 Manuale, 100 Register – Steinmeyer (1937),
letzte Restaurierung: Steinmeyer (1952)
Laurentiusorgel: 2 Manuale, 40 Register – Steinmeyer (1962)

Die gewerbliche Wirtschaft stellt ihre Produkte auf Messen aus, die Kunst hat dafür ihre Festivals. Für Orgeln und Orgelmusik liegt der Nabel der Welt, wenigstens der europäischen, jeden Sommer in Nürnberg. Die *Internationale Orgelwoche – Musica sacra*, in Insiderkreisen kurz ION genannt, tagt und nächtigt dort fast zwei Wochen lang mit einem breiten Angebot an Hochkarätigem aus dem Bereich der geistlichen Musik, mit Schaulaufen der Berühmtheiten und fleißigem Streben des Nachwuchses. Diesem dient der Orgelwettbewerb um den Johann Pachelbel-Preis, der alle zwei Jahre als Improvisationswettbewerb durchgeführt wird, bei dem die Berühmtheiten dann die Jury abgeben. »Europas Fest geistlicher Musik«, wie es im Programm heißt, hat als zeugenden

Vater den Organisten von St. Sebald, Werner Jacob, als nährende Mutter die Industrie mit ihrer bislang noch nicht erlahmten Bereitschaft, der Kunst unter die in dieser Hinsicht immer schwächer werdenden Arme zu greifen. Wenn man sich die Programme der letzten Jahre ansieht, die von reiner Orgelmusik bis zu Aufführungen großer Oratorien reichen, kann man nur hoffen, daß niemand auf den Gedanken kommt, auch hier noch sparen zu wollen. Es würde keinen Aufschrei in der Bevölkerung geben, aber es wäre eben das *einzige* Ereignis dieser Art, das seinen Halt verlöre.

Zwei bedeutende mittelalterliche Kirchen der alten Reichsstadt, die im Krieg nach den Exzessen der Nazis besonders schwer getroffen wurde, geben dem Fest den Rahmen: St. Sebald und St. Lorenz, beide zerbombt, aber beide wieder erstanden. In St. Sebald ging die bedeutendste Denkmalorgel der Region zugrunde, die Traxdorffsche Orgel aus dem Jahre 1440, die bis 1945 noch einiges von ihrem Klangmaterial bewahrt hatte. Heute gibt es nur noch ihren Roraffen, den Teufel, der die Zunge herausstrecken kann (»Ror« übrigens von »rühren« abgeleitet, d.h. in Bewegung setzen). Das Instrument der Firma Peter aus dem Jahre 1975 war von Anfang an für die liturgischen Aufgaben wie für Konzertzwecke gedacht. Es sollte breitgefächertes Literaturspiel ermöglichen, besonders auch moderner experimentierender Orgelmusik dienen. Die Disposition bietet entsprechend Altes und Neues – Altes vielleicht im Blick auf den großen Organisten am Ort, Johann Pachelbel († 1706), in Form von barocken Zungen (von der *Bärpfeife* bis zum *Rohrkrummhorn*), Neues in einem wahrhaft exotischen Aliquotenzoo, in dem eine *Septnone* und ein *Oberton* mit irrwitzigen Teiltönen (bis zum 8/13') aufwarten. Den Gipfel aber bietet ein Absperrschieber zur stufenlosen Regulierung des Winddrucks in sämtlichen Teilwerken, womit man den Orgelklang in ein sanftes Gewimmer oder auch Röcheln versetzen kann, wie es in avantgardistischen Werken gelegentlich vorgeschrieben wird. Daß die Orgel neben dem mechanischen einen elektrisch betriebenen fahrbaren Zweitspieltisch besitzt, von dem aus das ebenfalls fahrbare Positiv – eine Art bewegliches Rückpositiv also – zu bedienen ist, eröffnet natürlich optimale Möglichkeiten für Duo- bzw. Ensemble-Spiel. Auch die Aufstellung im Kirchenschiff bietet nicht nur dem Ohr gute Voraussetzungen, sondern auch dem Auge. Eitle Organisten wird es freuen; wer noch mit Nervosität zu kämpfen hat, blicke wenigstens nicht hinauf zum Roraffen mit seinem furchteinflößenden Gesichtsausdruck.

Ein ganz anderes Instrument findet sich in St. Lorenz. Hier hat trotz der schweren Bombentreffer im Kirchenschiff die Steinmeyer-Orgel des Jahres 1937 überlebt, jedenfalls mit ihrem wichtigsten Bestandteil auf der Westempore. Die einstige Anlage aus Hauptorgel, Schwalbennest (Laurentius-Orgel, weil hier ehemals die einzige Orgel der Kirche hing) und Chororgeln war mit ihren insgesamt 150 Registern die größte ›evangelische‹ Orgel Deutschlands und sollte zweifellos den katholischen Gigantismen etwas

Entsprechendes entgegensetzen. Andererseits zeigt ein Höreindruck auch heute noch, daß die Lorenzkirche in akustischer Hinsicht ungewöhnliche Probleme aufgibt. Niemand würde vermuten, daß in diesem Raum mit seinem gotischen Gewölbe ein Nachhall herrscht wie in einer Turnhalle. Der poröse Stein frißt den Schall förmlich weg (etwas physikalischer ausgedrückt: verwandelt die Schallwellen, besonders die kurzen, in Wärmeenergie). Man hat deshalb nach dem Wiederaufbau der Kirche ein Schwalbennest für den Gottesdienst errichtet, das sich freilich damals wie heute auch sehr gut für ein gemeinsames Konzertieren eignet (per Kopfhörer, um der Schallverzögerung ein Schnippchen zu schlagen). Das Hauptinstrument, ein Kind der Orgelbewegung, ist mittlerweile überholt und hat sogar 1980 eine damals hochmoderne Setzeranlage (zur Programmierung von Registrierungen) der Firma Siemens erhalten, kann aber sein Alter nicht verleugnen. Es bedürfte einer gründlichen Restaurierung, die der derzeitige Organist gegenüber der Alternative eines Neubaus favorisiert. Auch Orgeln der 30er Jahre werden allmählich zu Denkmälern, von denen nicht mehr allzuviele die Zeiten überstanden haben.

Von Kirchensteuer und Spendefreudigkeit

Ingolstädter Münster

4 Manuale, 69 Register – Klais (1977)

Reden wir einmal vom Geld! Nein, nicht von den Kosten des Ingolstädter Instruments, die kein Geheimnis, aber auch nicht besonders interessant sind (Domorgeln dieser Größenordnung liegen bei zwei bis drei Millionen DM). Etwas allgemeiner schon! Der englische Konzertorganist Nicolas Kynaston, der anläßlich der Einweihung der Orgel neben einer hochvirtuosen Liszt-Einspielung ein außerordentlich liebevolles Portrait des Instruments geliefert hat, bringt uns darauf. Orgeln dieser Qualität, so lesen wir dort, gebe es nur in Deutschland. Aber nicht weil nur hier gute Orgelbauer tätig seien, sondern weil man hier die Kirchensteuer habe, mit deren Hilfe Orgeln finanziert würden. Statt wie so häufig in England, Frankreich oder Italien vor einem Konzert Erste-Hilfe-Reparaturen zu leisten, um überhaupt spielen zu können, könne man sich in Deutschland statt dessen auf die Bank schwingen und üben. Am Rande ist notiert – gut gegen womöglich aufkommende Selbstüberschätzung –, daß man trotzdem oder vielleicht deswegen in Deutschland so viele langweilige Orgeln antreffe: Eher würdevoll als aufregend, läsen sich ihre Dispositionen »wie eine auswendig heruntergeleierte Litanei«.

Das sitzt! Aber deshalb glaubt man dem englischen Gast auch die andere Hälfte der Aussage. Geben wir zu, daß wir darauf nicht gekommen wären. Aber spielen wir den Ball auch noch etwas weiter. Haben wir das verdient? In der Festschrift zur Einweihung der Ingolstädter Orgel steht – wie in so vielen anderen auch –, man sei sich bei der Investition bewußt gewesen, daß es auch Aufgaben in Mission und Caritas gebe. Hier ist von einer anderen Form von Peinlichkeit die Rede. Nicht daß es mit dem Geld etwas arg glatt funktioniert, es könnte auch anders verwendet werden. Natürlich ist dieses Thema das Fest der Heuchler. Orgelfeinde, ob innerhalb oder außerhalb der Kirchen, verteidigen in diesem Fall immer herzzerreißend ein franziskanisches Armutsideal. Die Angegriffenen verweisen dann für gewöhnlich darauf, daß Panzer teurer seien – lassen wir das! Warum nicht das Eingeständnis, daß Orgeln wirklich ein Luxus sind, daß wir in Deutschland in den letzten Jahrzehnten viel Glück gehabt haben, deshalb auf niemanden herabsehen und uns eher fragen müssen, warum wir aus diesem Fundus nicht noch mehr gemacht haben. Zu schämen aber brauchen wir uns nicht. Orgeln gehören zu unserer Kultur, werden nicht nur von vielen gehört, sondern sind ein Angebot an alle und bewahren im Zeitalter der allgemeinen Verdummung durch die Massenmedien wenigstens eine ferne Erinnerung an den musischen Reichtum des Lebens, an Individualität, an Geniosität, an Qualität. Es gibt auch noch andere, die diese Fahne hochhalten (Theaterleute, Künstler, manchmal auch Wissenschaftler), aber die Orgeln tun es auch. Und eine kleine Korrektur müssen wir an den Ausführungen unseres englischen Gastes anbringen. Die Kirchensteuer trägt hierzulande keineswegs die Kosten, Kirche und Staat legen meist nur dazu, das meiste bringen die Gemeinden selbst auf – im Klingelbeutel und häufig auch in Großspenden. Schon viele kleingläubige Bauherren haben gestaunt, was man in ›materialistischen‹ Zeiten für Orgeln bekommt.

INGOLSTÄDTER MÜNSTER

Nachsicht von dem, der lieber etwas über die Ingolstädter Orgel lesen würde! Gerade sie hat das Thema eigentlich nicht verdient, weil man hier mit Geldern besonders verantwortungsvoll umgegangen ist. Das Vorgängerwerk von 1675, ein Instrument des Ingolstädter Meisters König (nicht aus der gleichnamigen niederrheinischen Familie stammend), das nach allerlei Eingriffen 1927 von Steinmeyer zu einer modernen Orgel umgebaut wurde, hat mit diesen Innereien zwar nicht überlebt, wohl aber mit einer ganzen Reihe von Registern. Wie bei den bedeutenden Meistern der Vergangenheit üblich, ist der noch gebrauchsfähige Bestand übernommen worden, ja man hat in einem Fall eine besonders schöne Flöte sogar rekonstruiert. Auch Regionalität gilt es zu erhalten, einem Instrument *sein* Gesicht zu geben oder zu wahren. Aber es gilt auch, Regionalität zu überschreiten, zum Nachbarn hinzusehen, wenn er etwas Besonderes zu bieten hat. In Ingolstadt hat man dies auf ganz ungewöhnliche Weise dadurch verwirklicht, daß man der Orgel ein Schwellwerk gab, das deutsche und französische Traditionen *nebeneinander* präsentiert, und zwar buchstäblich – es gibt nämlich zwei davon, obwohl man weder das eine noch das andere von außen sieht.

Gehen wir etwas systematischer vor! Die Ingolstädter Orgel zeigt in ihrem klassischen Prospekt (entworfen in Zusammenarbeit mit den Kölner Professoren Hillebrandt und Heiermann) nur Hauptwerk, Positiv und Pedaltürme, womit das riesige Ausmaß wie in einer optischen Täuschung verkleinert wird. Man hat es wirklich mit einem Zweiunddreißigfuß rechts und links zu tun, also mit Pfeifen bis zu zehn Metern Höhe. Kynaston hebt am Hauptwerk die breit mensurierten Prinzipale hervor, die einen herrlich vollen und sanften Klang erzeugen, zu dem sich die Trompeten, vor allem die in den Raum ragenden spanischen, wie ein Sonnenaufgang gesellen. Hinzu kommen Soloregister wie die *Flöte* 8' mit einem doppeltem ›Mund‹ (gerade sie ist der Nachbau des Steinmeyer-Registers), die den Farbreichtum begründen. Im Positiv findet man hohe Mixturen, satte Labiale und klangvolle Zungen fürs Gegenspiel. Die beiden Schwellwerke aber erweisen sich als Füllhörner an Solostimmen: links im französischen *Récit*, rechts im deutschen Schwellwerk. Das Geheimnis liegt schlicht in den Zungen und überblasenden Flöten à la Cavaillé-Coll auf der einen und den deutschen Streichern auf der anderen Seite – übrigens ein Lehrstück in den kleinen Unterschieden französischer und deutscher Romantik, die zunehmend ins Bewußtsein zu treten scheinen (nach der französischen Welle könnte eine deutsche kommen). Wiederum Kynaston schwärmt vom stereophonen Effekt, wenn man die beiden romantischen Apparate einander abwechseln läßt oder – wie er mit wundervollem, aber auch etwas britischem Nationalstolz meint – mit ihnen gemeinsam ein *englisches* Schwellwerk bildet. Der sanfte Flüsterton der deutschen Fernflöte und der schwarze Samt des französischen Prinzipals – so Kynaston zum Werk des Intonateurs Theo Eimermacher – erinnern übrigens daran, daß romantische Orgeln alles andere als ›Brüllorgeln‹ waren, wie ihre Verächter es mitunter sagen.

Laut sein kann diese Nachfahrin allerdings schon, sehr laut, aber auch sehr gepflegt laut in diesem Raum mit Rekordnachhall bis zu elf Sekunden. Übrigens hatte man beim Einbau der Emporen für die Vorgängerorgel im 17. Jahrhundert offenbar akustische Experimente angestellt, um die optimale Lösung herauszufinden. Man ließ Sänger auf Gerüsten in unterschiedlicher Höhe ihre Stimme erheben und kam schließlich zu den jetzigen Verhältnissen. Besser könnte man das heute auch nicht machen.

Der Reiz der Elektrizität

Passauer Dom

5 Manuale, 233 Register (bei 5 Orgeln) – Eisenbarth (1981)

Angesichts einer Orgel wie der im Passauer Dom stellt sich irgendwann einmal die Frage, wo bei dieser Art von Instrument die Grenzen des Wachstums erreicht sind und womöglich der Größenwahn beginnt. Mag sein, daß dem Laien die Anzahl von 233 Registern und 17774 Pfeifen, die 800 Kilometer verlegten Kabeldrahts oder die 25 Tonnen Gewicht allein der Hauptorgel mangels Vergleich nichts Genaues sagen – die Apostrophierung als größte Kirchenorgel der Welt in jedem Reiseführer, und beschriebe er ganz Passau auf nur einer halben Seite, wird bei den meisten Bewunderung, bei dem einen oder anderen aber auch Verunsicherung, ja Zweifel wecken. Allerdings geht die Bezeichnung als *die* Orgel an Entscheidendem vorbei. In Passau gibt es eben nicht *eine* Orgel, sondern nach sehr altem und sehr verbreitetem Brauch verschiedene, und zwar genau fünf. Dies ist *kein* Rekord. Im spanischen Toledo beispielsweise verteilten sich seit alters sieben Orgeln im Raum, im englischen Durham sechs, und das jeweils aus verständlichem Grund: Man konnte damals Orgeln nicht in der Größe bauen, die den Raum von Kathedralen hätten füllen können. Die Zahl war also letztlich eine Notlösung, im übrigen mit dem Vorteil verbunden, daß es auch in direkter Nähe des gerade ertönenden Instruments nicht *zu laut* wurde. In Passau hat man allerdings andere Ziele verfolgt, wollte gerade das Zusammenspiel, wie die Zusammenfassung aller Teilwerke auf einem einzigen Spieltisch zeigt. Die Passauer Orgel, wie jede ein Kind ihrer Zeit, erstrebt nicht unbedingt die größte Registerzahl, sondern eher die gleichzeitige Beherrschung aller Klangmöglichkeiten durch einen einzigen Organisten. *Dies* war niemals zuvor erreichbar gewesen, zur Voraussetzung gehört vielmehr die Elektrizität. Als sie seit dem Beginn unseres Jahrhunderts das Leben zu beherrschen begann, war der Reiz da.

Man hat ihm also nachgegeben. 1928 vollendete die Firma Steinmeyer ein Werk, das nicht einfach eine Großorgel darstellte, wie sie damals eher bereits aus der Mode kam, sondern eine Art Zusammenfassung dessen, was eine Orgel an Klängen bieten kann. Wie wohl bei keinem anderen Projekt hatte man Fachleute um Rat gefragt. Karl Straube, Thomaskantor im fernen Leipzig, und der Organologe Christhard Mahrenholz aus Göttingen, übrigens wie der Orgelbauer selbst alle evangelisch, durften mitdisponieren und taten es. Was man letztlich anstrebte, war eine Universalorgel für die gesamte Literatur der Vergangenheit und der Gegenwart, auch entfernter Regionen, und all dies spielbar auf jeweils optimalen Werken. Diese Konzeption erwies sich als so verlockend, daß man sie eine Generation später wiederholte, nachdem die technischen Mängel vor allem im Bereich der Windladen (Steinmeyers Taschenladen) nicht mehr zu reparieren waren. Die heutige Domorgel stammt aus dem Jahre 1981, wurde von Wolfgang Eisenbarth und Sohn Ludwig aus Passau – der Vater hatte einst bei Steinmeyer mitgearbeitet und kannte die Verhältnisse genau – unter Verwendung des Prospekts und alten Pfeifenmaterials erbaut. Die Übernahme hält sich jedoch in Grenzen, weil mittlerweile das

Klangideal einen Wandel von spätromantischer Grundtönigkeit zu neobarocker Helle vollzogen hatte. Das technische Innenleben (mit seinen modernen Schleifladen) wurde völlig erneuert. Aber es ist keine Frage: Ohne die Vorgabe der Steinmeyer-Orgel wäre das Riesenwerk nicht (noch einmal) entstanden.

Blicken wir also weiter hin und her zwischen Steinmeyer und Eisenbarth, zwischen alter und neuer Orgel. Steinmeyer hatte die Hauptorgel als eigentliche Universalorgel konzipiert, ihr mit 106 Registern und drei Manualen eine Größe gegeben, die angesichts des Doms durchaus im Bereich des Normalen lag. Daß sie in den alten Prospekt des Instruments von Johann Ignaz Egedacher aus dem Jahre 1731 paßte, in dem einmal 39 Register standen, verdankt sich der Tatsache, daß man den Raum vor dem einst freiliegenden Mittelfenster nun miteinbezog. Zu diesem Riesen aber traten zur Rechten und zur Linken flankierend weitere komplette Orgeln. Was bis um 1860 als Schwalbennester (ebenfalls von Egedacher) an den Vierungspfeilern hing und zur alten Konzeption einer akustischen Beherrschung des Gesamt*raums* gehörte, rückte nun auf die Seitenschiffemporen, um den Gesamt*klang* zu ergänzen. In Altarnähe baute man zur Begleitung der Liturgie eine Chororgel und schließlich ins Dach des Mittelschiffs mit entsprechender Öffnung (dem Heilig-Geist-Loch) eine schwellbare Fernorgel. Genau diese Konzeption wurde von Eisenbarth übernommen, so sehr, daß man rein äußerlich den Neuanfang kaum bemerkt. Man hat allerdings die Umstände genutzt, um das Grundprinzip auf den neuesten Stand zu bringen.

Die Hauptorgel besitzt nun 126 Register auf vier Manualen plus Pedal und kann – auch dies eine Neuerung – in einer Reduktion auf 77 Register auch von einem mechanisch betriebenen eigenen Spielschrank aus bedient werden. Wieder entstand eine Universalorgel, die diesmal jedoch eher das klassisch-barocke Repertoire mit romantischen Ingredienzen, auch französischer Herkunft, mischte. So ist das Schwellwerk als Bombardwerk in Anlehnung an Cavaillé-Coll angelegt, das Brustwerk enthält zahlreiche Solostimmen (süd)deutscher Tradition, das Pedal ist mit seinen drei 32'-Registern und sieben Sechzehnfüßen denkbar gravitätisch ausgestaltet. Alle weiteren Orgeln setzen mit ihrer stilistisch bewußt ›regionalen‹ Ausgestaltung Steinmeyers Vorgaben fort bzw. übernehmen sie. Die Epistelorgel zur Linken (25 Register) zeigt italienische, ja altitalienische Züge und enthält Stimmen, von denen selbst Fachleute selten oder nie gehört haben. Im Hauptwerk gibt es eine *Amorosa*, im Positiv eine *Divinare*, im Pedal eine *Buccina* – man ist wirklich nach Italien gefahren, um sich Anregungen an der Quelle zu holen. Genauso verdankt sich die Evangelienorgel zur Rechten (ebenfalls 25 Register) dem damaligen Stand französischer Orgelbaukunst, mit Stimmen wie der *Flûte de Vienne*, *Voix angélique* oder dem *Cor de nuit* sowie einem Bombarden- und Cornettwerk (mit erhöhtem Winddruck). Die dank der damaligen Orgelbewegung norddeutsch-barock disponierte Chororgel (35 Register) hat man kaum angetastet, die Vorgaben von Mahrenholz vielmehr pietätvoll übernommen – allerdings besitzt das Werk jetzt drei statt der ursprünglichen zwei Manuale. Schließlich blieb die Fernorgel (19 Register) als Nonplusultra romantischen Klangs – mit einem der insgesamt vier Glockenspiele – völlig erhalten.

Die heutige Passauer Domorgel ist also auf gewandelte Weise die alte, vielleicht noch reizvoller als diese, als Idee aber weiterhin Kind der Technikbegeisterung des frühen 20.

Jahrhunderts. Natürlich kamen bei der Umsetzung dieser Idee Superlative zustande, und es klingt ein wenig nach Abwiegeln, wenn einer der Verantwortlichen 1981 schrieb: »Die Domorgel ist nicht als die größte Kirchenorgel gebaut worden. Die eigen- und großartige Akustik des kuppelreichen Passauer Doms hat von jeher eine mächtige, farbenreiche Chor- und Orgelmusik notwendig gemacht. So baute man eine Orgel nach den Bedürfnissen des Domes, dann fand es sich, daß sie die größte Kirchenorgel wurde.« Zu den »Bedürfnissen des Domes« hätte ein wesentlich kleineres, aber verteilt aufgestelltes Instrument ebenfalls ganz gut gepaßt – man denke nur an die einzigartige Lösung im Salzburger Dom, wo zur Hauptorgel im Westwerk Teilwerke an allen vier Vierungspfeilern gehören, aber alle auch nur einzeln spielbar. Nein, nicht Bedürfnisse, sondern etwas anderes war in Passau ausschlaggebend, wenn man schon davon absieht, daß nur die »größte Kirchenorgel der Welt« (von Mai bis Oktober) täglich bis zu 1000 Zuhörer um die Mittagsstunde ins Konzert lockt: die Orgel in ihrem künstlerischen Reichtum zu zeigen, in ihrer Monumentalität ebenso wie in ihrer Regionalität, im Beitrag der Zeiten und im Beitrag der anderen. Die Organisten, vor allem die Gäste, finden als Spielhilfe eine Programmiermöglichkeit mit neuerdings 4000 Registrierungen vor, um den Reichtum wirklich nutzen zu können. Man kann dann im Geiste oder besser: mit dem Ohr durch Europa wandern, auch im Jet-Set-Zeitalter so nirgends sonst erlebbar. Ohne Elektrizität wäre es nicht möglich, Größenwahn ist es nicht.

Ein kleiner unerfreulicher Nachtrag! Im Orgelbau *hat* es Größenwahn gegeben, pure Rekordsucht und sogar Schlimmeres. Als zunächst der pneumatische Barkerhebel und schließlich die Elektrifizierung die Schranke der Spielbarkeit einmal niedergerissen hatten, setzte sofort die Jagd auf die meisten Register ein. Walcker machte als erster 1856 im Ulmer Münster das Hundert voll, Cavaillé-Coll folgte prompt 1862 mit der gleichen Traumzahl für Saint-Sulpice in Paris. Sauer, damals schon unter Leitung eines der Walcker-Brüder, baute 1913 für die Breslauer Jahrhunderthalle schon fast das Doppelte, ganze 187 Stimmen. Gut, daß die Amerikaner der weiteren Rekordsucht damit ein Ende bereiteten, daß man 1935 in der Convention Hall in Atlantic City 455 Register auf sieben Manualen unterbrachte und damit jedem halbwegs vernünftigen Orgelplaner den Appetit auf Übertrumpfung verderben mußte. Größer wurde keine Orgel mehr, aber dem Protz war damit dennoch nicht sein Ende bereitet. In Deutschland waren es die Nationalsozialisten, die wie so vieles andere auch die Orgel mißbrauchten. Es gab auch auf diesem Feld bereitwillige Helfer, die das bauten, was die Herrenmenschen wollten, z.B. eine 220-Register-Orgel für die Kongreßhalle der Reichsparteitage in Nürnberg, ›eingeweiht‹ im Oktober 1936. Wenigstens war der Prospekt unüberbietbar häßlich: die Pfeifen in Reih und Glied, ohne jede gestalterische Idee, nur so viele wie möglich. Die Bomben machten dem ein Ende – es wird wohl niemand einen Wiederaufbau für nötig halten.

Lebendige Tradition oder Historismus?

Münchener Liebfrauendom

4 Manuale, 95 Register – Jann (1994)

Wer einmal in Stralsund gewesen ist, wird sich in München die Augen reiben: der gleiche Aufbau bei perfekter Verwandlung des barocken Zierrats in zeitgenössischem Dekor. Georg Jann, der Erbauer, hat es auch selbst zum Ausdruck gebracht. Nach seiner Restaurierung der großen Stellwagen-Orgel in der norddeutschen Marienkirche sollte die fast 350 Jahre später entstandene süddeutsche Schwester am Glanz der alten Zeiten partizipieren. Das neue Instrument durfte sogar noch ein wenig größer ausfallen: Der Zweiunddreißigfuß des Pedals steht ab *D* im Prospekt, nur je eine Pfeife fehlt rechts und links zur vollen Größe. Aber es sollte keine geklonte Kopie herauskommen, sondern die Übersetzung von deren Geist in die Gegenwart. Lebendige Tradition wäre dafür das Etikett. Andere sagen: bloßer Historismus, das Ende der Fahnenstange im Orgelbau. Wer hat recht?

Ohne auszuweichen, eine Bemerkung vorweg! Es gibt nicht nur richtige und falsche Antworten, es gibt auch richtige und falsche Fragen. Und mitunter gibt es sogar richtige Antworten auf falsche Fragen. Zur Sache: Orgelbauer wollen Orgeln bauen wie Geigenbauer Geigen. Niemand kommt auf die Idee, einem Geigenbauer Historismus vorzuwerfen, weil er Geigen in der Form baut, wie man sie jahrhundertelang zuvor auch gebaut hat. Natürlich braucht der Mensch nicht unbedingt Geigen zu seinem Glück, manch einem bekommen E-Gitarren besser. Und natürlich muß man nicht unbedingt Orgeln bauen, aber wenn man Orgeln haben will, sind Spielregeln zu beachten, die sich nicht beliebig verändern lassen, ohne daß etwas anderes herauskommt, vielleicht etwas Schöneres, aber keine Orgeln. Seit es das Instrument gibt, hat man die Alternativen erprobt: obertöniger oder grundtöniger, à la Concerto grosso oder sinfonisch, heller oder dunkler – dies wäre in etwa der Pool, aus dem man sich bedienen kann, und zwar mit immer neuen Einfällen oder in stupider Wiederholung. Aber warum soll sich ein Orgelbauer, der im 20. Jahrhundert und mit den Mitteln des 20. Jahrhunderts barocke Prinzipien abwandelt, als historistisch beschimpfen lassen? Warum kann die Frage nicht schlichter gestellt sein und lauten: Wie lassen sich *gute* Orgeln bauen? Und – schließlich – warum soll man mit einem solchen Bau nicht die richtige Antwort auf eine falsche Frage geben?

Jann hat es jedenfalls zusammen mit dem Organisten der Frauenkirche, Franz Lehrndorfer, versucht. Zum Beispiel stand nach der allerletzten, peinlich kurz zurückliegenden Konzeption von 1955/1957 fest, daß man die große Kirche nicht füllen kann, wenn man das Werk, um das Westfenster freizulassen, an die Seitenwände quetscht. Damals hatte man die Orgel noch so sehr als Fremdkörper angesehen, daß man sogar die schönen zinnernen Prospektpfeifen schummrig-grau anstrich, um sie schamhaft verschwinden zu lassen. Mit der Überzeugungskraft des Mißerfolgs im Rücken konnten tatsächlich die Denkmalschützer für ein Konzept gewonnen werden, das sich auch an der Akustik orientiert. Das Instrument durfte nicht nur erstmals das Fenster verdecken, sondern sogar ins Kirchenschiff hineinragen. Das Ohr wird es dem Auge danken, wenn man nicht ohnehin der Meinung ist, daß diese Fassade genau so viel Schönes bietet wie ein Fenster. Was aber bekommt das Ohr zu hören? Versenken wir uns in die Disposition, die mit ihren 95 Stimmen schon ein wenig schwindelerregend wirken kann, im Grunde aber übersichtlicher ist, als es auf den ersten Blick aussieht. Stellen wir einmal eine beantwortbare Frage: Was erkennt man an einer Disposition?

Nicht unbedingt den Klang, jedenfalls nicht dessen ›Schönheit‹, wohl aber dessen Art. Am besten schaut man dazu nicht auf die Namen der Register, sondern auf die Zahlen hinter diesen. Sie reichen von 32 bis 1, dazwischen ein paar Brüche. Zwei Dinge interessieren als erstes: Was sind die größten Zahlen, und wie verteilen sich die großen und die kleinen? In München findet man (wie überall) die größten im Pedal, und zwar als drei 32'-Register (es kommt sogar noch eines hinzu, weil eines der 16'-Register zusammen mit der Quinte 10 2/3' aus physikalischen Gründen den eine Oktave tiefer liegenden Teilton bildet: ein höchst interessanter Trick, wenn man bedenkt, daß ein offener Zweiunddreißigfuß aus Zinn allein soviel kostet wie ein kleines Einfamilienhaus). Dies zeigt: Es gibt ein sehr kräftiges, ja wahrhaft majestätisches Fundament – nur in sehr großen Kirchen braucht man überhaupt so tiefe Pfeifen, und *ein* Zweiunddreißigfuß ist schon viel. Übrigens bezeichnet man manchmal Orgeln nach diesem tiefsten Register: Eine 32'-Orgel ist immer ein sehr großes Instrument. In München aber haben auch die Manuale ein tiefes Fundament. Das Hauptwerk steht auf 16'-Basis, was ebenfalls nur in großen Kirchen sinnvoll ist (ansonsten genügt 8'-Lage), alle anderen Teilwerke bis zum Rückpositiv auf 8'-Basis (letzteres steht häufig nur auf 4'-Basis). Soweit die Basis, die deutlich die Größenordnung widerspiegelt. Nun zum eigentlichen Aufbau.

Barocke Orgeln (jedenfalls die frühen in Norddeutschland) hatten verhältnismäßig wenige tiefe Register und verhältnismäßig viele hohe, also wenige in 16'- und 8'-Lage, viele in 4'-, 2'-, 1'-Lage samt den hohen Quinten (2 2/3', 1 1/3') und Terzen (3 1/5', 1 3/5') bzw. den daraus gemischten Stimmen wie das *Cornet* und vor allem die krönenden Mixturen, die also pro Ton mehrfach besetzt sind (z.B. »4f.«, d.h. vierfach, bei französischen Orgeln als römische Ziffern, also IV für vierfach). In München erkennt man eher ein Gleichgewicht. Im Hauptwerk finden sich 9 in der ersten, 8 in der zweiten Gruppe, im Schwellwerk liegt das Verhältnis bei 12:11, nur Rückpositiv und Positiv haben einen größeren Anteil an hohen Stimmen (man sagt: sie sind steiler disponiert). Schließlich fängt in jedem Teilwerk die Zählerei von tief bis hoch noch einmal von vorne an, und zwar beim zweiten Durchgang für die Zungen (vorher sind die Labiale aufgereiht). Im Barock lag der Zungenanteil deutlich niedriger als später in der Romantik, wo er mehr als ein Viertel des Gesamtbestandes erreichen konnte. Auch in München ist der Anteil hoch und zeigt damit, wohin sich die Orgel ›bewegt‹.

Dies das Grundprinzip, das man dann noch genauer lesen kann, vor allem daraufhin, welche Bauart die jeweiligen Register besitzen, ob sie normal (Prinzipale), eng (Streicher), weit (Flöten) oder als Gedackte (mit oben geschlossenen Pfeifen) angelegt sind und damit eine ganz bestimmte Klangcharakteristik aufweisen. Hier bedarf es freilich der meisten Übung, weil die Registernamen nicht immer so schön sprechend ausfallen wie etwa bei der *Hohlflöte*, die eben eine Flöte darstellt, oder vielleicht noch bei der

Gambe, an der man den Streicher erkennt. In München sind die Chöre recht ausgewogen, wobei Jann selbst eine Akzentuierung hervorhob. Er hat sich bei den Streichern an das Vorbild der *deutschen* Romantik gehalten, direkt an Friedrich Ladegast. Es sollte ausdrücklich keine übermäßig französische Orgel herauskommen, von der nur das Wichtigste (z.B. das Chamade-Werk, also die sehr kräftigen liegenden Trompeten, die Cornetts sowie einige Zungen) übernommen wurde. Insgesamt also handelt es sich bei aller Fülle letztlich doch um eine Auswahl, bei allen Anleihen nicht um bloße Kopie. Für die liturgischen Bedürfnisse im Chorraum hat man im übrigen der Hauptorgel eine traditionellere Schwester mit betont ›barocker‹ Auslegung an die Seite gestellt. Sie ist mit der Hauptorgel zusammen zu spielen, über eine Walze auch umgekehrt. In Kirchen dieser Größenordnung kann man mit *einer* Orgel, auch mit der mächtigsten, nicht alle

Aufgaben lösen. Schon seit langem stand deshalb in München immer ein Doppel zur Verfügung. Aber anders als in Passau und in Waldsassen handelt es sich weniger um ein Gesamtkonzept denn um eine Aufgabenteilung. Die große Orgel ist schon als solche eine Welt für sich.

Wer nach all dem hinsichtlich lebendiger Tradition und bloßem Historismus immer noch seine Zweifel hat, mag sich in weiteren Kirchen Münchens umsehen. Die im Krieg schwer zerstörte Stadt konnte kaum historische Substanz retten, mußte also viele Neubauten errichten. In St. Michael wurde immerhin 1983 von der Firma Sandtner der Prospekt der Fux-Orgel aus dem Jahre 1697 rekonstruiert und mit einem großen neuen Werk (4 Manuale, 64 Register) versehen. Als bedeutende Neubauten der 70er und 80er Jahre wären die Mühleisen-Orgel der Abteikirche St. Bonifaz (1976) zu nennen, in deren Prospekt die Pfeifen wie Mikado-Stäbe angeordnet sind, und das von der Firma Klais stammende Instrument für St. Anna (1980), das aus akustischen Gründen in die Brüstung des Westchors gesetzt ist und neben modernen Stimmen solche aus der Silbermann-Tradition bietet. 1992 entstand für die Pfarrkirche Heilige Familie ein ›französisch‹ disponiertes Werk der kleinen Orgelfirma Riegner und Friedrich sowie 1997 die ebenfalls in sinfonisch-romantischem Stil errichtete Orgel für St. Franziskus von der niederländischen Firma Jan L. van den Heuvel. Nicht vergessen sein soll auch die kleine Orgel fürs Deutsche Museum mit ihrer norddeutschen Stilistik, die Jürgen Ahrend 1995 schuf. Bewahrendes und Experimentelles also insgesamt, jedenfalls Vielfalt – und dies in einer einzigen Stadt.

Ein Fuchs, der eine Gans jagt

Ehemalige Klosterkirche Fürstenfeldbruck

2 Manuale, 27 Register – Johann Fux (1736), letzte Restaurierung: Sandtner (1978)

Wenn Orgeln geweiht werden, bevor die Kirche fertiggestellt ist, kann irgend etwas nicht stimmen. Tatsächlich trifft man in der Geschichte des Zisterzienserstifts Fürstenfeldbruck auf noch mehr Ungewöhnlichkeiten. Als Sühneleistung für die übereilte Hinrichtung einer angeblich untreuen Gattin im 13. Jahrhundert entstanden, sollte das Stift es nach dem Willen des Wittelsbacher Kurfürsten im 18. Jahrhundert mit dem Escorial aufnehmen wie die Höfe der Zeit mit Versailles. Das Projekt endete in einer ungeheuren Verschuldung, die zu äußerster Sparsamkeit zwang. Natürlich war davon besonders die Orgel betroffen. Man wählte also einen regionalen Baumeister aus dem zweiten Glied und machte zur Bedingung, die Vorgängerorgel vom ehemaligen Lettner so weit wie möglich mitzuverwenden. Für die vielen Fenster im Westen war damit das Schicksal besiegelt. Keine wirkliche Neukonzeption für diese Kirche also, keine Lösung wie wenig später in Weingarten. Immerhin kam noch ein schöner Prospekt zustande mit der zisterziensischen Marienstatue ganz oben als optisches Echo auf

das Gemälde ihrer Auffahrt in den Himmel über dem Ostaltar. Als die Orgel 1736 fertig war, werkelte man in der Kirche noch mehrere Jahre bis zur Weihe. Bezahlt war schließlich weder das Haus noch dessen Inventar. Wenn man heute im Spieltisch über dem zweiten Manual einen Fuchs erblickt, der eine Gans jagt, könnte dies den Vorahnungen des Orgelbauers entsprochen haben. Der Name des Orgelbauers kommt dem tierischen Jäger sehr nahe, und im Wappen der Zisterzienseräbte findet sich u.a. das gejagte Federvieh.

Sparsamkeit also, aber in erster Linie an dem, was man selbst herstellen konnte wie z.B. alle Holzarbeiten. Die Orgeln in Süddeutschland waren im übrigen durchweg kleiner als in Norddeutschland. Ochsenhausen oder Weingarten, Ottobeuren oder Neresheim sind die wenigen Ausnahmefälle, die das Bild verzerren. Schon zweimanualige Orgeln stellen in dieser Region eine Seltenheit dar, und dies nicht unbedingt aus Sparsamkeitsgründen. Die Instrumente im katholischen Süden hatten eine andere Funktion als im protestantischen Norden. Die Liturgie war hier viel üppiger, der gregorianische Gesang beherrschend, so daß der Orgel bescheidenere Aufgaben blieben: hauptsächlich Intonation und Überbrücken ›stummer‹ Handlungen durch musikalische Einsprengsel, die der Organist durchweg improvisierte. Im Süden gab es nicht das selbständige Spiel, nicht die Zeit für die großen Choralintonationen oder gar ausgewachsenen Präludien und Fugen zu Beginn oder Schluß des Gottesdienstes. Das Wort von der ›Orgelpredigt‹ ist im protestantischen Norden aufgekommen, im Süden hätte es schon deshalb keinen Sinn gemacht, weil hier auch die Predigt von untergeordneter Bedeutung war. Ein Gottlieb Muffat gehört hier zu den Meistern, dessen Werke den Erfordernissen genau entsprachen: kleine Stücke mit harmlosem harmonischem Aufbau, mit Imitationen im melodischen Bereich, durchsichtig, etwas verspielt – kein Buxtehude oder Bach. Im Pedal brauchte man hier nur ein paar Liegetöne, eineinhalb Oktaven genügten fast überall. In Italien, auch in den großen Kirchen, war man noch bescheidener. Oft reichte hier ein einziges Manual, und das Pedal fehlte völlig. In Italien singt man eben.

So gesehen wundert man sich eher, mit wieviel Kunst ein Meister wie Fux unter diesen Umständen gebaut hat – auch da, wo man es weder hört noch sieht. Die 27 Register, die letztlich zusammenkamen, waren wohlbedacht. Sie sind genau nach dem goldenen Schnitt auf die beiden Manuale und das Pedal verteilt: 27 insgesamt, 19 davon für die Manuale, die sich wiederum in 11 für das Hauptwerk und 8 für das Positiv aufteilen. Und diese kleine Zahlenspielerei (nichts für mathematisch weniger

Begabte wie die beiden Verfasser dieses Buches) ist noch harmlos. Auch der Aufbau der Mixturen in den drei Teilwerken gestaltet sich auf atemberaubend komplizierte Weise symmetrisch. Wir wollen etwas Einfacheres hervorheben. Bei so geringer Registerzahl mußte sich der Orgelbauer genau überlegen, wie er neben den solistischen Möglichkeiten an ein Plenum kam, das einigermaßen den Raum füllt. Die süddeutsche Orgel kennt fast nur labiale Register und diese bevorzugt in der grundtönigen 8'-Lage (im Oberwerk allein vier davon). An Zungen gibt es nur eine einzige, und zwar als tiefe 16'-Stimme im Pedal. Aber man hat sich etwas einfallen lassen. Betont wurden nämlich die lauten Mixturen, und nicht nur hinsichtlich ihres Einbaus überhaupt, sondern auch hinsichtlich ihrer Aufstellung im Gehäuse. Sie stehen ganz vorn, teilweise im Prospekt, um so wenig wie möglich an Kraft einzubüßen, zumal man den Winddruck niedrig hielt (60-65 mm Wassersäule), um alles Schrille zu vermeiden. Im übrigen scheint die großzügige Aufstellung der Register im Gehäuse dem Klangvolumen zu bekommen, obwohl viele Orgelbauer eine enge Aufstellung für günstiger halten.

Mit all dem wurde die ›Sparorgel‹ von Fürstenfeldbruck jedenfalls die größte Orgel Oberbayerns, im Rahmen der regionalen Tradition also durchaus etwas Besonderes. Als das Kloster 1803 aufgegeben wurde, kam die kritische Phase, die hier sogar noch kritischer verlief als anderswo. Das riesige Gebäude wurde um ein Haar freigegeben, um der bayerischen Artillerie als Zielübung zu dienen. Im letzten Augenblick nahm der König wenigstens die Kirche als Landhofkirche in seinen Besitz (das Kloster wurde Kaserne und später Polizeischule), ohne jedoch Geld für irgendwelche Sanierungsmaßnahmen auszugeben. Wie so oft rettete dies der Orgel jedoch das Leben. Bis zur Deklarierung als Filialkirche der Ortspfarrei blieb der gesamte Komplex im Dämmerzustand erhalten, was dem Instrument nur ein paar kleinere Umbauten eintrug. Als 1978 die Restaurierung erfolgte, wollte der bayerische Staat nur für denjenigen Bestand aufkommen, der bei der Übernahme im Jahre 1803 zur Orgel gehörte: ein rein administrativer Gesichtspunkt, der aber mit dem Plan einer Rückführung des Instruments auf seinen historischen Ursprung praktisch zusammenfiel. Die Firma Sandtner konnte die wenigen Veränderungen rückgängig machen und sieben verlorengegangene Register rekonstruieren.

Die größte historische Orgel der Region ist also gerettet und zeugt heute von der eindrucksvollen Klangkultur eines Werktyps, der gegenüber seinen norddeutschen Geschwistern auf den ersten Blick so chancenlos wirkt und aus diesem Grund in den letzten Jahrzehnten auch noch weitgehender vernichtet wurde als die Instrumente im Norden. 27 Register, andernorts gerade für eine Chororgel ausreichend, können indes einen bezaubernden Klang ergeben. Die vielen Konzerte, die mittlerweile hier stattfinden, bestätigen es. Man sollte allerdings möglichst die Sommermonate nutzen, im Winter kann es hier empfindlich kalt werden.

Lumen caecis!

Abteikirche St. Ottilien

Chororgel: 2 Manuale, 17 Register
Hauptorgel: 3 Manuale, 48 Register – Sandtner (1994)

Wenn man Germanistikstudenten die Aufgabe stellt, sich ein Tischgespräch von Martin Luther in der Originalausgabe anzusehen, verwandelt sich die anfängliche Begeisterung regelmäßig alsbald in Entsetzen. Der Text ist lateinisch, obwohl der Reformator sich bei dieser Gelegenheit immer deutsch ausgedrückt hat. Der Grund: Es wurde mitgeschrieben, aber stenographische Zeichen existierten seit der Antike nur fürs Lateinische – daher stets die simultane Übersetzung ins bequemere Idiom. Die Römer waren eben erfinderisch gewesen, und Europa hinkte jahrhundertelang hinterher. Aber nicht in der Musik. Die *Noten*schrift stammt nicht von den Römern, sondern aus den mittelalterlichen Klöstern. Und selbst wenn ein Grieche einst die Orgel erfunden haben sollte und die Römer sie in ihren Stadien zum Spektakel benutzten: Die Orgel*musik* hat sich ebenfalls im benediktinischen Mönchtum entwickelt. Hier kam es zu jener Fortbildung des jüdischen Psalmengesangs zum gregorianischen Choral, der das Stundengebet den Tag über begleitete und in den Messen einen weiteren Höhepunkt fand. Und hier kam es auch zur Einbeziehung des Instruments als Partnerin des Gesangs, wobei der Orgel früh das Monopol zufiel – auf der Reichenau stand schon im 9. Jahrhundert ein kleines Werk. Als dann die rasante Entwicklung einsetzte, Chor und Orchester entstanden und die weltliche Musik der geistlichen den Rang ablief, gerieten die Anfänge in Vergessenheit. Aber die Mönche sind noch da. In einem benediktinischen Kloster erklingt heute noch ihr Gesang wie ehedem, und heute noch hat die Orgel dabei die Funktion der Unterstützung.

So ist es auch in St. Ottilien, obwohl dieses Kloster eine junge Gründung darstellt, die sich eine für Benediktiner eher ungewöhnliche Aufgabe gestellt hat: die Mission. Aber zu Hause versammelt man sich wie alle anderen Ordensleute auch täglich zu Chorgebet und Messe. Unter den Gesängen gab es immer verschiedene Formen, die zu unterschiedlicher musikalischer Gestaltung führten. Lesungen wurden im schlichten Lektionston vorgetragen, ein Jubelgesang wie das Halleluja einem Solisten überlassen. In der Messe gibt es die einfachen Wechselgesänge zwischen Priester und Gemeinde, den etwas kunstvolleren Vortrag der Präfation durch den Priester und das Sanctus als Lied der Gemeinde. Den Löwenanteil aber machen die Psalmen aus, die von den Mönchen im Wechselgesang vorgetragen werden: Halbvers für Halbvers. Man hat früh kleine Intonationen erfunden, um das Treffen des rechten Tons zu erleichtern – und hier besonders setzt das Instrument ein. Die Orgel kann dabei nicht nur für den richtigen Ton sorgen, sondern auch den Charakter des Psalms in einem Vorspiel andeuten: festlich, zerknirscht, wehmütig, selbstbewußt und vieles andere mehr. Und weiter kann sie die Gemeinde unterstützen, wenn sie an der Messe der Mönche teilnimmt, ihre Lieder begleiten und für feierliche Ein- und Auszüge, für meditative Ruhepunkte und wiederum vieles andere mehr sorgen.

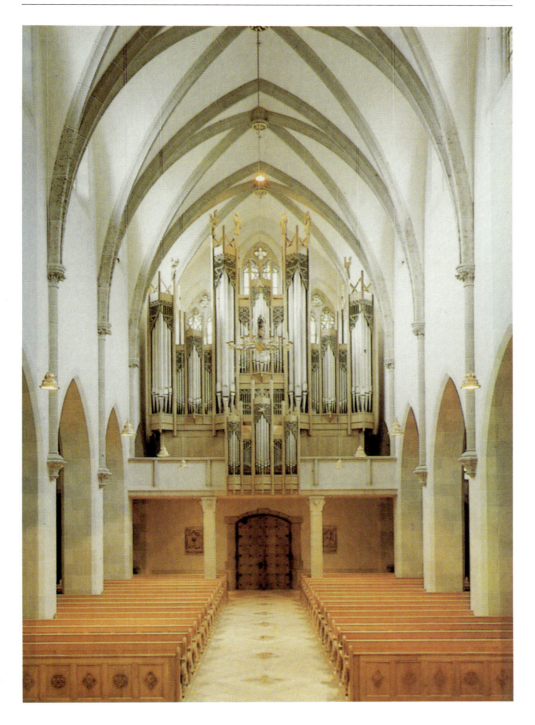

Während in Kathedralen und Pfarrkirchen die Messe und neuerdings auch das Konzert die Hauptakzente musikalischer Entfaltung bieten, sind es in St. Ottilien also die liturgischen Anforderungen der Benediktinermönche. Fast die wichtigste Orgel ist deshalb die kleinere, im nördlichen Seitenschiff, die trotz ihrer nur 17 Register selbst wieder auf zwei Gehäuse verteilt ist. Der Organist hat das Hauptwerk samt Pedal vor sich, das Schwellwerk im Rücken. Letzteres strahlt vor allem in das südliche Seitenschiff ab und unterstützt die dort singenden Mönche. Ersteres erfaßt optimal den vorderen Teil des Hauptschiffs, wo sich eine kleine Gemeinde aufhalten kann. Für die sonn- oder festtäglich gefüllte Kirche hat man im Westen die Hauptorgel mit ihren 48 Registern errichtet, natürlich mit eigenem Spieltisch auf der Empore. Der Organist kann sie aber auch mit ihrem lautesten Bestandteil, dem Hauptwerk und Pedal, in vier Klangkombinationen (Flöten, Zungen, Plenum, Tutti) vom vorderen Spieltisch aus spielen. Auf diese Weise ist etwa ein feierlicher Einzug zur Vesper zu gestalten, während der folgende Psalmengesang dann vom Schwellwerk mit seinen abwechslungsreichen Intonationsmöglichkeiten begleitet wird.

Insgesamt hat man das Orgelensemble nicht unbedingt auf den verrufenen ›Kompromiß‹ oder auf ›Universalität‹ hin angelegt, aber doch auf eine Eignung für breites Literaturspiel. Vor allem die Große Orgel enthält mit ihrem neobarocken Rückpositiv, ihrem süddeutsch geprägten Hauptwerk – in Ottobeuren, Weingarten oder Neresheim stehen Instrumente mit enormer Farbigkeit im Bereich der labialen 8'-Register – und ihrem französischen Schwellwerk eine große Palette an Klangmöglichkeiten. Das Schwellwerk steht dabei über dem Hauptwerk und kann somit alle anderen Teilwerke ›überstrahlen‹ – ein sehr schöner Effekt. Im übrigen hat man sich bei der Prospektgestaltung zurückhaltend konservativ verhalten. In der neugotischen Kirche wirkt der gotisierende Dekor mit den an barocke Traditionen erinnernden krönenden Figuren wie aus einem Guß. Nachdem die Benediktiner 1803 aus so vielen Klöstern ausziehen mußten, haben sie in St. Ottilien die alten Traditionen erneuert. Im Notenpult der Chororgel findet sich das Motto der Ottilianer: *lumen caecis*, den Blinden das Licht, natürlich das Licht des Glaubens. Ihm aber dient auch der Klang, der jedenfalls die Ohren öffnet.

ABTEIKIRCHE OTTOBEUREN

Ein reicher Schwabe aus Dijon

Abteikirche Ottobeuren

Dreifaltigkeitsorgel: 4 Manuale, 49 Register
Heilig-Geist-Orgel: 2 Manuale, 27 Register – Karl Josef Riepp (1766),
letzte Restaurierung: Steinmeyer (1914 und 1922)

Die Orgelbauer des Barockzeitalters, vielleicht der größten Blütezeit des Instruments überhaupt, haben es in den seltensten Fällen zu Wohlstand gebracht – die Kirchen waren immer schon zähe Verhandlungspartner. Gottfried Silbermann in Sachsen, der ewige Junggeselle, gehört mit seiner gediegenen bürgerlichen Existenz bereits zu den Ausnahmen. Wirklich reich wurde nur einer, und dieser deshalb, weil er sich geschäftlich ein zweites Standbein verschafft hatte: Karl Josef Riepp, Orgelmacher und Weinhändler in Dijon. Der ebenso geniale wie clevere Schneiderssohn aus (der Nähe von) Ottobeuren war Selfmademan, lernte irgendwie in der schwäbischen Heimat sein Handwerk und vermied die üblichen Schwierigkeiten, die Propheten im eigenen Land erleiden, durch Auswandern, noch dazu an die damals einzig richtige Stelle: nach Straßburg. Dort kam er in eines der Zentren der Orgelbaukultur Europas und traf deren bedeutendste Exponenten, Andreas Silbermann und dessen Sohn Johann Andreas. Bei der Bewerbung um eine Lehrstelle abgewiesen, muß er sich später, von Meister zu Meister, deren Respekt erworben haben. Johann Andreas schrieb sich jedenfalls Riepps Dispositionen auf und blieb auch sonst mit ihm in ständigem Erfahrungsaustausch. Riepp selbst wich aus der ›besetzten‹ Zone nach Norden aus und arbeitete in Burgund, im Weinland Burgund. Wie genau alles verlief, ist unklar. Aber plötzlich ist der *Facteur du Roy* Schwiegervater des königlichen Präfekten von Dijon, (dadurch) verwandt mit dem Generalabt von Cîteaux und befreundet u.a. mit Dom Bédos de Celles und Jean Philippe Rameau. Am Ende seines Lebens aber kehrte er in die alte Heimat zurück. 1754–1766 baute er für die Benediktiner in Ottobeuren, anschließend 1766–1774 für die Zisterzienser in Salem am Bodensee (wovon nur noch die Prospekte erhalten sind). Dorthin schickte er der Schwester außer Wein auch Reben aus den eigenen besten Lagen, womit offenbar der Weinbau am Bodensee beginnt.

Möglich, daß es Riepp reizte, Gablers Werk im nahen Weingarten etwas Ebenbürtiges oder gar noch Schöneres an die Seite zu setzen, als er Ottobeuren annahm – die Benediktinerabtei war eine der bedeutendsten im Reichsgebiet überhaupt und wegen ihrer Größe als »schwäbischer Escorial« berühmt. Ob er nun gerufen wurde oder sich selbst ins Gespräch brachte, jedenfalls ging von Anfang an alles in Richtung von Großartigkeit. Drei Orgeln sollten es werden: zwei einander gegenüberstehend (wie es die Mönche bei ihrem Gebet gewohnt sind) im Chor und eine im Westwerk. Aus letzterer wurde allerdings nichts, weil man schon für den Chor die Kräfte bis zum Äußersten angespannt hatte. Allein die Gehäuse verschlangen Unsummen, es wurde an rein gar nichts gespart. Und auch die Anzahl der Register sprengte die Dimension dessen, was für den Chor üblich war. Eines der beiden Instrumente, die Dreifaltigkeitsorgel auf der (vom Langhaus aus gesehen rechten) Epistelseite, war mit 49 Registern selbst schon eine Hauptorgel, die Heilig-Geist-Orgel auf der Evangelienseite umfaßte immerhin noch 27 Stimmen. Ursprünglich sollten beide von einem Hauptspieltisch in der Mitte des Chores aus gespielt werden, was sich zuletzt doch als zu kompliziert erwies. So brauchte man also zwei Organisten, in Ottobeuren kein Problem. Wie es kommen konnte, daß diese Instrumente die Zeiten ohne größere Eingriffe überstanden, grenzt an ein Wunder. Noch größer das Wunder, als um 1900 kein Instrument mehr wirklich spielbar war. Die Modernisierer standen schon in den Startlöchern, aber ein Pfarrer und ein Domkapellmeister hielten schlafwandlerisch sicher alles fern und übertrugen 1914 – *vor* der Orgelbewegung – die Restaurierung der Firma Steinmeyer, die dann eine sensationell werkgetreue Restaurierung zustande brachte. Als 1922 auch die kleine Heilig-Geist-Orgel fertig wurde, waren die ersten großen Zeugen der Vergangenheit in Deutschland gerettet. Riepp hat auch nach seinem Leben noch Glück gehabt.

Damit sind wir wieder beim Erbauer und seinen womöglich dunklen Plänen, es den Süddeutschen zeigen zu wollen. Als er zwei typische Gabler-Register einbaute, hat er Johann Andreas Silbermann gegenüber bedauernd zu verstehen gegeben, daß man »so etwas« leider erwarte. Dafür trumpfte er ansonsten um so freier auf, besonders in der Dreifaltigkeitsorgel. Das viermanualige Werk ist in Positiv, Hauptwerk, *Récit* und Echo unterteilt, eine reichlich ›französische‹ Angelegenheit, wie man rasch sieht. Zunächst fehlt (freilich aus Raumgründen) das Rückpositiv, als Besonderheit erkennt man aber das *Récit* mit einem einzigen Register, dem *Cornet*. Dieser Stimme hatte Andreas Silbermann Gestalt gegeben: ein Solist mit hellem, durchdringendem Klang, die ideale Darstellung einer Melodie. Blickt man in die anderen Teilwerke, so zeigt sich, daß Riepp neben dem strengen Prinzipalaufbau bis in die doppelten Mixturen hinein sowohl Flöten als auch Zungen in zahlreichen Varianten bietet, und zwar sowohl zur klanglichen Färbung des Plenumspiels wie auch als Solostimmen. Die Gablerschen Streicher dagegen treten fast völlig zurück. Riepp suchte den französisch-vollen, ja sprühenden Klang, mied jene Art der Wärme, die auch als Verhangenheit wirken kann. Es wurde letztlich ein Gemisch aus süddeutschen und französischen Tendenzen, nicht besser oder schlechter als Gablers Instrument, auch wenn ihr Erbauer naßforsch behauptet haben soll, er wolle Hänslein heißen, wenn jemand in ganz Europa ein schöneres fände.

Übrigens teilt Riepps Orgel aus Gründen der Aufstellung das Schicksal der Gablerschen: Die Riesenkirche ist nicht zu füllen. Freilich sollte dafür in Ottobeuren auch eine weitere Orgel im Westwerk sorgen (das hier in Wirklichkeit ein Nordwerk ist). Sie ist in unserem Jahrhundert mit Unterstützung des Bundesverbandes der Deutschen Industrie von der Firma Steinmeyer hinzugefügt worden, wobei man die einstige Disposition des Barockmeisters berücksichtigte und mit modernen Registern ergänzte. Das 82-Register-Werk, das sich aus einer Hauptorgel und zwei flankierenden Balkonorgeln zusammensetzt, mag gut geraten sein und letztlich ja auch der Gesamtkonzeption entsprechen. Daß es in diesem Raum einen offenen Prospekt erhielt, kann den auf Barock gestimmten Betrachter gehörig schockieren. Immerhin ist eine noch größere Untat zwei Jahrhunderte zuvor verhindert worden: Ausgerechnet Johann Nepomuk Holzhey, der Erbauer der Neresheimer Orgel, wandte sich uneigennützig gegen den Plan, die frischgebaute Dreifaltigkeitsorgel schlicht auf die Westempore zu versetzen. Was frommen Äbten alles einfallen kann! Und welch verfl*** Glück diesem Riepp treu blieb.

ALTENBERG: DOM

Rückpositiv (I)
Praestant 8'
Holzgedackt 8'
Quintadena 8'
Bifaria 8'
Prinzipal 4'
Rohrgedackt 4'
Oktave 2'
Spillflöte 2'
Quinte 1 1/3'
Sesquialter 2f.
Scharff 5f.
Cymbel 3f.
Dulcian 16'
Cromorne 8'
Glockenspiel
Tremulant

Hauptwerk (II)
Praestant 16'
Bordun 16'
Prinzipal 8'
Doppelflöte 8'
Gemshorn 8'
Quinte 5 1/3'
Oktave 4'
Offenflöte 4'
Terz 3 1/5'
Quinte 2 2/3'
Superoktave 2'
Cornet 5f.
Mixtura major 4f.
Mixtura minor 4f.
Fagott 16'
Trompete 8'
Trompete 4'

Schwellwerk (III)
Viola 16'
Geigenprinzipal 8'
Flute harmonique 8'
Gamba 8'
Vox coelestis 8'
Weitoktave 4'
Flute octaviante 4'
Salicet 4'
Octavin 2'
Dolkan 2'
Harmonia aetheria 4f.
Fourniture 6f.
Bombarde 16'

Trompette harmonique 8'
Hautbois 8'
Clairon harmonique 4'
Tremulant

Brustwerk (IV)
Spitzgamba 8'
Rohrflöte 8'
Traversflöte 8'
Holzprinzipal 4'
Blockflöte 4'
Nasard 2 2/3'
Prinzipal 2'
Terz 1 3/5'
Larigot 1 1/3'
Sifflet 1'
Septime 4/7'
Acuta 4f.
Vox humana 8'
Tremulant

Trompeteria (horizontal)
Clarin brillante, Baß 2'
Trompeta magna,
  Diskant 16'
Trompeta de batalla,
  Baß 8'
Trompeta de batalla,
  Diskant 8'
Bajoncillo, Baß 4'
Bajoncillo, Diskant 4'
Orlos, Baß 8'
Orlos, Diskant 8'

Pedal
Praestant 32'
Prinzipal 16'
Subbass 16'
Violon 16'
Oktave 8'
Spitzgedackt 8'
Cello 8'
Superoktave 4'
Gedacktflöte 4'
Jubalflöte 2'
Basszink 3f.
Hintersatz 5f.
Contraposaune 32'
Posaune 16'
Basson 16'
Holztrompete 8'
Klarine 4'
Tremulant

ALTENBURG: SCHLOSSKIRCHE

Hauptwerk (I)
Groß-Quintadena 16'
Flaute traverse 16'
Principal 8'
Bordun 8'
Spitzflöte 8'
Viol di Gamba 8'
Rohrflöte 8'
Octava 4'
Klein Gedackt 4'
Superoctava 2'
Blockflöte 2'
Quinte 3'
Sesquialtera 2f.
Mixtur 6–9f.
Trompette 8'
Glockenspiel ab c'
Tremulant

Oberwerk (II)
Geigenprincipal 8'
Lieblich Gedackt 8'
Vagarre 8'
Quintadena 8'
Hohl Flöte 8'
Gemßhorn 4'
Flaute douce 2f. 4'
Naßat 3'
Octava 2'
Waldflöte 2'
Superoctava 1'
Cornett 5f.
Mixtur 4–5f.
Vox humana 8'
Tremulant

Pedal
Principal-Baß 16'
Violon-Baß 16'
Sub-Baß 16'
Quintaden-Baß 16'
Flaute Trav.-Baß 16'
Octaven-Baß 8'
Bordun-Baß 8'
Octaven-Baß 4'
Mixtur-Baß 6–7f.
Posaunen-Baß 32'
Posaunen-Baß 16'
Trompetten 8'

AMORBACH: EVANGELISCHE KIRCHE

Echo (I)
Hohlpfeife 8'
Gämsenhorn 4'
Flaut 4'
Oktav 2'
Quint 1 1/2'
Flageolet 1'
Krummhorn/Hautbois 8'
Vox humana 8'
Tremulant

Hauptwerk (II)
Prinzipal 16'
Bourdon 16'
Oktav 8'
Viol di Gamb 8'
Gedackt 8'
Quint a Töne 8'
Super Oktav 4'
Klein Gedackt 4'
Quint 3'
Oktav 2'
Cornet 5f. 8'
Mixtur 6f.
Cymbal 3f. 1'
Trompet Bass 8'
Trompet Diskant 8'
Vox angelica 2'

Positiv (III)
Prinzipal 8'
Grob Gedackt 8'
Flaut Travers Diskant 8'
Solicional 8'
Oktav 4'
Rohr Flaut 4'
Quint 3'
Super Oktav 2'
Terz 1 3/5'
Mixtur 4f. 1'
Krummhorn 8'
Vox humana 8'
Glockenspiel
Tremulant

Schwellwerk (IV)
Bourdon 16'
Geigenprinzipal 8'
Bourdon 8'

Flute harmonique 8'
Viola di Gamba 8'
Vox coelestis 8'
Geigenprinzipal 4'
Konzertflöte 4'
Sesquialtera 2f. 2 2/3'
Piccolo 2'
Plein jeu 5f. 2'
Basson 16'
Trompette harm. 8'
Hautbois 8'
Clairon 4'
Grobmixtur 12–16f. 2'
Tremulant

Pedal
Offener Baß 16'
Violonbaß 16'
Subbaß 16'
Oktavbaß 8'
Cello 8'
Super-Oktavbaß 4'
Flötenbaß 4'
Mixturbaß 6f. 2'
Posaune 32'
Posaunenbaß 16'
Fagotbaß 16'
Baßtrompete 8'
Klarinetbaß 4'
Cornetbaß 2'

ANNABERG:
ST. ANNEN

I. Manual
Principal 16'
Flauto maior 16'
Fagott 16'
Principal 8'
Bourdon 8'
Viola di Gamba 8'
Gemshorn 8'
Hohlflöte 8'
Doppelflöte 8'
Quintatön 8'
Dolce 8'
Trompete 8'
Octav 4'
Rohrflöte 4'
Gemshorn 4'
Clairon 4'
Quinte 5 1/3'

Quinte 2 2/3'
Octav 2'
Mixtur 6f. 4'
Cornet 4-5f. 8'
Mixtur 6f. 2'

II. Manual
Quintatön 16'
Principal 8'
Gedeckt 8'
Salicional 8'
Spitzflöte 8'
Aeoline 8'
Voix celeste 8'
Oboe 8'
Flauto dolce 4'
Principal 4'
Viola 4'
Piccolo 2'
Cymbal 3f. 2 2/3'
Quinte 2 2/3'
Superoctave 1'
Mixtur 4-5f. 2'

III. Manual
Bourdon 16'
Geigenprincipal 8'
Lieblich Gedackt 8'
Concertflöte 8'
Harmonika 8'
Clarinette 8'
Fugara 4'
Traversflöte 4'
Harmonia aeth. 3f. 2 2/3'
Vox humana 8'
Principal 4'
Waldflöte 2'
Mixtur 4f. 1 1/3
Tremolo
   für Vox humana

Pedal
Principalbaß 32'
Principalbaß 16'
Violonbaß 16'
Subbaß 16'
Bourdon doux 16'
Posaunenbaß 16'
Octavbaß 8'
Flötenbaß 8'
Violoncello 8'
Trompete 8'
Octav 4'

Clairon 4'
Posaunenbaß 32'
Mixtur 6f. 5 1/3'

BAD HOMBURG:
ERLÖSERKIRCHE

SAUER-ORGEL

I. Manual
Prinzipal 16'
Prinzipal 8'
Flute harmonique 8'
Viola di Gamba 8'
Soloflöte 8'
Quintatön 8'
Gemshorn 8'
Bourdon 8'
Oktave 4'
Rohrflöte 4'
Salicional 4'
Oktave 2'
Rauschquinte 2f.
Cornett 3-4f.
Progressio 3-5f.
Bombarde 16'
Trompete 8'
Clairon harm. 4'

II. Manual
(Schwellwerk)
Viola major 16'
Geigenprinzipal 8'
Doppelflöte 8'
Salicional 8'
Unda maris 8'
Praestant 4'
Fugara 4'
Flauto dolce 4'
Cornett 3f. 4'
Flageolett 2'
Progressio 3-5f. 2'
Cor anglais 16'
Trompette harmonique 8'
Klarinette 8'
Hautbois 8'
Clairon harmonique 8'
Tremulant

III. Manual
(Schwellwerk)
Bourdon 16'

Prinzipal 8'
Konzertflöte 8'
Schalmei 8'
Gedackt 8'
Aeoline 8'
Voix céleste 8'
Praestant 4'
Traversflöte 4'
Piccolo 2'
Mixtur 4f. 2 2/3'
Oboe 8'

IV. Manual, Fernwerk
(Schwellwerk)
Prinzipal 8'
Spitzflöte 8'
Rohrflöte 8
Piffaro (ab c+4') 8'
Liebl. Gedackt 8'
Fernflöte 4'
Flautino 2'
Vox humana 8'
Tremolo für Vox humana
Tremulant

Pedal
Prinzipalbaß 16'
Violonbaß 16'
Subbaß 16'
Salizetbaß 16'
Quintbaß 10 2/3'
Violoncello 8'
Oktavbaß 8'
Gedacktbaß 8'
Praestant 4'
Progressio 3-5f.
Posaune 16'
Cor anglais 16'
Trompete 8'
Clairon harmonique 4'

NEUE BACHORGEL

Hauptwerk (I)
Quintadena 16'
Principal 8'
Gedackt 8'
Viola di Gamba 8'
Gemshorn 8'
Flöte 8'
Octave 4'
Gedackt 4'

Quinta 3'
Naßat 3'
Octave 2'
Sesquialter 2f.
Mixtur 5f.
Trompete 8'

Positiv, Unterwerk (II)
Gedackt 8'
Quintadena 8'
Principal 4'
Nachthorn 4'
Quinta 3'
Octave 2'
Waldflöte 2'
Tritonus 1 3/5'
Quinta 1 1/2'
Cimpel 3f.
Vox humana 8'

Pedal
Suppass 16'
Principal 8'
Hohlflöte 4'
Posaun Bass 16'
Trompete 8'
Cornett 4'

BASEDOW:
DORFKIRCHE

Rückpositiv (I)
Holfleute 8'
Gedact 8'
Principal 4'
Fleute 4'
Quinte 3'
Superoctave 2'
Mixtur 3f.
Trompete 8'

Oberwerk (II)
Quintadena 16'
Principal 8'
Spitzfleute 8'
Gedact 8'
Octave 4'
Nassate 3'
Superoctave 2'
Tert: dobbelt
Mixtur 4–5f.
Trompete 8'

Brustwerk (III)
Gedact 8'
Quintadena 8'
Principal 4'
Quinte 3'
Superoctave 2'
Sifflet 2'
Sexte 1 3/5'
Mixtur 3f.
Trompete 4'

Pedal
Principal 16'
Untersatz 16'
Octave 8'
Superoctave 4'
Baurfleute 1'
Posaune 16'
Dulcian 16'
Trompete 8'
Cornettbass 2'

BEDHEIM:
DORFKIRCHE

Hauptorgel (Manual I)
Principal 4'
Grobgedact 8'
Viola di Gamba 8'
Quintathöna 8'
Kleingedact 4'
Octav 2'
Sexqualtera 2f.
Mixtur 3f.

Pedal
Principalbaß 8'
Violonbaß 16'
Subbaß 16'

*Schwalbennestorgel
(Manual II)*
Principal 2'
Mus. Gedact 8'
Großprincipal 4'
Hohlfloithen 4'
Quinta 1 1/2'
Cymbel 2f.
Hautbois 8'

BERLIN: DOM

I. Manual
Prinzipal 16'
Majorbaß 16'
Prinzipal 8'
Doppelflöte 8'
Prinzipal amabile 8'
Flute harmon. 8'
Viola di Gamba 8'
Bordun 8'
Gemshorn 8'
Quintatön 8'
Harmonika 8'
Gedacktquinte 5 1/3'
Oktave 4'
Flute oktav. 4'
Fugara 4'
Rohrflöte 4'
Oktave 2'
Rauschquinte 2f.
Groß-Cymbel 3f.
Scharff 3–5f.
Kornett 3–4f.
Bombarde 16'
Trompete 8'
Clairon 4'

II. Manual
Prinzipal 16'
Quintatön 16'
Prinzipal 8'
Doppelflöte 8'
Geigenprinzipal 8'
Spitzflöte 8'
Salicional 8'
Soloflöte 8'
Dulciana 8'
Rohrflöte 8'
Oktave 4'
Spitzflöte 4'
Salicional 4'
Flauto dolce 4'
Quinte 2 2/3'
Piccolo 2'
Mixtur 4f.
Cymbel 3f.
Kornett 3f.
Tuba 8'
Klarinette 8'

III. Manual
(Schwellwerk)
Salicional 16'
Bordun 16'
Prinzipal 8'
Hohlflöte 8'
Gemshorn 8'
Schalmei 8'
Konzertflöte 8'
Dolce 8'
Gedackt 8'
Unda maris 8'
Oktave 4'
Gemshorn 4'
Quintatön 4'
Traversflöte 4'
Nasard 2 2/3'
Waldflöte 2'
Terz 1 3/5'
Mixtur 3f.
Trompete 8'
Cor anglais 8'
Glockenspiel

Rückpositiv
(von III aus spielbar)
Flötenprinzipal 8'
Flöte 8'
Gedackt 8'
Dulciana 8'
Zartflöte 4'

IV. Manual
(Schwellwerk)
Liebl. Gedackt 16'
Prinzipal 8'
Traversflöte 8'
Spitzflöte 8'
Liebl. Gedackt 8'
Quintatön 8'
Aeoline 8'
Voix celeste 8'
Prestant 4'
Fernflöte 4'
Violine 4'
Gemshornquinte 2 2/3'
Flautino 2'
Harmonia aether. 3f.
Trompete 8'
Oboe 8'
Vox humana 8'

Pedal
Pinzipal 32'
Untersatz 32'
Prinzipal 16'
Offenbaß 16'
Violon 16'
Subbaß 16'
Gemshorn 16'
Liebl. Gedackt 16'
Quintbaß 10 2/3'
Prinzipal 8'
Flötenbaß 8'
Violoncello 8'
Gedackt 8'
Dulciana 8'
Quinte 5 1/3'
Oktave 4'
Terz 3 1/5'
Quinte 2 2/3'
Septime 2 2/7'
Oktave 2'
Kontraposaune 32'
Posaune 16'
Fagott 16'
Trompete 8'
Clairon 4'

BONN: ST. ELISABETH

HAUPTORGEL

I. Manual
Bordun 16'
Principal 8'
Gamba 8'
Gemshorn 8'
Flauto amabile 8'
Doppelflöte 8'
Trompete 8'
HD-Flöte 8'
Octave 4'
Hohlflöte 4'
Cornett 3–4f.
Rauschquinte 2f.
Mixtur 4f.

II. Manual
Quintatön 16'
Principal amabile 8'
Viola 8'
Dolce 8'
Unda maris 8'

Gedeckt 8'
Horn 8'
Geigenprincipal 4'
Rohrflöte 4'
Piccolo 2'
Cornettino 3f.

III. Manual
(Schwellwerk)
Lieblich Gedackt 16'
Hornprincipal 8'
Salicional 8'
Aeoline 8'
Vox coelestis 8'
Bordunalflöte 8'
Oboe 8'
Fugara 4'
Flauto traverso 4'
Flautino 2'
Echomixtur 3f.
HD-Violine 8'
HD-Flöte 8'
HD-Tuba mirabilis 8'

IV. Manual
(Fernwerk)
Bordun 16'
Viola 8'
Unda maris 8'
Vox angelica 8'
Philomela 8'
Nachthorn 8'
Vox humana 8'
Violine 4'
Spitzflöte 4'
Flageolet 2'
Harmonia aetherea 3f.
Tremolo

Pedal
Contrabass 16'
Violon 16'
Subbass 16'
Salicetbass 16'
Echobass 16'
Posaune 16'
Quintbaß 10 2/3'
Violonprincipal 8'
Flötenbass 8'
Bassoctav 4'

BONN-BEUEL:
ST. JOSEPH

Grand-Orgue (I)
Montre 16'
Montre 8'
Bourdon 8'
Flûte Harmonique 8'
Gambe 8'
Prestant 4'
Flûte traversière 4'
Doublette 2'
Cornet V 8'
Fourniture IV 2 2/3'
Mixture V 1 1/3'
Bombarde 16'
Trompette 8'
Clairon 4'

Chamade
Trompette 8'
Clairon 4'

Positif (II)
Bourdon 8'
Montre 8'
Salicional 8'
Prestant 4'
Flûte 4'
Quinte 2 2/3'
Doublette 2'
Tierce 1 3/5'
Larigot 1 1/3'
Cymbale IV 1'
Trompette 8'
Cromorne 8'
Trémolo

Récit (III)
Bourdon 16'
Principal 8'
Cor de nuit 8'
Gambe 8'
Eoline 8'
Voix celeste 8'
Prestant 4'
Flûte octaviante 4'
Nazard 2 2/3 '
Quarte de Nazard 2'
Tierce 1 3/5'
Piccolo 1'
Plein Jeu VI 2'
Basson 16'

Trompette 8'
Hautbois 8'
Clarinette 8'
Voix humaine 8'
Clairon 4'
Trémolo

Pédale
Soubasse 32'
Contrebasse 16'
Violon 16'
Soubasse 16'
Flûte 8'
Violoncelle 8'
Bourdon 8'
Prestant 4'
Flûte 4'
Contrebombarde 32'
Bombarde 16'
Basson 16'
Trompette 8'
Clairon 4'

BORGENTREICH:
PFARRKIRCHE

Rückpositiv (I)
(Springlade)
Principal 8'
Rohrflöte 8'
Octav 4'
Duesflöte 4'
Quinte 3'
Nasat 3'
Octav 2'
Waldflöte 2'
Quinte 1 1/2'
Terz 1 3/5'
Mixtur IV
Zimbel III
Fagott 16'
Hautbois 8'

Hauptwerk (II)
(Springlade)
Principal 16'
Bordun 16'
Octav 8'
Hollflöte 8'
Quinta 6'
Octav 4'
Gedackt 4'

Sesquialtera III
Mixtur IV
Zimbel IV
Trompete 8'
Trompete 16'

Brustwerk (III)
(Schleiflade)
Gedackt 8'
Quintade 8'
Principal 4'
Nachthorn 4'
Traversflöte 4'
Octav 2'
Quintflöte 1 1/2'
Octav 1'
Dezimaquinta II
Mixtur IV
Krummhorn 8'

Pedal
(Springlade)
Principal 16'
Subbaß 16'
Octav 8'
Rohrpfeife 4'
Mixtur VI
Posaune 16'
Trompete 8'
Cornett 2'

BOTTROP:
LIEBFRAUENKIRCHE

Hauptwerk (I)
Prinzipal 16'
Prinzipal 8'
Flûte harmonique 8'
Keraulophon 8'
Gedackt 8'
Oktave 4'
Flauto 4'
Quinte 2 2/3'
Oktave 2'
Mixtur 4f. 2'
Trompete 8'

Positiv (II)
Gedackt 16'
Gemshorn 8'
Salizional 8'

Prinzipal 4'
Rohrgedackt 4'
Quinte 2 2/3'
Waldflöte 2'
Terz 1 3/5'
Sifflöte 1'
Scharfzimbel 3f. 2/3'
Krummhorn 8'

Récit (III)
Quintatön 16'
Hornprinzipal 8'
Viola 8'
Corno 8'
Voix céleste 8'
Prestant 4'
Traversflöte 4'
Piccolo 2'
Acuta 4f. 2'
Bombarde 16'
Trompete 8'
Klarine 4'
Tremulant

Pedal
Kontrabaß 16'
Subbaß 16'
Quintbaß 10 2/3'
Oktavbaß 8'
Flautbaß 8'
Choralbaß 2f. 4'+2'
Posaune 16'
Trompete 8'

BRANDENBURG: DOM

Hauptwerk (I)
Principal 8'
Bordun 16'
Rohrflöt 8'
Quintadena 8'
Viol de Gambe 8'
Octav 4'
Spitzflöt 4'
Quinta 3'
Octav 2'
Cornet (Diskant) 5f.
Scharff 5f.
Cimbel 3f.
Trompet 8'

Oberwerk (II)
Principal 8'
Quintadena 16'
Gedackt 8'
Octav 4'
Rohrflöt 4'
Nassat 3'
Octav 2'
Tertie 1 3/5'
Sifflöt 1'
Mixtur 4f.
Vox humana 8'

Pedal
Principal 16'
Violon 16'
Gembßhorn 8'
Quinta 6'
Octav 4'
Mixtur 6f.
Posaune 16'
Trompet 8'

BREMEN: DOM

I. Manual
Principal 16'
Bordun 16'
Praestant 8'
Doppelfloete 8'
Gamba 8'
Flûte 8'
Principal amabile 8'
Quintatön 8'
Gemshorn 8'
Gedackt 8'
Octave 4'
Rohrfloete 4'
Violini 4'
Gemshorn 4'
Rohrquint 2 2/3'
Octave 2'
Flachfloete 2'
Rauschquinte 2 2/3'
Cornett 3–4f.
Mixtur 3–5f.
Scharff 5f.
Bombarde 16'
Trompete 8'
Clarine 4'

II. Manual
Salicional 16'
Bordun 16'
Principal 8'
Floete 8'
Spitzfloete 8'
Gedackt 8'
Salicional 8'
Octave 4'
Fl. dolce 4'
Salicional 4'
Nachthorn 4'
Quinte 2 2/3'
Rohrfloete 2'
Piccolo 2'
Quinte 1 1/3'
Siffloete 1'
Rauschquinte 2f. 2 2/3'
Cornett 3f.
Mixtur 3f.
Cymbel
Fagott 16'
Tuba 8'
Clarinette 8'

III. Manual
Gamba 16'
Gedackt 16'
Principal 8'
Concertfloete 8'
Schalmei 8'
Zartfloete 8'
Quintatön 8'
Gedackt 8'
Aeoline 8'
Voix celeste 8'
Praestant 4'
Traversfloete 4'
Viola 4'
Nasat 2 2/3'
Nachthorn 2'
Piccolo 2'
Harm. aeth. 3f.
Sesquialtera 2f.
Mixtur 4f.
Trompete 8'
Oboe 8'
Krummhorn 8'
Glocken

IV. Manual
Quintatön 16'
Gemshorn 8'

ORGELDISPOSITIONEN

Unda maris 8'
Rohrflöte 8'
Traversflöte 4'
Fugara 4'
Flautino 2'
Vox humana 8'
Tremulant für
  Vox humana

Pedal
Contrabaß 32'
Principalbaß 16'
Violon 16'
Subbaß 16'
Salicetbaß 16'
Quintbaß 10 2/3'
Echobaß 16'
Offenbaß 8'
Cello 8'
Baßflöte 8'
Dulciana 8'
Quinte 5 1/3'
Octave 4'
Fl. dolce 4'
Terz 3 1/5'
Mixtur 4f.
Posaune 32'
Posaune 16'
Fagott 16'
Trompete 8'
Clarine 4'
Engl. Horn 4'

DRESDEN:
KATHOLISCHE
HOFKIRCHE

Hauptwerk
Prinzipal 16'
Bordun 16'
Prinzipal 8'
Viola di gamba 8'
Rohrflöte 8'
Oktave 4'
Spitzflöte 4'
Quinte 2 2/3'
Oktave 2'
Terz 1 3/5'
Kornett 5f.
Mixtur 4f.
Zimbel 3f.

Fagott 16'
Trompete 8'
Tremulant

Brustwerk
Gedackt 8'
Prinzipal 4'
Rohrflöte 4'
Nasat 2 2/3'
Oktave 2'
Quinte 1 1/3'
Sifflöte 1'
Sesquialtera
Mixtur 3f.
Chalumeau 8'

Oberwerk
Quintade 16'
Prinzipal 8'
Gedackt 8'
Quintade 8'
Unda maris 8'
Oktave 4'
Rohrflöte 4'
Nasat 2 2/3'
Oktave 2'
Terz 1 3/5'
Flageolett 1'
Echokornett 5f.
Mixtur 4f.
Vox humana 8'

Pedal
Untersatz 32'
Prinzipal 16'
Oktave 8'
Oktave 4'
Mixtur 6f.
Posaune 16'
Trompete 8'
Klarine 4'

DÜSSELDORF:
JOHANNESKIRCHE

Rückpositiv (I)
Prinzipal 8'
Gedackt 8'
Quintadena 8'
Oktave 4'
Rohrflöte 4'

Quintflöte 2 2/3'
Oktave 2'
Gemshorn 2'
Quinte 1 1/3'
Sesquialtera 2f.
Scharf 5–7f.
Dulzian 16'
Schalmei 8'

Hauptwerk (II)
Prinzipal 16'
Ouintadena 16'
Oktave 8'
Rohrflöte 8'
Oktave 4'
Nachthorn 4'
Quinte 2 2/3'
Oktave 2'
Flachflöte 2'
Mixtur 6–8f.
Scharf 4f.
Trompete 16'
Trompete 8'

Brustwerk (III)
Gedackt 8'
Holzflöte 4'
Prinzipal 2'
Waldflöte 2'
Quinte 1 1/3'
Schwiegel 1'
Terzian 2f.
Scharf 4f.
Regal 8'

Oberwerk (IV)
Prinzipal 8'
Koppelflöte 8'
Oktave 4'
Blockflöte 4'
Nasat 2 2/3'
Nachthorn 2'
Terz 1 3/5'
Quinte 1 1/3'
Septime 1 1/7'
Sifflöte 1'
None 8/9'
Scharf 6f.
Zimbel 3f.
Oboe 8'
Trompete 4'
Tremulant

Pedal
Prinzipal 32'
Oktave 16'
Subbaß 16'
Oktave 8'
Gedackt 8'
Oktave 4'
Nachthorn 2'
Rauschwerk 4f.
Mixtur 6–8f.
Posaune 32'
Posaune 16'
Dulzian 16'
Trompete 8'
Trompete 4'
Kornett 2'

DÜSSELDORF:
NEANDERKIRCHE

Rückpositiv (I)
Metallflöte 8'
Rohrpommer 4'
Prinzipal 2'
Gemsquint 1 1/3'
Terzsept 8/5', 8/15'
Scharfzimbel 4f. 1'
Holzsordun 16'
Holzdulzian 8'
Tremulant

Hauptwerk (II)
Gemshorn 16'
Prinzipal 8'
Koppelflöte 8'
Oktav 4'
Rohrflöte 4'
Sesquialtera 2f.
Spitzoktav 2'
Cornett 5f. 8'
Mixtur 6f. 2'
Buntzimbel 4f. 1/2'
Chamade 8'
Clairon 4'
Musette 8'
Tremulant

Schwellwerk (III)
Harfenprinzipal 8'
Gedacktflöte 8'
Schwebung 8'
Geigenoktav 4'

Spitzgedackt 4'
Nazard 2 2/3'
Quarte de Nazard 2'
Tierce 1 3/5'
Oktav 1'
Mixtur 4–6f. 2'
Trompete 16'
Trompete 8'
Trompete 4'
Tremulant

Pedal
Prinzipal 16'
Subbaß 16'
Quinte 10 2/3'
Oktav 8'
Spitzflöte 8'
Großsesquialter 2f. 5 1/3'
Flûte de Pedale 4'
Flûte de Pedale 2'
Hintersatz 6f. 4'
Bombarde 16'
Saxophon 8'
Chamade 8'
Chamade 4'
Tremulant

FLENSBURG:
ST. MARIEN

Hauptwerk
Gedacktpommer 16'
Prinzipal 8'
Spitzflöte 8'
Oktave 4'
Blockflöte 4'
Oktave 2'
Cornett 4f.
Mixtur 4-6f.
Zimbel 3f.
Trompete 8'

Rückpositiv
Gedackt 8'
Quintatön 8'
Prinzipal 4'
Rohrflöte 4'
Oktave 2'
Sifflöte 1 1/3'
Sesquialtera 2f.
Scharf 4–5f.

Dulzian 8'
Tremulant

Schwellwerk
Bordun 16'
Rohrflöte 8'
Salicional 8'
Schwebung 8'
Ital. Prinzipal 4'
Querflöte 4'
Quinte 2 2/3'
Waldflöte 2'
Terz 1 3/5'
Mixtur 6f.
Bombarde 16'
Oboe 8'
Vox humana 8'
Tremulant

Pedal
Prinzipal 16'
Subbaß 16'
Oktave 8'
Gedackt 8'
Oktave 4'
Nachthorn 2'
Hintersatz 5f.
Posaune 16'
Trompete 8'

FRANKFURT: DOM

HAUPTORGEL

Rückpositiv (I)
Rohrflöte 16'
Salicet 8'
Traversflöte 8'
Quintadena 8'
Lieblich Gedackt 8'
Principal 4'
Blockflöte 4'
Nasard 2 2/3'
Rohrflöte 2'
Terz 1 3/5'
Sifflöte 1 1/3'
Octave 1'
Scharff IV-V
Septimcymbel III
Trompete 8'
Cromorne 8'

Hauptwerk (II)
Principal 16'
Gedacktpommer 16'
Principal 8'
Holzflöte 8'
Spitzgedackt 8'
Quinte 5 1/3'
Superoctav 4'
Rohrflöte 4'
Terz 3 1/5'
Quinte 2 2/3'
Principal 2'
Cornett V
Rauschpfeife III
Mixtur VI
Acuta V–VI
Trompete 16'
Trompete 8'
Trompete 4'
Glockenspiel

Oberwerk (III)
Principal 8'
Rohrflöte 8'
Weidenpfeife 8'
Octave 4'
Singend Gedackt 4'
Flachflöte 2'
Septime 1 1/7'
Terzian II
Mixtur V–VI
Cymbel IV
Dulcian 16'
Schalmay 8'
Kopftrompete 4'
Tremulant

Schwellwerk (IV)
Rohrflöte 16'
Principal 8'
Holzgedackt 8'
Gemshorn 8'
Gamba 8'
Vox coelestis 8'
Octave 4'
Violflöte 4'
Nasard 2 2/3'
Schwegel 2'
Terz 1 3/5'
Nonencornett VI
Mixtur VI–VIII
Bombarde 16'
Trompete 8'

Oboe 8'
Vox humana 8'
Clairon 4'

Auxiliar
Trompeta imperial 8'/32'
Trompeta magna 16'
Trompeta real 8'
Bajoncillo 4'/8'

Pedal
Untersatz 32'
Principal 16'
Kupferflöte 16'
Subbaß 16'
Octave 8'
Rohrgedackt 8'
Cello 8'
Octave 4'
Koppelflöte 4'
Nachthorn 2'
Hintersatz VI
Mixtur VI–VIII
Bombarde 32'
Posaune 16'
Trompete 8'
Clarine 4'
Singend Cornett 2'

FREIBERG: DOM

Brustwerk (I)
Gedackt 8'
Prinzipal 4'
Rohrflöte 4'
Nasat 2 2/3'
Oktave 2'
Terz 1 3/5'
Quinte 1 1/3'
Sifflet 1'
Mixtur III 1'

Hauptwerk (II)
Bordun 16'
Prinzipal 8'
Rohrflöte 8'
Viola da gamba 8'
Oktave 4'
Quinte 2 2/3'
Oktave 2'
Terz 1 3/5'
Kornett V 8' ab *c*

Mixtur IV 2'
Zimbel III 1 1/3'
Trompete 8'
Klarine 4'

Oberwerk (III)
Quintaden 16'
Prinzipal 8'
Gedackt 8'
Quintaden 8'
Oktave 4'
Spitzflöte 4'
Oktave 2'
Flageolett 1'
Echokornett V 8' ab *c*
Mixtur III 1 1/3'
Zimbel II 1'
Krummhorn 8'
Vox humana 8'

Pedal
Untersatz 32'+16'
Prinzipal 16'
Subbaß 16'
Oktave 8'
Oktave 4'
Mixtur VI 2 2/3'
Posaune 16'
Trompete 8'
Klarine 4'

FREIBURG:
ST. JOHANN

Rückpositiv (I)
Praestant 8'
Gedackt 8'
Quintade 8'
Principal 4'
Rohrflöte 4'
Octave 2'
Waldflöte 2'
Sesquialtera 2f. 2 2/3'
Larigot 1 1/3'
Scharff 4f. 1'
Cromorne 8'
Vox humana 8'
Tremulant

Hauptwerk (II)
Principal 16'
Octave 8'

Hohlflöte 8'
Quinte 5 1/3'
Octave 4'
Spitzflöte 4'
Quinte 2 2/3'
Superoctave 2'
Cornet 5f. ab *c'*
Mixtur 4f. 1 1/3'
Zimbel 3f. 2/3'
Fagott 16'
Trompete 8'

Schwellwerk (III)
Bourdon 16'
Principal 8'
Rohrflöte 8'
Spitzgambe 8'
Suavial ab *c* 8'
Principal 4'
Nachthorn 4'
Nasard 2 2/3'
Doublette 2'
Terz 1 3/5'
Sifflöte 1'
Mixtur 5f. 2'
Trompete 8'
Oboe 8'
Clairon 4'
Tremulant

Pedal
Untersatz 32'
Principal 16'
Subbaß 16'
Octavbaß 8'
Bourdon 8'
Octave 4'
Mixtur 5f. 2 2/3'
Posaune 16'
Trompete 8'
Trompete 4'

FREIBURG: MÜNSTER

LANGHAUSORGEL

Rückpositiv (I)
Gedackt 8'
Principal 4'
Rohrflöte 4'
Gemshorn 2'
Sifflöte 1 1/3'

Sesquialtera 2f. 2 2/3'
Scharff 4–6f. 2/3'
Dulcian 8'
Tremulant

Hauptwerk (II)
Principal 8'
Rohrflöte 8'
Octave 4'
Blockflöte 4'
Octave 2'
Mixtur 5–7f. 1 1/3'
Trompete 8'

Pedal
Principal 16'
Octav 8'
Octav 4'
Hintersatz 5f. 2 2/3'
Fagott 16'
Schalmay 4'

MARIENORGEL

Hauptwerk (I)
Principal 16'
Octave 8'
Rohrflöte 8'
Octave 4'
Spitzflöte 4'
Spitzquinte 2 2/3'
Octave 2'
Mixtur 8f. 2'
Cymbel 3f. 2/3'
Kornett 5f.
Trompete 16'
Trompete 8'
Klarine 4'

Positiv (II)
Principal 8'
Metallgedackt 8'
Principal 4'
Rohrflöte 4'
Gemshorn 2'
Gemsquinte 1 1/3'
Sesquialtera 2f. 2 2/3'
Scharff 4-6f. 1'
Dulcian 16'
Schalmay 8'
Tremulant

Schwellwerk (III)
Gedacktpommer 16'
Bleiprincipal 8'
Spillpfeife 8'
Unda maris 8'
Octave 4'
Querflöte 4'
Nasat 2 2/3'
Flautino 2'
Terz 1 3/5'
Obertöne 1 3/5'+1 1/3'
  +8/9'+8/15'
Mixtur 5–7f. 1 1/3'
Fagott 16'
Trompete 8'
Franz. Oboe 8'
Klarine 4'
Tremulant

Brustwerk (IV)
Holzgedackt 8'
Blockflöte 4'
Principal 2'
Gedacktflöte 2'
Tertian 2f. 1 3/5'+1 1/3'
Octave 1'
Glockenzymbel 2f. 1/2'
Vox humana 8'
Cembalo-Regal 4'
Tremulant

Pedal
Principalbaß 16'
Subbaß 16'
Octavbaß 8'
Gedackt 8'
Octave 4'
Koppelflöte 4'
Nachthorn 2'
Rauschpfeife 3f. 5 1/3'
Mixtur 6f. 2 2/3'
Contrafagott 32'
Trompete 16'
Trompete 8'
Zink 4'
Tremolo

FÜRSTENFELDBRUCK: EHEMALIGE KLOSTERKIRCHE

Hauptwerk (I)
Violon (»Principal«) 16'
Principal 8'
Fletten offen 8'
Quintadena 8'
Octav 4'
Walt Fletten 4'
Quint 2 2/3'
Superoctav 2'
Sesquialter 2'+1 3/5'
Mixtur 1 1/3'+1'+
 4/5'+2/3'+1/2'
Cimpl 1'+2/3'+1/2'

Oberwerk (II)
Holzprincipal 8'
Viol di Gamba 8'
Salicat 8'
Coppl 8'
Octav 4'
Spitz Fletten 2'
Hörndl 1 1/3'+4/5'
Cimpl 1/2'+1/3'+1/4'

Pedal
Groß Portun 32'
Petalprincipal 16'
Subpas 16'
Octavpas 8'
Quintpas 5 1/3'
Superoctavpas 4'
Pedalmixtur 4'+3 1/5'+
 2 2/3'+2'+1 1/3'+1'
Trompas 16'

GÖRLITZ: ST. PETER UND PAUL

Hauptwerk (I)
Principal 16'
Groß-Octava 8'
Viol di Gamba 8'
Hohl-Flöt' 8'
Rohr-Flöt 8'
Fiffaro 8'
Rohr-Flöt-Qvint 6'
Octava 4'

Spitz-Flöt 4'
Salicet 4'
Qvinta 3'
Super-Octava 2'
Mixtur IV
Cymbel III
Cornet V
Bombart 16'
Trompet 8'
Clarin 4'

Oberwerk (II)
Qvintadena 16'
Principal 8'
Grob-Gedackt 8'
Qvintadena 8'
Onda maris 8'
Octava 4'
Rohr-Flöt 4'
Sedecima 2'
Glöcklein-Thon 2'
Vigesima nona 1 1/2'
Zynk II
Scharff Cymbel III
Cornetti III
Trompet 8'
Krumb-Horn 8'
Schalmey 4'
Tremulant

Schwellwerk (III)
(Einbau vorbereitet)
Salicional 16'
Bordun 16'
Diapason 8'
Viola pomposa 8'
Gamba 8'
Vox coelestis 8'
Doppel-Flöt 8'
Bordun 8'
Principal 4'
Viola d'amore 4'
Travers-Flöt 4'
Spitz-Flöt 3'
Schweitzer-Pfeiff 2'
Violine 2'
Piccolo 1'
Mixtur V
Harmonia aetherea III
Bombarde 16'
Trompette harmonique 8'
Hautbois 8'
Voix humaine 8'

Clarinette 8'
Clairon 4'
Tremulant

Brustwerk (IV)
Gedackt 8'
Praestant 4'
Gedackte Fleut doux 4'
Nassat 3'
Octava 2'
Gemß-Horn 2'
Tertia 1 1/2'
Qvint-Nassat 1 1/2'
Super-Sedecima 1'
Scharff-Mixtur III
Hobois 8'
Tremulant

Pedal
Groß-Principal-Baß 32'
Principal-Baß 16'
Contra-Baß 16'
Sub-Baß 16'
Groß-Qvinten-Baß 12'
Octav-Baß 8'
Gemß-Horn-Baß 8'
Jubal-Flöt 8'
Super-Octav-Baß 4'
Jubal-Flöt 4'
Bauer-Flöt 2'
Mixtur VI
Contra-Posaunen 32'
Posaunen 16'
Fagotti 16'
Trompeten-Baß 8'
Tromba 8'
Clarinen-Baß 4'
Vox angelica 2'

GROSSHARTMANNS-DORF: DORFKIRCHE

Hauptwerk (I)
Principal 8'
Quintadena 8'
Rohrflöte 8'
Octava 4'
Spitzflöte 4'
Cornett 3f.
Quinta 3'

Octava 2'
Mixtur 4f. 1 1/3

Oberwerk (II)
Gedackt 8'
Rohrflöte 4'
Nasat 3'
Octava 2'
Gemshorn 2'
Tertia 1 3/5'
Quinta 1 1/2'
Sufflet 1'
Cimbel 2f. 1'

Pedal
Posaunen-Baß 16'
Principal-Baß 8'
Sub-Baß 16'

HAMBURG: ST. JACOBI

Rückpositiv (I)
Principal 8'
Gedackt 8'
Quintadehna 8'
Octava 4'
Blockflöht 4'
Querpfeiff 2'
Octava 2'
Sexquialtera 2f.
Scharff 6–8f.
Siffloit 1 1/2'
Dulcian 16'
Bahrpfeiffe 8'
Trommet 8'

Werck (II)
Principal 16'
Quintadehn 16'
Octava 8'
Spitzflöht 8'
Viola da Gamba 8'
Octava 4'
Rohrflöht 4'
Flachflöht 2'
Rauschpfeiff 2f.
SuperOktav 2'
Mixtur 6–8f.
Trommet 16'

Oberpositiv (III)
Principal 8'
Rohrflöht 8'
Holtzflöht 8'
Spitzflöht 4'
Octava 4'
Nasat 3'
Octava 2'
Gemshorn 2'
Scharff 4–6f.
Cimbal 3f.
Trommet 8'
Vox humana 8'
Trommet 4'

Brustpositiv (IV)
Principal 8'
Octav 4'
Hollflöht 4'
Waldtflöht 2'
Sexquialtera 2f.
Scharff 4–6f.
Dulcian 8'
Trechter Regal 8'

Pedal
Principal 32'
Octava 16'
Subbaß 16'
Octava 8'
Octave 4'
Nachthorn 2'
Rauschpfeiff 3f.
Mixtur 6–8f.
Posaune 32'
Posaune 16'
Dulcian 16'
Trommet 8'
Trommet 4'
Cornet 2'

HAMBURG:
ST. MICHAELIS

Bombardenwerk (I)
Bourdon 16'
Principal 8'
Violflöte 8'
Schwebung ab c 8'
Oktave 4'
Flûte travers 4'

Oktave 2'
Quinte 2 2/3'
Terz 1 3/5'
Septime 1 1/7'
Mixtur 4–6f. 1 1/3'
Bombarde 16'
Trompete 8'
Hautbois 8'
Clairon 4'
Tremulant

Hauptwerk 1 (II)
Principal 16'
Oktave 8'
Oktave 4'
Oktave 2'
Quinte 5 1/3'
Quinte 2 2/3'
Mixtur 6–8f. 2'
Scharff 4f. 2/3'
Cornett 5f. ab f 8'
Trompete 16'
Trompete 8'
Trompete 4'

Hauptwerk 2 (III)
Quintadena 16'
Principal 8'
Spitzflöte 8'
Oktave 4'
Rohrflöte 4'
Oktave 2'
Flachflöte 2'
Nasat 2 2/3'
Mixtur 6–8f. 1 1/3'
Cimbel 3f. 1/6'
Fagott 16'
Trompete 8'
Vox humana 8'
Tremulant

Brustwerk (IV)
Quintadena 8'
Gedackt 8'
Principal 4'
Blockflöte 4'
Oktave 2'
Quinte 1 1/3'
Sesquialtera 2f. 2 2/3'
Scharff 5–7f. 1'
Cimbel 2f. 1/3'
Dulcian 16'
Bärpfeife 8'

Schalmey 4'
Tremulant

Kronwerk (V)
Hohlflöte 8'
Spitzgamba 8'
Principal 4'
Spitzflöte 4'
Oktave 2'
Gemshorn 2'
Oktave 1'
Nasat 2 2/3'
Terzian 2f. 1 3/5'
Scharff 6f.1'
Regal 16'
Krummhorn 8'
Zinke 4'
Tremulant

Pedal
Principal 32'
Oktave 16'
Gemshorn 16'
Oktave 8'
Gedackt 8'
Oktave 4'
Koppelflöte 4'
Nachthorn 2'
Bauernflöte 1'
Hintersatz 5f. 4'
Rauschpfeife 3f. 2 2/3'.
Mixtur 6–8f. 2'
Posaune 32'
Posaune 16'
Dulcian 16'
Trompete 8'
Trechterregal 8'
Trompete 4'
Vox humana 4'
Singend Cornett 2'

HEILBRONN:
DEUTSCHORDENS-
MÜNSTER

Grand Orgue und Solo (I)
Montre 16'
Montre 8'
Flûte harmonique 8'
Bourdon 8'
Violoncelle 8'
Préstant 4'

Flûte 4'
Doublette 2'
Fourniture VI 2'
Cornet V ab c' 8'
Basson 16'
Trompette 8'
Clairon harmonique 4'

Positif expressif (II)
Montre 8'
Bourdon 8'
Salicional 8'
Unda maris ab c 8'
Préstant 4'
Flûte douce 4'
Nazard 2 2/3'
Doublette 2'
Tierce 1 3/5'
Larigot 1 1/3'
Fourniture IV 1 1/3'
Clarinette 8'
Trompette 8'

Récit expressif (III)
Bourdon 16'
Flûte traversiere 8'
Cor de Nuit 8'
Gambe 8'
Voix celeste ab c 8'
Flûte octaviante 4'
Octavin 2'
Carillon I–III 2 2/3'
Bombarde 16'
Trompette harmonique 8'
Hautbois 8'
Voix humaine 8'
Clairon harmonique 4'

Pédale
Grand Bourdon 32'
Contrebasse 16'
Soubbasse 16'
Grosse Flûte 8'
Bourdon 8'
Flûte harmonique 8'
Violoncelle 8'
Flûte 4'
Bombarde 16'
Basson 16'
Trompette 8'
Clairon harmonique 4'

HILDESHEIM:
ST. ANDREAS

Rückpositiv (I)
Prinzipal 8'
Rohrflöte 8'
Quintadena 8'
Oktave 4'
Blockflöte 4'
Quintflöte 2 2/3'
Oktave 2'
Gemshorn 2'
Quinte 1 1/3'
Sesquialtera 2f.
Scharfmixtur 5f. 1 1/3'
Dulzian 16'
Bärpfeife 8'
Tremulant

Hauptwerk (II)
Prinzipal 16'
Oktave 8'
Koppelgedackt 8'
Oktave 4'
Quinte 2 2/3'
Oktave 2'
Mixtur 6f. 2'
Scharf 4f. 2/3'
Trompete 16'
Trompete 8'
Trompete 4'

Oberwerk (III)
Quintadena 16'
Violprinzipal 8'
Holzflöte 8'
Oktave 4'
Rohrflöte 4'
Nasat 2 2/3'
Hohlflöte 2'
Terz 1 3/5'
Septime 1 1/7'
Sifflöte 1'
None 8/9'
Scharf 4–6f. 1'
Klingend Zimbel 3–4f. 1/6'
Englisch Horn 16'
Oboe 8'
Tremulant

Brustwerk (IV)
Holzgedackt 8'

Holzprinzipal 4'
Waldflöte 2'
Gemsquinte 1 1/3'
Schwiegel 1'
Schlagtöne 3f. 2/5'
Scharfzimbel 4f. 1/2'
Regal 8'
Schalmei 4'
Tremulant

Pedal
Prinzipal 32'
Oktave 16'
Subbaß 16'
Oktave 8'
Holzflöte 8'
Hornaliquot 2f.
Oktave 4'
Nachthorn 2'
Rauschpfeife 3f. 4'
Mixtur 6f. 2 2/3'
Posaune 32'
Posaune 16'
Trompete 8'
Trompete 4'
Zink 2'

INGOLSTADT:
MÜNSTER

Positiv (I)
Praestant 8'
Trichtergedackt 8'
Quintade 8'
Principal 4'
Rohrflöte 4'
Octave 2'
Larigot 1 1/3'
Sesquialtera 2 2/3' II
Scharff 1' V
Cymbel 1/3' IV
Dulcian 16'
Cromorne 8'
Tremulant

Hauptwerk (II)
Praestant 16'
Principal 8'
Flöte 8'
Gemshorn 8'
Quinte 5 1/3'
Octave 4'

Koppelflöte 4'
Terz 3 1/5'
Quinte 2 2/3'
Superoctave 2'
Cornet 8' V
Mixtur 1 1/3' VI
Acuta 2/3' IV–V
Trompete 16'
Trompete 8'
Tromp. de batalla 8'
Bajoncillo 4'

Récit (III)
Bourdon 16'
Principal 8'
Flute harm. 8'
Octave 4'
Flöte 4'
Waldflöte 2'
Fourniture 2' VI
Basson 16'
Trompette harm. 8'
Clairon harm. 4'
Tremulant

Schwellwerk (IV)
Salicet 16'
Gamba 8'
Rohrflöte 8'
Fernflöte 8'
Vox coelestis 8'
Fugara 4'
Blockflöte 4'
Nasard 2 2/3'
Schweizerpfeife 2'
Terz 1 3/5'
Sifflet 1'
Harm. aeth. 2 2/3' IV
Oboe 8'
Vox humana 8'
Tremulant

Pedal
Praestant 32'
Principal 16'
Subbass 16'
Violon 16'
Octave 8'
Gedeckt 8'
Cello 8'
Superoctave 4'
Spitzflöte 4'
Jubalflöte 2'

Basszink 5 1/3' IV
Hintersatz 2 2/3' V
Bombarde 32'
Posaune 16'
Holztrompete 8'
Kopftrompete 4'

KEVELAER:
BASILIKA

Echo (I)
Pommer 16'
Principal 8'
Grobgedackt 8'
Octave 4'
Koppelflöte 4'
Octävlein 2'
Querpfeife 2'
Spitzquinte 1 1/3'
Sesquialter 2f.
Scharff 4f.
Cymbel 3f.
Cor anglais 16'
Hautbois 8'
Tremulant

Jeux des Chamades
Tuba magna 16'
Tuba mirabilis 8'
Cor harmonique 4'

Grand-Orgue (II)
Principal 16'
Bordun 16'
Principal major 8'
Principal 8'
Flaut major 8'
Doppelflöte 8'
Gemshorn 8'
Gedeckt 8'
Quintviole 8'
Fugara 8'
Gambe 8'
Quinte 5 1/3'
Seraphon-Octave 4'
Octave 4'
Hohlflöte 4'
Flauto 4'
Fugara 4'
Terz ab *g* 3 1/5'
Quinte 2 2/3'
Octave 2'

ORGELDISPOSITIONEN 243

Flöte 2'
Octavin 1'
Sesquialtera 2f.
Cornett ab c 4f.
Mixtur 5f.
Cymbale 4f.
Tuba 16'
Trompete 8'
Feldtrompete 4'

Positif (III)
Gedackt 16'
Principal 8'
Doppelgedackt 8'
Rohrflöte 8'
Flûte harmonique 8'
Quintaton 8'
Seraphon-Gambe 8'
Cello 8'
Dolce 8'
Vox angelica ab c 8'
Octave 4'
Rohrflöte 4'
Violine 4'
Flauto dolce 4'
Nasard 2 2/3'
Octave 2'
Piccolo 2'
Terz 1 3/5'
Septime 1 1/7'
Progressio 1–3f.
Mixtur 4f.
Scharff 5f.
Octavcymbel 3f.
Fagott (durch-
 schlagend) 16'
Trompete 8'
Clarinette (durch-
 schlagend) 8'
Schalmei 4'

Recit expressif (IV)
Liebl. Gedackt 16'
Principal 8'
Geigenprincipal 8'
Konzertflöte 8'
Gedackt 8'
Aeoline 8'
Vox coelestis ab c 8'
Octave 4'
Nachthorn 4'
Gemshorn 4'
Traversflöte 4'

Flûte céleste 4'
Quintflöte 2 2/3'
Septième 2 2/7'
Flautino 2'
Terzflöte 1 3/5'
Quinte 1 1/3'
Sifflöte 1'
Cornet 4f.
Mixtur 5f.
Carillon ab c 3f.
Terzcymbel 3f.
Tuba 16'
Trompete 8'
Oboe 8'
Krummhorn 8'
Vox humana 8'
Clairon 4'
Celesta 4'
Tremulant

Pedal
Contrabaß 32'
Untersatz 32'
Principalbaß 16'
Octavbaß 16'
Subbaß 16'
Violon 16'
Salicetbaß 16'
Terzbaß 12 4/5'
Quintbaß 10 2/3'
Principal 8'
Baßflöte 8'
Dulciana 8'
Quinte 5 1/3'
Octave 4'
Flöte 4'
Fugara 4'
Clarine (labial) 2'
Hintersatz 5f.
Mixtur 6f.
Bombarde 32'
Posaune 16'
Quint-Trompete 10 2/3'
Trompete 8'
Fagott (durchschlagend) 8'
Clairon 4'

KIEDRICH:
PFARRKIRCHE

Positiv (I)
Gedackt 8'
Principal 4'
Flöte 4'
Waldflöte 2'
Quinte 1 1/3'
Superoctave 1'

Hauptwerk (II)
Großgedackt 16'
Principal 8'
Octave 4'
Flötengedackt 4'
Quinte 2 2/3'
Octave 2'
Mixtur 4f. 1 1/3'
Cymbel 2f. 1/2'

Pedal
Subbaß 16'
Principal 8'
Doppelquinte 5 1/3'
Octave 4'
Quinte 2 2/3'
Superoctave 2f. 2'+1'
Mixtur 4f. 2'

KÖLN: DOM

GROSSE ORGEL

Positiv (I)
Prinzipal 8'
Metallflöte 8'
Rohrflöte 8'
Lieblich Gedackt 8'
Oktav 4'
Blockflöte 4'
Nasard 2 2/3'
Superoktave 2'
Waldflöte 2'
Sesquialter 2f.
Mixtur 4-5f. 1 1/3'
Scharff 4-6f. 1/2'
Dulcian 16'
Trompete 8'
Krummhorn 8'
Vox humana 8'
Tremulant

Hauptwerk (II)
Prinzipal 16'
Bordun 16'
Prinzipal 8'
Oktav 8'
Offenflöte 8'
Quintadena 8'
Gemshorn 8'
Große Quinte 5 1/3'
Oktav 4'
Rohrflöte 4'
Septime 2 2/7'
Große Terz 3 1/5'
Superoktav 2'
Weitflöte 2'
Rauschpfeife 3f. 2 2/3'
Mixtur 6–8f. 2'
Cymbel 3-4f. 1/3'
Trompete 16'
Trompete 8'
Kopftrompete 4'

Oberwerk (III)
Quintade 16'
Prinzipal 8'
Grobgedackt 8'
Viol di Gamba 8'
Oktav 4'
Koppelflöte 4'
Hohlflöte 2'
Oktävchen 1'
None 8/9'
Große Septime 8/15'
Aliquot 2–3f.
Tertian 2f.
Mixtur 5–6f. 1 1/3'
Quintcymbel 3f. 1/4'
Bombarde 16'
Trompette harmonique 8'
Rohrschalmey 8'

Schwellwerk (IV)
Gedacktpommer 16'
Prinzipal 8'
Holzflöte 8'
Voix céleste 8'
Oktav 4'
Querflöte 4'
Quinte 2 2/3'
Schwegel 2'
Sifflöte 1 1/3'
Nachthorn 1'
Nonencornett 4f. 1 3/5'

Septimcymbel 3f. 1/3'
Mixtur 4–6f. 1'
Fagott 16'
Trompete 8'
Schalmeyoboe 8'
Trompete 4'
Tremulant

Pedal
Untersatz 32'
Prinzipal 16'
Kontrabaß 16'
Subbaß 16'
Zartbaß 16'
Oktavbaß 8'
Flötenbaß 8'
Gedacktbaß 8'
Choralbaß 4'
Baßflöte 4'
Oktav 2'
Hintersatz 6f. 2 2/3'
Mixtur 4f. 1 1/3'
Kontraposaune 32'
Posaune 16'
Fagott 16'
Baßtrompete 8'
Clarine 4'

KÖLN:
ST. KUNIBERT

Grand-Orgue (I)
Montre 16'
Montre 8'
Flûte harmonique 8'
Gambe 8'
Bourdon 8'
Prestant 4'
Doublette 2'
Cornet V 8'
Fourniture V 2'
Trompette 8'
Clairon 4'

Positif (II)
Bourdon 16'
Montre 8'
Salicional 8'
Bourdon 8'
Prestant 4'
Flûte douce 4'
Nasard 2 2/3'

Quarte de Nasard 2'
Tierce 1 3/5'
Plein-Jeu IV 1 1/3'
Cromorne 8'
Tremblant

Récit (III)
Flûte traversière 8'
Cor de nuit 8'
Viole de Gambe 8'
Voix céleste 8'
Flûte octaviante 4'
Viole 4'
Quinte 2 2/3'
Octavin 2'
Basson 16'
Trompette harmonique 8'
Hautbois 8'
Voix humaine 8'
Clairon harmonique 4'
Tremblant

Pedal
Soubasse 32'
Montre 16'
Soubasse 16'
Flûte 8'
Violoncelle 8'
Flûte 4'
Bombarde 16'
Trompette 8'

KÖLN:
ST. MARIA IM KAPITOL

Hauptwerk (I)
Bordun 16'
Principal 8'
Flöte 8'
Octave 4'
Blockflöte 4'
Quinte 2 2/3'
Superoctave 2'
Mixtur 1 1/3' IV
Cornet 8' V
Trompete 8'

Positiv (II)
Traversflöte 8'
Gedackt 8'
Praestant 4'
Rohrflöte 4'

Nasard 2 2/3'
Principal 2'
Terz 1 3/5'
Cymbel 1' IV
Cromorne 8'
Tremulant

Schwellwerk (III)
Bourdon 8'
Gamba 8'
Vox coelestis 8'
Principal 4'
Traversflöte 4'
Flageolett 2'
Larigot 1 1/3'
Dulcian 16'
Hautbois 8'
Tremulant

Pedal
Violon 16'
Subbaß 16'
Octave 8'
Spillflöte 8'
Tenoroctave 4'
Posaune 16'
Trompete 8'

LEIPZIG:
GEWANDHAUS

Schwellwerk (I)
Bordun 16'
Holzprincipal 8'
Spillpfeife 8'
Gambe 8'
Salicional 8 ′
Schwebung 8'
Oktave 4'
Nachthorn 4'
Fugara 4'
Hohlquinte 2 2/3'
Oktave 2'
Waldflöte 2'
Terz 1 3/5'
Quinte 1 1/3'
Septime 1 1/7'
Mixtur 6f. 2'
Bombarde 16'
Tromp. harm. 8'
Oboe 8'
Clarine 8'

Tremulant
Hauptwerk (II)
Principal 16'
Oktave 8'
Rohrflöte 8'
Spitzflöte 8'
Großquinte 5 1/3'
Oktave 4'
Gedackt 4'
Quinte 2 2/3'
Oktave 2'
Großmixtur 8f. 2'
Klein-Mixtur 5f. 1'
Trompete 16'
Trompete 8'
Feldtrompete 4'
Horizontaltrompete 16'
Horizontaltrompete 8'
Horizontaltrompete 5 1/3'
Horizontaltrompete 4'

Oberwerk (III)
Quintadena 16'
Principal 8'
Gedackt 8'
Trichterflöte 8'
Oktave 4'
Rohrflöte 4'
Gemshorn 4'
Nassat 2 2/3'
Oktave 2'
Feldpfeife 2'
Terz 1 3/5'
Quinte 1 1/3'
Oktave 1'
Mixtur 5f. 1'
Scharff 4f. 1'
Fagott 16'
Schalmei 8'
Tremulant

Positivwerk (IV)
Holzgedackt 8'
Quintadena 8'
Principal 4'
Blockflöte 4'
Dulzflöte 4'
Sesquialtera 2f. 2 3/3'
Spitzflöte 2'
Nassat 1 1/3'
Sifflöte 1'
Scharff 5f. 1'
Cymbel 3f. 1'

Lübeck
sieh Anhang Foto v. Irene bekommen

ORGELDISPOSITIONEN

Dulcianregal 16'
Krummhorn 8'
Vox humana 8'
Tremulant

Pedal
Principal 32'
Principal 16'
Offenbaß 16'
Subbaß 16'
Salicetbaß 16'
Quinte 10 2/3'
Oktave 8'
Hohlflöte 8'
Gedacktbaß 8'
Oktave 4'
Pommer 4'
Bauernpfeife 2'
Rohrflötenbaß 1'
Hintersatz 4f. 8'
Mixtur 6f. 4'
Posaune 32'
Posaune 16'
Dulcian 16'
Trompete 8'
Clairon 4'
Tremulant

LEIPZIG:
THOMASKIRCHE

I. Manual
Principal 16'
Bordun 16'
Principal 8'
Geigenprincipal 8'
Viola da Gamba 8'
Gemshorn 8'
Dulciana 8'
Doppelfloete 8'
Flûte harmonique 8'
Flauto dolce 8'
Gedackt 8'
Quintatön 8'
Quinte 5 1/3'
Octave 4'
Gemshorn 4'
Rohrfloete 4'
Violine 4'
Octave 2'
Rauschquinte 2 2/3'
Mixtur 3f.

Cornett 2–4f.
Scharf 5f.
Groß-Cymbel 4f.
Trompete 16'
Trompete 8'

II. Manual
Salicional 16'
Gedackt 16'
Principal 8'
Schalmei 8'
Salicional 8'
Harmonica 8'
Dolce 8'
Flûte harmonique 8'
Konzertfloete 8'
Rohrfloete 8'
Gedackt 8'
Octave 4'
Salicional 4'
Flauto dolce 4'
Quinte 2 2/3'
Piccolo 2'
Cornett 3f.
Mixtur 4f.
Cymbel 3f.
Tuba 8'
Clarinette 8'

III. Manual
Lieblich Gedackt 16'
Gamba 16'
Principal 8'
Viola 8'
Aeoline 8'
Voix céleste 8'
Spitzfloete 8'
Flûte d'amour 8'
Gedackt 8'
Gemshorn 8'
Quintatön 8'
Fugara 4'
Traversfloete 4'
Praestant 4'
Quinte 2 2/3'
Flautino 2'
Harmonia aetheria 3f.
Oboe 8'
Trompette harmonique 8'

Pedal
Majorbass 32'
Untersatz 32'

Contrabass 16'
Principal 16'
Violon 16'
Gemshorn 16'
Subbass 16'
Salicetbass 16'
Lieblich Gedackt 16'
Quintbass 10 2/3'
Offenbass 8'
Principal 8'
Cello 8'
Gemshorn 8'
Bassfloete 8'
Dulciana 8'
Octave 4'
Flauto dolce 4'
Contraposaune 32'
Posaune 16'
Fagott 16'
Trompete 8'
Clarine 4'

LÜBECK: ST. JAKOBI

GROSSE ORGEL

Rückpositiv
Principal 8'
Gedackt 8'
Quintadena 8'
Octav 4'
Blockflöte 4'
Sesquialtera 2f.
Octav 2'
Quint 1 1/3'
Scharff 5-6f.
Cymbel 3f.
Dulcian 16'
Trechterregal 8'
Krummhorn 8'
Tremulant

Hauptwerk
Principal 16'
Octav 8'
Spillpfeife 8'
Octav 4'
Flöte 4'
Quint 2 2/3'
Octav 2'
Mixtur 6-8f.
Scharff 4-5f.

Trompete 16'
Trompete 8'
Zink 8' (ab f)

Brustwerk
Holzgedackt 8'
Principal 4'
Rohrflöte 4'
Nassat 2 2/3'
Octav 2'
Waldflöte 2'
Terz 1 3/5'
Quint 1 1/3'
Scharff 4f.
Vox humana 8'
Tremulant

Oberwerk
Bordun 16'
Offenflöte 8'
Viola da Gamba 8'
Schwebung 8'
Principal 4'
Querflöte 4'
Rohrnassat 2 2/3'
Spitzflöte 2'
Terzflöte 1 3/5'
Sifflöte 1'
Mixtur 5f.
Fagott 16'
Trompete 8'
Oboe 8'
Tremulant

Pedal
Principal 16'
Subbaß 16'
Quintbaß 10 2/3'
Octav 8'
Gemshorn 8'
Octav 4'
Gedackt 4'
Rauschpfeife 3f.
Hintersatz 4f.
Posaune 32'
Posaune 16'
Trompete 8'
Trompete 4'

STELLWAGEN-ORGEL

Rückpositiv
Gedackt 8'
Quintadena 8'
Prinzipal 4'
Hohlflöte 4'
Sesquialtera 2f.
Scharff 3–4f.
Trechterregal 8'
Krummhorn 8'

Hauptwerk
Prinzipal 16'
Oktave 8'
Spillpfeife 8'
Oktave 4'
Nasat 2 2/3'
Rauschpfeife 2f.
Mixtur 4f.
Trompete 8'

Brustwerk
Gedackt 8'
Quintadena 4'
Waldflöte 2'
Zimbel 2f.
Regal 8'
Schalmei 4'

Pedal
Subbaß 16'
Prinzipal 16'
Spillpfeife 8'
Oktave 4'
Gedackt 4'
Flöte 2'
Rauschpfeife 4f.
Posaune 16'
Trompete 8'
Trompete 4'
Regal 2'

LÜBECK: ST. MARIEN

GROSSE ORGEL

Rückpositiv (I)
Prinzipal 8'
Rohrflöte 8'
Pommer 8'
Oktave 4'

Grobflöte 4'
Oktave 2'
Spitzflöte 2'
Quinte 1 1/3'
Sesquialtera 3f.
Scharff 4f.
Mixtur 6f.
Dulcian 16'
Doppel-Regal 8'
Krummhorn 8'
Tremulant

Hauptwerk (II)
Prinzipal 16'
Quintade 8'
Prinzipal 8'
Spitzflöte 8'
Doppelgedackt 8'
Oktave 4'
Rohrflöte 4'
Nasat 2 2/3'
Superoktave 2'
Gemshorn 2'
Oktävlein 1'
Rauschpfeife 2f.
Mixtur 6–8f.
Scharff 3f.
Hintersatz 10–12f.
Trompete 16'
Trompete 8'
Trompete 4'
Tremulant

Brustwerk (III)
Gedackt 8'
Dolcan 4'
Blockflöte 4'
Quintade 4'
Spitzquinte 2 2/3'
Prinzipal 2'
Rohrgedackt 2'
Sedez 1/2'
Terzian 2f.
Quintzimbel 2f.
Scharff 4f.
Regal 8'
Vox humana 8'
Schalmei 4'
Tremulant

Oberwerk (IV)
Fugara 16'
Holzprincipal 8'

Holzgambe 8'
Salicet 8'
Unda maris 8'
Quinte 5 1/3'
Oktave 4'
Gemshorn 4'
Viol-Flöte 4'
Quinte 2 2/3'
Flachflöte 2'
Terz 1 3/5'
Septime 4/7'
None 8/9'
Forniture 5–6f.
Oboe 8'
Tremulant

Kronenwerk (V)
Gedackt 16'
Sing. Gedackt 8'
Quintade 8'
Gemshorn 8'
Schweiz. Pfeife 4'
Koppelflöte 4'
Prinzipal 2'
Waldflöte 2'
Quinte 1 1/3'
Scharff 4f.
Zwergzymbel 5f.
Musette 16'
Dulcian 8'
Bärpfeife 8'
Regal 4'
Tremulant

Großpedal
Prinzipal 32'
Prinzipal 16'
Ouinte 10 2/3'
Violoncello 8'
Lieblich Gedackt 4'
Fagott 32'
Posaune 16'
Trompete 8'
Clairon 4'
Cornett 2'
Tremulant

Kleinpedal
Salicet-Baß 16'
Subbaß 16'
Oktave 8'
Gedackt 8'
Oktave 4'

Pommer 4'
Oktave 2'
Nachthorn 2'
Bauernpfeife 1'
Rauschpfeife 3f.
Zymbel 3f.
Mixtur 10f.
Dulcian 16'
Glockenspiel HW 8'
Glockenspiel HW 4'
Glockenspiel OW 4'
Glockenspiel OW 2'

TOTENTANZORGEL

Hauptwerk (I)
Principal 16'
Octave 8'
Spitzflöte 8'
Octave 4'
Nachthorn 4'
Quinte 2 2/3'
Octave 2'
Cornet 5f. (ab f)
Mixtur 6f.
Cymbel 3f.
Fagott 16'
Trompete 8'

Rückpositiv (II)
Principal 8'
Rohrflöte 8'
Quintadena 8'
Octave 4'
Blockflöte 4'
Octave 2'
Waldflöte 2'
Quinte 1 1/3'
Sesquialtera 2f.
Scharf 4–6f. 1 1/3'
Dulcian 16'
Krummhorn 8'

Oberwerk (III)
Bordun 16'
Gamba 8'
Schwebung 8'
Offenflöte 8'
Principal 4'
Querflöte 4'
Nasat 2 2/3'
Gemshorn 2'

ORGELDISPOSITIONEN

Terz 1 3/5'
Sifflet 1'
Mixtur 1 1/3'
Tromp. harm. 8'
Hautbois 8'
Clairon 4'

Brustwerk (IV)
Gedackt 8'
Rohrflöte 4'
Principal 2'
Terzian 2f.
Scharf 3f.
Regal 8'
Schalmey 4'

Pedal
Prinzipal 16'
Subbaß 16'
Quinte 10 2/3'
Octave 8'
Gedackt 8'
Octave 4'
Mixtur 6f. 2 2/3'
Posaune 16'
Dulcian 16'
Trompete 8'
Kornett 4'

LÜNEBURG:
ST. JOHANNIS

Rückpositiv
Prinzipal 8'
Quintadena 8'
Gedackt 8'
Oktave 4'
Rohrflöte 4'
Waldflöte 2'
Sifflöte 1 1/3'
Sesquialtera 2f.
Scharf 5–7f.
Dulzian 16'
Bärpfeife 8'
Tremulant

Hauptwerk
Prinzipal 16'
Quintadena 16'
Oktave 8'
Gedackt 8'
Oktave 4'

Nachthorn 4'
Quinte 2 2/3'
Oktave 2'
Bauernflöte 2'
Mixtur 6–8f.
Scharf 4–5f.
Trompete 16'
Trompete 8'
Schalmey 4'

Oberwerk
Prinzipal 8'
Rohrflöte 8'
Oktave 4'
Blockflöte 4'
Nasat 2 2/3'
Gemshorn 2'
Oktave 1'
Terzian 2f.
Mixtur 5–6f.
Zimbel 3f.
Trompete 8'
Dulzian 8'
Tremulant

Pedal
Prinzipal 16'
Untersatz 16'
Oktave 8'
Gedackt 8'
Oktave 4'
Nachthorn 2'
Bauernflöte 1'
Rauschpfeife 2f.
Mixtur 6–8f.
Posaune 32'
Posaune 16'
Trompete 8'
Trompete 4'
Cornett 2'

MANNHEIM:
CHRISTUSKIRCHE

STEINMEYER-ORGEL

I. Manual
Großprinzipal 16'
Bordun 16'
Prinzipal 8'
Viola di Gamba 8'
Gemshorn 8'

Gedeckt 8'
Jubalflöte 8'
Spitzflöte 8'
Oktav 4'
Fugara 4'
Traversflöte 4'
Superoktav 2'
Quintflöte 5 1/3'
Quinte 2 2/3'
Kornett 3–6f. 8'
Mixtur 5f. 2'
Cymbel 4f. 2/3'
Tuba mirabilis 8'
Clarine 4'

II. Manual
Rohrflöte 16'
Geigenprinzipal 8'
Salizional 8'
Unda maris 8'
Dulziana 8'
Doppelgedeckt 8'
Nachthorn 8'
Konzertflöte 8'
Kleinprinzipal 4'
Gemshorn 4'
Rohrflöte 4'
Flauto dolce 4'
Piccolo 2'
Sesquialtera 2f. 2 2/3'
Larigot 2f. 2'
Cymbel 3f. 1'
Clarinette 8'
Tremulant

III. Manual
Stillgedeckt 16'
Hornprinzipal 8'
Viola 8'
Aeoline 8'
Vox coelestis 8'
Lieblichgedeckt 8'
Quintatön 8'
Soloflöte 8'
Zartflöte 8'
Prinzipal 4'
Dolce 4'
Kleingedeckt 4'
Fernflöte 4'
Flageolett 2'
Piccolo 1'
Gemsquinte 2 2/3'
Terz 1 3/5'

Superquinte 1 1/3'
Septime 1 1/7'
Plein jeu 5f. 2 2/3'
Fagott 16'
Trompette harmonique 8'
Oboe 8'
Clairon 4'
Tremulant

IV. Manual
(Fernwerk)
Quintatön 16'
Prinzipal 8'
Echogamba 8'
Vox angelika 8'
Bordun 8'
Hellflöte 8'
Seraphonfugara 4'
Harmonieflöte 4'
Flautino 2'
Progressivharmonika 3f.
  2 2/3'
Trompete 8'
Vox humana 8'
Glockenspiel
Tremulant

Pedal im Fernwerk
Violon 16'
Bordunbaß 16'
Prinzipal 8'

Pedal
Untersatz 32'
Prinzipalbaß 16'
Kontrabaß 16'
Subbaß 16'
Zartbaß 16'
Oktavbaß 8'
Violoncello 8'
Gedecktbaß 8'
Choralbaß 4'
Baßflöte 4'
Quintbaß 10 2/3'
Mixtur 5f. 5 1/3'
Bombarde 32'
Posaune 16'
Trompete 8'
Clairon 4'

MARCUSSEN-ORGEL

Hauptwerk (I)
Bordun 16'
Prinzipal 8'
Rohrflöte 8'
Oktav 4'
Spitzflöte 4'
Quinte 2 2/3'
Superoktav 2'
Mixtur 5–6f.
Zimbel 3f.
Cornet 5f. (ab f)
Trompete 8'
Vox humana 8'
Tremulant

Oberwerk (II)
Gedackt 8'
Quintatön 8'
Traversflöte 8'
Prinzipal 4'
Rohrflöte 4'
Waldflöte 2'
Sifflöte 1 1/3'
Sesquialtera 2–3f.
Scharff 3–4f.
Krummhorn 16'
Dulzian 8'
Tremulant

Pedal
Subbaß 16'
Oktav 8'
Flöte 8'
Oktav 4'
Hintersatz 4f.
Posaune 16'
Trompete 8'
Trompete 4'

MERSEBURG:
DOM

Rückpositiv (I)
Principal 8'
Gedackt 8'
Quintatön 8'
Octave 4'
Gedeckt 4'
Octave 2'
Quinte 1 1/3'

Sesqialtera 2f.
Mixtur 4f.
Cymbel 2f.
Dulcian 8'

Hauptwerk (II)
Bordun 32'
Principal 16'
Bordun 16'
Principal 8'
Gedackt 8'
Gemshorn 8'
Quinte 5 1/3'
Octave 4'
Gedeckt 4'
Gemshorn 4'
Quinte 2 2/3'
Oktave 2'
Spitzflöte 2'
Quartan 2f.
Rauschpfeife 4f.
Cornett 3–5f.
Mixtur 4f.
Scharff 4f.
Fagott 16'
Trompete 8'

Oberwerk (III)
Ouintatön 16'
Principal 8'
Gambe 8'
Rohrflöte 8'
Gedeckt 8'
Octave 4'
Spitzflöte 4'
Rohrflöte 4'
Ged. Quinte 2 2/3'
Octave 2'
Nachthorn 2'
Terz 1 3/5'
Sifflöte 1'
Mixtur 4f. 1 1/3'
Cymbel 2f.

Brustwerk (IV)
Lieblich Gedeckt 16'
Fugara 8'
Unda maris 8'
Lieblich Gedeckt 8'
Octave 4'
Zartflöte 4'
Salicional 4'
Nassat 2 2/3'

Octave 2'
Octävlein 1'
Flachflöte 1'
Tertian 2f.
Cymbel 3f.
Oboe 8'

Pedal
Untersatz 32'
Principal 16'
Salicetbaß 16'
Subbaß 16'
Großnassat 10 2/3'
Principal 8'
Baßflöte 8'
Rohrquinte 5 1/3'
Terz 6 2/5'
Octave 4'
Flöte 4'
Weitpfeife 2'
Bauernflöte 1'
Hintersatz 5f.
Cornett 4f.
Posaune 32'
Posaune 16'
Dulcian 16'
Trompete 8'
Clarine 4'

MÜNCHEN:
LIEBFRAUENDOM

Rückpositiv (I)
Quintade 16'
Praestant 8'
Voce umana ab c 8'
Rohrflöte 8'
Quintade 8'
Octave 4'
Hohlflöte 4'
Sesquialtera 2 2/3'
Superoctave 2'
Flautino 2'
Quinte 1 1/3'
Sifflöte 1'
Scharff 4–6f. 1'
Cymbel 3f. 1/3'
Trompette 8'
Cromorne 8'
Clairon 4'
Tremulant

Hauptwerk (II)
Praestant 16'
Gedeckt 16'
Octave 1–2f. 8'
Gambe 8'
Flûte harmonique 8'
Quinte 5 1/3'
Octave 1–2f. 4'
Flauto 4'
Terz 3 1/5'
Quinte 2 2/3'
Octave 1–2f. 2'
Mixtur major 6–8f. 2'
Mixtur minor 4f. 1'
Cornet 5f. 8'
Trompete 16'
Trompete 8'
Vox humana 8'

Positiv (III)
Gemshorn 16'
Praestant 8'
Bourdon 8'
Octave 4'
Blockflöte 4'
Nazard 2 2/3'
Doublette 2'
Tièrce 1 3/5'
Larigot 1 1/3'
Mixtur 5f. 1 1/3'
Cymbel 3f. 2/3'
Dulcian 16'
Schalmey 8'
Clarinette 8'
Tremulant

Schwellwerk (IV)
Gambe 16'
Bourdon 16'
Diapason 8'
Flûte traversière 8'
Bourdon 8'
Aeoline 8'
Salicional 8'
Unda maris ab A 8'
Octave 4'
Flûte octaviante 4'
Nachthorn 4'
Viola 4'
Quinte 2 2/3'
Octavin 2'
Tièrce 1 3/5'
Piccolo 1'

ORGELDISPOSITIONEN

Progressio harmonica
  2–5f. 1 1/3'
Plein-jeu 4f. 2'
Basson 16'
Trompette harmonique 8'
Hautbois 8'
Horn 8'
Clairon harmonique 4'
Tremulant

Chamadwerk
Chamade 16'
Chamade 8'
Tuba 8'
Trompeta quinta 5 1/3
Clairon 4'

Pedal
Principalbaß 32'
Violonbaß 32'
Principal 16'
Violon 16'
Subbaß 16'
Quinte 10 2/3'
Octave 8'
Baßflöte 8'
Cello 8'
Octave 4'
Offenflöte 4'
Bauernflöte 2'
Hintersatz 4f. 2 2/3'
Baßmixtur 6f. 2'
Bombarde 32'
Posaune 16'
Fagott 16'
Trompete 8'
Feldtrompete 4'

MÜNSTER:
ST. LAMBERTI

Positiv (I)
Principal 8'
Gedackt 8'
Quintade 8'
Oktave 4'
Blockflöte 4'
Doublette 2'
Sesquialtera 2f.
Larigot 1 1/3'
Scharff 4f. 1'
Dulcian 16'

Cromorne 8'
Tremulant

Hauptwerk (II)
Principal 16'
Oktave 8'
Rohrflöte 8'
Gamba 8'
Oktave 4'
Koppelflöte 4'
Quinte 2 2/3'
Oktave 2'
Cornett 5f. ab f
Mixtur major 4–7f. 2'
Mixtur minor 4f. 2/3'
Trompete 8'
Trompete 4'

Schwellwerk (III)
Bordun 16'
Holzprinzipal 8'
Flûte harmonique 8'
Salizional 8'
Voix celeste 8' ab c
Oktave 4'
Flûte octaviante 4'
Nazard 2 2/3'
Octavin 2'
Tierce 1 3/5'
Mixtur 5–6f. 2'
Basson 16'
Trompette harmonique 8'
Hautbois 8'
Clairon 4'
Tremulant

Trompeteria (IV)
Trompeta magna 16'
Trompeta real 8'

Pedal
Untersatz 32'
Principalbaß 16'
Subbaß 16'
Oktavbaß 8'
Gedacktbaß 8'
Choralbaß 4'
Nachthorn 2'
Hintersatz 4f. 4'
Posaune 16'
Trompete 8'
Trompete 4'

NAUMBURG:
ST. WENZEL

Rückpositiv (I)
Principal 8'
Quintathen 8'
Rohrflött 8'
Violdigamba 8'
Praestant 4'
Fugarra 4'
Naßat 3'
Rohrflött 4'
Octav 2'
Rausch Pfeiffe
Cymbel 5f.
Fagott 16'

Hauptwerk (II)
Principal 16'
Quintathen 16'
Octav 8'
Spill- oder Spitzflött 8'
Octav 4'
Gedackt 8'
Spill- oder Spitzflött 4'
Sexquint altra
Quinta 3'
Weit Pfeiffe 2'
Octav 2'
Cornett 4f.
Mixtur 8f.
Bombart 16'
Trompet 8'

Oberwerk (III)
Principal 8'
Burdun 16'
Hollflött 8'
Praestant 4'
Gemshorn 4'
Quinta 3'
Octav 2'
Tertia 1 3/5'
Waldflött 2'
Quinta 1 1/2'
Süfflött 1'
Scharff 5f.
Vox humana 8'
Unda maris 8'

Pedal
Principal 16'
Violon 16'

Subbaß 16'
Octav 8'
Violon 8'
Octav 4'
Nachthorn 2'
Mixtur 7f.
Posaune 32'
Posaune 16'
Trompett 8'
Clarin 4'

NERESHEIM:
ABTEIKIRCHE

Hauptwerk (I)
Bordon ab g 32'
Principal 16'
Octav 8'
Copel 8'
Violoncell 8'
Piffarre 8'
Quintadena 8'
Octav 4'
Flöt 4'
Quint 3'
Octav 2'
Cimbal 5f. 3'
Mixtur 7f. 2'
Cornet 5f. ab g 8'
Trompet 8'
Cromorne 8'
Claron 4'

Oberwerk (II)
Principal 8'
Bordon 8'
Flauta travers ab g 8'
Gamba 8'
Salicet 8'
Unda maris ab g 8'
Feldflöt 4'
Sonnet 2f. ab g 4'+1 3/5'
Holflöt 4'
Waldflöt 4'
Flagiolet 2'
Nazard 5f. 3'
Sexqualter 3f. 3'
Douce Clarinet 8'
Hoboe 8'

Echowerk (III)
Nachthorn 8'

Dulciana ab *g* 8'
Fugari 4'
Spitzflöt 4'
Syflöt 2'
Hörnle 3f. 3'
Cornet 4f. ab g 4'
Vox humana 8'
Tremulant

Pedal
Prestant 16'
Bordon 16'
Flauten 8'
Violonbaß 8'
Flötenbaß 4'
Bompart 16'
Trompet 8'
Claron 4'
Pauken *A* und *d*

NORDEN:
ST. LUDGERI

Rückpositiv (I)
Principal 8'
Gedact 8'
Octav 4'
Rohrfloit 4'
Octav 2'
Waldfloit 2'
Ziffloit 1'
Sexqualt 2f.
Tertian 2f.
Scharff 6f.
Dulcian 8'

Werck (II)
Principal 8'
Quintadena 16'
Rohrflöt 8'
Octav 4'
Spitzfloit 4'
Quinta 3'
Nasat 3'
Octav 2'
Gemshorn 2'
Mixtur 6f.
Cimbel 3f.
Trommet 16'

Brustpositiv (III)
Gedact 8'

Blockfloit 4'
Principal 2'
Quinta 1 1/2'
Scharff 4f.
Regal 8'

Oberpositiv (III)
Hollfloit 8'
Octav 4'
Flachfloit 2'
Rauschpfeiff 2f.
Scharff 4–6f.
Trommet 8'
Vox humana 8'
Schalmey 4'

Pedal
Principal 16'
Octav 8'
Octav 4'
Rauschpfeiff 2f.
Mixtur 8f.
Posaun 16'
Trommet 8'
Trommet 4'
Cornet 2'

NÜRNBERG:
ST. LORENZ

GROSSE ORGEL

Brustwerk (I)
Barem 8'
Praestant 4'
Gedacktflöte 4'
Prinzipal 2'
Rohrflöte 2'
Flachflöte 1'
Helle Cymbel 3–4f. 1/4'
Großmixtur 12–16f. 2'
Trompetenregal 16'
Krummhorn 8'
Klarinette 8'
Tremulant

Hauptwerk (II)
Praestant 16'
Quintade 16'
Oktav 8'
Gamba 8'
Gedackt 8'

Rohrflöte 8'
Quinte 5 1/3'
Superoktav 4'
Flaut 4'
Quinte 2 2/3'
Oktav 2'
Spitzflöte 2'
Oktävlein 1'
Mixtur 6f. 2'
Kleinmixtur 3f. 2/3'
Kornett ab g 5f. 8'
Trompete 16'
Trompete 8'
Clarine 4'

Schwellwerk (III)
Hohlpfeife 16'
Prinzipal 8'
Quintviola 8'
Aeoline 8'
Vox coelestis ab c 8'
Bordun 8'
Holzflöte 8'
Oktave 4'
Russisch Horn 4'
Zartgeige 4'
Nasat 2 2/3'
Koppelflöte 2'
Violine 2'
Terzflöte 1 3/5'
Nachthorn 1'
Grobmixtur 7–10f. 2 2/3'
Kling. Cymbel 4–5f. 1/4'
Bombarde 16'
Schweizertrompete 8'
Oboe 8'
Schweizertrompete 4'
Tremulant

Oberwerk (IV)
Geigend Prinzipal 8'
Viola da Gamba 8'
Rohrgedackt 8'
Gemshorn 8'
Kupferprinzipal 4'
Quintade 4'
Blockflöte 4'
Meerflaut 4'
Quinte 2 2/3'
Schweizerpfeife 2'
Waldflöte 2'
Terz 1 3/5'
Superquinte 1 1/3'

Septime 1 1/7'
Mixtur 5–7f. 1 1/3'
Jauchzend Pfeife 2f. 1'
Scharff 4–6f. 1/2'
Rankett 16'
Helle Trompete 8'
Vox humana 8'
Singend Regal 4'
Vox angelica-Baß 2'
Gambetta (Diskant) 2'

Pedal
Tromba 64'
Praestant 32'
Oktavbaß 16'
Theorbe 16'
Violonbaß 16'
Subbaß 16'
Quintbaß 10 2/3'
Superoktavbaß 8'
Cellobaß 8'
Baßflöte 8'
Quintbaß 5 1/3'
Choralbaß 4'
Pommerbaß 4'
Oktavbaß 2'
Nachthornbaß 2'
Sifflötenbaß 1'
Rauschbaß 5f. 4'
Baßzink 7f. 2'
Cymbelbaß 4–5f. 1/4'
Posaunenbaß 32'
Sordunbaß 32'
Posaunenbaß 16'
Trompetenbaß 16'
Fagottbaß 8'
Lurenbaß 4'
Cornetbaß 2'
Tremulant

NÜRNBERG:
ST. SEBALD

Hauptwerk (I)
Praestant 16'
Bordun 16'
Principal 8'
Metallflöte 8'
Spitzgambe 8'
Großnasat 5 1/3'
Octave 4'
Spitzflöte 4'

ORGELDISPOSITIONEN

Schwiegel 2 2/3'
Octave 2'
Rohrschweizerpfeife 2'
Kornett 5f. ab f 8'
Hintersatz 3–4f. 4'
Mixtur 6–7f. 2'
Trompete 16'
Trompete 8'
Trompete 4'
Glocken

Schwellpositiv (II)
Rohrpommer 16'
Grobgedeckt 8'
Ouintadena 8'
Weidenpfeife 8'
Principal 4'
Rohrflöte 4'
Nasatquinte 2 2/3'
Kleinoctave 2'
Überblasender Dulcian 2'
Gemsterz 1 3/5'
Kleinquinte 1 1/3'
Sifflet 1'
Septnone 2f. 1 1/7'+8/9'
Scharfmixtur 4–6f. 1'
Cimbel 3f. 1/3'
Rohrkrummhorn 16'
Voix humaine 8'
Schalmei 8'
Tremulant

Schwelloberwerk (III)
Nachthorngedackt 16'
Schwellprincipal 8'
Rohrgedeckt 8'
Flaut d'amore 8'
Flaut lament ab c 8'
Octava nazarda 4'
Koppelflöte 4'
Terzflöte 3 1/5'
Octave 2'
Flute douce 2'
Rohrgemsquinte 1 1/3'
Span. Hintersatz 3f. 4'
Sesquialtera 2f. 2 2/3'
Mixtur 5–6f. 1 1/3'
Oberton 2f. 8/11+8/13'
Fagott 16'
Trompette harmonique 8'
Clairon 4'
Tremulant
Xylophon

Pedal
Principalbaß 32'
Principalbaß 16'
Subbaß 16'
Gedecktbaß 16'
Salizetbaß 16'
Octavbaß 8'
Baßflöte 8'
Octave 4'
Gemshorn 4'
Doppelrohrflöte 2'
Bauernflöte 1'
Rauschzink 4f. 5 1/3'
Mixtur 4f. 2 2/3'
Bombarde 32'
Posaunenbaß 16'
Trompetenbaß 8'
Bärpfeife 8'
Feldtrompete 4'
Tremulant

OCHSENHAUSEN: ST. GEORG

GROSSE ORGEL

Farbwerk (I)
Borduen 16'
Hohlflaut 8'
Viola 8'
Coppel 8'
Quintatön 8'
Gamba 8'
Solicional 8'
Rohrflaut 4'
Flute travers 4'
Fugari 4'
Piffaro 2f. 4'
Trompet 8'

Hauptwerk (II)
Principal 8'
Flauten 8'
Violoncell 8'
Quint 6'
Octav 4'
Sexquialter 3–4f. 2 2/3'
Superoctav 2'
Cornet 3–5f. 2'
Mixtur 4f. 2'

Brüstungspositiv (III)
Coppelflöte 8'
Quintatön 8'
Unda Maris 4', ab c 8'
Principal 4'
Flaut dues 4'
Flageolet 2'
Cornet 3–4f. 2'
Mixtur 3f. 2'
Vox humana 8'
Schallmey 4'

Echopositiv (IV)
Principal 8'
Quintatön 8'
Rohrflaut 8'
Dolcian 8'
Octav 4'
Flauten 4'
Violoncell 4'
Doublett 2'
Cymbala 4f. 2'
Hautbois 8'

Pedal
Praestant 16'
Sub-Baß 16'
Violon-Baß 16'+8'
Octav-Baß 8'
Quint-Baß 6'
Mixtur-Baß 3f. 4'
Posaun-Baß 16'
Trompet-Baß 8'

CHORORGEL

Hauptmanual (I)
Principal 8'
Octav 4'
Superoctav 2'
Mixtur 3–5f. 2'
Salicional 8'
Violoncell 8'
Cornett 4–5f. 4'
Spizflöt 2', im Diskant 4'
Coppel 8'
Hoboe 8'

Positiv (II)
Principal 8'
Octav 4'
Rauschquint 4f. 2'

Gamba 8'
Flauten 4'
Coppel 8'
Bordun 8'

Pedal
Bombard 16'
Violonbaß 8'
Octavbaß 8'
Subbaß 16'

OTTOBEUREN: KLOSTERKIRCHE

DREIFALTIGKEITSORGEL

Positiv (I)
Teilung in Baß und
    Diskant bei *fis/g*

Baß
Flauta 8'
Copel 8'
Gamba 4'
Octav 4'
Flet 4'
Nazard 3'
Quart 2'
Tertz 1 1/2'
Quint 1 1/2'
Fornit 5f. 1'
Trompet 8'
Cromor 8'
Vox ho 8'
Clairon 4'

Diskant
Principal 16'
Flauta 8'
Copel 8'
Gamba 4'
Octav 4'
Flet 4'
Nazard 3'
Quart 2'
Tertz 1 1/2'
Quint 1 1/2'
Fornit 5–6f. 2'
Trompet 8'
Cromor 8'
Vox ho 8'
Clairon 4'

Hauptwerk (II)
Copel 16'
Principal 8'
Flauta 8'
Copel 8'
Salicet 8'
Gamba 8'
Prestant 4'
Flet 4'
Tertz 3'
Quint 3'
Waldflet 2'
Tertz 1 1/2'
Cornet 5f. ab c'
Mixtur 4f. 2 2/3'
Cimbal 4–6f. 1'
Trompet 8'
Clairon 4'

Recit (III)
Cornet Resi 5f. ab *g* 8'

Echo (IV)
Baß
Copel 8'
Flet 4'
Quint 3'
Quart 2'
Tertz 1 1/2'
Hoboi 8'

Diskant
Copel 8'
Flet 4'
Larigot 2f. 3'+2'
Tertz 2f. 1 3/5'+1'
Hoboi 8'

Pedal
Principal 16'
Copel 16'
Octav 8'
Gamb 8'
Ouint 6'
Flet 4'
Mixtur 3f. 2 2/3'
Bombarde 16'
Trompet 8'
Trompet 4'

HEILIG-GEIST-ORGEL

Positiv (I)
Copel 8'
Flauta 8'
Prestant 4'
Flet 4'
Quint 3'
Doublet 2'
Mixtur 4f. 1 1/3'
Cornet 3f. ab *g* 2 2/3'
Schalmey 8'

Hauptwerk (II)
Copel 16'
Principal 8'
Copel 8'
Flauta 8'
Gamba 8'
Salicet 8'
Octav 4'
Flet 4'
Doublet 2'
Mixtur 4f. 1 1/3'
Cimbal 3f. 2/3'

Pedal
Principal 16'
Copel 16'
Flauta 8'
Flet 4'
Quint 3'
Fagot 8'

PASSAU: DOM

GROSSE ORGEL

Hauptwerk (I)
Grand Bourdon 32' (ab *c*)
Grosspraestant 16'
Gedacktpommer 16'
Pricipal major 8'
Pricipal minor 8'
Gedackt 8'
Flûte traversière 8'
Viola da Gamba 8'
Octave 4'
Spitzflöte 4'
Fugara 4'
Kleinoctave 2'
Nachthorn 2'

Superoctave 1'
Terz 3 1/5'
Quinte 2 2/3'
Mixtura major 7–8f. 2'
Mixtura minor 5f. 1 1/3'
Cymbel 5f. 1'
Cornet 5f.
Trompete 16'
Trompete 8'
Trompete 4'

Chamadewerk
Chamade 8'
Chamade 4'
Chamade 2'/16'

Positiv (II)
Rohrflöte 16'
Praestant 8'
Bordun 8'
Flauto amabile 8'
Unda maris 8' (ab *c*)
Gambe conique 8'
Principal 4'
Koppelflöte 4'
Gemshorn 4'
Octave 2'
Waldflöte 2'
Octävlein 1'
Nasard 2 2/3'
Terzflöte 1 3/5'
Kleinquint 1 1/3'
Nonenflöte 8/9'
Cornettino 4f. 4'
Mixtur 5f. 1 1/3'
Acuta 4f. 1'
Fagott 16'
Corno di caccia 8'
Vox humana 8'
Rohrschalmei 4'
Tremulant

Schwell-Bombardwerk (III)
Stillgedackt 16'
Gamba 16'
Principal 8'
Nachthorngedackt 8'
Flûte harmonique 8'
Tibia clausa 8'
Jubalflöte 8'
Salicional 8'
Vox caelestis 8' (2f.) ab *c*
Octave 4'

Traversflöte 4'
Quintade 4'
Viola d'amour 4'
Doublette 2'
Schweizerpfeife 2'
Salicet 2'
Sifflet 1'
Spitzquinte 2 2/3'
Gemsterz 1 3/5'
Larigot 1 1/3'
Septime 1 1/7'
Großmixtur 5–7f. 2 2/3'
Quintcymbel 4f. 1/2'
Tintinabulum 2f. 1'
Bombarde 16'
Trompette harmonique 8'
Hautbois 8'
Euphon-Clarinette 8'
Clairon 4'
Celesta
Tremulant

Brustwerk (IV)
Holzprincipal 8'
Lieblich Gedackt 8'
Quintade 8'
Praestant 4'
Rohrflöte 4'
Principal 2'
Holzblockflöte 2'
Hohlpfeif 1'
Superquinte 1 1/3'
Sesquialtera 2f. 2 2/3'
Scharff 4f. 2/3'
Terzcymbel 3f. 1/6'
Dulcian 16'
Cromorne 8'
Bärpfeife 8'
Geigend Regal 4'
Carillon
Tremulant

Pedal
Contraprincipalbass 32'
Untersatz 32'
Principalbass 16'
Majorbass 16'
Subbass 16'
Gemshorn 16'
Violon 16'
Octavbass 8'
Flûte 8'
Gedackt 8'

Viola alte 8'
Principal-Piffaro 2f. 4'+2'
Trichterflöte 4'
Pommer 4'
Bauernpfeife 2'
Blockflöte 1'
Quintbass 10 2/3'
Terzbass 6 2/5'
Nasard 5 1/3'
Septime 4 4/7'
Rauschpfeife 5f. 4'
Obertöne 4f.
  (3 1/5', 2 2/7', 2 2/3',
  1 3/5')
Mixtur 5f. 2 2/3'
Contrabombarde 32'
Posaune 16'
Bombarde 16'
Trompetenbass 8'
Feldtrompete 4'
Zinken 2'

EVANGELIEN-
ORGEL (V)

Manual
Cor de nuit 16'
Grand Principal 8'
Rohrgedackt 8'
Bifara 8'
Holzgeige 8'
Octave 4'
Flûte allemande 4'
Flûte de Vienne 4'
Voix angélique 2f. 4'
Flageolet 2'
Piccolo 1'
Grosse Quinte 5 1/3'
Grosse Tierce 3 1/5'
Nasard 2 2/3'
Septieme 2 2/7'
Harmonia aetherea 4f.
  2 2/3'
Tercian 2f. 1 3/5'
Fourniture 7f. 2'
Trompette 16'
Trompette 8'
Trompette 4'
Saxophone 8'
Tremulant

Pedal
Principal 16'
Montre 8'
Prestant 4'

EPISTELORGEL

Hauptwerk (I)
Principale 8'
Fiffaro 8' (ab c)
Amorosa 8'
Ottava 4'
Alba 4'
XII 2 2/3'
Flauto in XV 2'
Ripieno 6file 2'
Tromba 8'
Tremolante

Positiv (II)
Flauto a camino 8'
Principalino 4'
Divinare 4'
Ottavino 2'
XII 1 1/3'
XV 1'
XVII 4/5'
XIX 2/3'
XXII 1/2'
Tromboncini 16' (Regal)
Tremolante

Pedal
Contrabassi 16'
Subbassi 16'
Principale 8'
Pileata 8'
Ottave 3file (4' 2' 1')
Buccina 16'

CHORORGEL

Hauptwerk (I)
Quintade 16'
Principal 8'
Rohrflöte 8'
Octave 4'
Spitzflöte 4'
Quinte 2 2/3'
Superoctave 2'
Mixtur 5–7f. 1 1/3'

Trompete 16'
Trompete 8'

Oberwerk (II)
Nachthorngedackt 8'
Violflöte 8'
Principal 4'
Blockflöte 4'
Rohrpfeife 2'
Nachthorn 1'
Sesquialtera 2f. 2 2/3'
Scharff 4f. 1'
Rankett 16'
Krummhorn 8'
Tremulant

Positiv (III)
Barem 8'
Rohrflöte 4'
Principal 2'
Nasat 1 1/3'
Cymbel 3f. 1/2'
Vox humana 8'
Tremulant

Pedal
Principal 16'
Subbass 16'
Praestant 8'
Holzoctave 4'
Gedackt 8'
Octave 4'
Sifflöte 2'
Rauschpfeife 4f. 2 2/3'
Posaune 16'
Dulcian 16'
Trompete 8'
Singend Kornett 2'

FERNORGEL (ECHO)

Manual
Salicional 16'
Principal 8'
Rohrgedackt 8'
Flûte harmonique 8'
Viola 8'
Viola celeste 8' (ab c)
Geigend Principal 4'
Hohlflöte 4'
Octavin 2'
Progressio 3–5f. 2 2/3'

Trompete 8'
Vox humana 8'
Glocken E-g
Tremulant

Pedal
Kontrabass 16'
Subbass 16'
Principal 8'
Posaune 16'

RASTATT:
STADTPFARRKIRCHE

»Großwerk« (I)
Principal 16'
Principal 8'
Praestant 4'
Cornet ab c' 5f. 8'
Gamba 8'
Bourdon 8'
Quinte 3'
Floet 4'
Octav 2'
Mixtur 4f. 1 1/3'
Cymbal 3f. 2/3'
Trompetbaß 8'
Trompetdiscant 8'
Clairon 4'

»Oberpositiv« (II)
Principal 8'
Spitzfloet 4'
Octav 2'
Bourdon 16'
Copl 8'
Mixtur 3f. 1'
Sollicional 4'
Piffaro ab f 8'
Fagottbaß 8'
Hoboediskant 8'
Vox humana 8'

»Unterpositiv« (III)
Cromhorn 8'
Copl 8'
Floet 4'
Floettraver ab f 8'
Flageolet 2'
Sollicional 4'
Principal 4'

Pedal
Subbaß 16'
Octavbaß 8'
Violonbaß 16'
Fluttbaß 4'
Bombard 16'
Clairon 4'
Posaunbaß 8'
Cornetto 2'

RATZEBURG: DOM

Rückpositiv (I)
Prinzipal 8'
Oktave 4'
Sesquialtera 2f. 2 2/3'
Scharff IV 1'
Rankett 16'
Krummhorn 8'
Quintade 8'
Rohrflöte 8'
Koppelflöte 4'
Gemshorn 2'
Quinte 1 1/3'
Tremulant

Hauptwerk (II)
Prinzipal 16'
Prinzipal 8'
Oktave 4'
Quinte 2 2/3'
Superoktave 2'
Mixtur Maior VI 2'
Mixtur Minor IV 2/3'
Fagott 16'
Trompete 8'
Spanische Trompete 8'
Spanische Trompete 4'
Spitzflöte 8'
Nachthorn 4'
Cornett 5f. 8'

Schwellwerk (III)
Holzprinzipal 8'
Oktave 4'
Mixtur VI 2 2/3'
Gamba 8'
Schwebung 8'
Viola 4'
Dulzian 16'
Oboe 8'
Französische Trompete 4'

Bordun 16'
Bleigedackt 8'
Blockflöte 4'
Nasat 2 2/3'
Waldflöte 2'
Terz 1 3/5'
Sifflet 1'
Tremulant
Carillon

Brustwerk (IV)
Holzgedackt 8'
Holzrohrflöte 4'
Prinzipal 2'
Terzsept 1 3/5'+8/9'+
  8/15'+1 1/3'
Zimbel II 1/3'+1/4'
Regal 16'
Vox humana 8'
Tremulant

Groß-Pedal
Prinzipal 32'
Prinzipal 16'
Oktave 8'
Oktave 4'
Rauschpfeife 6f. 2 2/3'
Kontrafagott 32'
Bombarde 16'
Posaune 8'
Rauschwerk

Klein-Pedal
Subbaß 16'
Gedackt 8'
Rohrpfeife 4'
Schalmei 4'

CHORORGEL

Hauptwerk
Peters Panflöte 8'
Gambenschwebung 8'
  (ab *F*)
Bischofsprinzipal 4'
Buchholzer Waldflöte 2'
Anden-Terz 1 3/5' (ab *c*)
Ulrichs-Oktave 1'
Mixtur »Uwe und Hille« 2f.
Tremulant

Schwellwerk-Positiv
Cocopula 8'
Foweline 4'
Chilenischer Prinzipal 2'
Guillermos Quintessenz
  1 1/3'
Frz. Bibelregal »du
  Maire« 8'
Tremulant

Pedal
Römnitzer Grunzbaß 16'
Souffleur „Ludwig Diehn"

RYSUM: DORFKIRCHE

Manual
Praestant 8' (alt)
Gedackt 8' (alt)
Octave 8' (alt)
Octave 4' (alt)
Sesquialtera II
  (rekonstruiert)
Mixtur III-V (rekonstruiert)
Trompete 8' (rekonstruiert)

SAARBRÜCKEN:
ST. ARNUAL

Grand Orgue (I)
Bourdon 16'
Montre 8'
Bourdon 8'
Violoncelle 8'
Flûte harmonique 8'
Prestant 4'
Flûte 4'
Doublette 2'
Fourniture IV
Cymbale III
Cornet V
Basson 16'
Trompette 8'
Clairon 4'

Positif (II)
Salicional 8'
Bourdon 8'
Prestant 4'
Flûte 4'
Nazard 2 2/3'

Quarte de Nazard 2'
Tièrce 1 3/5'
Plein jeu V
Cromorne 8'
Trompette 8'
Tremblant

Récit expressif (III)
Quintaton 16'
Flûte traversière 8'
Viole de gambe 8'
Voix céleste 8'
Flûte octaviante 4'
Octavin 2'
Cornet V
Basson-Hautbois 8'
Voix humaine 8'
Trompette harmonique 8'
Clairon 4'
Tremblant

Pédale
Flûte 16'
Bourdon 16'
Quinte 10 2/3'
Flûte 8'
Bourdon 8'
Flûte 4'
Bombarde 16'
Trompette 8'
Clairon 4'

ST. OTTILIEN:
ABTEIKIRCHE

HAUPTORGEL

Rückpositiv (I)
Principal 8'
Rohrflöte 8'
Quintade 8'
Octave 4'
Spitzflöte 4'
Nazard 2 2/3'
Doublette 2'
Tierce 1 3/5'
Larigot 1 1/3'
Fourniture 4f. 1 1/3'
Cromorne 8'
Tremulant

ORGELDISPOSITIONEN

Hauptwerk (II)
Praestant 16'
Principal 8'
Copel 8'
Flûte harm. 8'
Viole de Gambe 8'
Oktave 4'
Blockflöte 4'
Quinte 2 2/3'
Superoctave 2'
Mixtur 5f. 2'
Cornet 5f. 8', ab c'
Fagott 16'
Trompette 8'
Clairon 4'

Schwellwerk (III)
Bourdon 16'
Principal 8'
Flauto 8'
Salicional 8'
Voix cèleste 8'
Prestant 4'
Flûte oktav. 4'
Octavin 2'
Plein-Jeu 3−4f. 2 2/3'
Cornet 3f. 2 2/3'
Trompette harm. 8'
Hautbois 8'
Clairon harm. 4'
Tremulant

Pedal
Principalbaß 16'
Subbaß 16'
Quintbaß 10 2/3'
Octavbaß 8'
Gedecktbaß 8'
Choralbaß 4'
Mixtur 4f. 2 2/3'
Posaune 16'
Trompete 8'

CHORORGEL

Hauptwerk (I)
Principal 8'
Copel 8'
Octave 4'
Flageolet 2'
Mixtur 3f. 2'

Schwellwerk (II)
Rohrflöte 8'
Salicional 8'
Voix celeste 8'
Spitzflöte 4'
Doublette 2'
Terz 1 3/5'
Larigot 1 1/3'
Hautbois 8'
Tremulant

Pedal
Subbaß 16'
Octavbaß 8'
Gedecktbaß 8'
Choralbaß 4'

SCHMALKALDEN:
SCHLOSSKIRCHE

Manual
Gedackt 8' (original)
Principal 4' (original)
Spitzoctav 2'
  (rekonstruiert)
Cymbeln 1/6'
  (rekonstruiert)
Regal 8' (rekonstruiert)
Regal 4' (rekonstruiert)
Tremulant
Vogelschrey

SCHWERIN: DOM

III. Manual (1. Klavier)
Fugara 4'
Salicional 8'
Doppelflöte 8'
Piffero 4'
Nasat 2 2/3'
Flauto traverse 8'
Geigenprincipal 8'
Clarinette 8'
ProgressivHarmonica 2−4f.
Gedackt 16'
Piccolo 2'
Gedackt 4'

I. Manual (2. Klavier)
Abteilung 1 (forte)
Principal 8'

Spitzflöte 4'
Mixtur 4f.
Cornett 4f.
Principal 16'
Terzflöte 3 1/5'
Octave 2'
Cornett
Octave 4'
Quinte 2 2/3'
Cymbel 3f.
Trompete 8'

I. Manual
Abteilung 2 (piano)
Bordun 16'
Doppelgedackt 8'
Rohrflöte 4'
Bordun 32'
Gambe 8'
Rohrquinte 5 1/3'
Gemshorn 8'
Flauto major 8'
Trombone 16'

II. Manual (3. Klavier)
Abteilung 2 (piano)
Flöte 4'
Quintatön 16'
Quintatön 8'
Rohrflöte 8'
Bordunalflöte 8'
Fagott 16'
Fugara 8'

II. Manual
Abteilung 1 (forte)
Oboe 8'
Cornett 3f.
Principal 8'
Octave 4'
Scharf 4f.
Quinte 2 2/3'
Flautino 4'
Quintatön 4'
ProgressivHarmonica 3−4f.
Octave 2'
Principal 16'
Piffero 8'

IV. Manual (4. Klavier)
Flauto dolce 4'
Salicional 4'
Flöte 2'

Harmonia aetherea 3f.
Aeoline 16'
Violine 2' (vacat)
Viola 16'
Zartflöte 8'
Lieblich Gedackt 8'
Viola d'amore 8'
Unda maris 8'
Waldflöte 2' (vacat)

Pedal (Pianopedal)
Cello 8'
Dulcian 16'
Baßflöte 8'
Flötenbaß 4'
Subbaß 16'
Salicetbaß 16'

Pedal (Fortepedal)
Cello 8'
Octavbaß 16'
Violon 16'
Principalbaß 8'
Octave 4'
Cornett 4f.
Untersatz 32'
Posaune 32'
Terz 12 4/5'
Trompete 4'
Trompete 8'
Posaune 16'
Violon 32'
Principalbaß 16'
Nassard 5 1/3'
Nassard 10 2/3'

STADE: ST. COSMAE

Rückpositiv
Prinzipal 8'
Quintadena 8'
Rohr Flöt 8'
Octav 4'
Wald Flöt 2'
Sieflöt 1 1/2'
Sesquialter 2f.
Scharff 5f.
Dulcian 16'
Trechter Regal 8'

Oberwerk
Prinzipal 16'
Quintadena 16'
Octav 8'
Gedackt 8'
Octav 4'
Rohr Flöt 4'
Nassat 3'
Octav 2'
Mixtur 6f.
Cimbel 3f.
Trommet 16'
Trommet 8'

Brustwerk
Gedackt 8'
Quer Flöt (ab c') 8'
Flöt 4'
Octav 2'
Tertia 1 3/5'
Nassat Quint 1 1/2'
Sedetz 1'
Scharff 3f.
Krumphorn 8'
Schalmey 4'

Pedal
Prinzipal 16'
Sub-Bass 16'
Octav 8'
Octav 4'
Nachthorn 1'
Mixtur 5–6f.
Posaun 16'
Dulcian 16'
Trommet 8'
Cornet 2'

STADE: ST. WILHADI

Hauptwerk
Principal 16'
Quintatön 16'
Octave 8'
Viola da gamba 8'
Gedact 8'
Octave 4'
Nashat 3'
Octave 2'
Mixtur4–6f.
Cimbel 3f.

Trompete 16'
Trompete 8'

Brustwerk
Flute douce 8'
Octave 4'
Flute douce 4'
Superoctave 2'
Quinte 1 1/2'
Scharf 3–4f.
Dulcian 8'
Schalmey 4'

Positiv (Hinterwerk)
Octave 8'
Rohrflöte 8'
Quintadena 8'
Octave 4'
Quinte 3'
Sesquialtera 2f.
Octave 2'
Scharf 3–4f.
Fagott 16'
Vox humana 8'

Pedal
Principal 16'
Subbaß 16'
Octave 8'
Octave 4'
Rauschquinte 2f.
Mixtur 4–5f.
Posaune 16'
Trompete 8'
Trompete 4'
Cornett 2'

STEINFELD: BASILIKA

Rückpositiv (I)
Hollpfeif 8'
Flaut travers 8' Discant
Praestant 4'
Flaut 4'
Quint 3'
Octav 2'
Cornett 3f. Discant
Tintinabulum 2f. Discant
Mixtur 3f. 1'
Cromhorn 8'
Tremolant

Hauptwerk (II)
Bordun 16'
Principal 8'
Hollpfeif 8'
Viola di Gamba 8'
Octav 4'
Quint 3'
Superoctav 2'
Terz 1 3/5'
Cornett 4f. Discant
Mixtur 1 1/2'
Cymbel 3f. 2/3'
Trompet 8'
Claron 4' Bass

Echowerk (III)
Gedakt 8'
Flaut douce 4'
Nasard 3'
Octav 2'
Sesquialtera 2f. Discant
Vox humana 8'
Tremolant

Pedal
Principal 16'
Subbass 16'
Octav 8'
Octav 4'
Bombart 16'
Trompet 8'

STRALSUND:
ST. MARIEN

Rückpositiv
Gr. Quintadena 16'
Prinzipal 8'
Gedackt 8'
Quintadena 8'
Oktave 4'
Dulzflöte 4'
Feldpfeife 2'
Sifflöte 1 1/3'
Sesquialtera 2f.
Scharff 6–8f.
Zimbel 3f.
Dulzian 16'
Trichterregal 8'
Regal 4'

Hauptwerk
Prinzipal 16'
Bordun 16'
Oktave 8'
Spitzflöte 8'
Hohlquinte 5 1/3'
Superoktave 4'
Hohlflöte 4'
Flachflöte 2'
Rauschpfeife 2–4f.
Mixtur 6–10f.
Scharff 4–6f.
Trompete 16'

Oberpositv
Prinzipal 8'
Hohlflöte 8'
Oktave 4'
Blockflöte 4'
Kl. Quintadena 4'
Nasard 2 2/3'
Gemshorn 2'
Scharff 4–7f.
Trompete 8'
Krummhorn 8'
Schalmei 4'

Pedal
Gr. Prinzipal 24'
Prinzipal 16'
Gedacktuntersatz 16'
Oktave 8'
Spitzflöte 8'
Superoktave 4'
Nachthorn 4'
Feldpfeife 2'
Mixtur 4f.
Posaune 16'
Trompete 8'
Dulzian 8'
Schalmei 4'
Cornett 2'

STUTTGART:
ST. EBERHARD

Rückpositiv (I)
Prästant 8'
Bourdon 8'
Quintade 8'
Principal 4'

Rohrflöte 4'
Nasat 2 2/3'
Octav 2'
Terz 1 3/5'
Larigot 1 1/3'
Sifflöte 1'
Scharff 4f. 1'
Rohrflöten-Sordun 16'
Krummhorn 8'
Tremulant

Hauptwerk (II)
Prästant 16'
Principal 8'
Rohrgedeckt 8'
Spitzgambe 8'
Octav 4'
Nachthorn 4'
Quinte 2 2/3'
Superoctav 2'
Mixtur 5–6f. 1 1/3'
Cornett 5f. ab f 8'
Trompete 16'
Trompete 8'
Clairon 4'

Schwellwerk (III)
Bourdon 16'
Principal 8'
Flûte harmonique 8'
Salicional 8'
Voix celeste ab c 8'
Flûte 4'
Prestant 4'
Nasard 2 2/3'
Doublette 2'
Tierce 1 3/5'
Fourniture 4–5f. 2'
Cymbale 4f. 2/3'
Basson 16'
Trompette harmonique 8'
Hautbois 8'
Voix humaine 8'
Clairon 4'
Tremulant

Pedal
Principalbaß 16'
Subbaß 16'
Quintbaß 10 2/3'
Octavbaß 8'
Gedecktbaß 8'
Choralbaß 4'

Spillflöte 4'
Rauschquinte 2f. 2 2/3'
Mixtur 3f. 2'
Bombarde 32'
Posaune 16'
Trompete 8'
Zink 4'

TANGERMÜNDE:
ST. STEPHAN

Im RückPositiff
(I. Manual)
Principal 1-2f. 8'
Gedact 8'
Quintadeen 8'
Octava 4'
Holflöit 4'
Zifelit 1 1/2'
Mixtur 2–4f.
Scharp 3–6f.

Im OberWercke
(2. Manual)
Principal 16'
Quintadeen 16'
Octava 8'
Gedact 8'
Flöite 4'
Ruspipe 2f.
Mixtur 5–8f.
Scharp 3–5f.

Im OberPositiff
(3. Manual)
Principal 8'
Holpipe 8'
Flöite 4'
Nasath 3'
Waltflöit 2'
Zimbel 3f.
Trommete 8'
Zincke (ab f) 8'

Im Pedal
Principal 16'
Untersatz 16'
OctavenBaß 8'
FlöitenBaß 4'
RuspipenBaß 2f.
BassunenBaß 16'

TrommetenBaß 8'
CornettenBaß 2'

TRIER: DOM

HAUPTORGEL

Rückpositiv (I)
Praestant 8'
Gedackt 8'
Quintadena 8'
Principal 4'
Rohrflöte 4'
Octave 2'
Waldflöte 2'
Larigot 1 1/3'
Sesquialter 2 2/3' II
Scharff 1 1/3' V
Glockencymbel 1/3' II
Dulcian 16'
Cromorne 8'
Tremulant

Hauptwerk (II)
Praestant 16'
Principal 8'
Hohlflöte 8'
Gemshorn 8'
Quinte 5 1/3'
Octave 4'
Nachthorn 4'
Terz 3 1/5'
Quinte 2 2/3'
Superoctave 2'
Cornet 8' V
Mixtur 2' V
Cymbel 1/3' III
Trompete 16'
Trompete 8'
Trompete 4'
Glockenspiel

Brustwerk (III)
Rohrflöte 8'
Praestant 4'
Blockflöte 4'
Nasard 2 2/3'
Doublette 2'
Terz 1 3/5'
Sifflet 1'
Acuta 2/3' IV
Oberton 4/7' III
Hautbois 8'

Vox humana 8'
Tremulant

Schwellwerk (IV)
Bourdon 16'
Principal 8'
Lochgedackt 8'
Gambe 8'
Unda maris 8'
Octave 4'
Flûte octav. 4'
Salicional 4'
Flageolett 2'
Fourniture 2 2/3' VI
Cor anglais 16'
Trompette 8'
Clairon 4'
Tremulant

Pedal
Untersatz 32'
Principal 16'
Subbass 16'
Octave 8'
Spielpfeife 8'
Superoctave 4'
Flöte 4'
Aliquotbass 5 1/3' IV
Hintersatz 4' V
Piffaro 2' II
Bombarde 32'
Posaune 16'
Trompete 8'
Schalmey 4'
Tremulant

VIERSEN:
ST. REMIGIUS

Positif (I)
Montre 8'
Bourdon 8'
Prestant 4'
Flûte a cheminée 4'
Nasard 2 2/3'
Doublette 2'
Tierce 1 3/5'
Larigot 1 1/3'
Fourniture III
Cymbale III
Trompette 8'
Cromorne 8'

Grand-orgue (II)
Montre 16'
Montre 8'
Flûte harmonique 8'
Salicional 8'
Bourdon 8'
Prestant 4'
Flûte conique 4'
Grosse Tierce 3 1/5'
Nasard 2 2/3'
Doublette 2'
Tierce 1 3/5'
Sesquialtera II
Fourniture IV
Cymbale IV
Tromp. en chamade 4'+8'

Récit expressif (III)
Jeux de Fonds:
Quintaton 16'
Bourdon 8'
Viole de Gambe 8'
Voix céleste 8'
Flûte traversière 8'
Flûte octaviante 4'
Voix humaine 8'
Basson-Hautbois 8'

Jeux de Combinaison
Fugara 4'
Octavin 2'
Progressio I–V
Bombarde 16'
Trompette harmonique 8'
Clairon harmonique 4'

Bombarde (IV)
Cornet V
Trompette 8'
Clairon 4'

Pedale
Jeux de Fonds:
Montre 16'
Soubasse 16'
Grosse Quinte 10 2/3'
Flûte 8'
Octave 4'

Jeux de Combinaison
Quinte/Tierce 2 2/3'+
  1 3/5'
Bombarde 16'

Trompette 8'
Clairon 4'

WALDSASSEN:
BASILIKA

HAUPTORGEL

Rückpositiv (I)
Holzgedackt 8'
Gemshorn 8'
Prästant 4'
Rohrflöte 4'
Sesquialter 2f. 2 2/3'
Doublette 2'
Sifflet 1 1/3'
None 8/9'
Scharff 4f. 1'
Holzregal 16'
Cromorne 8'
Tremulant

Hauptwerk (II)
Principal 16'
Prästant 8'
Holzflöte 8'
Flûte harmonique 8'
Salicional 8'
Oktave 4'
Blockflöte 4'
Nasat 2 2/3'
Oktave 2'
Kornett 5f. 8'
Rauschpfeife 3f. 2 2/3'
Mixtur 5f. 1 1/3'
Trompete 16'
Trompete 8'
Clairon 4'

Schwellwerk (III)
Bourdon 16'
Principal 8'
Copula 8'
Gambe 8'
Schwebung 8'
Oktave 4'
Traversflöte 4'
Gambetta 4'
Nasat 2 2/3'
Waldflöte 2'
Terz 1 3/5'
Flöte 1'

Mixtur 4–5f. 2'
Zimbel 3f. 2/3'
Fagott 16'
Trompette harmonique 8'
Oboe 8'
Clairon 4'
Tremulant

Pedal
Principal 32'
Prästant 16'
Subbaß 16'
Violon 16'
Quinte 10 2/3'
Oktavbaß 8'
Gedacktbaß 8'
Oktave 4'
Nachthorn 4'
Bauernpfeife 2'
Sesquialter 2f. 2 2/3'
Hintersatz 5f. 2 2/3'
Bombarde 32'
Posaune 16'
Zinke 8'
Clarine 4'

EPISTELORGEL (IV)

Manual
Principal 8'
Rohrflöte 8'
Oktave 4'
Superoktave 2'
Mixtur 6f. 1 1/3'
Dulcian 16'
Holzflöte 8'
Nachthorn 4'
Nasat 2 2/3'
Feldpfeife 2'
Terz 1 3/5'
Tremulant

Pedal
Offenbaß 16'
Subbaß 16'
Oktavbaß 8'
Baßflöte 8'
Hohlflöte 4'
Posaune 16'
Trompete 8'

EVANGELIENORGEL (IV)

Gedackt 8'
Viola 4'
Koppelflöte 4'
Principal 2'
Scharff 4f. 1'
Fagottregal 16'
Schalmey 8'
Tremulant

FERNWERK (V)

Zartgedackt 16'
Doppelgedackt 8'
Gambe 8'
Violine I 8'
Violine II 8'
Viola 4'
Flûte Octaviante 4'
Nasard 2 2/3'
Octavin 2'
Harmonia aetherea 3–4f.
  2 2/3'
Voix humaine 8'
Tremulant

Chamadewerk (VI)
Trompeta Magna 16'
Trompeta Real 8'
Trompeta Quinta 5 1/3'
Clairon 4'
Kornett 3–5f.

WEINGARTEN:
ABTEIKIRCHE

Hauptwerk (I)
Praestant 16'
Principal 8'
Rohrflaut 8'
Octav 1–2f. 4'
Superoctav 2f. 2'+1'
Hohlflaut 2'
Mixtur 9–10f. 2'
Cimbalum 12f. 1'
Sesquialter 8–9f. 2'
Piffaro 5–7f. 8'
Trombetten 8'

ORGELDISPOSITIONEN

Oberwerk (II)
Borduen 2-3f. 16'
Principal Tutti 8'
Violoncell 1–3f. 8'
Coppel 8'
Hohlflaut 8'
Unda maris 8'
Solicinale 8'
Mixtur 9–12f. 4'
Octav douce K 4'
Viola 2f. K 4'+2'
Cimbali 2f. K 2'+1'
Nasat K 2'
(K: im Kronpositiv)

Echowerk (III)
Borduen 16'
Principal 8'
Flauten 8'
Quintatön 8'
Viola douce 8'
Octav 4'
Hohlflaut 1–2f. 4'
Piffaro doux 2f. 4'
Superoctav 2'
Mixtur 5–6f. 2'
Cornet 5–6f. 1'
Hautbois 8'

Brustpositiv (IV)
Principal doux 8'
Flaut douce 8'
Quintatön 8'
Violoncell 8'
Rohrflaut 4'
Querflaut 4'
Flaut travers 2f. 4'
Flageolet 2'
Piffaro 5–6f. 4'
Cornet 8–11f. 2'
Vox humana 8'
Hautbois 4'
Carillon ab f 2'
Tremulant

Hauptpedal
Contrabaß 2f. 32'+16'
Subbaß 32'
Octavbaß 16'
Violonbaß 2f. 16'+8'
Mixturbaß 5-8f. 8'
Posaunenbaß 16'
Bombard 16'

La force 49f. (Ton C) 4'
Carillon ped. 2'

Brustpedal
Quintatönbaß 16'
Superoctavbaß 8'
Flaut douce 8'
Violoncellbaß 8'
Hohlflautbaß 4'
Cornetbaß 10–11f. 4'
Sesquialter 6–7f. 3'
Trombetbaß 8'
Fagottbaß 8'

WITTENBERG: SCHLOSSKIRCHE

Hauptwerk (I)
Principal 16'
Bordun 16'
Principal 8'
Hohlflöte 8'
Gemshorn 8'
Rohrflöte 8'
Octave 4'
Spitzflöte 4'
Quinte 2 2/3'
Octave 2'
Mixtur 4–5f. 2'
Cornett 2–4f. 2'
Trompete 8'

Oberwerk (II)
Lieblich Gedackt 16'
Principal 8'
Salicional 8'
Flauto traverso 8'
Gedackt 8'
Octave 4'
Fugara 4'
Waldflöte 2'
Progressio harm. 2–4f. 2'
Hautbois 8'
Tremulant

Schwellwerk (III)
Viola d'amour 16'
Flöten-Principal 8'
Gambe 8'
Bordun 8'
Quintatön 8'
Unda maris 8'

Salicet 4'
Konzertflöte 4'
Nasat 2 2/3'
Flautino 2'
Terz 1 3/5'
Harmonia aetheria 3f. 2'
Mixtur 4–5f. 1 1/3'
Fagott 16'
Trompete 8'
Oboe 8'
Clarine 4'
Tremulant

Echo (IV)
Viola di Gamba 8'
Fugara 8'
Flaute amabile 8'
Gedackt 8'
Flauto dolce 4'
Viola d'amour 4'

Pedal
Untersatz 32'
Principalbaß 16'
Violon 16'
Subbaß 16'
Octavbaß 8'
Violoncello 8'
Baßflöte 8'
Quintbaß 5 1/3'
Octavbaß 4'
Posaune 16'
Trompete 8'

WÜRZBURG: KÄPPELE

Hauptwerk
Principal 8'
Rohrflöten 8'
Viola di gamba 8'
Solicional 8'
Octava 4'
Flauto Italiano 4'
Spitzflöten 4'
Sesquialtera 2f. 2 2/3'
Superoctava 2'
Mixtur 5f. 2'
Fagotto 8'
Trompetta Baß 8'
Trompetta Diskant 8'

Positiv
Gedackt 8'
Fugara 8'
Piffara 8'
Principal 4'
Flauto di Amore 4'
Quinta 2 2/3'
Octava 2'
Flacionet 2'
Superoctava 1'
Mixtur 4f. 1'
Krummhorn 8'
Vox humana 8'

Pedal
Subbass 16'
Principalbass 8'
Violonbass 8'
Quintbass 5 1/3'
Octavbass 4'
Mixturbass 4f. 2'
Posaunbass 16'
Glockenspiel
Nachtigall
Vogelsang
Kuckuck
Pauke

WÜRZBURG: ST. ADALBERO

Hauptwerk (I)
Praestant 16'
Principal 8'
Voce umana 8'
Amorosa 8'
Rohrflöte 8'
Viola di Gamba 8'
Octav 4'
Dolatina 4'
Quint 2 2/3'
Superoctav 2'
Mixtur major 4f. 2'
Mixtur minor 2f. 1/2'
Cornett 5f. 8'
Trompete 8'
Klarinette 8'

Positiv (II)
Praestant 8'
Holzgedackt 8'
Quintadena 8'

Octav 4'
Flauto traverso 4'
Sesquialtera 2f. 2 2/3'
Piccolo 2'
Superquint 1 1/3'
Acuta 2–4f. 1 1/3'
Krummhorn 8'
Tremulant

Schwellwerk (III)
Lieblich Gedackt 16'
Geigenprincipal 8'
Wienerflöte 8'
Salicional 8'

Viola d'amore 8'
Vox coelestis 8'
Octav 4'
Violino 4'
Nasard 2 2/3'
Sylvestrina 2'
Flötterz 1 3/5'
Harmonia aetherea 3f.
   2 2/3'
Mixtur 4–5f. 2'
Contra-Fagott 16'
Trompette harmonique
   8'
Oboe 8'

Clarine 4'
Tremulant

Pedal
Majorbaß 32'
Contrabaß 16'
Subbaß 16'
Octavbaß 8'
Gedacktbaß 8'
Violon 8'
Choralflöte 4'
Hintersatz 3f. 2 2/3'
Holzposaune 16'
Trompete 8'

NAMEN

Ahrend, Jürgen 34, 36, 41, 44, 46, 48, 110, 113, 168, 183, 222
Alain, Marie-Claire 162
Albiez/Lindau 181, 182
Altenfelder, Eberhard 116
Altnikol, Christoph 82
Amsberg, Dietrich von 34
Aristoteles 115
August der Starke von Sachsen 88, 92

Bach, Bernhard 82
Bach, Carl Philipp Emanuel 38, 108
Bach, Johann Sebastian 32–38, 41, 42, 65, 72, 73, 76, 77, 80–83, 88, 101–107, 115, 131–134, 141, 162, 164, 169, 186, 194, 198, 223
Bach, Wilhelm Friedemann 90
Bähr, George 90
Bares, Peter 160
Barker, Charles Spackmann 54, 172
Beckerath, Rudolf von 32, 34, 51, 52, 134
Berlioz, Hector 104
Bethke, Neithard 29
Bielfeldt, Erasmus 41–43
Bihn, Friedrich 40
Bittcher, Ernst 122
Blarr, Oskar Gottlieb 136
Böhm, Georg 32, 34
Brendel, Karl Franz 77
Brunnert, Reinhold 52
Brunzema, Gerhard 113, 168
Buchholtz, Albrecht 20
Bürgy, Johann Conrad 164
Buxtehude, Dietrich 21, 22, 28, 198, 224

Calvin, Johannes 73
Casparini, Adam Horatio 83
Casparini, Eugen 83–86
Cavaillé-Coll, Aristide 24, 50, 54–56, 74, 120, 130, 131, 136, 140, 141, 146, 150, 152, 165, 169, 172–178, 204, 214, 216, 218
Chorzempa, Daniel 162
Cohen, Carl 130

Distler, Hugo 24, 26, 28
Doerr, Ludwig 122
Dolata, Adalbert 206
Dom Bédos de Celles 132, 172, 190, 229
Dreymann, Bernhard 165
Dreymann, Hermann 165
Dropa, Matthias 32
Dupré, Marcel 130, 142, 150, 174

Eberlin, Ernst 189
Eco, Umberto 115
Egedacher, Johann Ignaz 206, 216
Eggert, Franz 125
Eiermann, Egon 66
Eimermacher, Theo 214
Eisenbarth/Passau 215
Eisenbarth, Ludwig 215
Eisenbarth, Wolfgang 215
Eisenberg, Matthias 109
Ellerhorst, Winfried OSB 157
Erb, Franz 187
Eule/Bautzen 67, 73, 76, 80, 82, 95–98, 101, 104

Fischer und Krämer/Endingen 145, 181, 192, 194
Förster und Nicolaus/Lich 162, 164
Foucault, Léon 172
Franck, César 150, 174
Friedrich August von Sachsen 88
Friedrich II. von Preußen 67
Friedrich Wilhelm I. von Preußen 67
Frings, Joseph (Kardinal) 142
Führer/Wilhelmshaven 21, 22
Fux, Johann 222–225

Gabler, Joseph 102, 156, 178, 183, 186, 187, 189, 190, 229, 230
Gercke, Samuel 60
Glatter-Götz, Josef von 29, 30, 52, 136
Goethe, Johann Wolfgang von 77, 104, 141
Goll/Luzern 183
Guilmant, Alexandre 174
Gurlitt, Wilibald 192
Güttler, Ludwig 100

Hahn, Christian Friedrich von 60
Händel, Georg Friedrich 79, 108
Heiermann, Theo 160, 214

Herbst, Heinrich Vater und Sohn 60
Heßberg, Johann Philipp von 115
Heuvel, Jan L. van den/Dordrecht (Niederlande) 222
Hildebrandt, Johann Gottfried 38, 40
Hildebrandt, Zacharias 38, 80, 82, 88
Hillebrand, Elmar 160, 214
Hillebrand, Gebrüder 24, 28,
Holzhey, Johann Nepomuk 178, 183, 184, 230
Höss, Joseph 184, 186, 188
Hübner, Ephraim 74
Huß, Berendt 41, 42, 46

Ibach/Wuppertal 136
Jacob, Werner 210
Jahnn, Hans Henny 26, 37, 65, 134
Jann, Georg 60, 178, 206, 219, 221
Jehmlich/Dresden 66, 88, 90
Johannsen, Jasper 32

Karg-Elert, Sigfrid 65, 175, 182
Karl Eugen (Herzog) 182
Kaunzinger, Günther 206, 209
Kelber, Rudolf 36
Kemper, Emanuel 21, 22, 26
Kern/Straßburg 168, 183
Kier, Hiltrud 148
Kircher, Athanasius 115
Kirchner, Johann Wendelin 110
Klais, Hans 166
Klais, Hans Gerd 138
Klais, Johannes 152
Klais/Bonn 49, 66, 136, 141, 142, 145, 152, 158, 161, 165, 166, 168, 186, 199, 202, 212, 222
Klotz, Hans 164
Köhler, Christian 202–204
König (Orgelbauerfamilie) 101, 157
König, Balthasar 154, 156
Koopman, Ton 162
Krebs, Johann Ludwig 102
Kroeger, Henning 21
Kühn, Karl Theodor 67
Kühn/Merseburg 77

Kuhn/Männedorf (Schweiz) 110, 145, 146, 168, 172, 174, 183, 184, 189, 192
Kuhnau, Johann 91, 92, 95
Kunze, Reiner 100
Kynaston, Nicolas 162, 212, 214

Ladegast, Friedrich 51, 54–56, 67, 73–79, 104, 174, 204, 221
Laudon, Gideon Ernst von (Feldmarschall) 165
Lehrndorfer, Franz 219
Leopold II. (Kaiser) 165
Lindner, Elias 91
Liszt, Franz 28, 34, 55, 77, 104, 125, 198, 209, 212
Lübeck, Vincent 42
Luther, Martin 51, 73, 74, 226

Mahrenholz, Christhard 37, 82, 121, 215, 216
Maiwald, Else 21
Marcussen/Aabenraa (Dänemark) 18, 20, 21, 44, 51, 169, 171, 192, 194, 198
Mathis/Näfels (Schweiz) 83
Mattheson, Johann 36, 38
Melanchthon, Philipp 74
Mendelssohn Bartholdy, Felix 77, 186
Messiaen, Olivier 134, 186
Metzler/Dietikon (Schweiz) 44, 51, 196, 198
Metzler, Hansueli 198
Meyer, Daniel 110
Mohaupt, Lutz 36
Möller, Johann Patroclus 118, 120
Mönch und Prachtel/Überlingen 127
Monteverdi, Claudio 115
Mozart, Wolfgang Amadeus 77, 165, 202
Muffat, Georg 189, 223
Mühleisen/Straßburg 183, 222

Napoleon Bonaparte 118
Neumann, Balthasar 183, 202
Niehoff, Hendrik 32

Oberlinger/Windesheim 150
Oehms, Wolfgang 160
Ott, Paul 42, 44, 48, 118, 121
Ovid 115

Pachelbel, Johann 209, 210
Peter/Köln 209, 210
Peters, Franz 176
Poppen, Hermann Meinhard 169
Praetorius, Michael 32
Pschierer, Vitus 206

Rameau, Philippe 229
Ramin, Günther 82
Raschdorff, Julius Carl 62
Raschdorff, Otto 62
Reda, Siegfried 127
Reger, Max 34, 40, 65, 77, 104, 106, 108, 124, 136, 150, 169, 170, 175, 198, 204
Reichel, Georg 79
Reiners, Hans Peter 150
Reinken, Johann Andreas 28
Reiser/Biberach 186
Rembrandt 199, 200
Rensch/Lauffen 127, 202, 204
Reuter, Andreas 18, 20
Reuter, Rudolf 121
Rheinberger, Joseph von 204
Richborn, Joachim 24, 26
Rieger/Schwarzach (Österreich) 29, 49, 52, 134, 136, 168, 182, 192, 194, 198
Riegner und Friedrich/Hohenpeißenberg 222
Riepp, Karl Joseph 178, 183, 184, 229, 230
Rößler, Almut 136
Rühle/Moritzburg 110
Rupp, Emil 169, 170

Saint-Saëns, Camille 174
Sandtner/Dillingen 222, 224, 226
Sauer, Wilhelm 21, 48–51, 62, 64, 86, 162, 174
Sauer/Frankfurt (Oder) 62, 65, 66, 76, 84, 104–108, 125, 162, 164, 204, 218
Saul, Manfred 152
Scheffler/Sieversdorf 48, 104, 107
Scherer, Hans der Ältere 42
Scherer, Hans der Jüngere 70, 72
Schiller, Friedrich 182
Schinkel, Karl Friedrich 66, 141
Schippel, Caspar 115, 116

Schnitger, Arp 20, 21, 32, 34, 36–38, 42, 46–50, 101, 140, 154, 192
Schuke, Hans Joachim 60
Schuke, Karl 24, 26, 60
Schuke/Berlin 66, 122, 127
Schuke/Potsdam 54, 56, 57, 60, 62, 67, 70, 72, 79, 107, 109, 115, 116
Schulte im Walde, Christoph W. 125
Schulze, Herbert 67
Schulze, Johann Friedrich 50
Schumann, Robert 77
Schwarz, Gerhard 136
Schwarz, Maria 146
Schweitzer, Albert 26, 37, 124, 169
Seeber, Nicolaus 115
Seeliger, Reinhard 86
Seifen, Wolfgang 130
Seifert, Romanus 130
Seifert/Kevelaer 124–128, 145, 146, 175, 176
Siemens, Hayko 162
Silbermann, Andreas 91, 95, 101, 156, 189, 190, 229, 230
Silbermann, Gottfried 38–42, 50, 55, 66, 68, 70, 73, 74, 80, 82, 88–96, 101–104, 192, 229
Silbermann, Johann Andreas 83, 101, 180, 229, 230
Silbermann, Johann Daniel 88
Sonnin, Ernst Georg 38
Späth/Ennetach 174, 192
Stade, Wilhelm 104
Stamm, Ferdinand 118
Steinmeyer/Oettingen 38–41, 49, 169, 199–202, 209, 210, 214, 216, 229, 230
Stellwagen, Friedrich 21, 24, 26–28, 57, 60, 219
Stender, Ernst-Erich 24
Stieffell, Gebrüder 178–180
Straube, Karl 106–108, 215
Strawinsky, Igor 136
Stumm (Orgelbauerfamilie) 101, 165, 202
Stumm, Johann Heinrich 199
Stumm, Johann Michael 157
Stumm, Johann Philipp 199
Stummel, Friedrich 128
Supper, Walter 175

REGISTER

Sutton, John 113

Telemann, Georg Philipp 38
Thiele, Siegfried 109
Tournemire, Charles 125
Traxdorff, Heinrich 210
Trost, Heinrich Gottfried 101–104

Vierne, Louis 150, 154, 174, 175, 198
Vleugels/Hardheim 52, 86, 202–204
Vulpen, Gebrüder van 50

Wagner, Joachim 67–70
Wagner, Richard 125
Walcha, Helmut 121
Walcker, Eberhard Friedrich 165, 168, 174, 178, 218
Walcker/Ludwigsburg 34, 40, 49, 82, 98, 100, 101, 106, 124, 142, 160, 175, 192, 204
Walker/Brandon (England) 165
Wegscheider/Dresden 50
Weigel, Carl 158
Weimbs, Josef 157
Weimbs/Hellenthal 154
Weinmann, Johann 74
Weyland/Leverkusen 124, 125
Widor, Charles Marie 28, 132, 150, 157, 169, 174, 175, 202, 209
Wilhelm II. (Kaiser) 162
Woehl/Marburg 162
Woehl, Gerald 21, 52, 131, 132, 164, 183
Wolfrum, Philipp 169

Zwingli, Ulrich 73

ORTE

Ahrweiler 156
Altenberg
  Dom 138–141, 161
Altenburg
  Schloßkirche 101–104
Amorbach
  Evangelische Kirche 199–202

Amsterdam 20, 108, 199
Annaberg
  St. Annen 98–101
Atlantic City (USA) 218

Bad Berka 164
Bad Homburg
  Erlöserkirche 162–164
  Marienkirche 164
  Schloßkirche 164
Basedow
  Dorfkirche 60–62
Bedheim
  Dorfkirche 115–117
Berlin
  Dom 51, 62–66, 162
  Epiphanienkirche 67
  Kaiser-Wilhelm-Gedächtnis-Kirche 66
  Nikolaikirche 66, 67
  Petrikirche 67
  Philharmonie 108
  St. Hedwigs-Kathedrale 66, 161
  St. Marien 68
  St. Nikolai (Spandau) 67
  Schauspielhaus 66
Bochum
  St. Maria Magdalena 125
Bonn
  Münster 150, 152
  St. Elisabeth 150, 152–154
  St. Joseph 150–152, 176
  St. Klemens (Schwarzrheindorf) 157
Borgentreich
  Museum 121
  Pfarrkirche 118–121
Boston 98
Bottrop
  Herz Jesu-Kirche 127
  Liebfrauenkirche 124–127
  St. Cyriacus 127
Brandenburg
  Dom 67–70
Bremen
  Dom 48–50
Breslau 108, 218

Cappel 46
Chartres 160
Chemnitz (früher Karl-Marx-Stadt) 108
Cleveland/Ohio (USA) 51

Dalheim 118
Dedesdorf 46
Dortmund
  St. Reinoldi 124
Dortmund-Dorstfeld 125
Dresden
  Frauenkirche 41, 88, 90, 91, 199
  Katholische Hofkirche 73, 88–91, 96
  Kreuzkirche 101
  Kulturpalast 108
  Sophienkirche 88
Düsseldorf
  Johanneskirche 51, 134–136
  Neanderkirche 134–137
  St. Andreas 136
  St. Franziskus-Xaverius 136
  St. Maximilian 134
Duisburg
  Friedenskirche 126, 127
  St. Johann 127
Durham (England) 215

Erfurt 152
Estebrügge 46

Flensburg
  St. Marien 18–21
  St. Nikolai 20–21
Forchheim 96
Frankfurt/Main
  Cantate Domino-Kirche 168
  Dom 165–168
  Katharinenkirche 168
  Musikhochschule 168
  Paulskirche 98, 166, 168, 178
  St. Justinus 168
Frankfurt/Oder 62, 108
Frauenstein 50, 91, 96
Freiberg
  Betstubenpositiv 101
  Dom 40, 82, 91–94, 96, 101, 192
  St. Jacobi 94
  St. Petri 90, 94
Freiburg
  Münster 192–196
  Praetorius-Orgel 192
  St. Johann 196–198
Fürstenfeldbruck
  Ehemalige Klosterkirche 222–225

Gelsenkirchen 124
Gera 108
Görlitz
St. Peter und Paul 83–87, 101
Stadthalle 86
Gonzenheim 165
Grasberg 46
Graz (Österreich) 161
Großhartmannsdorf
Dorfkirche 95–97
Großkmehlen 96

Haarlem (Niederlande) 20
Haina 117
Halle
Konzertsaal 108
Marktkirche 79
Hamburg
St. Jacobi 20, 26, 34–38, 44, 73,
154, 192, 200
St. Michaelis 38–41, 49, 68, 124
St. Nicolai 36, 38, 46
Hardheim 52
Heilbronn
Deutschordensmünster 175–178
Helbigsdorf 96
Hildesheim
St. Andreas 51–53
St. Michael 52
Hohnstein 101
Hollern 46

Ingolstadt
Münster 161, 212–214

Kalkutta 98
Karl-Marx-Stadt (jetzt Chemnitz)
108
Karlsruhe 180
Kevelaer
Basilika 127–131, 145, 176
Kiedrich
Pfarrkirche 110–114
Kierdorf 165
Kirchdorf 101
Kirchheimbolanden 165
Knechtsteden 166
Koblenz 157
Köln
Dom 141–144
St. Aposteln 145
St. Gereon 145
St. Kunibert 145–149

St. Mariä Himmelfahrt 156
St. Maria im Kapitol 145–148
St. Pantaleon 145

Leipzig
Konservatorium 106
Neues Gewandhaus 107–110
St. Nicolai 55, 56, 74
St. Thomas 104–107
Leutersdorf 117
Limburg 161
Linz (Österreich) 20
Lübeck
Dom 20, 21, 36
St. Aegidien 24, 70
St. Jakobi 20, 24–28
St. Marien 21–24, 192
Lüdingworth 46
Lüneburg
St. Johannis 32–34

Magedeburg 108
Mannheim
Christuskirche 49, 169–171
Mariana (Brasilien) 46
Marisfeld 117
Meldorf 20
Merseburg
Dom 55, 77–79
Moskau 46
Mülheim an der Ruhr
St. Petri 127
München
Deutsches Museum 222
Liebfrauendom 181, 189, 219–
222
Pfarrkirche Heilige Familie 222
St. Anna 222
St. Bonifaz 222
St. Franziskus 222
St. Michael 222
Münster
St. Lamberti 122–124

Naumburg
St. Wenzel 80–82, 101
Neresheim
Abteikirche 183–186, 223, 228,
230
Neuenfelde 46
Norden
Ludgerikirche 44, 46–48

Nürnberg
Kongreßhalle 218
St. Lorenz 209–211
St. Sebald 209–211

Ober-Erlenbach 165
Ochsenhausen
Pfarrkirche St. Georg 2, 4, 102,
156, 160, 184, 186–188, 189,
223
Ottobeuren
Klosterkirche 183, 184, 223,
228ssss–231

Paris
Notre Dame 172
Sacre Coeur 130, 131, 169
St. Clotilde 50, 174
St. Denis 172, 178
St. Sulpice 150, 169, 174, 218
Trocadéro 174
Madeleine 172
Trinité 174
Passau
Dom 194, 206, 215–218, 222
Pfaffroda 96
Pfersdorf 117
Pittsburgh (USA) 51
Ponitz 96
Potsdam 68

Rastatt
Stadtpfarrkirche St. Alexander
178–180
Ratzeburg
Dom 29–32
Reichenau 226
Riga 98, 100
Rom 74
Rouen (Frankreich) 142
Rysum
Dorfkirche 110–114

Saarbrücken
St. Arnual 172–175
St. Michael 174, 175
Salem 229
Salzburg 218
Sangershausen 82
St. Blasien 180
St. Ottilien
Abteikirche 226–228
St. Petersburg 98

REGISTER · BILDNACHWEIS · ÜBER DIE AUTOREN

Schleswig 20
Schmalkalden
  Schloßkapelle 110–114
Schwerin
  Dom 54–56
Sinzig
  St. Peter 160
Sion (Schweiz) 113
Stade
  St. Cosmae 41–45, 46
  St. Wilhadi 41–45, 46
Steinfeld/Eifel
  Basilika 154–157
Steinkirchen 46
Störmthal 80
Stralsund
  St. Marien 57–60, 219
Straßburg 161, 229
Stuttgart
  Domkirche St. Eberhard 181, 182
  Musikhochschule 182, 183

Tangermünde
  St. Stephan 70–73
Toledo (Spanien) 215
Trier
  Dom 158–161

Ulm 218

Viersen
  St. Remigius 131–133

Waldsassen
  Basilika 194, 206–209, 222
Waltershausen 102
Weingarten
  Abteikirche 102, 156, 181, 183,
  184, 187, 189–192, 223, 228,
  229
Wien 49, 83, 108, 158
Wittenberg
  Schloßkirche 51, 73–76
Würzburg
  Käppele 202–205
  St. Adalbero 202–206

Zittau 90, 92

BILDNACHWEIS

Dirk Nothoff, Gütersloh 46
Dormoolen, Fotografie,
  Hamburg 35
Foto Kirsch, Wittenberg 75
Gerd Remmer, Flensburg 19
Gerald Woehl, Marburg 133
Gottfried-Silbermann-Gesell-
  schaft 89, 93, 94
Hans Lachmann, Monheim 135,
  137, 144
Klaus-Michael Schreiber,
  Potsdam 109, 116, 117
Kunstverlag Peda, Passau 155,
  185, 207, 217
Marily Stroux, Hamburg 49
Matthias Hoffmann, Rastatt 179
Metzler-Orgelbau 197
Orgelbau Klais, Bonn 139, 143,
  147, 153, 159, 161, 167, 188,
  201, 213
Orgelbau Th. Kuhn, Männedorf
  112, 149, 173, 191
Orgelbau Romanus Seifert & Sohn,
  Kevelaer 129, 177
Orgelbau Thomas Jann 221
Rainer Kitte, Görlitz 85
Reinhard Mende, Zürchau 103
Schöning Verlag, Lübeck 25, 27
Volkmar Herre, Stralsund 57, 59

Nicht gesondert aufgeführte Abbil-
dungen stammen aus dem Bären-
reiter-Bildarchiv, aus privaten Bild-
archiven der Autoren oder den
Bildsammlungen der jeweiligen
Kirchengemeinden.
Wir danken für die freundliche
Unterstützung.

ÜBER DIE AUTOREN

KARL-HEINZ GÖTTERT ist Ger-
manistikprofessor an der Kölner
Universität und Autor zahlreicher
Bücher und Fachbeiträge mit
Schwerpunkt im Bereich der Rhe-
torik (darunter einer »Geschichte
der Stimme« von der Antike bis
ins 20. Jahrhundert). Seit seiner
Studienzeit war er nebenamtlich
als Organist und Chorleiter tätig,
zuletzt 14 Jahre an der historischen Orgel einer kleinen romanischen Kirche in Köln. Dort arbeitete er bei großen Messen und
Konzertveranstaltungen mit Eckhard Isenberg, hauptamtlichem
Kantor einer Nachbargemeinde,
zusammen – woraus das vorliegende Buch entstand.

ECKHARD ISENBERG studierte
Schul- und Kirchenmusik (A-Ex-
amen) sowie katholische Theolo-
gie in Köln und legte die künstleri-
sche Reifeprüfung im Fach Orgel
ab. Bei zahlreichen Studienfahrten
durch Deutschland, Europa und
Nordamerika hat er den Orgelbau
in seinen unterschiedlichen Er-
scheinungsformen kennengelernt
und selbst in zwei Gemeinden
Kölns jeweils einen Orgelneubau
betreut – übrigens im einen Fall
ein »klassisches«, im andern ein
»romantisches« Instrument. Sein
Fachwissen ergänzte sich ideal mit
der Schreibroutine von Karl-Heinz
Göttert. Auf diese Weise entstand
ein echtes Gemeinschaftswerk, in
dem Information und erzählerisch-
unterhaltsame Darstellung für die
Autoren selbst untrennbar ineinander greifen.

Lübeck: ? Dom

Weitere »Reiseführer« durch Musikwelten

Ingeborg Allihn (Hrsg.)
Kammermusikführer
(Metzler/Bärenreiter)
734 Seiten mit zahlreichen
Notenbeispielen; gebunden
ISBN 3-7618-2006-2

✎ »Eine unverzichtbare Fundgrube für jeden Neugierigen und ein zuverlässiges Nachschlagewerk!«
(FONO FORUM)

**Silke Leopold,
Robert Maschka**
**Who's who
in der Oper**
(dtv/Bärenreiter) (Text rechts)
370 Seiten; Taschenbuch
ISBN 3-7618-1268-X

Oratorienführer
Hrsg Silke Leopold
und Ullrich Scheideler
(Metzler/Bärenreiter)
ca. 600 Seiten; gebunden
ISBN 3-7618-2012-7

■ Der »Oratorienführer« gibt zuverlässig Auskunft über die wichtigsten Komponisten und Werke der großbesetzten Chormusik in den letzten 400 Jahren.

Alphabetisch angelegt, behandelt der Oratorienführer ca. 400 Werke von mehr als 200 Komponisten und dokumentiert auf diese Weise die Breite und den Wandel des Repertoires seit dem Frühbarock.

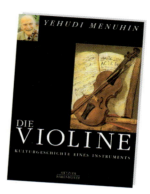

Yehudi Menuhin
**Die Violine
Kulturgeschichte
eines Instruments**
(Bärenreiter/Metzler)
Bildband mit 301 Seiten
und rund 180 überwiegend
vierfarbigen Abbildungen;
gebunden
ISBN 3-7618-2007-0

■ Menuhins Buch ist eine faszinierende Kunst- und Kulturgeschichte der Violine, ein überaus sinnlicher Bildband, in dem Geiger, Musiker und Musikfreunde auf eine lesende und schauende Entdeckungsreise gehen können.

Who's who in der Oper:

✎ »Das Buch bietet eine umfangreiche Sammlung konkreter Informationen und wertvoller Querverweise (…) eine gute Investition für Opernfreunde und solche, die es erst werden möchten.«
(Das Opernglas)

Bärenreiter

organ
Journal für die Orgel

Zeitgemäße Information rund um die Pfeifenorgel mit exklusiven CDs
Für Orgelfachleute und alle Freunde der Orgelmusik

NEU BEI SCHOTT

organ – Journal für die Orgel – erscheint viermal jährlich in großzügigem Din A4-Format und in optisch ansprechendem Layout.

organ widmet sich in jedem Heft einem Schwerpunktthema: gründlich und facettenreich.

Sie erfahren Aktuelles über Performer, Festivals, Instrumente, Hochschulen und große Orgelinterpreten. Außerdem: Termine von Konzerten, Wettbewerben und Meisterkursen sowie Besprechungen von Neuerscheinungen.

Themen 1998:
- Improvisation
- Silbermann-Orgeln im Elsaß
- Berühmte blinde Organisten
- Max Reger zum 125. Geburtstag

organ gibt es in drei Abonnement-Varianten:

- Journal-Abo (4 Hefte jährlich) DM 60,-* (Studierende DM 50,-*)
- Abo plus⁺ (4 Hefte und 4 CDs jährlich) DM 138,-* (Studierende DM 128,-*)
- CD-Abo (4 CDs jährlich) DM 90,-*

*zuzüglich Porto- und Versandkosten. Studierenden-Rabatt gegen Nachweis.

Selbstverständlich können Sie Hefte (19,80 DM) und CDs (32,-DM) auch einzeln erwerben.

Fordern Sie ein kostenloses Probeheft an oder bestellen Sie ein Abonnement bei: **organ**, Leserservice, Postfach 36 40, D-55026 Mainz, Fax 0 61 31 / 24 64 89

ZEITSCHRIFTEN VON SCHOTT
Abonnieren Sie jetzt!

MUSIK UND KIRCHE

Paul-Gerhard Nohl

Lateinische Kirchenmusiktexte

Übersetzung - Geschichte - Kommentar
Messe - Requiem - Magnificat - Dixit Dominus - Te Deum - Stabat Mater
244 Seiten; Taschenbuch
ISBN 3-7618-1249-3

Emil Platen

**Johann Sebastian Bach
Die Matthäus-Passion**

Entstehung - Werkbeschreibung - Rezeption
Mit einem neuen Kapitel über moderne Formen der Inszenierung (Ballett, Film etc.).
3., verbesserte und ergänzte Auflage. 257 Seiten; Taschenbuch
ISBN 3-7618-1190-X

Kurt von Fischer

Die Passion

Musik zwischen Kunst und Kirche
(Bärenreiter/Metzler)
145 Seiten, 29 Abbildungen, z.T. vierfarbig und 64 Notenbeispiele; gebunden
ISBN 3-7618-2011-9

■ Kurt von Fischer erläutert die den verschiedenen Epochen, Stilen und Komponisten eigenen künstlerischen und religiösen Ideen und zeigt auf, wie sich das jeweilige Verständnis des neutestamentlichen Berichts von der Passion Christi in der Musik, der bildenden Kunst und Literatur ausgedrückt hat.

Christoph Wolff, Ton Koopman

Die Welt der Bach-Kantaten
(Metzler/Bärenreiter)

Band 1
**Johann Sebastian Bachs Kirchenkantaten:
Von Arnstadt bis in die Köthener Zeit**
Mit einem Vorwort von Ton Koopman
238 Seiten; gebunden
ISBN 3-7618-1275-2

Band 2
Johann Sebastian Bachs weltliche Kantaten
Mit einem Vorwort von Nikolaus Harnoncourt.
240 Seiten mit 90 Abbildungen; gebunden
ISBN 3-7618-1276-0

Band 3
Leipziger Kantaten
ISBN 3-7618-1277-9
Erscheint im Herbst 1998

Bärenreiter

Die Aristide Cavaillé-Coll gewidmete Salonorgel des Motette-Verlages in Düsseldorf

Motette-Ursina/Psallite, der Welt größter Tonträger-Verlag für Orgelmusik, präsentiert auf CD:

- Bedeutende historische und moderne Orgeln aus aller Welt auf CD
- Die großen Konzerte für Orgel und Orchester
- Zahlreiche Weltersteinspielungen
- Führende Organisten (u.a. DanielRoth/Paris; Ludger Lohmann/Stuttgart; Almut Rößler/Düsseldorf; Peter Planyavsky/Wien; Jane Parker Smith/England; Kalevi Kiviniemi/Finnland)
- Die umfangreichste Klangdokumentation von Cavaillé-Coll-Orgeln
- Bedeutende historische Aufnahmen (u.a. Marcel Dupré improvisiert im Kölner Dom)
- Werke für Orgel und weitere Instrumente
- Werke für Orgel und Chor
- CD-Zyklen zum Orgelwerk von C. Franck, A. Guilmant, F. Mendelssohn Bartholdy, M. Reger, J. Rheinberger, Ch. M. Widor, L. Vierne
- Bekannte und unbekannte geistliche Vokalwerke
- Die umfangreichste wissenschaftliche Klangdokumentation zur gregorianischen Liturgie
- Einzigartige, kommentierte Aufnahmen der wichtigsten Glocken Europas

Bitte fordern Sie unseren kostenlosen Katalog an:

MOTETTE-URSINA/PSALLITE
Niederrheinstraße 142 · 40474 Düsseldorf
Tel. 0211/458 87 10 · Fax 0211/454 29 84

ORGEL INTERNATIONAL

ZEITSCHRIFT FÜR ORGELBAU UND ORGELMUSIK

Foto Schmidig

Klang   *Farbe*   *Vielfalt*

ORGEL INTERNATIONAL

kompetent   *aktuell*   *unabhängig*

Probeexemplar bei
ORGEL INTERNATIONAL
Freiburger Musik Forum GmbH · Schwarzwaldstraße 298a · Schloßpark Ebnet
D-79117 Freiburg im Breisgau · Telefon: 0761 / 62 208, Fax: 0761 / 62 229

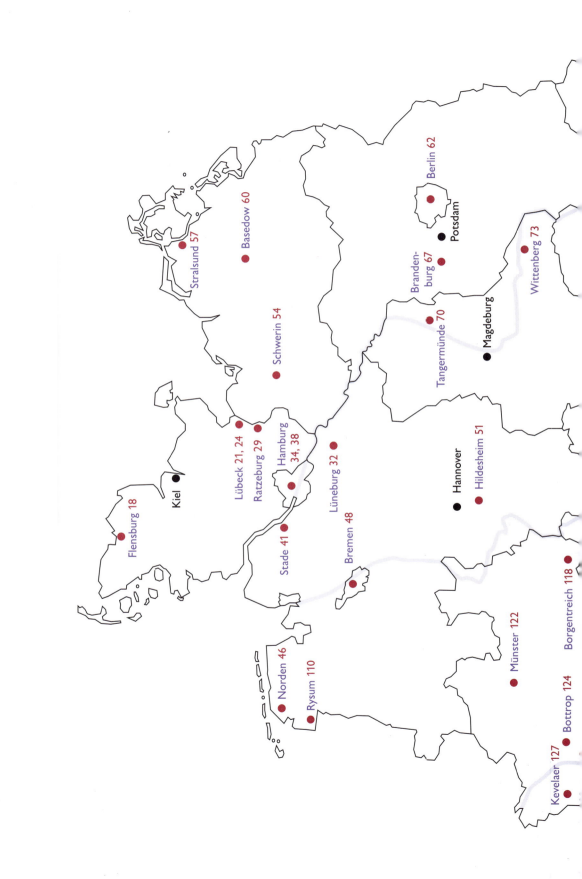